国家社科基金后期资助项目

新时期产业工人技能形成：
农民工的视角

张学英　著

南开大学出版社

天　津

图书在版编目(CIP)数据

新时期产业工人技能形成：农民工的视角 / 张学英
著. —天津：南开大学出版社，2023.1
ISBN 978-7-310-06352-9

Ⅰ.①新… Ⅱ.①张… Ⅲ.①民工－职业培训－研究
－中国 Ⅳ.①D422.63

中国版本图书馆 CIP 数据核字(2022)第 221632 号

新时期产业工人技能形成：农民工的视角
XINSHIQI CHANYE GONGREN JINENG XINGCHENG：NONGMINGONG DE SHIJIAO

南开大学出版社出版发行
出版人：陈　敬

地址：天津市南开区卫津路 94 号　　邮政编码：300071
营销部电话：(022)23508339　营销部传真：(022)23508542
https://nkup.nankai.edu.cn

天津市蓟县宏图印务有限公司印刷　全国各地新华书店经销
2023 年 1 月第 1 版　　2023 年 1 月第 1 次印刷
238×165 毫米　16 开本　26.25 印张　2 插页　441 千字
定价：135.00 元

如遇图书印装质量问题，请与本社营销部联系调换，电话：(022)23508339

国家社科基金后期资助项目出版说明

后期资助项目是国家社科基金设立的一类重要项目，旨在鼓励广大社科研究者潜心治学，支持基础研究多出优秀成果。它是经过严格评审，从接近完成的科研成果中遴选立项的。为扩大后期资助项目的影响，更好地推动学术发展，促进成果转化，全国哲学社会科学工作办公室按照"统一设计、统一标识、统一版式、形成系列"的总体要求，组织出版国家社科基金后期资助项目成果。

全国哲学社会科学工作办公室

序　言

一、中国由低技能均衡走向高技能均衡迫在眉睫

（一）粗放型发展模式下的低技能均衡陷阱

低技能均衡是指劳动者技能水平低，工资水平低；企业提供的技术性岗位较少，产品附加值低；整个经济体的产业结构低级化，且处在全球产业链低端，产业的国际竞争力弱。劳动者的低水平技能供给与企业的低水平技能需求达到均衡的状态，这无疑是一个坏的均衡[①]。与低技能均衡相对应的是高技能均衡，也是好的均衡。在高技能均衡中，劳动者技能水平高，工资率高；企业提供的技术性岗位多，产品附加值高，企业利润率高；整个经济体处在国际产业链中高端，竞争力强。劳动者的高水平技能供给与企业的高水平技能需求达到均衡状态，这显然是一个好的均衡。

改革开放以来，中国经历了几十年的粗放型发展模式，依靠生产要素增长驱动产出增长，在资本和劳动力大规模投入的基础上保持了几十年经济高速增长，经济体量位居世界前列。然而，若以高技能均衡和低技能均衡审视中国的经济发展，不可忽视的是很多产业领域均处在低技能均衡，尤其是吸纳大量低技能劳动力的劳动密集型产业更是如此。中国3亿农民工群体几乎都工作在低技能均衡领域，他们普遍文化程度偏低，技能水平处于中低端，依靠体力付出赚取劳动回报，活跃在非正规的二级劳动市场。与此对应，企业处于产业链中低端，其规模扩张的主要路径即吸收大量同质化的低技能劳动力，企业缺乏技术升级的动力，而农民工对提升技能的需求则是一种未被激活的潜在需求。

20世纪90年代以来，中国的低技能发展面临困境：低技能劳动力成本提升压缩了企业利润空间，在东南亚国家同质化的出口结构下，中国企业的产品和服务渐渐失去了价格竞争优势，"民工荒"叠加低端产业破产，

---

① 王辉. 低技能均衡的研究述评[J]. 中国人力资源开发，2017（2）：137-144.

低技能劳动力无法匹配新业态、新技术下的岗位需求，低端产业面临转型升级压力，低技能均衡难以为继。自 2018 年以来，中美贸易战不断升级，特朗普政府联合美国盟友对中国大企业展开围剿，进一步暴露了中国低技能均衡的劣势。在世界工业 4.0 的发展背景下，中国如何摆脱低技能均衡进而抢占国际产业链的制高点，无疑是一个迫在眉睫的课题。

中国走出低技能均衡陷阱急需完成两个升级：劳动力的技能升级和企业的技术升级。从技能需求看，以大企业为先导的企业转型升级需求强烈，在华为等大公司的示范下，在现存危机的倒逼下，企业自主创新、劳动力提升技能水平和产业附加值提升的需求日益高涨，潜在的和现实的高新技术供给呈上升态势。在政府主导"中国制造 2025"战略的助推下，财政性补贴的重点须用于引导企业实现技术改造与升级，将企业潜在的技术升级需求激发为现实需求，切实实现技术性岗位总量扩张。从技能供给看，文化和技能基础、现实的岗位福利提升、可行的技能提升成本是劳动力自发提升技能行为的前提条件。当前中国转型困难的低技能劳动力群体规模庞大，技能提升的文化基础较差，故技能提升的潜在需求需要外力才能被激活。在全球产业升级的驱动下，低技能岗位数量日益减少，若缺乏客观激励，大量的低技能群体争夺日益减少的低技能岗位，则必然走进低技能、低福利的恶性循环，陷入低技能均衡陷阱而无法自拔。与此同时，产业也因技能人才缺乏而陷入升级困难。

（二）由粗放型的低技能均衡走向集约型的高技能均衡

综上，高技能均衡是一个经济体前置到国际产业链前端、抢占未来竞争制高点的不二选择。新加坡、韩国的成功转型表明，由低技能均衡转向高技能均衡不是一个自发的过程，需要政府强势介入，且需要从企业的技术性岗位供给与劳动者的技能供给两方面同步协调推进。新加坡政府实施了高技能发展战略，同步促进产业升级与提升劳动者技能水平，在技能供给和需求双向驱动，成功实施了由低技能均衡向高技能均衡转型。韩国通过发展家族式工业化大企业推进企业技术升级，同时辅以强力手段提升劳动者素质，成功实现了由劳动密集型产业出口扩张向高科技产业发展的转型。从国际范围看，面对工业 4.0 下的技能人才短缺以及结构性失业，很多国家都开始制定整体性技能战略，从国家的宏观层面着手调动利益相关者的积极性，强势干预劳动者的技能形成。

中国政府汲取世界各国的发展经验，正在同步推进企业的技术性岗位供给与劳动者的技能供给，从战略上助推经济走向高技能均衡。习近平总书记在 2014 年亚太经合组织工商领导人峰会上提出新常态的概念，指出中国经济结构要不断优化升级，实现从要素驱动、投资驱动转向创新驱动。2017 年，在《决胜全面建成小康社会，夺取新时代中国特色社会主义伟大胜利》中指出，"贯彻新发展理念，建设现代化经济体系"，其中"加快建设创新型国家"从技术研发、企业支持、人力支持部署了走向高技能均衡的战略规划；在"实施乡村振兴战略"中部署了"培育新型农业经营主体""支持和鼓励农民就业创业"；在"实施区域协调发展战略"中部署了"加快农业转移人口市民化"。

在中国现有的正规职业教育人才培养滞后于经济社会发展需求，而市场主体缺乏参与职业教育和培训积极性的现状下，面对"中国制造 2025"战略实施对技能人才的需求，政府特别重视干预劳动者的技能形成。2017 年 2 月，中央全面深化改革领导小组第三十二次会议审议通过《新时期产业工人队伍建设改革方案》，指出中国职业教育和培训制度改革要"构建产业工人技能形成体系"。2019 年 5 月 18 日，国务院办公厅印发《职业技能提升行动方案（2019—2021）》，提出把职业技能培训作为保持就业稳定、缓解结构性就业矛盾的关键举措，力争在 2021 年底技能劳动者占就业人员比例超过 25%，高技能人才占技能劳动者比例超过 30%，全面提升劳动者技能水平和就业创业能力。

二、低技能劳动力的技能形成亟待政策驱动

（一）劳动者技能形成是一个政府强势干预的过程

从狭义上看，技能形成是指劳动者获得技术、技巧和能力的过程，是在教育训练的直接现场中接受教育训练的劳动力（或准劳动力）和教育训练的供给方互动的过程。但从广义上看，技能形成则是一个复杂的制度安排，涉及政府、行业企业、劳动力市场、劳动者等多个利益相关者，与经济社会发展需求、社会文化传统、教育体系、政策和制度安排有着密切的联系，具有较强的路径依赖，是一个全政府、协调性治理路径协同作用下的过程①。

劳动者技能形成是一个政府强势干预的过程：一方面，政府要引导劳动者投资于高技能以助推高新技术产业发展；另一方面，政府要促进低技能劳动力通过技能提升拥有适应技术变迁、产业变迁以及就业变迁的能力，从而实现产业转型与经济发展方式转变。

① 李玉静. 技能形成的全政府治理路径[J]. 职业技术教育，2019（17）：1.

（二）低技能劳动力自发技能形成存在内生障碍

1. 低技能劳动力的就业脆弱性高

相比政府对劳动者高技能形成的干预，低技能劳动力的技能形成更需要政府强势干预。这主要是因为低技能劳动力的人力资本水平低，其技能在工业 4.0 中很容易被替代。一方面，低技能劳动力人力资本向下兼容的空间非常狭小，相应地，在面对被替代时转岗就业的空间也很窄，故失业风险高，其人力资本存量容易发生贬损。另一方面，低技能劳动力针对人力资本存量贬损追加补偿型人力资本投资有难度。一是低技能劳动力自身人力资本存量水平低，后续人力资本投资效率较低，因而人力资本投资的预期收益较低；二是在较低的收入约束下，低技能劳动力缺乏为后续人力资本投资付费的内驱力。综上，低技能劳动力在劳动力市场上普遍面临就业脆弱性：对来自外界的就业扰动因素高度敏感，但同时自身又缺乏应对能力。

2. 低技能劳动力贫困化的风险高

低技能劳动力的就业脆弱性高，其直接后果是很难建构可持续生计，因而缺乏生存所需的稳定经济基础。在工业 4.0 的发展背景下，经济转型与产业升级均以高技能均衡为导向，低技能均衡领域逐渐缩减，从而导致对高技能劳动力的需求激增，同时对低技能劳动力的需求减少，尤其是人工智能对中低端劳动力的替代，进一步挤压了低技能劳动力的就业空间，低技能劳动力或者正在经历失业，或者长期暴露在失业风险中。随着技术进步的持续推进，低技能劳动力的技能水平及技能结构亟待改变以适应更高、更新的岗位需求，否则将长期暴露在贫困化的风险中。

3. 低技能劳动力完成就业迭代的能力弱

技术进步、产业升级、政策变迁、经济周期等外界扰动因素会催生新产业、改造甚至淘汰旧产业，导致工作岗位的技术技能升级，甚至一部分工作岗位被淘汰，相应地，劳动者须完成技能升级以保有工作岗位或适应新技术岗位，甚至被迫转岗，这就是劳动就业迭代的过程。那么，劳动者该如何应对上述扰动并实现劳动就业迭代呢？一方面，劳动者可追加人力资本投资以促进技术技能升级，实现就业迭代，从而保有原来的工作福利甚至获得更好的工作福利。另一方面，劳动者也可不追加人力资本投资，而是利用自身的存量人力资本迭代到其他就业领域，或者保有原来的工作福利水平，或者因存量人力资本与新的工作岗位匹配度低而导致工作福利水平降低。存量人力资本水平越高，劳动者向更好的就业领域迭代越容易实现；反之亦然。

低技能劳动力的人力资本水平普遍较低，在客观上完成就业迭代的能力较弱。一方面，其人力资本投资的效率较低，很难迭代到中高技术水平、更高工作福利的就业领域；另一方面，若不追加人力资本投资而是利用较低的存量人力资本直接迭代到其他就业领域，这些就业领域也是失业风险较高的领域，不利于其建构可持续生计，劳动者仍然暴露在贫困风险中。因此，如何提升低技能劳动力的技能水平，促进该群体形成新的职业技能，从而远离贫困风险，是各国政府都高度关注的经济问题，更是一个社会和政治问题。因而，低技能劳动者的技能形成是一个需要政府外力助推的重要课题。

三、中国低技能劳动力技能形成的政策驱动方向

2017 年 6 月 19 日，中共中央、国务院印发《新时期产业工人队伍建设改革方案》（以下简称《改革方案》），2019 年 1 月 24 日，国务院印发《国家职业教育改革实施方案》（以下简称《实施方案》），2019 年 5 月 18 日，国务院印发《职业技能提升行动方案（2019—2021）》（以下简称《行动方案》），2019 年 10 月 16 日，教育部等十四部门研究制定了《职业院校全面开展职业培训　促进就业创业行动计划》（以下简称《行动计划》），这些政策文本释放出强烈的信号，表明政府对低技能劳动力技能形成的高度重视和强力推动，主要特点如下。

（一）将促进低技能劳动力技能形成上升到法律高度

《行动计划》提出"实施学历教育与培训并举是职业院校（含技工院校）的法定职责。职业院校面向全体劳动者广泛开展职业培训……提高劳动者素质和职业技能水平"。职业院校是技术技能型人才的供给方，对潜在劳动力实施职业教育从而为经济社会输送适销对路的新增劳动力是其主要职能。但《行动计划》还将职业院校面向包括低技能劳动力在内的全体劳动者广泛开展职业培训作为其法定职责，凸显了政策驱动下职业院校由实施学历教育向实施学历教育与培训并举的职能转变。

《实施方案》提出"企业应当依法履行实施职业教育的义务"。企业是人才的需求方，从提高劳动生产率的角度看，企业需要匹配的劳动力素质才能实现中国产业转型升级下的企业转型升级。但企业是"理性经济人"，其经济行为决策原则是利润最大化，在匹配的劳动力供给足够充裕的条件下，企业在劳动力培训上必然"搭便车"。但在经济社会存在大规模结构性就业不匹配的条件下，企业必然因"搭便车"受阻而遭遇转型升级困难。市场经济存在"合成谬误"，单个企业行为理性的简单加总未必获得集体理

性，企业在劳动力培训上的"搭便车"实际上将亟待转型升级的中国经济推向了人才匮乏的困境。故在上述背景下，政府试图在立法的高度上强力驱动企业参与职业教育和培训，让企业将劳动力的职业教育成本内在化，并给予相应的政策补贴以尽量降低其人力资本投资成本。

抛开其他低技能劳动力，中国 3 亿多农民工在改革开放 40 多年间一直以较低受教育年限和较少职业培训两栖于非农业生产和农业生产，正是企业对该群体职业培训"搭便车"的结果。无疑，在粗放型、低附加值的经济发展模式下，企业节约了人力资本投资成本，整个国家收获了"人口红利"。但正是这种短期的经济繁荣，将相当一部分产业禁锢在全球产业链中低端，随着技术进步，特别是在全球工业 4.0 发展的宏伟蓝图中，企业被迫转型升级。修正企业对低技能劳动力的职业教育和培训行为偏差，是中国产业转型升级的战略考量，站在立法高度去推动是强有力的，也是适宜的。

（二）走内外融合技能形成路径促进低技能劳动力技能形成

1. 在正规职业教育的外部技能形成中植入内部技能形成的基因

其一，职业院校学历教育的招生范围拓展，由应届生拓展至以低技能劳动力为主体的重点人群。比如，《实施方案》提出，让"初高中毕业未升学学生、退役军人、退役运动员、下岗职工、返乡农民工等接受中等职业教育"，"为广大农村培养新型职业农民"。2019 年《政府工作报告》提出改革完善高职院校考试招生办法，鼓励更多应届高中毕业生和退役军人、下岗职工、农民工等报考，当年大规模扩招 100 万人。相比从正规职业院校毕业的新增劳动力，低技能劳动力是存量劳动力，该群体具有较为丰富的职业经历，带有内部技能形成的印记，再加上正规职业教育的外部技能形成经历，实现了内外技能形成的完美结合。

其二，职业教育院校服务内容拓展，由学历教育向学历教育与培训并举，面向全社会劳动者提供职业培训。《实施方案》提出，"落实职业院校实施学历教育与培训并举的法定职责……面向在校学生和全体社会成员开展职业培训"。《改革方案》提出"深入实施农民工学历与技能提升行动计划"。《行动方案》提出"推动职业院校扩大培训规模。支持职业院校开展补贴性培训，扩大面向职工、就业重点群体和贫困劳动力的培训规模"。根据《行动计划》，职业院校面向全体劳动者特别是重点人群及技术技能人才紧缺领域开展大规模、高质量职业培训，重点人群包括高校毕业生、退役军人、农民工、去产能分流职工、建档立卡贫困劳动力、残疾人等。上述政策文件均高度关注了劳动就业的弱势群体，包括农民工、下岗职工、贫困劳动力、残障人士等在内的低技能劳动力在政策上已成为职业教育院校开展职业培训的重点人群，这些政策旨在通过职业教育实施精准扶贫、实现脱贫攻坚。

其三，职业教育院校通过联合行业企业开展存量劳动力职业培训，汲取内、外技能形成的优点。《行动计划》提出，职业院校要联合行业企业广泛开展企业职工技能培训：第一，推动职业院校联合行业企业面向人工智能等重点领域开展新技术技能培训；第二，鼓励职业院校联合行业组织、大型企业组建职工培训集团，支持职业院校与企业合作共建企业大学、职工培训中心、继续教育基地；第三，借助职业院校加大对困难企业职工转岗转业培训力度。可见，除了职业院校实现校企合作的内驱动力，中国政府正在通过政策和制度设计的外力助推院校开展校企合作，通过植入内部技能形成的基因改造传统外部技能形成的基因密码，以规避外部技能形成的劣势。

综上，未来低技能劳动力借助正规职业教育提升技能将从单纯的外部技能形成路径逐渐演化为内外融合技能形成路径。一方面，正规职业教育院校的招生和培训对象正在从新增劳动力拓宽至存量劳动力，业务范围从以学历教育为主拓宽至与培训并举，这意味着一批具有职业经历的劳动者进入正规职业教育，"职业经历+正规教育"的组合在顶层设计上自带内外融合技能形成的基因。另一方面，正规职业教育院校面向包括低技能劳动力在内的全社会劳动者开展职业培训，是在联合行业企业的基础上展开的，是在充分了解企业对劳动力的技能需求以及充分利用校企双方技能训练条件的基础上展开的理论与实践紧密结合的职业培训，拥有内部技能形成+外部技能形成的双重基因，具备二者的优点且弥合二者的劣势。

2. 在企业内部技能形成中植入外部技能形成的基因

针对企业对劳动者尤其是中低技能劳动者在职培训"搭便车"的行为，政府旨在通过政策引导、激励企业参与职业教育与培训，充分利用企业内部技能形成的优势，且推动企业与职业教育院校实现产教融合，吸收外部技能形成的优点，以不断提高人才的规格和水平。《改革方案》提出"支持企业举办或参与举办职业教育……实施国家高技能人才振兴计划，创新协同育人模式，依托大型骨干企业建设示范性技能人才培训基地，打造更多高技能人才……制定校企合作促进办法，健全企业参与校企合作的成本补偿政策"，探索推进产教融合企业试点。《实施方案》提出"在开展国家产教融合试点的基础上，建立产教融合型企业认证制度"，对符合条件的企业给予"金融+财政+土地+信用"的组合激励。《行动方案》提出"支持企业兴办职业技能培训⋯⋯支持企业设立职工培训中心，鼓励企业与职业院校共建实训中心、教学工厂等，积极建设培育一批产教融合型企业。企业举办或参与举办职业院校的，各级政府可⋯⋯给予支持"，旨在通过政府的政策引导一批优质企业参与产教融合，通过示范效应带动、营造企业参与职业教育的氛围，打破校企合作中院校热、企业冷的僵局。无论是企业自办职业教育还是企业与职业院校实施校企合作育人，都是试图在企业内部技能形成路径中注入外部技能形成的基因，表明依托企业的内部技能形成将逐渐走向内外融合技能形成。

四、总体研究设计

（一）研究对象

从 1984 年国务院解除农民进入城镇务工的限制开始，中国农民基于农村农业的"推力"驱使和城镇非农业的"拉力"吸引，自发地从农村流向城镇，从生产率低的农业迁移至生产率高的非农产业，人均收入水平随之不断提高。农民的迁移成功助力了中国农村的减贫工作，从 1978 年改革开放至今的 40 余年间，中国农村成功减贫 7 亿人，很好地验证了"通过就业转型能够减贫"的假设。

然而，伴随着农村减贫工作的顺利推进，农村贫困人口城市化的脚步是否在加速呢？农民工作为城市的常住人口，在不能平等地享有普惠型的城市基本公共服务的背景下，其在城市很难建立可持续生计，因而缺乏减贫的基础，且暴露在贫困风险中。可见，农民工是城市潜在的贫困人口。本书认为，农民工在城市建构可持续生计是实现减贫的基础，更是提升城镇化质量、推进农民工市民化的有效路径。

建构可持续生计，首先要通过提升人力资本水平实现就业转型、提升就业质量，奠定农民工融入城市的经济基础，并在此基础上逐步提升其社会资本、心理资本的水平。那么，农民工需要在现有的就业基础上做出怎样的就业转型才能实现减贫？在农民工实现深度就业转型的过程中，职业教育（和培训）是如何促进了该群体的技能形成？城市农民工在非农领域、返乡农民工在农业领域实现就业转型的有效路径分别是什么？围绕助推农民工在城市建构可持续生计的需求，进一步探索其技能形成的路径，最终通过就业转型实现市民化，彻底脱离贫困的风险，是本书的落脚点。

（二）研究框架

本书在框架上按五编十五章排列，每编分列三章。

第一编"解析：就业转型、减贫与技能形成的内在逻辑"，阐释城乡移民就业转型、减贫与技能形成的内在逻辑。（1）阐述了就业转型是减贫的有效手段，并用统计数据展示了中国农村劳动力由农业向非农产业的就业转型与减贫的轨迹。（2）用数据分析了农民工在城市的隐性贫困现状，界定了农民工非农务工的就业脆弱性，用数据展示了农民工就业脆弱性的演变轨迹及行业分布特征。（3）阐释了人力资本尤其是技能水平较低导致农民工的就业脆弱性较高，提出了以技能形成促进其实现深度就业转型从而建构可持续生计、走出贫困的内在逻辑。

第二编"阐释：新时期多元扰动下的就业与技能变迁"，阐释新时期多元扰动下农民工面临的就业与技能变迁。主要揭示了新时期农民工在城市非农务工面对的多元扰动及可能的就业变迁。新时期农民工面对的多元扰动主要有技术进步、产业转型、"L"形经济周期、创新驱动等，农民工面临着被淘汰的风险和技能升级、深度就业转型的挑战。

第三编"透视：劳动就业迭代、人力资本投资及技能形成"，以人工智能为背景，透视多元扰动下农民工的劳动就业迭代及人力资本投资和技能形成。（1）人工智能带给劳动力市场的冲击包括劳动领域的就业变迁和就业福利水平变迁。人工智能改变了劳动者的就业状态，推动劳动力从各自的劳动领域向后、向上进行就业迭代。四种人类劳动活动领域分别为：规则性体能劳动、规则性智能劳动、非规则性智能劳动、非规则性体能劳动。（2）劳动就业迭代的前提是劳动者获得更高、更新的人力资本，特别是技能。人工智能的发展使人力资本的内涵由传统的认知人力资本拓展到非认知人力资本，适应劳动就业迭代的技能内涵也变得更为丰富。劳动者要成功进行就业迭代需要在扰动发生前后拥有完备的补偿与防范型人力资本投资策略以满足就业迭代的需求。（3）界定了低技能劳动力的内涵、技能形成的缘起、技能形成的分析框架。

第四编"实证：低技能劳动力技能形成的国内外实践"，考察了国内外低技能劳动力技能形成的实践。（1）从内、外部技能形成的视角考察了日本、新加坡、韩国、印度四个典型国家低技能劳动力技能形成的实践。（2）从古代、近代和现代三个时段梳理了中国历史上劳动者技能形成的轨迹，特别关注了雇佣劳动的学徒制技能形成方式，追溯了中国改革开放以来劳动力职业培训的政策轨迹，特别关注了针对农民工的职业培训政策实践。（3）选取国内低技能劳动力技能形成的典型案例透视技能形成的合理路径。

第五编"展析：技能形成、农民工深度就业转型、新时期产业工人"，在农民工在职培训满意度调查、农民工接受正规职业教育现状调查的基础上，阐释了农民工通过技能形成实现深度就业转型成为新时代产业工人的观点。（1）新生代农民工在职培训满意度调查。针对新生代农民工设计了在职培训满意度调查问卷，基于欧洲顾客满意度指数模型建构了新生代农民工在职培训满意度模型，确定了评价指标体系，访谈了大中小不同规模的企业，考察农民工内部技能形成的现状、问题及成因。（2）从高职扩招的视角切入，考察农民工接受正规职业教育的现状与问题，问卷调查对象为扩招农民工和教师，访谈对象为教务管理者和主管教学校长。（3）新时期基于农民工深度就业转型的技能形成反思。分析了新时期创新驱动发展战略下技术进步引发的持续变迁倒逼农民工深度就业转型，农民工在整个经济生命周期内都具有人力资本投资的内驱力，按照青年、中年转职、老年的分类形式阐释了该群体在经济生命周期内的技能形成路径，在理性经济人假设下分析了农民工技能形成中的行为理性，并据此提出了农民工职业培训资源的配置建议，建构了农民工技能形成的社会合作制度框架。

（三）主要观点

1. 新时期多元扰动下农民工面临就业与技能变迁

本书中提出的新时期这个背景主要指技术进步、产业转型、"L"形经济周期、创新驱动等多元扰动，这些扰动使得农民工在城市非农务工面对更为严峻的就业变迁，面临着被淘汰的风险和技能升级、深度就业转型的挑战。本书将农民工定位于产业转型升级所需的产业工人，通过促进该群体习得技能实现深度就业转型成为产业工人，并基于技能建立城市生存的可持续生计，从而实现市民化。

2. 中国农民从农业向非农业的就业转型有助于消除农村贫困

国际劳工组织研究司在《2016年世界就业和社会展望》中发布的110个国家的家庭抽样调查结果显示，贫困与工作类型密切相关：非农业领域的工作岗位比农业领域的工作岗位更能消除贫困，在非农业领域的工作岗位中，工业比服务业的生产率高、工资率高。中国农村剩余劳动力乡城迁移①的轨迹显示了中国农民通过取得非农务工收入不断脱离贫困的过程，1978—2018年间，中国农村贫困发生率从97.5%下降到1.7%，贫困人口规模从77039万人下降到1660万人，充分印证了国际劳工组织的调查结论。

3. 农民工是城市的隐性贫困群体

但是，在农民眼中看似"丰裕的收入"是否能够支撑农民工如城市居民一样的生活方式呢？根据国家统计局数据，2017年，城镇单位就业人员平均工资是外出农民工的1.6倍，2017年外出农民工月均收入为3805元，

---

① 乡城迁移：从农村向城市迁移。

比城镇单位就业人员 2012 年的 3897 元还低 92 元。同是生活在城市，如果不坚持节衣缩食、降低生活质量，将生活水平仅仅局限在维持生存的最低水平上，农民工在城市的生存是困难的，其在城市的生存状态尚不能用"市民化的生活"去描述。可见，农民工群体仍然暴露在贫困风险中，缺乏可持续生计，虽然由于户籍的原因他们并未被纳入城市贫困人口统计范围，但他们却是城市隐性的贫困群体。

4. 农民工非农务工的就业脆弱性将其暴露在贫困风险中

脆弱性起源于对自然灾害的研究，最早由地理学领域的蒂默尔曼（Timmerman P.，1981）提出，后来被应用到更为广泛的研究领域，在贫穷、可持续发展等社会学领域，脆弱性是一个可持续发展的概念，指系统承受不利影响的能力，注重通过探析脆弱性产生的原因以降低系统的脆弱性从而达到可持续发展的目的（Bogard W. C.，1988；Adger W. N., Kelly P. M.，1999）。综合国内外研究成果，本书将农民工就业的脆弱性界定为：农民工在从事非农务工中对来自外界的就业扰动因素高度敏感，同时自身缺乏应对能力的一种状态。

人力资本脆弱度、工作收入脆弱度、工作保障脆弱度评估的结果显示，农民工在城市非农务工中就业脆弱程度较高。农民工的高就业脆弱性将其暴露在贫困风险中。一方面，农民工的就业脆弱程度与工资收入水平呈显著负相关关系，即农民工就业脆弱程度越高，相应的收入水平也越低。另一方面，农民工的就业脆弱性程度对农民工消费支出的影响是负向的，即农民工就业脆弱值每增加一个单位，农民工消费支出就会相应减少 0.034个单位（王小丽，2013），农民工就业脆弱度增加会挤占其消费支出。

5. 人力资本水平较低导致农民工就业脆弱性程度较高

农民工在城市建构可持续生计是其脱离贫困状态的关键点，而建构可持续生计需要提升其生计资本水平。课题组前期调查结果表明，生计资本禀赋的水平是农民工就业脆弱性的根源，农民工生计资本束中各项资本的水平当前都不足以支撑其在非农务工领域获得体面就业，因而农民工的非农务工就业脆弱性表现得很突出。农民工的生计资本束由物质资本和非物质资本（含人力资本、社会资本、心理资本）构成，影响就业脆弱性的关键资本是非物质资本，因人力资本禀赋直接关系到社会资本和心理资本的水平和质量，故减弱农民工就业脆弱性需要从微观切入，围绕提升农民工的人力资本水平尤其是产业所需的技能水平，落脚在通过职业教育和培训促进其技能形成，通过获得体面就业在城市建构可持续生计，进而消除贫困风险。

6. 新时期通过技能形成促进农民工实现深度就业转型

农民工从农业向非农业的迁移已经完成了初次就业转型，改善了收入水平，但同时在市民化的进程中面临着新的贫困风险。因人力资本水平较低，农民工在历次就业冲击中面临的失业风险最大，新时期农民工在城市面临更为复杂的就业环境，在技术、创新和制度变迁带来的更为剧烈的就业冲击中，产业转型发展对产业工人提出了更高的技能需求，农民工唯有通过技能形成实现深度就业转型，进而获得体面就业，逐渐降低就业脆弱性，并依托体面就业逐渐提升生计资本的水平，逐渐在城市建立起可持续生计，才能改变在城市的贫困现状，完成向市民的转变。

7. 深度就业转型、减贫与技能形成的内在逻辑

深度就业转型、减贫与技能形成的内在逻辑如下：（1）城市农民工。对长期留在城市生活的农民工，要通过职业教育（和培训）促进技能形成，助力其在非农务工领域实现深度就业转型、提升就业质量，消除就业的脆弱性，通过提升生计资本水平以提升就业能力，即获得一份职业并保有一份职业的能力，奠定其在城市生存的经济基础，依托在经济上融入城市建构于城市生存的可持续生计，最终实现农民工减贫。（2）返乡农民工。农村减贫的原动力来自农民工非农务工收入，在现有农业的劳动生产率下，农民工返乡是有损经济体整体劳动生产率的。随着农业生产机械化的推进以及农业规模经营的推广，农业劳动生产率也会逐渐提高，如果有些农民工最终选择返乡，仍需要职业教育（和培训）促进技能形成，助力其实现从城市劳动力市场向农村劳动力市场的迁移，这不仅仅是地域上的迁移，更应该是能够保持原有的劳动生产率水平的迁移，至少保持原有的收入水平，且不会因为返乡损害自身乃至整个经济体的劳动生产率和福利水平。

8. 农民工作为低技能劳动力的技能形成有独特之处

就习得技能而言，低技能劳动力适合"做中学"，工作场所学习是重要的学习方式。相应地，中国的农民工群体也是低技能群体，在通过习得技能实现深度就业转型进而成为满足产业转型升级需求的新时代产业工人的过程中，同样适合于采用工作场所学习的方式，无论是用人单位提供培训，还是借助于职业院校、市场培训机构，都离不开内部技能形成的路径。主要原因如下：其一，低技能本身就容易习得，在工作场所完成比较适宜；其二，低技能岗位对理论知识要求较低而更偏重于实践技能。

9. 在经济生命周期的框架下阐释农民工的技能形成

传统的人力资本投资理论认为，在劳动力经济生命周期的不同时段，人力资本投资的行为是有差异的：在青年阶段，投资效率最高、投资成本

最低，因而投资收益最大；在中年阶段，人力资本投资效率降低，因其人力资本收益达到峰值，故新的人力资本投资的机会成本也达到峰值，因而进行新的人力资本投资驱动力减弱；在老年阶段，人力资本投资效率最低，因面临退出劳动力市场，基于职业能力提升的人力资本投资需求最低，健康投资增加。在面临制造业转型升级的新时期，作为产业工人的主体，技术升级、创新驱动引发的持续变迁倒逼农民工的深度就业转型以满足产业发展的技术技能需求，因而其在整个经济生命周期内均有人力资本投资的需求，农民工的技能形成问题成为一个要基于经济生命周期去考虑的终身职业能力开发问题。具体而言，青年农民工定位在现代产业工人中的中高端技能承载者，主要通过高等职业教育这一外部技能形成路径习得知识和技能，旨在防范可能的人力资本存量贬损；中年农民工在频发的技术变迁下面临转职需求——传统岗位的技能升级、既有技术技能被淘汰而被迫实施横向和纵向就业迭代，主要通过职业培训的内部技能形成路径习得知识和技能，其人力资本投资或者是防范型的或者是补偿型的；老年农民工同时面临着来自技术技能和健康双重的人力资本存量贬损，他们同时需求来自新技术、新知识的通用性培训以及基于健康的知识，通常新知识和新技能依托企业这一内部技能形成路径，而健康知识则可依托老年大学/培训机构等外部技能形成路径。

10. 内外技能形成融合是农民工技能形成的主流路径

依托正规教育的外部技能形成路径或者依托企业的内部技能形成路径正在逐渐融合。就农民工群体而言，作为产业工人，其人力资本的主要构成是技术技能，故其技能形成路径内生具有内外技能形成融合的特征。在高等职业教育扩招的政策下，农民工是带着一定技能存量接受正规职业教育的，而院校与企业的合作将该群体的正规教育推向了内外技能形成融合的新高度。就企业和政府而言，在技术进步的驱动下，频繁的变迁通过职业技能变迁持续带来就业冲击，农民工仅在企业提升职业技能是不足以应对深化技能、拓宽技能广度需求的，那么企业也要通过与教育和培训机构的合作驱动农民工习得新知识。故针对农民工的内、外技能形成路径会互相趋近、相辅相成、不断融合。

11. 促进农民工技能形成需要建构一个社会合作制度框架

一个经济体在技术进步下实现产业转型升级必然面临结构性就业问题，因此技能形成不是劳动力单方面的需求，也是政府、企业和行业的需求，促进劳动力技能形成的本质是促进劳动力市场上的技能供需均衡，故任何经济体的技能形成制度都是一个包括政府、行业/企业、社会组织、劳动力个人/家庭在内的社会合作的制度集合，旨在推动人力资本高、中、低端的全体劳动力根据未来技能需求开发职业能力。农民工群体居于人力资本中低端，更确切地说大部分农民工居于人力资本低端，是典型的低技能劳动力，甚至相当一部分是无技能劳动力，将其定位于现代产业工人，促进其技能形成是当务之急。相比高技能劳动力，低技能劳动力职业能力提升对提高全要素生产率的贡献更大，其人力资本投资的社会收益更高。由于低技能的农民工群体多被边缘化在次要劳动力市场上，要通过人力资本投资提升职业能力，并在职业生涯规划的前提下促进其形成终身学习的习惯，需要建构一个涵盖政府、行业、企业和院校四个主体在内的社会合作制度框架。在这个制度框架下，根据技术进步下行业/企业的技能需求以及农民工所处的生命周期阶段、低技能的绝对性/相对性特征选择技能形成路径和人力资本投资内容。

（四）研究方法

1. 规范论证与实证分析相结合

（1）规范论证解决"应该是什么"的问题，就业转型、减贫与技能形成的内在逻辑、新时期多元扰动下的就业与技能变迁、劳动就业迭代与技能形成、农民工技能形成的路径及策略均采用了规范论证法。（2）实证分析用以求证"究竟是什么"的问题。中国农民工减贫轨迹与就业脆弱性、国内外低技能劳动力技能形成的典型实践、新生代农民工在职培训满意度采用实证分析法。

2. 定性分析与定量分析相结合

（1）运用演绎与归纳、分析与综合、抽象与概括等定性分析方法，揭示就业转型、减贫与技能形成的内在逻辑，探讨多元扰动下的劳动就业迭代及人力资本投资轨迹，阐释农民工技能形成的路径及策略。（2）运用统计分析法，对有关数据资料进行加工处理，准确把握上述问题之间的内在规律性联系。

3. 比较分析法

通过考察日本、新加坡、韩国和印度四个亚洲国家低技能劳动力技能形成的实践和中国劳动者技能形成的历史轨迹，揭示新时期面对多元扰动农民工可能的技能形成路径和策略，使问题的剖析更为立体、全面、直观、合理。

4. 问卷调查法与访谈法

注重调查研究的运用，一方面，针对新生代农民工在职培训满意度设计了调查问卷，针对不同规模的企业设计了访谈方案，考察农民工在内部技能形成中存在的问题，剖析原因；另一方面，针对高等职业教育扩招政策下院校社会生源的培养，特别是农民工生源的培养展开问卷调查，调研对象为农民工学生和教师，同时对不同学校、不同专业的教务处和主管教学校长实施访谈，透视农民工外部技能形成的现状。在上述农民工内、外技能形成路径调研的基础上，为选择技能形成的路径、制定策略提供可靠的实践基础。

（五）研究价值

1. 学术价值

（1）本书在对国内外相关研究现状与成果广泛了解与深入研判的基础上，提出通过提升农民工的生计资本禀赋水平有效应对其非农务工的就业脆弱性，通过技能形成提升就业能力（获得并保有一份工作的能力）以获得体面就业，逐步在城市建构可持续生计，最终走出贫困完成市民化的思想，建构了农民工这一低技能的产业工人主体在面对新时期多元扰动下可行的技能形成路径与策略，提出了新的农民工问题分析框架。

（2）本书系统地归纳和阐述了农民工就业转型、减贫与技能形成的内在逻辑、劳动就业迭代轨迹与人力资本投资策略、技能形成的路径与策略，对完善和促进农民工问题研究具有重要的理论意义。本书以定性分析与定量分析相结合、实证分析与规范论证相结合、比较研究、调查研究等方法为研究手段，研究主题和思路科学、有效、可信。

2. 应用价值

农民工技能形成问题的研究既是一个职业教育与培训领域的教育问题，还是一个在中国经济转型期关乎低技能劳动力就业的经济问题，更是一个关系到农民工融入城市完成市民化的社会问题。父辈农民工有着较强的农村生产和生活印记，再加上较低的人力资本水平致使其在城市多从事非正规就业，亦城亦乡是其认可的生存模式。相比父辈，新生代农民工在农村生产和生活的痕迹不重，相对排斥农民的身份，渴望城市生活。新生代农民工的人力资本水平普遍高于父辈，其在城市非农务工的质量相对比父辈高，但是，依附于其就业岗位的工资和福利水平与城市制度内人口仍有较大差异。综上，不愿回乡的新生代农民工尚未形成融入城市所需的可持续生计，在长期中，他们被暴露在贫困的风险中，是没被统计的日渐增长的城市隐性贫困人口。从发展趋势看，提升中国的城市化质量首先要助推农民工群体在城市建构可持续生计，通过促进其融入城市逐渐完成向市民的转变，消除城市贫困。本节期待能为上述问题提供一个全面的解释，为促进农民工技能形成提供借鉴。

（六）学术创新

（1）研究方法创新。本书成果以职业教育学、教育经济学、劳动经济学、发展经济学等相关理论为研究依据与理论基础，以农民工这一产业工人的主体为例，分析了就业转型、减贫与技能形成的内在逻辑，阐释了多元扰动下农民工的劳动就业迭代、人力资本投资策略、技能形成路径与策略。通过多学科交叉研究，针对复杂的农民工问题，从技能形成的视角切入，探讨了以技能形成撬动农民工群体市民化问题的可行路径和策略，开启了农民工问题研究的新里程。

（2）学术思想创新。其一，以低端人力资本承载者农民工群体为研究对象，在新时期多元扰动下，基于中国制造业转型升级的战略需求，从技术进步、创新驱动等多元扰动的新时期特征出发，阐释将该群体定位在现代产业工人该如何促进其技能形成，将低端人力资本和产业结构高级化有机联系在一起。其二，在传统人力资本投资理论的基础上，从农民工全员应对未来技能的视角提出在其经济生命周期内分青年、中年、老年三个阶段实施职业能力开发策略，在积极的职业生涯规划下，促进其形成终身学习的习惯以应对技术变迁下的就业变迁。其三，根据农民工的低技能特征将其分为人力资本绝对低和相对低两个类别，提出不同的技能形成路径、人力资本投资策略和职业能力开发方向。其四，在农民工作为低技能弱势群体的视角下，考虑到其技能形成对提高全要素生产率的作用以及人力资本投资的社会收益，建构了包括政府、行业、企业和院校在内的技能形成社会合作制度框架。

（七）研究局限

在揭示了就业转型、减贫与技能形成的内在逻辑，分析了新时期多元扰动下的劳动就业迭代与人力资本投资策略，考察了国内外典型的技能形成实践，调查了新生代农民工在职培训满意度之后，本书已经在理论与实证层面同时具备了深入探讨将农民工定位于产业工人，分析其应对多元扰动下的劳动就业迭代的技能形成路径与策略的基础。鉴于产业工人的构成是多元的，对其技能形成的探讨是一个大的系统工程，因此本书结论尚局限在农民工这个产业工人群体。由于农民工人力资本特别是技能水平较低，因此本书的相关结论并非适用于所有产业工人。后续研究将拓展研究范围，完善关于产业工人的技能形成研究。

目　录

第一编　解析：就业转型、减贫与技能形成的内在逻辑

第一章　中国农民的就业转型与乡城移民的城市贫困...................3
　　第一节　中国农民的就业转型与减贫...................3
　　第二节　农民工在城市是贫困的吗?...................7

第二章　农民工非农务工的就业脆弱性...................16
　　第一节　诠释农民工就业脆弱性...................16
　　第二节　农民工就业脆弱性表现及演变轨迹...................24
　　第三节　农民工就业脆弱性的行业分布及演变轨迹...................37

第三章　技能形成视域下农民工的可持续生计建构...................49
　　第一节　以可持续生计促进农民工在城市减贫...................49
　　第二节　促进农民工技能形成于城市建构可持续生计...................57

第二编　阐释：新时期多元扰动下的就业与技能变迁

第四章　农民工于城市面对的多元扰动及就业变迁...................65
　　第一节　技术进步与就业变迁...................65
　　第二节　"L"形经济周期、创新驱动与就业变迁...................71

第五章　创新驱动下农民工的人力资本嬗变...................76
　　第一节　创新驱动下农民工于城市的可持续生计...................76
　　第二节　创新驱动下异质型人力资本嬗变及应对...................78
　　第三节　创新驱动下农民工的技能型人力资本变迁...................80
　　第四节　创新驱动下农民工的人力资本提升...................83

第六章　农民工于城市的就业变迁及应对..........................85

　　第一节　技术进步下农民工于城市的就业契机何在？.........85

　　第二节　"机器换人"会给劳动力市场带来什么？.............89

　　第三节　开放经济对劳动者技能提出了什么要求？.........92

　　第四节　农民工需要具备什么技能组合以应对就业变迁？.............95

　　　　第三编　透视：劳动就业迭代、人力资本投资及技能形成

第七章　人工智能下的劳动就业迭代.............................101

　　第一节　人工智能替代人类劳动的缘起.....................101

　　第二节　劳动活动分类及劳动者就业领域迭代轨迹.........107

　　第三节　人工智能对劳动力市场的冲击：理论与实证.................112

第八章　劳动就业领域迭代下的人力资本投资.................124

　　第一节　人工智能对传统人力资本内涵的拓展.................124

　　第二节　适应劳动就业迭代的人力资本投资策略选择.................128

　　第三节　应对劳动就业迭代的人力资本投资分布.................129

第九章　低技能劳动力技能形成的理论分析.................136

　　第一节　技能的内涵...136

　　第二节　诠释技能形成...140

　　第三节　低技能劳动力的技能形成.............................150

　　　　第四编　实证：低技能劳动力技能形成的国内外实践

第十章　典型国家低技能劳动力技能形成的机制.................159

　　第一节　日本...159

　　第二节　新加坡...191

　　第三节　韩国...205

　　第四节　印度...216

第十一章　中国历史上企业员工的技能形成轨迹.................231

　　第一节　中国历史上企业的形成与演变.....................231

第二节　历史上各时期企业劳动者的技能形成................234

第三节　改革开放以来中国劳动力职业培训政策溯源................254

第十二章　低技能劳动力技能形成的典型案例................266

第一节　内外融合技能形成：A公司的技术工人培养路径............266

第二节　外部技能形成：世界银行的农村劳动力培训项目............273

第三节　政府主导下的外部技能形成：雄安新区原住民就业迁移及职业培训................279

第五编　展析：技能形成、农民工深度就业转型、新时期产业工人

第十三章　内部技能形成：新生代农民工在职培训满意度调研............295

第一节　在职培训满意度模型建构................295

第二节　新生代农民工在职培训满意度问卷调研................304

第三节　新生代农民工在职培训企业访谈................325

第四节　新生代农民工在职培训现存的问题及对策................337

第十四章　外部技能形成：农民工院校职业教育调研............342

第一节　农民工接受院校职业教育的政策分析................342

第二节　农民工院校职业教育现状调研................346

第十五章　新时期农民工深度就业转型中的技能形成反思............355

第一节　农民工技能形成的特征................355

第二节　技能形成中农民工的行为理性................361

第三节　农民工技能形成的社会合作制度框架................366

附录1：《新生代农民工在职培训满意度》调查问卷................372

第一部分：背景资料................372

第二部分：培训现状................373

第三部分：培训满意度................374

附录2：《新生代农民工在职培训满意度》企业培训负责人访谈提纲....378

第一部分：培训期望...378

第二部分：培训现状...378

第三部分：培训满意度...379

附录 3：《农民工生源高职生的职业教育现状》农民工学生问卷...........380

附录 4：《农民工生源高职生的职业教育现状》教师问卷.................385

附录 5：《农民工生源高职生的职业教育现状》访谈提纲.................389

后 记...391

第一编 解析：就业转型、减贫与技能形成的内在逻辑

第一章　中国农民的就业转型与乡城移民的城市贫困

第一节　中国农民的就业转型与减贫

一、就业转型是减贫的有效手段

联合国 2030 年消除贫困设定的目标是实现全面的和生产性的就业，人人获得体面劳动。国际劳工组织研究司发布的《2016 年世界就业和社会展望》主要关注了就业与贫困的关系，通过对 110 个国家的家庭进行抽样调查发现，在就业领域中，贫困与工作类型密切相关。调研结果显示，64%的穷人在农业领域工作，64%的非穷人则在非农业领域务工。在非农务工领域中，非穷人从事工业岗位的比例高达 21%，而穷人这一比例为 16%；非穷人从事服务业的比例高达 43%，穷人只有 19%。就非农业工作的具体行业而言，穷人中有 9%从事贸易工作，8%从事制造业工作；非穷人中有 15%从事贸易工作，12%从事制造业工作。来自 43 个新兴经济体和发展中国家的数据显示，从事农业工作的人员中有 25%是穷人，从事工业工作的人员中有 12%是穷人，从事服务业工作的人员中只有 7%是穷人①。根据上述数据判断：非农业领域的工作岗位比农业领域的工作岗位更能消除贫困，在非农业领域的工作岗位中，工业比服务业的生产率高、工资率高，但工业的劳动力吸纳能力低于服务业。

发展经济学家刘易斯（W. A. Lewis，1954）在《劳动无限供给条件下的经济发展》一文中首次提出了二元经济发展模型，指出在发展中国家的

---

① 国际劳工组织研究司. 2016 年世界就业和社会展望[R]. 北京：中国财政经济出版社，2017.9.

经济中同时存在着以农业部门为代表的劳动生产率低的传统部门和以工业部门为代表的、劳动生产率高的、工资水平高的现代工业部门。在这样的二元经济中，工业化进程的演进模式为劳动生产率差距引发农村劳动力源源不断地从劳动生产率低的农业部门流向劳动生产率高的现代工业部门，同时现代工业部门因为高劳动生产率和低劳动力成本获得巨额的超额利润，不断地扩大工业部门以吸收农业部门的剩余劳动力，直到两部门的劳动生产率相等为止，这时农村剩余劳动力吸收完毕，一国的工业化过程也宣告完成。在二元经济中，经济发展依赖于现代工业部门的不断扩张，低效率的传统农业部门析出的剩余劳动力为现代工业部门扩张提供了廉价的劳动力，成为现代工业部门扩张的必要条件。美国发展经济学家托达罗（Todaro M. P.，1969）提出用农村劳动力进城所获"期望收益"大小解释劳动力从农村向城市的迁移行为，即"托达罗模型"：城乡预期收入差异的扩大是发展中国家农村人口迁移规模继续增大的主要原因，并且城市失业率也影响着农村居民的迁移决策。根据刘易斯和托达罗的理论，中国农村剩余劳动力从农业向非农业的迁移，正是基于对非农务工的高收益预期的结果。因此，可以做如下判断：在工业化进程中，农村剩余劳动力基于非农务工的高收益预期而向非农业领域迁移，脱离了传统的、低劳动生产率的农业，转到较高生产率的工业和服务业，这种迁移有助于农村剩余劳动力减贫。

二、中国农村劳动力就业转型与减贫的轨迹

中国农村剩余劳动力乡城迁移的轨迹为上述理论提供了良好的实践检验。1958 年，全国人民代表大会常务委员会通过的《中华人民共和国户口登记条例》区分出了城市与农村户口，严格限制农民进入城市。改革开放后，农村实行家庭联产承包制，包产到户极大地释放了生产力，提升了生产效率，粮食产量飞速增长，仅在 1982—1984 年，粮食年产量就从不足 3000 亿千克增至 4200 亿千克以上。"粮贱伤农"，土地已不堪铁饭碗之重任，农村剩余劳动力不得不谋求新的收入方式。1984 年，国务院发出《关于农民进入集镇落户问题的通知》，允许农民自带口粮进城务工，大批农民涌入城镇，迁移至非农业，形成了举世瞩目的"民工潮"。截止到 2017 年，中国有 3 亿多农村剩余劳动力由从事农业生产转向非农务工，或者就近务工，离土不离乡；或者不远千万里外出务工，离土离乡，忍受与家人分离。

在农业收入式微的背景下，非农务工收入成为农村家庭收入的有效补

偿，有力支撑着农村家庭的生产和生活需求。其一，从农民收入增长幅度观察。1980—2012 年间，农村居民家庭人均消费支出从 162.2 元增长至 5908元，上涨了 35.4 倍，同期农村居民家庭人均纯收入从 191.3 元增长至 7916.6元，上涨了 40.4 倍，收入增长是消费支出增长的坚实基础。2013—2015 年间，农村居民人均可支配收入同比增长 11.2%，超过城镇居民人均可支配收入 9.0%的增幅①。2016—2018 年，农村居民和城镇居民人均可支配收入增幅均有所放缓，但农村居民人均可支配收入增长仍超过城镇居民。2016年，农村居民人均可支配收入比上年实际增长 6.2%，城镇居民人均可支配收入实际增长 5.6%②。2017 年，农村居民人均可支配收入比上年实际增长7.3%，城镇居民人均可支配收入实际增长 6.5%③。2018 年，农村居民人均可支配收入比上年实际增长 6.6%，城镇居民人均可支配收入实际增长5.6%④。其二，从农民收入⑤结构观察。1984—2015 年的 30 多年间，工资性收入在农民收入中的占比从 18.7%（1984 年）一路攀升至 43.5%（2012年）（如图 1-1-1 所示）。此间农民收入结构悄然改变：1984—2015 年间，农民家庭经营收入在农民收入中的占比从 73.7%逐渐降至 39.4%；2009 年，工资性收入占比首次增至 40%，经营性收入占比首次跌破 50%，降至47.9%；此后二者在农民收入中的占比日益旗鼓相当，2014 年工资性收入占比为 39.6%，经营性收入占比为 40.4%；2015 年，工资性收入占比（40.3%）首次超过经营收入的占比（39.4%），且在随后的三年内保持了这个态势，至 2018 年，工资性收入占比增至 41.0%，经营性收入占比降至 36.7%。相应地，改革开放以来中国农村减贫成效显著。时任国家统计局副局长的张为民（2015）⑥撰文指出，按当年价格和现行农村贫困标准衡量，1978 年中国农村居民贫困发生率为 97.5%，农村贫困人口规模高达 7.7 亿；2014年农村贫困人口规模为 7017 万人，贫困发生率为 7.2%，此间农村贫困人

---

① 中华人民共和国国家统计局. 国民经济和社会发展统计公报（1998—2015）[EB/OL]. [2002-01-16—2016-02-29]. http://www.stats.gov.cn/tjsj/tjgb/ndtjgb/index.html.

② 中华人民共和国国家统计局. 国民经济和社会发展统计公报（2016）[EB/OL]. [2017-02-28]. http://www.stats.gov.cn/tjsj/zxfb/201702/t20170228_1467424.html.

③ 中华人民共和国国家统计局. 国民经济和社会发展统计公报（2017）[EB/OL]. [2018-02-28]. http://www.stats.gov.cn/tjsj/zxfb/201802/t20180228_1585631.html.

④ 中华人民共和国国家统计局. 国民经济和社会发展统计公报（2018）[EB/OL]. [2019-02-28]. http://www.stats.gov.cn/tjsj/zxfb/201902/t20190228_1651265.html.

⑤ 按照中国国家统计局的统计口径，按收入来源划分，农民收入由工资性收入、家庭经营性收入、财产性收入、转移性收入构成。

⑥ 张为民. 脱贫步伐加快 扶贫成效显著 我国贫困人口大幅减少[EB/OL]. [2015-10-16]. http://www.stats.gov.cn/tjsj/sjjd/201510/t20151016_1257098.html.

口减少了7亿人，年均减贫人口规模为1945万人，贫困人口年均减少6.4%。截止到2019年末，农村贫困人口规模降至551万人，贫困发生率为0.6%（如表1-1-1所示），脱贫攻坚成效显著。

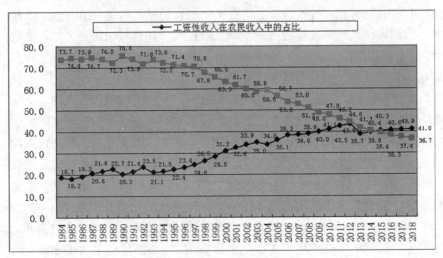

图 1-1-1　工资性收入和经营性收入在农民收入中的占比

数据来源：中华人民共和国国家统计局. 2019 中国统计年鉴[J]. 北京：中国统计出版社，2019.9.

说明：工资性收入在农民收入中的占比是用《2019 中国统计年鉴》中农村居民家庭平均每人工资性纯收入（元）/农村居民家庭平均每人纯收入（元）计算得出的；相应地，经营性收入在农民收入中的占比是用《2019 中国统计年鉴》中农村居民家庭平均每人家庭经营纯收入（元）/农村居民家庭平均每人纯收入（元）计算得出的。

表 1-1-1　现行农村贫困标准衡量的农村贫困状况

年份	贫困发生率（%）	贫困人口规模（万人）
1978	97.5	77039
1980	96.2	76542
1985	78.3	66101
1990	73.5	65849
1995	60.5	55463
2000	49.8	46224
2005	30.2	28662
2010	17.2	16567
2014	7.2	7017

年份	贫困发生率（%）	贫困人口规模（万人）
2015	5.7	5575
2016	4.5	4335
2017	3.1	3046
2018	1.7	1660
2019	0.6	551

1978—2014 年数据来源：中华人民共和国国家统计局网站. 张为民. 脱贫步伐加快扶贫成效显著 我国贫困人口大幅减少[EB/OL]. [2015-10-16]. http://www.stats.gov.cn/tjsj/sjjd/201510/t20151016_1257098.html. 2015—2019 年数据来源：中华人民共和国国家统计局网站.《2019 年国民经济和社会发展统计公报》[EB/OL]. [2020-02-28]. http://www.stats.gov.cn/tjsj/zxfb/202002/t20200228_1728913.html.

第二节　农民工在城市是贫困的吗？

那么，农民工在城市的生活状况怎样？当前中国对城市贫困人口的统计仅仅限于城市制度内人口，接近 2 亿的农民工并未被囊括在统计范畴内。然而，伴随着中国近 40 年的高速城市化，农民工这个庞大的群体一直活跃在城市经济社会中，亦城亦乡的两栖生活模式是其在城市建构可持续生计太过困难不得已做出的次优选择。相比农村居民，农民工是人力资本存量和货币收入相对丰裕的精英，他们并不是农村的负担。2008—2017 年，外出农民工月平均收入一直是农村居民家庭平均每人月纯收入的 3 倍多（2016 年除外）（见表 1-2-1）。但在农民眼中看似"丰裕的收入"是否能够支撑农民工如城市居民一样的生活方式呢？农民工是贫困的吗？

一、农民工的收入与支出状况

（一）农民工的收入状况

其一，从收入的绝对水平上看，城镇单位就业人员的月工资水平一直高于农民工，且二者的收入差距不断拉大，从 2008 年的 1068 元逐步增大到 2016 年的 3059 元（如表 1-2-1 所示），农民工收入水平偏低。其二，从收入的相对水平上看，2008—2017 年，城镇单位就业人员月平均工资是外出农民工月平均收入的 1.6—2.2 倍，这意味着农民工月平均收入只是城镇单位就业人员月平均工资的 0.5—0.7 倍（如表 1-2-1 所示）。其三，从收入增长幅度上看，农民工和城镇单位就业人员的收入水平均呈现出逐年上升的趋势，表明农民工收入近年来在逐渐改善。2017 年城镇单位就业人员平均工资是 2008 年的 2.6 倍，而 2017 年外出农民工人均月收入是 2008 年的 2.8 倍，外出农民工收入涨幅略大于城镇单位就业人员。2008 年，城镇单位就业人员平均工资是外出农民工的 1.8 倍，2017 年该数据下降至 1.6 倍（据表 1-2-1 数据计算）。虽然农民工工资不断上涨，但是 2013 年外出农民工月均收入的 2609 元才大致相当于城镇单位就业人员 2009 年的 2687 元，2017 年外出农民工月均收入为 3805 元，比城镇单位就业人员 2012 年的 3897 元还低 92 元。同是生活在城市，如果不坚持节衣缩食、降低生活质量，将生活水平仅仅局限在维持生存的最低水平上，农民工在城市的生存则是相当困难的。

表 1-2-1　2008—2017 年外出农民工、农村居民、城镇单位就业人员月收入情况

年份	2008	2009	2010	2011	2012	2013	2014	2015	2016	2017
外出农民工月平均收入（元）	1340	1417	1690	2049	2290	2609	3108	3359	2572	3805
农村居民家庭平均每人月纯收入（元）	397	429	493	581	660	786	874	952	1030	1119
城镇单位就业人员月平均工资（元）	2408	2687	3045	3483	3897	4290	4697	5169	5631	6193
外出农民工月收入/农村居民家庭人均月收入（倍）	3.4	3.3	3.4	3.5	3.5	3.3	3.6	3.5	2.5	3.4
城镇单位就业人员月工资/外出农民工月收入（倍）	1.8	1.9	1.8	1.7	1.7	1.6	1.5	1.5	2.2	1.6
外出农民工月收入/城镇单位就业人员月工资（倍）	0.6	0.5	0.6	0.6	0.6	0.6	0.7	0.6	0.5	0.6
外出农民工月收入与城镇单位就业人员月工资差距（元）	1068	1270	1355	1434	1607	1681	1589	1810	3059	2388

数据来源：外出农民工月平均收入数据来源于国家统计局 2009—2017 各年度《全国农民工监测调查报告》；农村居民家庭平均每人月纯收入根据《2018 中国统计年鉴》中农村居民家庭平均每人纯收入分 12 个月平均计算得出；城镇单位就业人员月平均工资根据《2018 中国统计年鉴》中城镇单位就业人员平均工资分 12 个月平均计算得出。

（二）农民工的消费支出状况

其一，从消费支出的绝对水平上看，2008—2017 年，城镇居民家庭人均现金消费支出绝对额在 11242.9—24445.0 元，其中 2012 年已达 16674.3 元（如表 1-2-2 所示）；2012—2015 年，农民工年均消费支出在 8796—12144 元（据表 1-2-3 数据计算）。农民工的消费支出水平低于城镇居民。

其二，从消费结构上看，2012—2015 年，农民工月均居住支出在生活消费支出中的占比在 48.7%—50.8%（如表 1-2-3 所示）；2008—2017 年，城镇居民家庭人均居住现金支出在消费支出中的占比在 9.3%—22.8%（如表 1-2-2 所示）；2008—2017 年，农村居民人均居住支出在消费支出中的占比在 10.5%—22.0%（如表 1-2-4 所示）。可见，在支出结构上，农民工将一半的消费支出用在居住上，居住消费支出占比远高于城镇居民和农村居民，可以初步判断，居住消费支出严重挤压了其他消费支出，影响了农民工在城市的生活质量。相应地，2008—2017 年，城镇居民家庭人均花费在住房之外的现金消费支出从 9752.4 元增至 18899 元（如表 1-2-2 所示）；2012—2015 年，农民工月均居住支出之外的其他消费支出从 376 元增至 537 元（如表 1-2-3 所示），按一年 12 个月计算，其他消费支出大致在 4512—6444 元；2012—2016 年，城镇居民家庭人均其他消费支出比农民工同类支出高 10214.4—9777.1 元，这个消费差距值远高于农民工每年其他消费支出的绝对水平。

（三）农民工在城市的收入与支出对比

从收入与消费支出水平上看，2012—2015 年，农民工年均收入在 27480—36864 元（据表 1-2-3 "外出农民工月均收入"数据以整年测算），若达到同期城镇居民人均消费支出 15453.0—17887.0 元的水平（如表 1-2-2 所示），年收入可结余 12027—18977 元。这是农民工在城镇拥有自有住房、与城镇居民居住支出水平相当的假定下农民工年收入结余，但实际上，用这个收入结余在城镇积累一套住房，是非常困难的，在一线城市甚至买不到一平米住房，更奢谈在城市生活须面对的子女教育、医疗等开支。数据显示，城市畸高的房价收入比使农民工难以在城市安居，根据上海易居房地产研究院发布的《全国 35 个大中城市房价收入比排行榜》，2015 年，全国 35 个大中城市房价收入比均值为 10.2，远高于发展中国家 3—6 倍的合理区间，即使普通城市家庭也是很难承受的，更何况是收入水平相对较低的农民工。来自国家统计局的数据显示，2015 年，在务工地自购住房的农民工比例仅为 1.3%（2009 年为 0.8%），从雇主或单位得到免费住宿的农民工所占比重为 46.1%，从雇主或单位得到住房补贴的农民工所占比重为

7.9%，不提供住宿也没有住房补贴的比重为 46%。2016 年，购房农民工占比提高到 17.8%，租房居住的农民工占 62.4%，单位或雇主提供住房的农民工占 13.4%，以其他方式解决居住问题的农民工占 6.4%。购房农民工中购买商品房的占 16.5%，购买保障性住房和租赁公租房的农民工不足 3%。2018 年，进城农民工自购住房的占 19%（其中购买商品房的占 17.4%），租房居住的占 61.3%，单位或雇主提供住房的占 12.9%。虽然进城农民工自购住房的比例在上升，但仍然不足 20%，也从一个侧面反映了农民工在城市的购买力是较低的。因此，农民工在城镇处于一种"生存"而非"生活"的状态，长期中暴露在贫困风险中，融入城市困难，其市民化进程亟待助力。

表 1-2-2 　 2008—2017 年城镇居民家庭人均消费现金支出情况

年份	2008	2009	2010	2011	2012	2013	2014	2015	2016	2017
城镇居民家庭人均现金消费支出（元）	11242.9	12264.6	13471.5	15160.9	16674.3	18488.0	19968.0	21392.0	23079.0	24445.0
城镇居民家庭人均居住消费现金支出合计（元）	1490.5	1625.9	1753.3	1856.3	1947.9	4301.0	4490.0	4726.0	5114.0	5564.0
城镇居民家庭人均居住现金之外的其他现金消费支出（元）	9752.4	10638.7	11718.2	13304.6	14726.4	14187.0	15478.0	16666.0	17965.0	18899.0
城镇居民家庭人均居住现金支出在消费支出中的占比（%）	13.3	13.3	13.0	12.2	11.7	23.3	22.5	22.1	22.2	22.8

数据来源：2013—2017 年城镇居民家庭人均现金消费支出和农村居民家庭人均现金消费支出数据来自中华人民共和国国家统计局网站年度数据"人民生活——城镇居民人均收入与支出（新口径）"，http://data.stats.gov.cn/easyquery.htm? cn=C01；2008—2012 年数据来自《2016 中国统计年鉴》。

说明：2008—2012 年城镇居民家庭人均居住消费现金支出数据由"城镇居民家庭人均住房现金消费支出"和"城镇居民家庭人均居住现金消费支出"加总获得。根据《2016 中国统计年鉴》的解释，居住支出指与居住有关的支出，包括房租、水、电、燃料、物业管理等方面的支出，也包括自有住房折算租金。其中，"城镇居民家庭人均居住消费现金支出"中的居住消费支出指用于各种与居住有关的支出，包括住房、水、电、燃料方面的支出。为与农村居民家庭人均居住现金消费支出的统计口径保持一致，这里我们将二者的加总数据命名为"城镇居民家庭人均居住消费现金支出"。2013—2017 年城镇居民家庭人均居住消费现金支出数据按"城镇居民家庭人均居住消费现金支出"口径，因为 2013 年采用了新的统计口径，故只统计了这个数据。

表 1-2-3　2008—2019 年农民工消费支出及收入情况

年份	2008	2009	2010	2011	2012	2013	2014	2015	2016	2017	2018	2019
农民工月均消费支出（元）	—	—	—	—	733.0	892.0	944.0	1012.0	—	—	—	—
农民工月均居住支出（元）				335.0	357.0	453.0	445.0	475.0				
农民工月均居住支出在生活消费支出中的占比（%）					48.7	50.8	47.1	46.9				
农民工月均居住支出之外的其他消费支出（元）					376.0	439.0	499.0	537.0	—	—	—	—
外出农民工月均收入（元）	1340.0	1417.0	1690.0	2049.0	2290.0	2609.0	3108.0	3359.0	2572.0	3805.0	4107.0	4427.0
农民工月均居住支出占收入支出的比重（%）	0.0	0.0	0.0	16.3	15.6	17.4	15.5	15.5	—	—	—	—
农民工年均消费支出（元）	—	—	—	—	8796.0	10704.0	11328.0	12144.0	—	—	—	—

数据来源：农民工月均收入和支出数据来自中华人民共和国国家统计局 2009—2017 各年度《农民工监测报告》。

表 1-2-4　2008—2017 年农村居民家庭人均消费现金支出情况

年份	2008	2009	2010	2011	2012	2013	2014	2015	2016	2017
农村居民家庭人均现金消费支出（元）	3159.4	3504.8	3859.3	4733.4	5414.5	7485	8383	9223	10130	10955

续表

年份	2008	2009	2010	2011	2012	2013	2014	2015	2016	2017
农村居民家庭人均居住消费现金支出（元）	642.3	772.6	801.4	930.2	1054.2	1580	1763	1926	2147	2354
农村居民人均居住支出在消费支出中的占比（%）	20.3	22.0	20.8	19.7	19.5	21.1	21.0	20.9	21.2	21.5

数据来源：2013—2017 年城镇居民家庭人均现金消费支出和农村居民家庭人均现金消费支出数据来自中华人民共和国国家统计局网站年度数据"人民生活——农村居民人均收入与支出（新口径）"，http://data.stats.gov.cn/easyquery.htm？cn=C01；2008—2012 年数据来自《2016 中国统计年鉴》。

二、农民工的市民化进程与贫困

在推进农民工市民化进程中，农民工无论是返乡就业还是继续在城镇与农村过着两栖生活，在现有的制度安排下，他们都面临着一定的贫困风险。一方面，农民工返乡可能成为贫困的源头；另一方面，农民工继续留在城镇，建构可持续生计比较困难，仍然暴露在贫困的风险中。

（一）农民工返乡与贫困

1. 农民工为什么要返乡？

2011 年，中国人口城镇化率首次突破 50%大关，达到 51.27%，截止到 2019 年中国常住人口城镇化率高达 60.60%（如表 1-2-5 所示）。不过，这是按城乡常住人口数量统计的常住人口城镇化率水平，实际的户籍城镇化率要低，根据《2016 年国民经济和社会发展统计公报》数据，2016 年户籍人口城镇化率为 41.2%，即常住人口城镇化率突破 50%的 5 年以后，户籍城镇化率仍然徘徊在 40%多的水平上。农民工融入城市难、市民化进程缓慢已成为提高城镇化质量的主要羁绊。

表 1-2-5 2011—2019 年中国人口城镇化率

年份	2011	2012	2013	2014	2015	2016	2017	2018	2019
城镇化率（%）	51.27	52.57	53.73	54.77	56.1	57.35	58.52	59.58	60.60

数据来源：中华人民共和国 2011—2019 年度国民经济和社会发展统计公报。

农民工在城市的时间长短与依托于城镇户籍的公共基础服务待遇相

关度不高，照顾老人、教育孩子是农民工心底的终极呼唤，终将返乡是其潜意识中对自身最终安身立命去向的固化的、清晰的影像。其一，无技能、低技能农民工返乡的原因。无技能、低技能重复劳动岗位对农民工的主要要求有：身体健康、体力好、精力旺盛，能够承受长时间的体力劳动，或者承受枯燥乏味、劳动强度大的流水线作业。这些岗位适合人力资本水平较低的青壮年农民工群体。随着年龄增大，大部分农民工在体力、精力上不再能满足岗位需求，劳动生产率下降，继续留在城市劳动力市场并非理性的选择，恰逢农村家庭生产效用增大，照顾孩子、老人的需求日益强烈，因此不得不思考返乡。其二，技能型农民工返乡的原因。少部分人力资本水平相对较高的农民工，劳动生产率也较高，但若与之匹配的收入不足以弥补城市基本公共服务缺位带来的生存风险，他们最终也会返乡。

　　一般来讲，农民工在40岁左右就开始躁动，思索着从城镇回到农村。随着人口老龄化不断加剧，农民工年龄也在不断增长，如表1-2-6所示，2008—2019年，农民工以青壮年为主，平均年龄从2008年的34岁上涨至2019年的40.8岁，年龄平均值已突破40岁。截止到2019年，40岁以下农民工占比仅为50.6%，这意味着可能有近一半的农民工面临着返乡的选择，这无疑是严重冲击城市劳动力市场的潜在风险。

表 1-2-6　2008—2019 年农民工年龄构成（%）

年龄	2008	2009	2010	2011	2012	2013	2014	2015	2016	2017	2018	2019
16—20 岁	10.7	8.5	6.5	6.3	4.9	4.7	3.5	3.7	3.3	2.6	2.4	2.0
21—30 岁	35.3	35.8	35.9	32.7	31.9	30.8	30.2	29.2	28.6	27.3	25.2	23.1
31—40 岁	24.0	23.6	23.5	22.7	22.5	22.9	22.8	22.3	22.0	22.5	24.5	25.5
41—50 岁	18.6	19.9	21.2	24.0	25.6	26.4	26.4	26.9	27.0	26.3	25.5	24.8
50 岁以上	11.4	12.2	12.9	14.3	15.1	15.2	17.1	17.9	19.2	21.3	22.4	24.6
50 岁以下	88.6	87.8	87.1	85.7	84.9	84.8	82.9	82.1	80.8	78.7	77.6	75.4
40 岁以下	70.0	67.9	65.9	61.7	59.3	58.4	56.5	55.2	53.9	52.4	52.1	50.6
平均年龄	34.0	—	35.3	36.0	37.3	—	38.3	38.6	39.0	39.7	40.2	40.8

数据来源：中华人民共和国国家统计局2008—2019各年度《农民工监测报告》。

2. 农民工返乡后的贫困风险及原因

　　沈阳市统计局2009年《返乡农民工情况调研报告》中指出，受国际金融危机影响，非正常返乡农民工日益增加，其中有81%的人员返乡后不能马上就业，家庭生计面临困难。对非正常返乡农民工的调查数据显示，95.8%的人认为返乡后收入明显下降，其中有48.3%的人认为每月收入减少

2000元以上，27.9%的人认为每月收入减少1500—2000元，9.9%的人认为每月收入减少1000—1500元，13.9%的人认为每月收入减少在1000元以下①。

按照最初的判断，"非农业比农业的生产率高，非农务工的工作岗位比农业领域的工作岗位更能消除贫困"，那么，农村剩余劳动力从农业流向非农业能消除贫困，对整个经济体而言，劳动力从生产率低的部门流向生产率高的部门，则能提高整体福利水平。反之，农民工返乡则是从生产率高的非农业迁移到生产率低的农业，一方面自身的生产率降低，收入水平会随之降低；另一方面也会拉低经济体的整体福利水平。

（1）农民工返乡对其自身的不利影响

农民工返乡，从生产率高的非农领域进入生产率低的农业领域，其收入水平会降低，主要原因有三。其一，不论是"技工"还是"力工"，在城市劳动力市场上都是有着丰富从业经验的劳动者，经验和技能同样是人力资本的内容，农民工继续留在城市劳动力市场，因年龄增大、体力衰减，其所面对的仅仅是既有人力资本存量贬损，后续适宜的职业培训可以对之进行有效补偿。但若农民工返乡，其人力资本存量直接贬损为零。返乡后，农民工在农业领域重新就业，意味着要使用新的人力资本，城市劳动力市场的人力资本转换为农业岗位所需的人力资本，在理论上不是不可能，但转换效率低，既有人力资本存量大大流出。其二，相比父辈农民工，新生代农民工务农经历少，从城市劳动力市场作为一个"熟手"返回农村劳动力市场成为一个"生手"，面对的是更加陌生的人力资本，其劳动生产率会因之降低。其三，根据经济生命周期理论，中年阶段是劳动力市场生产率最高的时段，此间农民工从城镇劳动力市场迁移到农村劳动力市场，会导致既有人力资本存量严重贬损，造成人力资源的极大浪费。对技能型农民工而言，这方面的影响更为明显。

（2）农民工返乡对用人单位的不利影响

由于农民工返乡，用人单位不得不用"生手"替代"熟手"，导致用人单位的劳动生产率降低，利润率下降，进而影响单位内存量工作人员的收入水平。

（3）农民工返乡对整个经济体的不利影响

其一，在农业机械化的背景下，机器代替人在农村劳动力剩余背景下进一步加大了农村剩余劳动力压力，农民工返乡无疑是逆流而上，不符合

---

① 沈阳市统计局. 返乡农民工情况调研报告[R]. http://www.doc88.com/p-6778122724963.html.

经济发展规律，也不利于农业劳动生产率提升。即便是从农民工改善收入的视角看，返乡也是没"钱"途的。其二，城市劳动力市场不但极度缺乏高技能人才，在中国人口红利逐渐缩减的背景下，城市劳动力市场对劳动力的需求不仅仅关注质量，同时也更关注数量。根据"推拉"理论，相比返乡，农民工留在城市劳动力市场应是收入最大化的理性选择。其三，农民工返乡降低了城市的劳动生产率，同时又不能提升农村的劳动生产率，对整个经济体而言，返乡是要降低整体经济福利水平的。

可见，农民工返乡不但不利于消除贫困，还可能因此暴露在贫困风险中。从减贫的视角出发，促进农民工长久地留在城市，转变为真正意义上的市民，才是针对农民工的可行的减贫路径。

（二）农民工于城市的生存与贫困

综上，从长远看，农民工应该留在城镇。该怎样将农民工留下来呢？这个议题讨论的关键点是要推进以人为核心的城镇化，提升城镇化的质量。农民工在城镇留不下来，深层次原因有二。其一，他们未能被城镇的普惠性政策覆盖，对住房、子女教育、医疗等一系列公共服务望尘莫及，相比基于地缘、血缘、亲缘的农村友好型生态环境，城镇的生态对农民工友好程度要差很多，导致农民工对城镇社区产生陌生与疏离，纵然在经济上融入城镇社区还存在一定差距，但在心理上和文化上的融入差距是更大的。其二，农民工在城镇的就业脆弱性是不争的事实，其就业距离联合国提出的体面就业还相去甚远，工作条件差、工作时间长、工作报酬低、工作稳定性缺乏，一言以蔽之，其所从事的就业岗位是低劳动生产率的。"十三五"期间提升城镇化质量，关键点是推进以人为核心的城镇化，特别是要以提升劳动生产率为导向，通过农民工就业转型，获得体面就业，建造融入城镇的经济基石。

第二章 农民工非农务工的就业脆弱性

不可否认，在城市非农务工的农民工群体仍暴露在贫困风险中，缺乏可持续生计，他们实际上是城市隐性的贫困群体。那么，农村剩余劳动力迁移到城市、从事非农务工，一定能减贫吗？这些农民工分布在哪些非农务工领域？农民工的非农务工是有效的、体面的、生产性的就业吗？该如何获得生产性就业以扭转其在城市的贫困风险？这是本章要思考的问题。

第一节 诠释农民工就业脆弱性

农民工的就业脆弱程度与工资收入水平呈显著负相关关系，即农民工就业脆弱程度越高，相应的收入水平也越低。此外，农民工的就业脆弱性程度对农民工消费支出的影响是负向的，即农民工就业脆弱值每增加一个单位，农民工消费支出就会相应减少 0.034 个单位[①]。可见，农民工就业脆弱度增加会挤占其消费支出。

在当前经济下行的背景下，通过供给侧改革引导和刺激内需是中国经济未来较长时间内的改革导向，农民工的消费支出直接关系到城市消费规模、消费结构与消费水平。一方面，从消费量上看，农民和农民工占中国人口绝大部分，刺激这两个群体增加消费需求无疑是驱动经济向好的关键部分。另一方面，穷人的消费倾向大于富人，启动农民和农民工的消费需求带来的乘数效应是相当可观的。但是，消费需求扩张政策发挥作用的前提是农民和农民工的收入水平足够支撑其消费支出水平。撇开农民不谈，仅就农民工而言，在当前就业脆弱性高且收入水平较低的状况下，消费需求扩张效果是欠佳的。从这个意义上讲，通过降低农民工非农务工的就业脆弱性，进而提升非农务工收入水平，是启动农民工消费的基础。

---

① 王小丽. 微观视角下的川籍农民工就业脆弱性及其影响研究[D]. 成都：西南财经大学，2013.

一、农民工就业脆弱性的定义

（一）国外学者对脆弱性的界定

脆弱性起源于对自然灾害的研究，最早由地学领域的蒂默尔曼（Timmerman P.）[1]提出，其分析方法和框架吸收了灾害研究中的风险、灾害、暴露、敏感性等概念。后来，脆弱性被应用到更为广泛的研究领域，目前已经延伸至人文社会系统，囊括了社会、经济、制度等人文因素（Galea S.，Ahern J.，Karpati A.）[2]。在自然科学领域，脆弱性是指系统由于灾害等不利影响而遭受损害的程度或可能性，侧重研究单一扰动因素带来的多重影响（White G. F.[3]；Cutter S. L.[4]）；在贫穷、可持续发展等社会学领域，脆弱性是一个可持续发展的概念，指系统承受不利影响的能力，注重通过探析脆弱性产生的原因以降低系统的脆弱性从而达到可持续发展的目的（Bogard W. C.[5]；Adger W. N，Kelly P. M.[6]）。

（二）国内学者对农民工就业脆弱性的界定

国内专门针对就业脆弱性的研究不算多，搜索中国知网，可以看到特别相关的研究有两项：李鹤、张平宇[7]从宏观方面分析了东北地区矿业城市社会的就业脆弱性；王小丽[8]从微观视角下分析了川籍农民工就业脆弱性及其影响。

李鹤、张平宇[9]认为："脆弱性是指由于系统（子系统、系统组分）对系统内外扰动的敏感性以及缺乏应对能力从而使系统的结构和功能容易受到损害的一种属性。它是源于系统内部的、与生俱来的一种属性，只是当系统遭受扰动时这种属性才表现出来。""矿业城市社会就业脆弱性是指矿

---

① Timmerman P. Vulnerability, Resilience and the Collapse of Society: A Review of Models and Possible Climatic Applications[C]. Toronto, Canada: Institute for Environmental Studies, University of Toronto, 1981.

② Galea S., Ahern J., Karpati A. A model of underlying socioeconomic vulnerability in human populations: evidence from variability in population health and implications for public health[J]. Social Science & Medicine, 2005, 60(11): 2417-2430 .

③ White G. F. Natural Hazards[M]. Oxford: Oxford University Press, 1974.

④ Cutter S. L. Living with Risk: The Geography of Technological Hazards[M]. London: Edward Arnold, 1993.

⑤ Bogard W. C. Bringing Social Theory to Hazards Research: Conditions and Consequences of the Mitigation of Environmental Hazards[J]. Sociological Perspectives, 1988, 31(2): 147-168.

⑥ Adger W. N., Kelly P. M. Social Vulnerability to Climate Change and the Architecture of Entitlements[J]. Mitigation and Adaptation Strategies for Global Change, 1999, 4(3-4): 253-266.

⑦ 李鹤、张平宇. 东北地区矿业城市社会就业脆弱性分析[J]. 地理研究，2009（5）：751-760.

⑧ 王小丽. 微观视角下的川籍农民工就业脆弱性及其影响研究[D]. 成都：西南财经大学，2013.

⑨ 李鹤、张平宇. 东北地区矿业城市社会就业脆弱性分析[J]. 地理研究，2009（5）：751-760.

业城市在城市内外扰动因素的作用下社会就业具有高度的敏感性，并且应对下岗失业问题的能力匮乏，从而导致其就业状况容易受到影响乃至恶化的一种状态。"矿业城市社会就业具有高度敏感性，主要表现为两个特征。其一，城市社会就业面临城市内外多重扰动因素的作用，比如，适龄劳动人口基数大但素质低、结构性失业和体制性失业普遍、资源开采的周期性引发结构性失业，均对矿业城市社会就业状况带来了不同程度的威胁。其二，单一的就业结构对扰动的缓冲能力差。此外，矿业城市社会应对下岗失业问题的能力和途径普遍不足。第一，下岗失业人员再就业能力差，第二，城市自身吸纳就业能力不足。

王小丽①仅从微观个体层面界定农民工就业脆弱性，认为农民工就业脆弱性主要是指"农民工在就业中遭遇挫折和困难的程度以及农民工应对风险的能力"，包括两个方面，"一方面是农民工自身应对能力，用来衡量农民工应对风险的能力，包括未就业或失业后需要再就业的农民工在劳动力市场上找到工作的能力，如自身人力资本、社会资本等；另一方面是农民工当前工作本身或工作状态，用来衡量农民工当前工作所面临的风险，包括是否有劳动合同保障，工作时间长短，工作条件好坏以及社会保障的参与程度"。

（三）本书对农民工就业脆弱性的界定

本书依据上述对就业脆弱性的阐述，将农民工就业的脆弱性界定为：农民工在从事非农务工中对来自外界的就业扰动因素高度敏感，同时自身缺乏应对能力的一种状态。在农民工就业的脆弱性研究中主要关注两个方面：其一，农民工就业的敏感性及应对的乏力状态；其二，农民工该如何应对自身就业的脆弱性以期在城市建构可持续生计。本书对农民工就业脆弱性的探析是从微观层面切入的，基于农民工群体自身的就业状态及自身生计资本禀赋水平，暂不考虑宏观的制度和政策因素带来的扰动。因此，本书中农民工就业脆弱性的研究比王小丽的研究更为微观、更为聚焦。

在农民工的生计资本束中，物质资本和非物质资本中的人力资本直接决定着其非农务工的就业质量，进而影响着非农务工的收入水平。社会资本在农民工非农务工中扮演着重要的角色，是农民工获得非农务工就业机会和应对城镇生活风险时从外界获得支持的有力支撑。生计资本禀赋的水平是农民工就业脆弱性的根源，农民工生计资本束中各项资本的水平当前

---

① 王小丽. 微观视角下的川籍农民工就业脆弱性及其影响研究[D]. 成都：西南财经大学，2013.

都不足以支撑其在非农务工领域获得体面就业，因而农民工的非农务工就业脆弱性表现得非常突出。本书认为，通过提升农民工的生计资本禀赋的水平可以有效应对其非农务工的就业脆弱性，通过提升就业能力——获得一份工作并保有一份工作的能力——逐渐获得体面就业，为在城市建构可持续生计奠定经济基础。

区别于以往的就业脆弱性研究，本书在简略描述农民工就业脆弱性的基础上，着重分析就业脆弱性的根源及应对策略，即重点分析如何促进农民工应对非农务工中的就业脆弱性以建构于城市的可持续生计。基本的研究假设为：通过职业教育有效削减农民工非农就业的脆弱性，因为职业教育能够同步提升农民工的人力资本、社会资本和心理资本水平，进而提升其就业能力以获得体面就业，通过体面就业的辐射能力，进一步推进深度就业转型、削减非农务工于城市的贫困，最终逐渐融入城市社区，完成市民化进程。

二、农民工就业脆弱性的根源

当然，影响农民工非农务工就业脆弱性的因素很复杂，除了农民工自身的人力资本水平，还会涉及制度和政策因素。鉴于在农民工的生计资本束中，影响就业脆弱性的关键资本是非物质资本，即人力资本、社会资本和心理资本，其中人力资本禀赋直接关系到社会资本和心理资本的水平和质量，故本书对农民工就业脆弱性原因的分析主要从微观切入，围绕农民工的人力资本展开，落脚在通过职业教育和培训促进其技能形成，通过获得体面就业进而在城市建构可持续生计，进而消除贫困风险。

（一）农民工自身人力资本水平

农民工自身人力资本水平是就业脆弱性的主要根源之一，是就业脆弱性的内因。人力资本包括受教育程度、技能水平，甚至是从业经验等多个方面的内容，不同内容对就业脆弱性的影响也不同。受教育程度影响着农民工非农务工初始的行业进入，一般来讲，受教育程度越高，接纳其进入的行业的就业脆弱性越低。技能水平和从业经验则影响着农民工从业后的工作岗位迁移，技能水平越高、从业经验越丰富，一方面，农民工保有一份工作的能力越强，就业稳定性强；另一方面，在面对经济冲击时，人力资本为其提供了向上迁移至高水平人力资本岗位、人力资本平行迁移、向下兼容较低水平人力资本岗位的可能性，农民工的工作岗位迁移选择比较多，失业风险小。

（二）外在因素冲击人力资本

影响农民工人力资本水平的外在因素也是引致农民工非农务工就业脆弱性的根源。此处的外在因素并非指政策和制度等环境因素，而是特指引致农民工人力资本存量贬损的特定因素。其一，技术进步引发农民工现有岗位技术升级。技术进步在提升工作岗位技术含量的同时，也会引发岗位对从业农民工的知识结构、技能水平提出更高要求，导致农民工在既有人力资本存量水平下难以满足岗位需求，就业脆弱性增大。其二，创新驱动发展下农民工的人力资本存量贬损风险提升。以创新作为发展的驱动力会引发产业、行业发展方式的转变，创新驱动的核心要义是"新"和"变"，几乎所有劳动者都会在长期内频繁受到冲击，因此不得不面对人力资本存量贬损，进而不断谋求人力资本提升以适应创新后的岗位需求。高水平的人力资本可以向下兼容低水平的人力资本，在无法向上从事更高水平人力资本的工作时，可以选择向下兼容，人力资本水平越高，向下兼容的深度越深。但较低水平的人力资本向下兼容性较弱，在创新驱动中面对的人力资本存量贬损风险相对较大，就业脆弱性也比较高。农民工就是这样一个人力资本水平较低的群体，在创新驱动发展中会首先受到就业冲击，一方面是因为高水平人力资本向下兼容会挤占其就业空间，另一方面则是因为他们无法兼容其他岗位。其三，引入人工智能导致农民工直接被机器替代。机器人技术、人工智能与机器学习开启了自动化的新纪元，人类在工作场景中面临被替代的风险。麦肯锡公司通过对 800 多种职业所涵盖的 2000 多项工作内容分析发现，目前约有 5%的职业可以通过既有技术实现全面自动化，大约 60%的职业有三成以上的工作内容可以利用既有技术实现自动化[①]。这组数据揭示了农民工必须面对"机器换人"带来的失业风险及日渐提升的就业脆弱性。

三、农民工就业脆弱性的评估方法

王小丽[②]通过构建就业脆弱性指数（Employment Vulnerability Index，EVI）评估川籍农民工暴露在失业风险下的脆弱性以及面对失业的应对能力。农民工就业脆弱性程度用农民工综合就业脆弱程度表示，综合脆弱程

---

① 麦肯锡咨询公司. 人机共存的新纪元：自动化、就业和生产力[EB/OL]. [2017-02-22]. http://mp.weixin.qq.com/s?__biz=MzA4MDUzOTIxNA==&mid=2653820593&idx=1&sn=b6831a56acfa1617 d191ef9258d35fba&chksm=84780d90b30f8486c3f7799b11a8f8b27a0c1bad0e34bdc21a87e2bb4f1485554b229 5935e92&mpshare=1&scene=23&srcid=0222nuZJPHxpIxKufxNB0Bi5#rd.

② 王小丽. 微观视角下的川籍农民工就业脆弱性及其影响研究[D]. 成都：西南财经大学，2013.

度是由五个分项脆弱程度指标综合评价得来的，分别为：人力资本脆弱度、社会保障脆弱度、基本生活保障脆弱度、劳动关系保障及工资保障脆弱度、工作时间脆弱度。EVI 数值越大，表示农民工的就业脆弱性越大，即农民工就业遇到困难或可能遭遇失业风险的冲击越大，且其自身应对风险能力越小。本书在王小丽的研究基础上重新建构了农民工就业脆弱度测量的指标体系，主要包括人力资本脆弱度、工作收入脆弱度、工作保障脆弱度。

（一）人力资本脆弱度

人力资本脆弱度是就业脆弱性的根源，人力资本的内容和水平直接决定着农民工可以就业的行业及岗位并进而决定其劳动收入水平，是农民工就业脆弱性的内部致因，影响着农民工是否能够获得体面就业。本书尝试选用受教育程度、是否参加非农职业培训、是否取得职业资格证书来测度农民工的人力资本脆弱度。

受教育程度决定着农民工非农务工初始的职业核心能力水平，受教育程度不同，农民工对非农务工和城市生活的接纳度、感知力、适应能力也是不同的。非农职业培训和职业资格证书的主要功能是提升农民工的技能水平，影响着农民工的行业分布、就业稳定性、应对岗位变迁的能力、职业生涯规划。

（二）工作收入脆弱度

工作收入脆弱度影响着农民工在城市的生活状态和质量，也直接影响着农民工留在城市的意愿和能力。工作收入由工资收入、补偿性收入和福利保障收入构成，故工作收入脆弱度尝试选用工资收入、补偿性收入、社会保障收入测度。其中，补偿性收入主要包括食宿补助，因为食宿费用是农民工在城镇非农务工的主要生活消费支出，影响着其非农务工的纯收入水平。社会保障主要以工伤保险、失业保险、养老保险和住房公积金为主。农民工非农务工岗位的工作安全风险较大，尤其建筑业和制造业更是如此，因此工伤保险是必须要关注的一个社会保险险种；是否参加失业保险是农民工能否在失业期间获得保障的重要内容，尤其是农民工的就业稳定性较差时，失业保险能为其在城市的工作搜寻提供有力支撑；养老保险是影响农民工留城的一个重要因素，为其在城市的养老提供一份保障，影响着农民工的留城意愿；住房公积金为农民工进城购房提供了制度上的可能，安居才能乐业，这是农民工在城市建构可持续生计所需的重要条件。

（三）工作保障脆弱度

工作保障脆弱度影响着农民工的工作安全，可尝试选用四项指标度量，分别为：是否与雇主订立劳动合同、是否及时足额获得工资、是否日均工作八小时、就业形式为自雇就业还是受雇就业。

四、就业脆弱性与农民工深度就业转型

（一）农民工就业脆弱性的行业分布

1. 农民工综合就业脆弱度

王小丽对四川籍农民工综合就业脆弱度的调查研究发现：农民工的综合就业脆弱度不存在性别上的显著差异；不同年龄的就业脆弱度不同，16—22 岁的农民工就业脆弱性显著小于其他年龄段；三次产业农民工的就业脆弱度有显著差异，由低到高分别为：第二产业、第一产业、第三产业，从事第三产业的农民工就业脆弱度显著大于从事第二产业的农民工。

在各产业内部，在不同行业就业的农民工就业脆弱性也有差异。在第二产业内部，建筑业农民工的就业脆弱度最高。建筑业的平均就业脆弱性指数高于整个第二产业平均值，且建筑业和制造业的平均就业脆弱度分别显著大于电力、燃气及水的生产和供应业及制造业。此外，就分项就业脆弱度而言，建筑业的社会保障脆弱度显著大于电力、燃气及水的生产和供应业，工作时间脆弱度大于制造业，人力资本脆弱度显著大于制造业和电力、燃气及水的生产和供应业。在第三产业内部，批发和零售业及住宿和餐饮业的就业脆弱性指数平均值较高，信息传输、计算机服务和软件业显著小于其他行业。

2. 农民工分项就业脆弱度

王小丽还发现，三次产业中分项的农民工就业脆弱度也表现出差异性。人力资本脆弱度由低到高分别为：第三产业、第二产业、第一产业，第二产业的人力资本脆弱度显著高于第三产业。社会保障脆弱度由低到高分别为：第二产业、第一产业、第三产业。生活保障脆弱度由低到高分别为：第一产业、第三产业、第二产业。工作保护脆弱度由低到高分别为：第三产业、第二产业、第一产业。工作时间脆弱度由低到高分别为：第二产业、第三产业、第一产业，第三产业的工作时间脆弱度显著高于第二产业。

（二）农民工深度就业转型与职业教育

根据农民工综合就业脆弱度的排序，第一产业农民工的就业脆弱度居中，脆弱度最高的是在第三产业就业的农民工，初步判断，第三产业的农民工在城市建构可持续生计的基础非常薄弱，贫困的风险远高于第二产业

就业的农民工。本书认为，第三产业农民工可以通过以下两个路径实现深度就业转型以应对非农务工的就业脆弱性，进而防范贫困风险。其一，仍然在第三产业就业，但迁移到就业脆弱性小的行业。既然16—22岁的农民工就业脆弱性显著小于其他年龄段，那么他们可以通过自身人力资本提升迁移到信息传输、计算机服务和软件业等就业脆弱性小的行业。尤其是农民工受教育程度以初中占比最大，通过职业教育和培训提升其人力资本和技能水平以实现行业迁移，是完全可行的。其二，由第三产业转向第一产业和第二产业。一方面，第一产业农民工的综合就业脆弱度低于第三产业，对要返乡的农民工而言，可以迁移至第一产业的非农就业岗位。尤其是第一代农民工有着丰厚的农业生产经验和经历，再加上非农务工的见识和阅历，在第一产业就业相对来讲是驾轻就熟的。另一方面，年纪较小的农民工还可以通过职业教育和培训提升自身人力资本迁移到第二产业，尤其是制造业。

农民工在第二产业就业的脆弱度最低，但并不是说在第二产业就业就没有贫困风险，只是就业脆弱度相对较低，比如，第二产业内部的建筑业就业脆弱度就非常高。降低在第二产业就业的脆弱度，农民工可选的路径有二。其一，通过人力资本提升实现产业内的行业迁移，比如迁移至制造业等脆弱性低的行业。其二，由第二产业转向第三产业和第一产业。转向第一产业仍然是适合有返乡意愿的老一代农民工，而通过转向第三产业削减就业脆弱性则面临着人力资本转换与提升，更适合新生代农民工。

在三次产业间以及各产业内部不同行业中，岗位的人力资本水平要求比较高的，就业的脆弱性也相应地比较小，比如，第二产业中电力、燃气及水的生产和供应业，第三产业中的信息传输、计算机服务和软件业显著小于其他行业。因此，农民工无论是想要实现行业内抑或是行业间的岗位迁移，都离不开人力资本的提升、转换，再加上农民工总体的人力资本脆弱度是较高的，故针对存量农民工的职业教育与培训成为削减就业脆弱性的关键起点。只有提升人力资本水平，才具备了实现向就业脆弱性小的岗位迁移的可能性，进而有可能实现在非农就业领域的深度就业转型。在"中国制造2025"的背景下，针对潜在农民工的职业教育则是站在高起点为未来产业发展培养高水平劳动力，他们是直接面向正规就业和体面就业的劳动力，就业脆弱性小，在城市生活的贫困风险较低。

第二节　农民工就业脆弱性表现及演变轨迹

一、人力资本脆弱度

（一）受教育程度

1. 基于全体农民工的分析

就全体农民工而言，2010—2017 年，受教育程度以初中为主，占比在 60%左右；其次是高中、中专及以上文化程度，占比在 22.8%—27.4%；小学文化程度占比在 14%—16%，文盲和半文盲占比在 1.5%以下。总体的变化趋势为：初中及以下的占比缓慢降低，高中及以上的占比相应地缓慢增加，但初中及以下的占比仍是高中及以上占比的 3 倍左右（如表 2-2-1 所示）。特别需要指出的是，2019 年高中、中专及以上文化程度的农民工占比为 27.7%，比 2018 年提高 0.2 个百分点，其中 2019 年大专及以上文化程度占比为 11.1%，比 2018 年提高 0.2 个百分点，而高中、中专文化程度的农民工 2019 年与 2018 年持平，农民工文化程度在逐渐提升。

表 2-2-1　2010—2017 年全体农民工文化程度构成

文化程度	2010	2011	2012	2013	2014	2015	2016	2017
高中、中专及以上（%）	25.2	23.0	23.7	22.8	23.8	25.2	26.4	27.4
初中（%）	61.2	61.1	60.5	60.6	60.3	59.7	59.4	58.6
小学（%）	12.3	14.4	14.3	15.4	14.8	14.0	13.2	13.0
文盲、半文盲（%）	1.3	1.5	1.5	1.2	1.1	1.1	1.0	1.0
初中及以下（%）	74.8	77.0	76.3	77.2	76.2	74.8	73.6	72.0
初中及以下/高中及以上（倍）	3.0	3.3	3.2	3.4	3.2	3.0	2.8	2.6

数据来源：农民工文化程度构成数据来源于国家统计局 2010—2019 各年度《全国农民工监测调查报告》。

全体农民工文化程度以初中为主的事实，有力地解释了其在非农务工中大多从事非正规就业从而导致就业脆性高的根源；同时也表明，要促进农民工实现体面就业，根本点是提升其人力资本。无论是对存量农民工还是对增量农民工，中、高等职业教育都大有可为。一方面，引导农村初中毕业生延迟进入劳动力市场，参加中等职业教育，为削减非农务工就业脆弱性奠基。另一方面，通过以中、高等技能为主的职业培训吸引存量农民工加强技能积累，为深度就业转型奠基。从这个意义上讲，中、高等职业教育，尤其是中等职业教育大有可为。

2. 基于外出农民工与本地农民工的分析

对比外出农民工与本地农民工的文化构成，可以发现：2011—2017年，外出农民工中高中、中专及以上文化程度和初中文化程度的占比均高于本地农民工；而小学文化程度和文盲的占比，外出农民工均比本地农民工占比低（如表2-2-2、表2-2-3所示）。2019年外出农民工大专及以上文化程度的占14.8%，比2018年提高了1个百分点；本地农民工大专及以上文化程度的占7.6%，比2018年下降了0.5个百分点。可见，本地农民工的受教育程度较低，就业的脆弱性强，因此迁移距离仅限于家乡所在村镇附近的区域，农业生产和生活的资源禀赋对家庭很重要，非农务工是其力所能及范围内对家庭的有益补偿。

表 2-2-2　2011—2017 年外出农民工文化程度构成（%）

文化程度	2011	2012	2013	2014	2015	2016	2017
高中、中专及以上	23.5	26.5	24.4	26	27.8	29.1	30.8
初中	64.8	62	62.8	61.6	60.5	60.2	58.8
小学	10.6	10.5	11.9	11.5	10.9	10.0	9.7
文盲	1.1	1	0.9	0.9	0.8	0.7	0.7

数据来源：国家统计局 2011—2017 各年度《全国农民工监测调查报告》。

表 2-2-3　2011—2017 年本地农民工文化程度构成（%）

文化程度	2011	2012	2013	2014	2015	2016	2017
高中、中专及以上	25.5	20.7	21.1	21.4	22.6	23.9	24.2
初中	62.9	58.9	58.4	58.9	58.9	58.6	58.5
小学	10.7	18.4	18.9	18.1	17.1	16.2	16.0
文盲	0.9	2	1.6	1.6	1.4	1.3	1.3

数据来源：国家统计局 2011—2017 各年度《全国农民工监测调查报告》。

（二）非农职业技能培训

非农领域岗位对劳动者的知识结构和技能需求与农业领域岗位的需求是有差异的，非农就业岗位的知识和技术含量越高，两个领域岗位对劳动者的素质和技能需求差异越大。因此，农民工从农业生产转向非农务工，通常会面临职业技能转换，越是从事非农务工领域的体面工作，面临的技能转换需求越强劲。通常来讲，由于农业和非农业的产业差异，农业生产所需的知识和技能向非农务工所需的知识和技能转换效率很低，故农民工从事非农务工需要重新积累第二、三产业岗位所需的知识和技能，因岗位差异，他们不同程度地需要接受一定的非农职业技能培训。

1. 农民工接受过职业技能培训的较少

2009—2017 年，农民工中接受过职业技能培训的占比在 30.8%—48.9%，即有 50%以上的农民工在没有接受过任何形式和内容的职业培训条件下从事着非农务工工作。2010—2017 年，农民工中接受过非农职业技能培训的占比在 25.6%—32%，即实际上只有三分之一的农民工接受过非农职业技能培训且从事非农岗位工作（如表 2-2-4 所示）。可见，大部分农民工因为缺乏非农务工的知识和技能，不得不从事非正规就业，难以获得体面就业，就业脆弱度高。2010—2017 年，另有 5.5%—7.1%的农民工同时接受过农业技术培训和非农职业技能培训，这从一个侧面反映出务农所需人力资本很难转换为非农务工所需人力资本的事实，非农务工需要农民工拥有新的与之匹配的知识和技能。

表 2-2-4 2009—2017 年农民工接受过职业技能培训的分布情况（%）

内容	2009	2010	2011	2012	2013	2014	2015	2016	2017
接受过职业技能培训	48.9	47.6	31.2	30.8	32.7	34.8	33.1	32.9	32.9
接受过农业技术培训	—	—	10.5	10.7	9.3	9.5	8.7	8.7	9.5
接受过非农职业技能培训	—	—	26.2	25.6	29.9	32.0	30.7	30.7	30.6
同时接受过农业技术培训和非农职业技能培训	—	—	5.5	5.5	6.5	6.7	6.3	6.5	7.1

数据来源：国家统计局 2009—2017 各年度《全国农民工监测调查报告》。

《2018 北京农民工监测调查报告》显示，2017 年，北京接受过职业技能培训的农民工月均收入 3758 元，比其他农民工多 738 元（高 24.4 个百分点），且其月均收入增速比其他农民工高 7.0 个百分点。可见，农民工是否接受职业技能培训是一个可以用来衡量其就业脆弱性的有效指标，同时也表明，减弱农民工的就业脆弱性，需要通过职业技能培训提升其职业技能。

2. 农民工偏好非农职业技能培训

2009—2017 年，有 8.7%—10.7%的农民工接受过农业技术培训，有 25.6%—32%的农民工接受过非农职业技能培训，有 5.5%—7.1%的农民工同时接受过农业技术培训和非农职业技能培训（如表 2-2-4 所示）。据此判断，在选择接受何种职业培训上，农民工更偏好非农职业技能培训，因为该类培训能直接提高劳动生产率，直接削减非农就业脆弱性。但就获得体面就业、融入城市社区而言，农民工因缺乏关于行业企业通用知识、城市社会、城市法律法规等"软性"培训，也在一定程度上阻碍了其获得体面就业的能力提升。在目前农民工参与职业技能培训的比例还比较低的情况下，对"软性"培训的需求还处于隐性状态。从推进农民工市民化进程的视角出发，通过提升农民工非农职业技能培训的供需数量促进其获得体面就业，进而激发农民工的"软性"培训需求，驱动"软性"培训需求从"隐性"转向"显性"状态，才能逐渐降低农民工就业的脆弱性。

3. 农民工的受教育程度制约着职业技能培训需求

来自 2009 年和 2010 年两个年度的数据显示，受教育程度影响着农民工接受职业技能培训的需求，二者呈正相关关系：受教育程度越高，接受职业技能培训的需求越强；受教育程度越低，接受职业技能培训的需求越弱。受教育程度为高中、中专以上的可以看作农民工中的高端人力资本，其中，受教育程度为中专及以上的接受过职业技能培训的占比分别高达 62.5%（2009 年）、62.9%（2010 年），受教育程度为高中的接受过职业技能培训的占比分别为 54.8%（2009 年）、53.4%（2010 年）；受教育程度为初中的可以看作中端人力资本，接受过职业技能培训的占比低于 50.0%，分别为 48.0%（2009 年）、46.9%（2010 年）；受教育程度为小学、文盲的可以看作低端人力资本，其中受教育程度为小学的接受过职业技能培训的占比仅分别为 35.5%（2009 年）、33.9%（2010 年），文盲接受过职业技能培训的占比仅为 26.3%（如表 2-2-5 所示）。

表 2-2-5　2009—2010 年不同受教育程度的农民工接受职业技能培训的比例（%）

受教育程度	中专及以上	高中	初中	小学	文盲
2009	62.5	54.8	48	35.5	26.3
2010	62.9	53.4	46.9	33.9	26.3

数据来源：国家统计局 2009、2010 年度《全国农民工监测调查报告》。

现实的情况是，2010 年农民工中高端人力资本占比仅为 25.2%，占主体的是中端人力资本，占比为 61.2%，低端人力资本占比为 13.6%（如表 2-2-1 所示）。农民工受教育程度较低的事实拉低了其对职业技能培训的需求。可以初步判断，农民工的人力资本脆弱性与其职业技能培训需求的脆弱性呈正相关：人力资本脆弱性越强，则职业技能培训需求脆弱性也越强；反之亦然。对这个正相关关系的合理解释为：农民工在主观上是渴望拥有非农职业技能的，都憧憬着在城市从事相对体面的工作，然而，若劳动者的人力资本水平低，则难以驾驭相对复杂的非农职业技能培训，因而对留在城市生活的预期不好，缺乏长期的职业生涯规划，故培训意愿较低，影响了培训需求；反之，劳动者的人力资本水平高，一方面驾驭复杂职业技能进而驾驭职业技能培训的能力强，另一方面其非农务工的职业生涯规划意识强，从而接受非农职业技能培训的意愿也强。

4. 年龄越大源自职业技能培训的人力资本脆弱性越强

2012—2014 年，年龄 21—50 岁的农民工在各自年龄段内接受过职业技能培训的占比较高，其中 21—30 岁、31—40 岁、41—50 岁年龄段的占比分别达到 34.0%—38.3%、32.0%—36.1%、30.5%—33.7%。50 岁以上的农民工接受过职业技能培训的占比为 25.5%—28.8%，低于 21—50 岁年龄段的占比（如表 2-2-6 所示）。此间农民工年龄 21—50 岁的占比也是较高的，其中 21—30 岁的占比在 30%左右；31—40 岁的占比在 22%左右；41—50 岁的占比在 26%左右，而 50 岁以上的占比在 15%—17%（如表 1-2-6 所示）。初步判断，从农民工的年龄分布来看，21—30 岁的农民工源自职业技能培训的人力资本脆弱性最低，其次是 31—40 岁，接着是 41—50 岁，50 岁以上的农民工源自职业技能培训的人力资本脆弱性最高。

表 2-2-6 2012—2014 年农民工接受过职业技能培训的年龄分布（%）

年龄组	2012	2013	2014
合计	30.8	32.7	34.8
<20 岁	24	31	32.6
21—30 岁	34	35.9	38.3
31—40 岁	32	34.1	36.1
41—50 岁	30.5	32.1	33.7
50 岁以上	25.5	25.9	28.8

数据来源：国家统计局 2012—2014 年度《全国农民工监测调查报告》。

根据国家统计局的界定，可将 1980 年及以后出生的农民工定义为新生代农民工，2018 年新生代农民工占全体农民工总量的 51.5%，其中"80后"占 50.4%，"90后"占 43.2%，"00后"占 6.4%。新生代农民工与老一代农民工在接受职业技能培训的选择上是有差异的，基本规律为：年龄越大，农民工接受非农职业技能培训的占比越低，接受农业技术培训的占比越高；年龄越小，接受非农职业技能培训的占比越高，接受农业技术培训的比例越低。2012—2014 年的数据显示，41 岁以上的农民工接受农业技术培训的占比在 12.4%—14.9%，在所有年龄段的农民工中占比最高，而他们接受过非农职业技能培训的占比却最低，大致在 16.9%—29.9%（如表 2-2-7 所示）。可以初步判断，新生代农民工正在远离农业生产，而老一代农民工因为有着农业生产的丰富经历以及农业生产的人力资本较好积累，未来返乡的意愿比较强。这个数据的政策意义在于，要激励农民工接受非农职业技能培训，对有意愿返乡的农民工则需立足于农业生产强化相应的技能培训。2012—2017 年间，农民工接受农业技术培训的占比呈下降趋势，接受非农职业技能培训的占比呈上升趋势，有三分之一的农民工接受过非农职业培训。

表 2-2-7　2012—2017 年农民工接受职业技能培训的类型分布（%）

年龄组	接受农业技术培训						接受非农职业技能培训					
	2012	2013	2014	2015	2016	2017	2012	2013	2014	2015	2016	2017
合计	10.7	9.3	9.5	8.7	8.7	9.5	25.6	29.9	32.0	30.7	30.7	30.6
<20 岁	4.0	5.0	6.0	—	—	—	22.3	29.9	31.4	—	—	—
21—30 岁	6.2	5.5	6.0	—	—	—	31.6	34.6	37.0	—	—	—
31—40 岁	11.0	9.1	8.8	—	—	—	26.7	31.8	34.0	—	—	—
41—50 岁	14.9	12.7	12.6	—	—	—	23.1	27.8	29.9	—	—	—
50 岁以上	14.5	12.4	12.7	—	—	—	16.9	21.2	24.0	—	—	—

数据来源：国家统计局 2012—2017 年度《全国农民工监测调查报告》。

（三）是否取得职业资格证书

《2018 北京农民工监测调查报告》的数据显示，老一代农民工取得职业资格证书的占比仅为 14.0%，新生代农民工取得职业资格证书的占比为 24.1%，虽高于老一代农民工，但也不足三成。新生代农民工中取得初级职业资格证书的占 11.9%，中级占 8.5%，高级仅占 3.7%。由此推断，全体农民工群体取得职业资格证书的比例偏低，其中取得高级职业资格证书的更是微乎其微，这既阻碍了农民工的职业进入，更阻碍了农民工群体建立职业归属感，因而也阻碍了他们基于终身教育的理念进行经济生命周期内的职业生涯规划，具体表象即他们长期徘徊在诸多低端人力资本岗位，工作稳定性差且收入较低。

二、工作收入脆弱度

（一）来自工资收入的脆弱性

如前所述，在收入的绝对水平上，城镇单位就业人员的月工资水平一直高于农民工，且二者的收入差距不断拉大（如图 2-2-1 所示）。虽然农民工工资不断上涨，但是 2013 年农民工月均收入（2609 元）才大致相当于城镇单位就业人员 2009 年（2687 元）的水平。单从绝对收入水平上看，农民工的基本生活水准可能要落后于城镇单位就业人员 10 年左右。

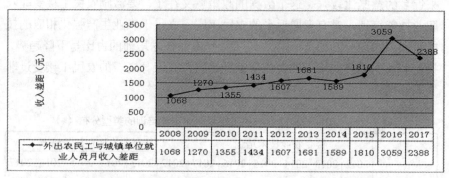

图 2-2-1 2008—2017 年外出农民工与城镇单位就业人员月收入差距（元）

数据来源：外出农民工月平均收入数据来源于国家统计局 2009—2017 各年度《全国农民工监测调查报告》；城镇单位就业人员月平均工资根据《2018 中国统计年鉴》中城镇单位就业人员工资分 12 个月平均计算得出。

（二）来自补偿性收入的脆弱性

那么，农民工的相对收入水平怎样？除了低工资，农民工获得了其他形式的补偿吗？比如，居住和用餐支出是农民工支出的主要部分，在低收入下，如果食宿得到补偿，农民工相对的实际收入水平应该会有所提升。另外，社会保障参保情况也可视为农民工货币性工资收入之外的补偿性收入，是否参保、参保缴费及支付待遇水平也会影响农民工的实际收入水平。

1. 居住补偿情况

2008—2015 年，农民工从用工单位或雇主得到住宿支持的比重呈下降趋势，从 60.8%下降到 54%；相应地，雇主或单位不提供住宿也没有提供住房补贴的比例从 39.2%上升至 46.0%（如表 2-2-8 所示）。可见，在低收入水平下，近一半的外出农民工还要承受非农务工的居住成本，在没有得到任何住房支持的情况下，其居住选择有二：一是自购住房，二是租房居住。

表 2-2-8　2008—2015 年外出农民工居住成本分布（%）

内容	2008	2009	2010	2011	2012	2013	2014	2015
提供免费住宿	52.9	50.5	43.4	49.9	49.5	46.9	46.8	46.1
不提供住宿，但有住房补贴	7.9	7.4	11	8.8	9.2	8.2	8.6	7.9
不提供住宿，也没有住房补贴	39.2	42.1	45.5	41.3	41.3	44.9	44.6	46
用工单位或雇主提供住宿支持的占比	60.8	57.9	54.4	58.7	58.7	55.1	55.4	54

数据来源：2008 年数据来源于《2008 年陕西农民工监测调研报告》；2009—2015 年数据来源于国家统计局 2009—2015 各年度《全国农民工监测调查报告》。

　　2016 年租房居住的农民工占 62.4%，购房农民工占比提高到 17.8%，但购买保障性住房和租赁公租房的农民工不足 3%[1]，从侧面反映出农民工尚未能与城市居民享受到同等的住房优惠政策。为了节约开支，农民工只能选择租住条件相对较差的住房或购买住房面积较小的住房。2017 年，进城农民工人均住房面积仅为 19.8 平方米，而 2011 年中国城镇居民人居居住面积已达 37.96 平方米[2]，2015 年末全国村镇人均住宅建筑面积为 33.52 平方米[3]，进城农民工的居住面积是三个群体中最小的。2016 年，进城农民工中人均居住面积大于等于 36 平方米的占比仅为 18.5%[4]。2017 年，进城农民工中人均居住面积 5 平方米及以下居住困难的农民工户占 4.6%。

　　2. 用餐补偿

　　2008 年，62% 的陕西外出农民工能够得到单位或雇主的伙食帮助，其中 33.8% 的单位或雇主每日提供三餐，11.4% 的单位或雇主每日提供两餐，9.6% 的单位或雇主每日提供一餐，有 6.9% 的农民工尽管没有餐饭提供，但可得到部分伙食费补贴。

　　（三）来自社会保障的脆弱性

　　2008—2014 年，外出农民工参加"五险一金"的比例呈上升趋势。其

---

　　[1] 中华人民共和国国家统计局. 2016 年农民工监测调查报告 [EB/OL]. [2016-04-28]. http://www. stats.gov.cn/tjsj/zxfb/201704/t20170428_1489334.html.

　　[2] https://wenku.baidu.com/view/5f07aeaeaef8941ea76e055d.html.

　　[3] 中华人民共和国住房和城乡建设部. 2015 年城乡建设统计公报 [EB/OL]. [2016-07-14]. http://www. mohurd.gov.cn/xytj/tjzljsxytjgb/tjxxtjgb/201607/t20160713_228085.html

　　[4] 中华人民共和国国家统计局. 2016 年农民工监测调查报告 [EB/OL]. [2016-04-28]. http://www. stats.gov.cn/tjsj/zxfb/201704/t20170428_1489334.html.

中，参加工伤保险的占比最高，在 24.0%—9.7%；其次是参加医疗保险的，占比在 12.2%—18.2%；参加养老保险的位居第三，占比在 7.6%—16.4%；参加失业保险的占比位居第四，占比在 3.7%—9.8%；参加生育保险的占比位居第五，占比在 2.0%—7.1%；参加住房公积金的数据不足，2013 年和 2014 年分别为 5% 和 5.6%（如表 2-2-9 所示）。

可以初步判断，农民工与雇主和单位最看重工伤保险，这与农民工普遍在高危行业从业的特征相关，参加工伤保险能同时防范雇佣双方的风险。医疗保险和养老保险为农民工在城镇生存提供了基本保障，参加这两项保险的农民工占比不断提高，一方面反映了用工单位的规范用工意识在提升，另一方面也反映了农民工风险防范意识的日益增强。虽然农民工就业不稳定，但雇佣双方失业保险参保意识均不强，这无疑加大了农民工在城市生存的风险。女性的生育行为一般在劳动力输出地完成，因此从数据上看，参与生育保险的占比较低也是合乎实际情况的；另外，也反应了对农民工对生育保险的需求不那么强烈。是否缴纳住房公积金一方面依赖于用工单位的规范用工意识、财力和对用工成本的承受力，另一方面也跟农民工是否留城的意愿相关。虽然农民工是否留城受多重因素影响，但城市居高不下的商品房价格是一个令其望而却步的要素。虽然 2015 年农民工月均收入为 3072 元，高于月均支出 771 元，但城市畸高的房价收入比使其难以在城市安居，根据上海易居房地产研究院发布的《全国 35 个大中城市房价收入比排行榜》，2015 年，全国 35 个大中城市房价收入比均值为 10.2，远高于发展中国家 3—6 倍的合理区间，即使普通城市家庭也很难承受，更何况是收入水平相对较低的农民工。因此，理性的选择是农民工更依赖于雇主提供的住宿支持，偏好于每月获得更多的现金收入，而不是将住房公积金储存在一个安静的池子里多年无法动用。从单个年份看，依托于就业的五种社会保险是优先于住房公积金需求的，因此缴纳住房公积金的占比最低。大多数雇主或用工单位对农民工的住房支持主要是基于短期的支持，多表现为免费提供住宿或者给予一定的住房补贴，基于农民工就业转换的频繁性，也为了削减用工成本，暂时还不愿意为农民工缴纳住房公积金。农民工则因为更为偏好当期的货币性工资收入，再加上对未来留在城市生活的不确定性和不可及性，在工作收入水平的协商中往往不会更多关注是否缴纳住房公积金，反而更为关注工伤保险、医疗保险等福利保障内容。

表 2-2-9　　2008—2014 年外出农民工参加"五险一金"的占比（%）

类别	2008	2009	2010	2011	2012	2013	2014
养老保险	9.8	7.6	9.5	13.9	14.3	15.7	16.4
工伤保险	24.1	21.8	24.1	23.6	24	28.5	29.7
医疗保险	13.1	12.2	14.3	16.7	16.9	17.6	18.2
失业保险	3.7	3.9	4.9	8	8.4	9.1	9.8
生育保险	2	2.4	2.9	5.6	6.1	6.6	7.1
住房公积金	—	—	—	—	—	5	5.6

数据来源：2013—2014 各年度《全国农民工监测调查报告》。（其中，2008—2013 年数据来源于 2013 年度报告）。

不可否认，虽然外出农民工参加"五险一金"的比例在不断提升，但实际参保占比仍然很低，即便参加工伤保险的占比最高，也并未超过 30%。作为劳动收入的一个重要部分，"五险一金"是除了货币性工资收入之外的福利保障收入的主要内容，在农民工货币性工资收入较低的前提下，较低的参保率表明来自福利保障的收入微乎其微，从而进一步强化了农民工工作收入的脆弱性。另外，福利保障收入的缺乏也使得农民工在城市生活的风险加大，打击了其留城的意愿。因此，在中国社会保障制度已经实现全覆盖的背景下，要把农民工留在城市，转化成市民，还要继续探索如何在实践中提升农民工的福利保障收入。

（四）来自消费的脆弱性

量入为出，农民工的收入脆弱性直接影响着消费支出的脆弱性。

1. 农民工消费支出绝对水平低于城镇居民

如前所述，在消费支出的绝对水平上，2008—2017 年，城镇居民家庭人均现金消费支出和农民工年均消费支出绝对额均呈上涨趋势，但是，农民工的消费支出水平低于城镇居民（如表 1-2-2 和表 1-2-3 所示）。其中，2008 年城镇居民家庭人均现金消费支出为 11242.9 元，到 2014 年农民工年均消费支出才达到 11328 元（如表 1-2-3 所示），农民工消费支出绝对水平落后城镇居民 6 年左右。

2. 农民工消费支出结构失衡

2008—2017 年，城镇居民家庭人均居住现金支出在消费支出中的占比在 11.7%—23.3%（如表 1-2-2 所示）；2008—2017 年，农村居民人均居住支出在消费支出中的占比在 19.5%—21.5%（如表 1-2-4 所示）；2012—2017 年，农民工月均居住支出在生活消费支出中的占比则在 47.1%—50.8%（如

表 1-2-2 所示）。农民工月均居住支出占比不但高于城镇居民，甚至高于农村居民，从一个侧面反映了农民工非农务工的居住负担很重，将一半的消费支出用于居住，居住支出严重挤占了其他消费支出。

三、工作保障脆弱度

（一）是否订立劳动合同

农民工在从事非农务工中普遍未与雇主或单位签订劳动合同，不能受到劳动合同保护，这是其从事非正规就业的特征之一。2009—2016 年，农民工与雇主或单位签订劳动合同的占比在 35.1%—43.9%，基本呈现逐年下降的态势。这也意味着，2009—2013 年，有 50%以上的农民工不能受到劳动合同保护；而从 2014 年开始，该比例超出 60%（如图 2-2-2 所示）。可见，实际上农民工中大多数均不能得到劳动合同的有效保护，暴露在非农务工的风险中。

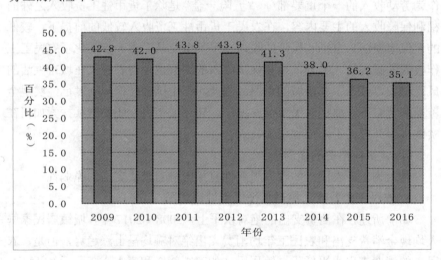

图 2-2-2　2009—2016 年农民工与雇主或单位签订劳动合同的占比（%）

数据来源：国家统计局 2009—2016 各年度《全国农民工监测调查报告》。

农民工与雇主或单位签订的劳动合同期限呈现出差异性：2013—2016 年，签订一年及以上劳动合同的占比最高，在 19.8%—21.2%；其次是签订无固定期限劳动合同的，占比在 12.0%—13.7%；签订一年以下劳动合同的占比最低，在 3.1%—3.4%；剩下的 59.7%—64.9%是没有签订劳动合同的（如表 2-2-10 所示）。签订一年以下劳动合同的在所有签订劳动合同的农民工中的占比在 8.2%—9.4%，不足 10%。可见，一旦农民工与雇主或单位达成一致签订了劳动合同，90%以上的农民工能够实现在非农领域稳定工作一年及以上。可见，要减弱农民工在非农领域务工工作保障的脆弱度，依靠法律推进劳动合同的签订是有效的路径之一。

表 2-2-10　2013—2016 年农民工签订劳动合同的期限及分布（%）

类别	2013	2014	2015	2016
无固定期限劳动合同	13.7	13.7	12.9	12.0
一年及以上劳动合同	21.2	21.2	19.9	19.8
一年以下劳动合同	3.2	3.1	3.4	3.3
没有劳动合同	59.7	62.0	63.8	64.9
一年以下劳动合同的占比	8.4	8.2	9.4	9.4

数据来源：国家统计局 2013—2016 各年度《全国农民工监测调查报告》。

（二）是否及时足额获得工资

自 2003 年底国务院积极推进解决农民工工资拖欠问题以来，工资拖欠问题得到缓解，2008—2016 年间，农民工被拖欠工资的占比从 4.1% 下降到 1.0% 左右。获得工资的安全性比以前年份增强（如图 2-2-3 所示）。但是，农民工年均被拖欠工资的额度在 1 万元左右，且绝对额在逐年增加（如表 2-2-11 所示）。

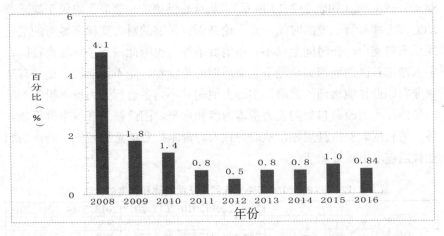

图 2-2-3　2008—2016 年农民工被拖欠工资的占比（%）

数据来源：国家统计局 2008—2016 各年度《全国农民工监测调查报告》。

表 2-2-11　2013—2016 年农民工年人均被拖欠工资绝对额（元）

类别	2013	2014	2015	2016
全体农民工	9372	9511	9788	11433
外出农民工	9084	10613	10692	11941
本地农民工	7098	8148	8667	10518

数据来源：国家统计局 2013—2016 各年度《全国农民工监测调查报告》。

2013—2016 年，外出农民工月均收入分别为 2609 元、2864 元、3072 元、3275 元，此间年人均被拖欠工资额相当于外出农民工 3 个多月的工资，分别为：3.5 个月、3.7 个月、3.5 个月、3.5 个月。按农民工全年外出务工 10 个月测算（如表 2-2-12 所示），被拖欠工资的外出农民工有三分之一强的务工付出不能及时足额获得劳动收入补偿。这一方面给本就收入较低的农民工带来了经济上的不安全感，另一方面也导致农民工对非农务工的预期变差，因缺乏经济上的安全感而放弃融入城市社区的努力，更阻碍了农民工在城市做长远的职业规划以及建构可持续生计的憧憬。

（三）工作时间情况

从工作时间上看，农民工普遍处于超负荷工作状态。2008—2016 年，农民工每月平均工作 25—26 天，每天工作 9 小时左右，日工作超过 8 小时的占 37.3%—50.3%，周工作时间多于《劳动法》规定的 44 小时的占 84.4%—90.7%（如表 2-2-12 所示）。从身心健康的角度看，农民工缺乏劳动力体力和心智恢复的时间，先不论是否有足够的财力支撑在城市的文化娱乐消费支出，在时间上尚不具备消费条件，也因此缺乏了解城市社区、融入城市社区的通道。从经济生命周期的角度看，先不论农民工是否有从事非农职业技能培训的意愿，实际上他们并不具备进行人力资本投资的时间条件，无力改善自身的人力资本内容和水平，因此缺乏在城市进行非农务工的长远职业生涯规划，从而导致人力资本投资的意愿较低，潜在的职业技能需求很难被激活。

表 2-2-12　2008—2016 年外出农民工从业时间和强度的分布（%）

类别	2008	2009	2010	2011	2012	2013	2014	2015	2016
全年外出从业时间（月）	—	—	9.8	9.8	9.9	9.9	10.0	10.1	10.0
平均每月工作时间（天）	26.0	26.0	26.2	25.4	25.3	25.2	25.3	25.2	25.2
平均每天工作时间（小时）	9.2	—	9.0	8.8	8.7	8.8	8.8	8.7	8.7
日工作超过 8 小时的比重（%）	50.3	—	49.3	42.4	39.6	41.0	40.8	39.1	37.3
周工作超过 44 小时的比重（%）	—	89.8	90.7	84.5	84.4	84.7	85.4	85.0	84.4

数据来源：2008 年数据来源于《2008 年陕西农民工监测调研报告》；2009—2016 年数据来源于国家统计局 2009—2016 各年度《全国农民工监测调查报告》。

（四）就业方式情况

农民工从事非农务工的形式无外乎受雇他人或者自营就业。2009—2012 年，九成以上的外出农民工以受雇就业为主；相应地，自营就业的不足 10%。此间本地农民工受雇就业的占比在 62.5%—72.8%，低于外出农民工；相应地，本地农民工自营就业的占比在 28.1%—37.5%，高于外出农民工（如表 2-2-13 所示）。从变化趋势上看，农民工受雇就业的比重呈上升趋势。2013—2015 年，全体农民工中受雇就业的占比在 83.0%—83.5%，自营就业的占比在 16.5%—17.0%。

表 2-2-13　2009—2015 年农民工就业形式的分布（%）

	类别	2009	2010	2011	2012	2013	2014	2015
受雇	外出农民工	93.6	90.4	94.8	95.3	83.5	83.0	83.4
	本地农民工	—	62.5	71.9	72.8			
自营	外出农民工	6.4	9.6	5.2	4.7	16.5	1.07	16.6
	本地农民工	—	37.5	28.1	27.2			

数据来源：国家统计局 2009—2015 各年度《全国农民工监测调查报告》。

如果农民工选择受雇就业，单位会为其提供一定的就业保障，减弱就业脆弱性。其一，工作收入相对有保障。一方面，工资水平有最低工资管制和市场平均工资水平作为参照，工资收入相对有保障；另一方面，社会保障收入也因有法律规范用工单位行为，对农民工有一定的安全保障作用。其二，来自岗位的工作保障受法律保护，对雇主或单位形成一定约束。比如，劳动合同约束、日标准工作时间约束等。相对而言，自营就业形式对农民工而言就业脆弱性较大：营业收入不是稳定的现金流；是否参保取决于个人觉悟，大部分人会选择不参保，因而缺乏社会保障系统的保护；工作时间过长。另外，自营就业农民工主要分布在第三产业的批发和零售业，交通运输、仓储和邮政业，以及服务业，除了交通运输、仓储和邮政业之外，批发和零售业、服务业的农民工月均收入水平脆弱性较高。

第三节　农民工就业脆弱性的行业分布及演变轨迹

一、农民工就业的行业分布

2008—2017 年，50%以上的农民工在第二产业就业，40%以上的农民工在第三产业就业，2018年第二产业占比跌破50%，同期第三产业就业占比突破50%（如表2-3-1所示）。其中，在第二产业就业的农民工主要集中在制造业和建筑业，有三成的农民工在制造业就业，虽然占比呈下降趋势，但目前仍然是农民工就业占比最高的行业（如表2-3-1所示）；有一至两成的农民工在建筑业就业，占比呈上升趋势，2008年为13.8%，2014年则上升至22.3%，2015年开始回落，至2019年降至18.7%，是农民工占比位居第二高的行业（如表2-3-1所示）。总体上，在第二产业就业的农民工占比呈下降趋势，主要是制造业和建筑业农民工从业占比下降；同期在第三产业就业的农民工占比呈上升趋势，主要是批发和零售业，居民服务、修理和其他服务业从业农民工占比上升（如图2-3-1所示）。农民工就业占比在行业间的演变蕴含着就业变迁与转职需求，也意味着农民工有技能提升的潜在和现实需求。

表2-3-1 2008—2019年农民工就业的行业分布（%）

类别		2008	2009	2010	2011	2012	2013	2014	2015	2016	2017	2018	2019
第一产业		—	—	—	—	—	0.6	0.5	0.4	0.4	0.5	0.4	0.4
第二产业	总体	—	—	—	—	—	56.8	56.6	55.1	52.9	51.5	49.1	48.6
	制造业	37.2	36.1	36.7	36.0	35.7	31.4	31.3	31.1	30.5	29.9	27.9	27.4
	建筑业	13.8	15.2	16.1	17.7	18.4	22.2	22.3	21.1	19.7	18.9	18.6	18.7
第三产业	总体	—	—	—	—	—	42.6	42.9	44.5	46.7	48.0	50.5	51.0
	批发和零售业	6.4	6.8	6.9	6.6	6.6	11.3	11.4	11.9	12.3	12.3	12.1	12.0
	交通运输、仓储和邮政业	9.0	10.0	10.0	10.1	9.8	6.3	6.5	6.4	6.4	6.6	6.6	6.9
	住宿和餐饮业	5.5	6.0	6.0	5.3	5.2	5.9	6.0	5.8	5.9	6.2	6.7	6.9
	居民服务、修理和其他服务业	12.2	12.7	12.7	12.2	12.2	10.6	10.2	10.6	11.1	11.3	12.2	12.3
	其他	—	—	—	—	—	0.0	0.0	0.0	11.0	11.6	12.9	12.9

数据来源：国家统计局2008—2019各年度《全国农民工监测调查报告》。

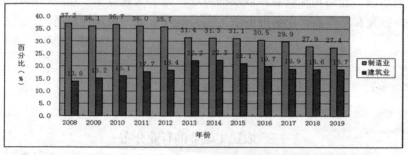

图2-3-1 2008—2019年在制造业和建筑业就业的农民工分布情况（%）

　　在第三产业就业的农民工主要集中在批发和零售业，交通运输、仓储和邮政业，住宿和餐饮业，居民服务、修理和其他服务业。2008 年以来，在居民服务、修理和其他服务业就业的农民工占比最高，在 10.2%—12.7%，但是近年来呈下降趋势，2013 年开始位居第二，2018 年再次跃居第一；其次是在交通运输、仓储和邮政业就业的农民工，2008 年以来占比在 6.3%—10.1%，但呈下降趋势，2013 年开始，该占比同时低于批发和零售业，居民服务、修理和其他服务业，位居第三；2008 年以来在批发和零售业就业的农民工占比位居第三，2008—2012 年占比在 6.4%—6.9%，但是从 2013 年开始，占比跃升为第一位，高达 11% 以上，2016 年则突破 12% 增至 12.3%，2018 年以来占比略有回落，位居第二；农民工在住宿和餐饮业就业的占比一直很稳定，2008—2017 年一直位居第四，占比在 5.2%—6.2%，2018 年以来占比略高于交通运输、仓储和邮政业，位居第二（如图 2-3-2 所示）。

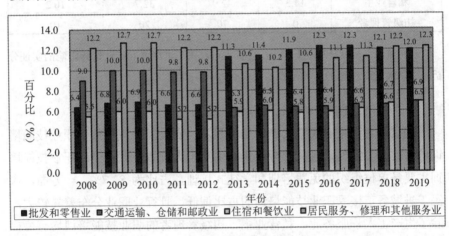

图 2-3-2　2008—2019 年在第三产业就业的农民工分布情况（%）

二、人力资本脆弱性的行业分布

（一）受教育程度的行业分布

　　目前针对农民工就业所在行业的人力资本分布的统计数据尚不全面，胡斌调研了南京农民工按职业分类的受教育状况[①]，如表 2-3-2 所示。在服务业、生产工人、私营业主和初级管理者四类职业中，受教育程度为 6—9 年的占比均最高，农民工整体受教育程度偏低。服务业中受教育年限为 0—

---

　　① 胡斌. 人力资本、社会资本对农民工进城就业行业选择影响的实证分析——以南京市为例[D].
南京：南京农业大学，2007.

6 年的占比最高，且受教育年限在 12 年以上的占比为 0，故相比其他三类职业，服务业农民工受教育程度偏低。在私营业主和初级管理者两个类别中，受教育年限在 9 年以上的占比位列前两名。综上可知，受教育程度对农民工就业层次有正向影响，受教育程度越高，就业层次越高。就目前农民工的受教育年限在不同职业的分布现状而言，四类职业中受教育程度在初中及以下的占比均最高，故农民工的就业层次整体偏低，相应地，其就业的脆弱性较高。

表 2-3-2　农民工受教育状况的职业分布（%）

类别	0—6 年	6—9 年	9—12 年	12 年以上
服务业	16.3	70.9	11.6	0
生产工人	15.9	71.6	9.0	3.4
私营业主	14.3	42.9	32.7	10.2
初级管理者	0	70	20	10

资料来源：胡斌. 人力资本、社会资本对农民工进城就业行业选择影响的实证分析——以南京市为例[D]. 南京：南京农业大学，2007.

（二）职业技能培训的行业分布

胡斌针对南京农民工的调研结果显示，农民工进城后接受职业技能培训的占比为 25.7%，且大部分聚集在生产工人领域，且接受的职业技能培训主要是单位组织的免费培训和学徒式培训，占比为 83.7%。一方面，农民工进城务工接受职业技能培训的占比偏低，且行业职业分布差异较大，除了生产工人，服务业、私营业主、初级管理者的职业技能培训均有待提升；另一方面，农民工更愿意接受单位提供的免费职业技能培训，培训的种类有待进一步丰富，同时制度如何激励用人单位为农民工提供职业技能培训无疑是一个需要企业、政府、农民工、行业等多主体共同面对的课题。

三、工作收入脆弱性的行业分布

（一）就业收入脆弱性的行业分布

农民工在不同行业就业收入差异较大。2009—2019 年，第二产业和第三产业农民工月均收入一起排名，由高到低的基本趋势为：交通运输、仓储和邮政业＞建筑业＞制造业＞批发和零售业＞居民服务、修理和其他服务业＞住宿和餐饮业（如表 2-3-3 所示）。

表 2-3-3 2009-2019 年分行业农民工月均收入（元）

行业	2009	2010	2011	2012	2013	2014	2015	2016	2017	2018	2019
农民工月均收入	1417	1690	2049	2290	2609	2864	3072	3275	3485	3721	3962
制造业	1331	1582	1920	2130	2537	2832	2970	3233	3444	3732	3958
建筑业	1625	1946	2382	2654	2965	3292	3508	3687	3918	4209	4567
批发和零售业	—	—	—	—	2432	2554	2716	2839	3048	3263	3472
交通运输、仓储和邮政业	1671	1956	2458	2735	3133	3301	3553	3775	4048	4345	4667
住宿和餐饮业	1264	1511	1807	2100	2366	2566	2723	2872	3019	3148	3289
居民服务、修理和其他服务业	1276	1520	1826	2058	2297	2532	2686	2851	3022	3202	3337

数据来源：国家统计局 2009—2019 各年度《全国农民工监测调查报告》。

农民工在第二、三产业内部不同行业就业也有很显著的收入差异。就第二产业而言，2009—2019 年，建筑业农民工月均收入水平要高于制造业，且远高于当年全部农民工的月均收入水平（如表 2-3-3 和图 2-3-3 所示）。在第三产业中，交通运输、仓储和邮政业农民工的月均收入最高，其次是居民服务、修理和其他服务业，位居第三的是住宿和餐饮业。交通运输、仓储和邮政业农民工的月均收入不但在第三产业内是最高的，也高于当年全体农民工的月均收入水平（如表 2-3-3 和图 2-3-4 所示）。

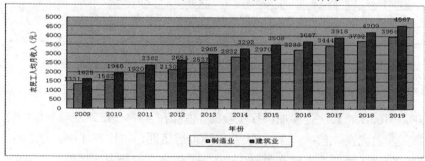

图 2-3-3 2009—2019 年第二产业农民工人均月收入（元）

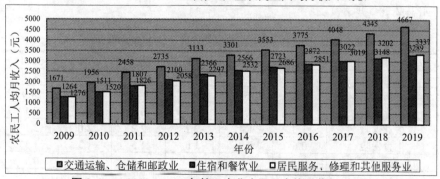

图 2-3-4 2009—2019 年第三产业农民工人均月收入（元）

不考虑农民工就业的社会保障参与情况、工资是否拖欠等因素，仅从农民工的月均工资收入看，可以认为月均收入越高则工作收入脆弱度越低。那么，各行业就业脆弱度的排序可以参考农民工月均收入的排序，即交通运输、仓储和邮政业＜建筑业＜制造业＜居民服务、修理和其他服务业＜住宿和餐饮业。

（二）社会保障收入脆弱性的行业分布

2009—2014 年，制造业农民工参加工伤保险的占比最高，在 27.5%—34.2%；其次是医疗保险，占比在 14.7%—22.1%；位居第三的是养老保险，占比在 8.8%—21.4%；失业保险位居第四，占比在 4.2%—13.1%；生育保险位居第五，占比在 1.3%—9.3%；住房公积金占比最低，在 5.0%—5.3%（如表 2-3-4 所示）。

表 2-3-4 2009—2014 年制造业农民工的参保分布（%）

类别	2009	2010	2011	2012	2013	2014
养老保险	8.8	11.0	14.1	15.2	20.9	21.4
工伤保险	27.5	30.3	28.0	28.9	32.8	34.2
医疗保险	14.7	16.2	17.8	18.5	21.7	22.1
失业保险	4.2	5.3	7.5	8.1	12.2	13.1
生育保险	2.4	3.1	4.8	1.3	8.8	9.3
住房公积金	—	—	—	—	5.0	5.3

数据来源：国家统计局 2009—2014 各年度《全国农民工监测调查报告》。

2009—2014 年，建筑业农民工参保率最高的是工伤保险，占比在 14.0%—16.6%；其次是参加医疗保险的，占比在 4.4%—6.5%；养老保险位居第三，占比在 1.8%—4.3%；失业保险位居第四，占比在 1.0%—2.2%；生育保险位居第五，占比在 0.6%—1.6%；住房公积金占比最低，为 0.9%（如表 2-3-5 所示）。

表 2-3-5 2009—2014 年建筑业农民工的参保分布（%）

类别	2009	2010	2011	2012	2013	2014
养老保险	1.8	2.8	4.3	3.8	3.7	3.9
工伤保险	15.6	16.6	14.1	14.0	14.4	14.9
医疗保险	4.4	6.5	6.4	6.0	5.2	5.4
失业保险	1.0	1.4	2.2	2.2	2.0	2.1
生育保险	0.6	0.9	1.6	1.5	1.3	1.3
住房公积金	—	—	—	—	0.9	0.9

数据来源：国家统计局 2009—2014 各年度《全国农民工监测调查报告》。

2009—2014 年，批发和零售业农民工参加社会保险的占比由高到低的排序为：工伤保险（11.6%—19.2%）、医疗保险（8.3%—16.3%）、养老保险（6.1%—15.1%）、失业保险（3.1%—9.9%）、生育保险（1.8%—7.8%）、住房公积金（3.5%—3.6%）（如表 2-3-6 所示）。

表 2-3-6 2009—2014 年批发和零售业农民工的参保分布（%）

类别	2009	2010	2011	2012	2013	2014
养老保险	6.1	7.0	15.1	14.3	13.5	14.4
工伤保险	11.6	14.0	17.7	17.1	17.0	19.2
医疗保险	8.3	9.6	16.3	15.7	14.2	15.0
失业保险	3.1	4.0	9.6	9.3	8.9	9.9
生育保险	1.8	2.5	7.7	7.2	7.0	7.8
住房公积金	—	—	—	—	3.6	3.5

数据来源：国家统计局 2009—2014 各年度《全国农民工监测调查报告》。

2009—2014 年，交通运输、仓储和邮政业农民工参加社会保险的占比由高到低的排序为：工伤保险（25.5%—32.6%）、医疗保险（15.4%—27.7%）、养老保险（10.1%—24.4%）、失业保险（6.1%—15.6%）、生育保险（3.5%—11.3%）、住房公积金（6.2%—8.0%）（如表 2-3-7 所示）。

表 2-3-7 2009—2014 年交通运输、仓储和邮政业参保农民工的社会保险分布（%）

类别	2009	2010	2011	2012	2013	2014
养老保险	10.7	13.7	24.4	24.1	15.6	17.6
工伤保险	27.2	30.0	32.6	30.6	25.5	27.8
医疗保险	15.4	19.2	27.7	26.7	17.4	19.2
失业保险	6.1	7.5	15.1	15.6	10.5	12.8
生育保险	3.5	3.5	10.4	11.3	7.6	9.2
住房公积金	—	—	—	—	6.2	8.0

数据来源：国家统计局 2009—2014 各年度《全国农民工监测调查报告》。

2009—2014 年，住宿和餐饮业农民工参加社会保险的占比由高到低的排序为：工伤保险（11.7%—17.2%）、医疗保险（7.1%—11.9%）、养老保险（3.6%—10.6%）、失业保险（1.7%—6.6%）、生育保险（0.8%—4.0%）、住房公积金（2.5%—2.6%）（如表 2-3-8 所示）。

表 2-3-8　2009—2014 年住宿和餐饮业农民工的参保分布（%）

类别	2009	2010	2011	2012	2013	2014
养老保险	3.6	4.5	7.3	7.0	10.6	10.0
工伤保险	11.7	13.3	11.8	12.4	17.1	17.2
医疗保险	7.1	8.8	9.0	8.8	11.9	10.8
失业保险	1.7	2.2	3.8	3.9	6.6	5.4
生育保险	0.8	1.1	2.5	2.9	3.9	4.0
住房公积金	—	—	—	—	2.5	2.6

数据来源：国家统计局 2009—2014 各年度《全国农民工监测调查报告》。

2009—2014 年，居民服务和其他服务业农民工参加社会保险的占比由高到低的排序为：工伤保险（14.2%—16.9%）、医疗保险（9.4%—13.7%）、养老保险（4.8%—12.4%）、失业保险（2.7%—6.9%）、生育保险（1.6%—5.2%）、住房公积金（2.2%—3.1%）（如表 2-3-9 所示）。

表 2-3-9　2009—2014 年居民服务和其他服务业农民工的参保分布（%）

类别	2009	2010	2011	2012	2013	2014
养老保险	4.8	6.5	12.4	12.1	11.3	11.8
工伤保险	14.2	15.8	16.4	16.9	15.9	16.3
医疗保险	9.4	11.9	13.7	13.3	11.6	12.1
失业保险	2.7	3.8	6.4	6.9	6.2	6.6
生育保险	1.6	2.0	4.5	5.2	4.8	5.2
住房公积金	—	—	—	—	2.2	3.1

数据来源：国家统计局 2009—2014 各年度《全国农民工监测调查报告》。

2009—2014 年，在调查所选取的六个行业就业的农民工，参加工伤保险的占比最高，其次是医疗保险、养老保险、失业保险、生育保险、住房公积金，跟我们前面分析的农民工总体参保情况分布一致。农民工对工伤保险的需求最为强劲，其次是医疗保险和养老保险，但普遍不太关注失业保险和生育保险，需求最弱的是住房公积金。因为缺乏对在城市生存的长远规划，也因为无力承担在城市购买商品房的高额支出，农民工对住房公积金的需求还是潜在需求，处在沉睡状态。

另外，不同行业的农民工参保率也呈现出差异性。第二产业中，制造业农民工"五险一金"的参与率是最高的；第三产业中，交通运输、仓储和邮政业农民工"五险一金"的参与率是最高的；制造业农民工"五险一金"的参与率还高于交通运输、仓储和邮政业。需要指出的是，建筑业的工伤风险最高，但其工伤保险参与率却低于制造业，交通运输、仓储和邮政业，也反映出建筑业目前的社会保障脆弱性比较高。

从趋势上看，各行各业农民工"五险一金"的参与率都基本呈上升趋势。但是，相对于城市制度内人口的参与率，农民工的参保率还是比较低的。以工商保险为例，尽管制造业与交通运输、仓储和邮政业的参与率是最高的，且水平逐渐稳定在 30%左右，但仍然意味着有三分之二以上的农民工游离在工伤保险体系之外。从这个意义上说，农民工社会保障的脆弱度是很高的。

（三）小结

从工资收入评估的脆弱性由低到高的排序为：交通运输、仓储和邮政业＜建筑业＜制造业＜居民服务、修理和其他服务业＜住宿和餐饮业。交通运输、仓储和邮政业农民工的月均收入最高，工资收入脆弱性最低；住宿和餐饮业农民工的月均收入最低，工资收入的脆弱性最高；制造业农民工的月均收入位居第三，工资收入脆弱性居中。但是，若从社会保障收入评估脆弱性，第二产业中制造业农民工的参保率最高，脆弱性最低；其次是交通运输、仓储和邮政业。综合考察农民工的工作收入脆弱性，可做如下判断：交通运输、仓储和邮政业的工作收入脆弱性最低，其次是制造业，建筑业位居第三。从农民工的行业分布看，有 45%以下的农民工在制造业与交通运输、仓储和邮政业就业，另外 55%以上的农民工在就业脆弱性较高的其他行业就业。

四、工作保障脆弱性的行业分布

（一）劳动合同脆弱性的行业分布

未与雇主或单位签订劳动合同的行业分布情况如表 2-3-10 所示。2009—2016 年，未签订劳动合同的农民工占比呈上升趋势，由 2009 年的 57.2%上升至 2016 年的 64.9%。就不同行业而言，2009—2012 年，制造业农民工未与雇主或单位签订劳动合同的占比最低，低于当年农民工的平均水平；建筑业农民工未签订劳动合同的占比最高，高达 70%以上。第三产业中的批发零售业、住宿和餐饮业、服务业农民工未签订劳动合同的占比在 59.9%—66.0%，水平大体相当。除了第二产业选取的制造业农民工未签订劳动合同的占比低于全体农民工平均水平，其他四个行业均高于全体农民工平均水平，劳动合同的脆弱度较高。

表 2-3-10　未签订劳动合同的农民工行业分布（%）

行业	2009	2010	2011	2012	2013	2014	2015	2016
全体	57.2	58.0	56.2	56.1	58.7	62.0	63.8	64.9
制造业	49.3	52.3	49.6	48.8	—	—	—	—
建筑业	74.0	70.9	73.6	75.1	—	—	—	—
批发零售业	66.0	64.7	60.9	59.9	—	—	—	—
住宿和餐饮业	65.2	65.7	64.6	62.4	—	—	—	—
服务业	63.9	62.8	61.4	60.8	—	—	—	—

数据来源：国家统计局 2009—2016 各年度《全国农民工监测调查报告》。

如前所述，在第二产业就业的农民工主要集中在制造业和建筑业，其劳动合同的脆弱度直接影响着就业的脆弱度。目前有三成的农民工在制造业就业，是农民工行业分布中占比最高的行业，其劳动合同的脆弱性最低，那么，典型的政策涵义是：引导农民工进入制造业，以削减就业脆弱性。同时，劳动合同脆弱度最高的建筑业，也是农民工占比位居第二高的行业，典型的政策涵义是：用制度规范建筑业用工以保障农民工的合法劳动权益。

（二）拖欠工资的行业分布

2009—2015 年，按拖欠工资占比由高到低的顺序，排序为：建筑业＞制造业＞交通运输、仓储和邮政业＞住宿和餐饮业＞居民服务、修理和其他服务业＞批发和零售业。建筑业拖欠工资情况不但是第二产业内最为严重的，也是目前可获得数据的几个行业中最严重的，占比在 1.4%—2.5%。在第三产业内部，交通运输、仓储和邮政业被拖欠工资的占比最高，在 0.5%—0.9%；住宿和餐饮业占比为 0.3%—0.6%，居民服务、修理和其他服务业占比为 0.3%，与住宿和餐饮业相差不大；批发和零售业占比最低，在 0.1%—0.3%。2016 年，除了居民服务、修理和其他服务业拖欠工资的占比上升了 0.3 个百分点外，各行业拖欠工资的占比均有所下降。就拖欠工资而言，建筑业的脆弱性最高（如表 2-3-11 所示）。

表 2-3-11　2009—2016 年分行业农民工被拖欠工资的占比（%）

行业	2009	2010	2011	2012	2013	2014	2015	2016
合计	1.8	1.4	0.8	0.5	1.0	0.8	1.0	0.84
制造业	—	—	—	—	0.9	0.6	0.8	0.6
建筑业	—	2.5	1.9	1.5	1.8	1.4	2.0	1.8
批发和零售业	—	—	—	—	0.1	0.3	0.3	0.2
交通运输、仓储和邮政业	—	—	—	—	0.9	0.5	0.7	0.4
住宿和餐饮业	—	—	—	—	0.6	0.3	0.3	0.3
居民服务、修理和其他服务业	—	—	—	—	0.3	0.3	0.3	0.6

数据来源：国家统计局 2009—2016 各年度《全国农民工监测调查报告》。

（三）工作时间脆弱性的行业分布

2009 年，在选定的六个行业中，住宿和餐饮业周平均工作时间最长，高达 61.3 小时；其次是批发零售业和建筑业，分别为 59.6 小时和 59.4 小时；最后是服务业和制造业，分别为 58.5 小时和 58.2 小时。总体上第三产业比第二产业的农民工周工作时间要长（如图 2-3-5 所示）。可以初步判断，第三产业农民工工作时间脆弱度要高于第二产业。

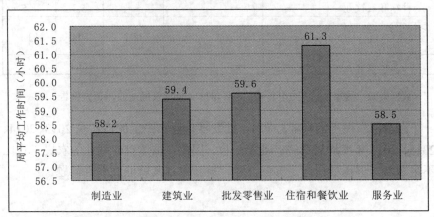

图 2-3-5　2009 年农民工分行业周平均工作时间（小时）

（四）就业方式脆弱性的行业分布

2011—2013 年，农民工自营就业主要分布在第三产业，其中，接近四成的农民工在批发和零售业自营就业，其次是交通运输、仓储和邮政业，占比在 15.1%—19.3%（如表 2-3-12 所示）。

2013 年，受雇就业的农民工 65%从事第二产业，相比建筑业，制造业的占比最高，为 35.8%；自营就业的农民工 82.1%从事第三产业，批发零售业的占比最高，为 39.6%，其次是交通运输、仓储和邮政业（15.1%），居民服务、修理和其他服务业（13.1%）（如表 2-3-12 所示）。

表 2-3-12　2011—2013 年农民工就业方式分布（%）

行业	2011		2012		2013	
	受雇就业	自营就业	受雇就业	自营就业	受雇就业	自营就业
制造业	—	—	—	11.9	35.8	10.7
建筑业	—	—	—	—	25.6	5.9
批发零售业	—	39.2	—	38.9	5.5	39.6

行业	2011		2012		2013	
	受雇就业	自营就业	受雇就业	自营就业	受雇就业	自营就业
交通运输、仓储和邮政业	—	17.8	—	19.3	4.5	15.1
住宿和餐饮业	—	—	—	—	5.3	8.5
居民服务、修理和其他服务业	—	—	—	11.2	10.0	13.1
其他行业	—	—	—	—	13.3	7.1

数据来源：国家统计局 2011—2013 各年度《全国农民工监测调查报告》。

在全部农民工的行业分布中，批发零售业农民工的占比在 2013、2014、2015、2016 年度均居第三产业第一位。因此，虽然自营就业的农民工占比不足 20%，但也要引起足够的注意，重新审视其就业脆弱性问题。

第三章 技能形成视域下农民工的可持续生计建构

第一节 以可持续生计促进农民工在城市减贫

可持续生计是一个反贫困的概念，1992 年，联合国环境和发展大会（UNCED）将可持续生计的概念引入行动议程，主张把稳定的生计作为消除贫困的主要目标。1995 年，哥本哈根社会发展世界峰会将可持续生计置于消除贫困的框架之内。1997 年，联合国社会发展委员会将生产性就业和可持续生计作为第 35 届会议的首选议题，研讨了就业在政策制定中的核心地位，以及改善基础设施和生产性资源的利用率与工作/就业的质量问题[①]。中国城市化率从 30% 跃升到 50% 仅用了 15 年，而全世界同样的城市化率提升则用了 50 年。发达国家漫长的城市化过程使其有充裕的时间逐渐建立经济、社会和政治制度以应对城市化产生的问题，而发展中国家的快速城市化普遍遭遇了城市人口增长率高、人均收入水平低、贫困向城市集中。研究表明，农村贫困人口城市化速度快于总人口城市化速度，拉丁美洲和东欧有超过二分之一的贫困人口居住在城市，据世界银行估计，该现象也将会出现在亚洲和非洲。中国的城市贫困人口统计并不包括不具有城市户籍的农民工贫困群体，表面看来在城市化进程中并未出现贫困向城市集中的现象，但庞大的农民工群体在城市的边缘化和贫困化却是不争的事实，他们是潜在的城市贫困人口增量。本书认为，理解了可持续生计的内涵，便可通过助推农民工在城市建构可持续生计以防范其在城市的贫困。

---

① Jonathan Gilman. Sustainable livelihoods[J]. International Social Science Journal, Vol.17, No.4 (2000): 77-86.

一、农民工于城市的可持续生计的内涵

（一）可持续生计的定义

20世纪80年代末，在世界环境和发展大会的报告中首次使用了可持续生计的概念，针对的对象是贫困农户，指要维系或提高资源的生产力，保证对资产、资源及收入活动的拥有和获得。目前在社会学领域中，可持续生计指个人或家庭为改善长远生活状况所拥有和获得的谋生的能力、资产和有收入的活动。在可持续生计框架内，资产是核心内容，既包括存款、土地经营权、生意或住房等金融财产，也包括个人的知识、技能、社会关系和影响其生活的相关决策能力[①]。

（二）可持续生计的分析框架

最典型的可持续分析框架是英国国际发展机构（The UK's Department for International Development，DFID）的 DFID 模型，它以贫困农户为中心，认为可用人力资本、自然资本、社会资本、物质资本、金融资本来维持生计，并用这五类资本组合成了"生计五边形"，五类资本的数量、质量及组合决定农户的资产状况。人们能够拥有可持续生计进而获得幸福的能力取决于其所掌握的资产：拥有的资产数量及种类越多则拥有的选择权越多，那么确保生计安全的能力就越强[②]；五类资本经过重新配置会带来不同的组合，资产状况进而生计结果也随之改变[③]，即通过重组资本获得新的生计模式来规避变革中的生存风险。在制度和政策等因素造就的脆弱性背景中，贫困农户通过使用不同数量的资本或资本组合可获得不同的生计策略以实现生计目标。制度和政策等环境因素，作为生计核心的资本的数量、性质和状况共同作用综合影响着贫困农户的生计结果，而生计结果又反作用于资本的性质和状况[④]，即有利的干预和引导能将贫困农户推向良性生计循环，反之，则容易陷入贫困的恶性生计循环。联合国开发计划署（UNDP）通过探讨穷人所拥有的资产重新定义发展的概念，通过支持个体的才能、知识和技术，创造可能的环境，使其可以运用自身能力、实现潜能并最终得到发展[⑤]。

---

① 成得礼. 对中国城中村发展问题的再思考[J]. 城市发展研究, 2008（3）：68-79.

② Kollmair M., Gamper St. The Sustainable Livelihoods Approach[S]. Input paper for Integrated Training Course of NCCR North-South Aeschriied, Switzerland, 2002.

③ 苏芳、徐中民、尚海洋. 可持续生计分析研究综述[J]. 地球科学进展, 2009（1）：61-69.

④ 苏芳、徐中民、尚海洋. 可持续生计分析研究综述[J]. 地球科学进展, 2009（1）：61-69.

⑤ Lasse Krantz. The Sustainable Livelihood Approach to Poverty Reduction[S]. Swedish International Development Cooperation Agency, 2001：42-98.

（三）生计及生计资本束的内涵

钱伯斯和康韦（Chambers and Conway，1992）将生计定义为一种"建立在能力（Capabilities）、资产（Assets，包括储备物、资源、要求权和享有权）和活动（Activities）的基础之上的谋生方式"。作为一种谋生方式，生计需要一系列的支撑手段，本书将这些支撑手段定义为一个包含多种资本的生计资本束，并在此基础上探讨可持续生计问题。作为生计的支撑手段，生计资本束是指个体在行动中可以获得回报的资源，这个资本集合应该具备如下特点：其一，涵盖可持续生计分析框架所需的资本；其二，兼顾物质资本和知识、能力等软性要素；其三，要促进人的发展。本书中的生计资本束是一个由物质资本和非物质资本构成的资本集合，其中物质资本也称为金融资本、经济资本、财富资本，是指马克思资本概念下的劳动力、土地、资金和设备等生产资料，用来支撑生计定义中的资产；非物质资本则主要包括人力资本、社会资本和心理资本，用来支撑生计定义中的能力；物质资本和非物质资本的不同组合和不同资本水平决定了不同的生计策略，进而影响着生计输出水平，其所附着的活动内容和形式也是不同的，对应于生计定义中的活动。在这个生计资本束中，非物质资本主要在知识、技能、社会关系、社会资源和心理等软性要素上发挥作用，注重促进人的发展，非物质资本也以此为媒介逐渐转化为物质资本，最终促进生计资本束水平和内涵的提升。

本书对生计资本束内容的界定符合资本概念发展的历史轨迹。马克思是古典资本理论研究的代表，认为资本主要指劳动力、土地、资金、设备等物质资本或者经济资本。随着经济的发展和社会的进步，学者们发现物质资本并不能解释个人和组织乃至一个经济体所获得的全部回报，于是舒尔茨等人提出了人力资本的概念，用人力资本解释个人收入水平的差异并测算人力资本对经济增长的贡献。后续的研究发现，若从个人的角度认识资本的概念，除了物质资本和人力资本，个人掌握的社会关系等资源也能为个人带来回报，于是社会资本作为一个新的资本概念应运而生。个体或某一群体建构可持续生计离不开上述各类资本的共同作用，可持续生计中的资产在理论上应是资本组合综合作用的结果，故本书提出用生计资本束作为核心概念探讨该群体建构可持续生计的问题，将物质资本、人力资本、社会资本纳入生计资本束的框架体系[①]。农民工发生了地理位置的迁移，从

---

① 张学英. 乡城移民建构可持续生计的新视野[M]. 北京：光明日报出版社，2015：81.

农村向城市迁移，同时面临着生产生活方式的转变，从平房住进楼房，从以农业生产为主转换为以非农业生产为主，生存上面临的巨大变化必然要求强大的心理调适能力，个体的心理资本水平和质量就显得尤为重要。因此，农民工在城市建构可持续生计时，因面临着生计策略的改变与转换，其生计资本束应是一个涵盖了物质资本、人力资本、社会资本和心理资本的资本组合。

体面就业是农民工在城市建构可持续生计的第一块敲门砖，也是建构可持续生计的经济基础，在此基础之上才可侈谈融入城市实现市民化。生计资本束中的人力资本与体面就业直接相关，从这个意义上讲，人力资本是生计资本束的核心，可视为建构可持续生计所需的"硬件"；而社会资本和心理资本则是建构可持续生计不可或缺的"软件""软黄金"。

（四）农民工于城市的可持续生计的影像

农民工的可持续生计是在城乡二元劳动力市场分割的脆弱性背景下，在不健全的制度环境中，其在城市的体面、可持续、幸福的生存问题。资产是农民工可持续生计的核心，包括以金融资产为主的外在的传统资源禀赋以及个人内在的禀赋（包括知识、技能、社会关系等）。

农民工面对的是从乡村到城市的迁移，这种迁移既是距离上的，也是生产生活方式上的，更是心理上的，如何融入城市生产生活，能够顺利实现市民化，是其在城市建构可持续生计的终极目标。因此，农民工的可持续生计必须具备如下特点：其一，时间上的永续性与可代际传递性。可持续生计概念的重点在于可持续性，一是当代农民工能在城市建构可持续生计，二是该生计能保证其子女具备建立可持续生计的资源禀赋，祖祖辈辈在城市中幸福地生存下去，世世代代融入城市。其二，适应性与发展性。在经济新常态下，中国正处在经济转型和城市化发展的重要变革阶段，不仅仅是农民工，更多的城市居民也时刻面临着变革、风险和不确定性。作为一个已在城市却身处劣势的弱势群体，农民工在城市建构的可持续生计应能赋予他们不断适应社会变革并在变革中不断获得发展的能力，能够在城市获得较好的生计结果和较高的生计水平。其三，公平性与正义性。1949年后中国长期实行"以农哺工"的发展战略，一边是工业和城市迅速发展的辉煌成果，另一边则是长期没有分享到改革成果的农业、农村、农民，城乡二元格局多年难以突破。通过农民工建构可持续生计促进其市民化以分享城市化的成果，是社会主义实现公平与正义的根本要求。

二、农民工于城市的可持续生计的现状

（一）生计资本束现状

与城市制度内人口比较，农民工缺乏建构可持续生计的优势，一是因为该群体是外来户，对城市陌生而疏离，二是因为城市缺乏对其平等的制度、政策和公共服务的支持，同是在城市建构可持续生计，与城市制度内人口比较，农民工无疑需要更为强大的生计资本束的支撑。在农民工于城市建构可持续生计的过程中，其当前的生计资本束水平和质量均处于弱势，一方面，既有生计资本束是依托于农业生产和生活的，迁移至城市并生存下来其原有生计资本束是不适合的，亟待转换性质，故他们必然要面对生计资本转换的困难与水平的损失；另一方面，相对于城市生产生活所需，农民工既有生计资本束的水平和质量也有待提升，比如，其所掌握的物质资本多依托于农业生产，城市的非农生产生活大多数情况下根本用不到这些物质资本，即使能将其变现收获也非常微薄；农民工既有的人力资本多依托于农业生产，并不适合城市新的就业岗位需求；农民工的社会资本依托于农村既有的血缘、亲缘、地缘和业缘关系，在城市谋生时能为其带来的回报很少，亟待在城市建立新的基于社区和业缘的社会资本；农民工对城市生存的陌生感和恐惧感使其融入城市所需的心理资本水平过低。

（二）生计水平现状

目前农民工群体在城市暴露在贫困风险中。第一，农民工首先要面对经济上的窘迫。低收入是农民工融入城市的主要羁绊，如前所述，低收入难以覆盖其如城市制度内人口一样的生活开支。第二，农民工非物质资本严重缺乏导致生计困难。其一，人力资本水平较低。以受教育程度为例，虽然 2016 年比 2015 年和 2014 年有所改善，农民工初中及以下受教育水平占比均有所下降，高中及以上受教育水平占比有所提升，但占比也仅为26.4%[①]。其二，社会资本水平较低。这主要根源于农民工生产生活方式从以农业为主向以非农业为主的嬗变，2015 年和 2016 年，99.6%的农民工在第二、三产业就业，这意味着几乎所有的农民工都必须面对原有的基于血缘、亲缘、地缘和业缘关系的社会资本的转型。其三，心理资本水平偏低。农民工在受教育程度、财富、地位、权利和城市社会关系等社会资本方面

---

① 中华人民共和国国家统计局. 2016 年农民工监测调查报告［EB/OL］. ［2017-04-28］. http://www. stats.gov.cn/tjsj/zxfb/201704/t20170428_1489334.html.

均处于弱势，难免在城市受到排斥，再加上相对薄弱的心理资本，很难与城市社区积极互动与交流，无形之中缩减了在城市的发展空间，面临着生计风险。

农民工典型的特征是流动性，其职业流动与地理-社会空间流动是在城市面临生计风险的主要原因。农民工的职业流动以水平流动为主，频繁更换职业一方面不利于积累工作经验，另一方面不利于积累社会关系，也因为缺乏通过职业的垂直流动向社会上层流动的渠道，最终该群体只能沉淀在职业结构底层，多在非正规领域就业，工作的体面性差。

三、农民工于城市建构可持续生计的缘起

（一）中国城乡一体化发展的必然要求

世界各国城市化的基本路径为：乡育城市——城乡分离——城乡对立——城乡联系——城乡融合——城乡一体，呈现出明显的阶段性特征。城乡一体是城市化的最高阶段，其实质是消除城乡差别，城乡共享城市发展的福利。人力资源城乡一体化是城乡一体化的子系统之一，指在城市和乡村形成统一的劳动力市场，没有城乡人口迁移障碍，没有城乡就业的工作福利差距，农民和城市市民没有身份差异。

从 20 世纪 80 年代开始，逐渐凸现出来的城乡二元结构及其衍生出的各种社会矛盾使得城乡一体化进入人们的视野。据预测，中国的城市化率到 2030 年将达到 65%左右，此间每年将有近 1000 万农村人口迁移至城镇，作为"农民工"，他们是农民工的主体[①]。随着城市化的飞速推进，农民工的生产生活方式从农业生产为主转变为非农生产方式，从其大量聚居于城中村、难以融入城市的现状而言，城市化的质量亟待提升。从实现城乡人力资源一体化进而城乡一体化的角度出发，促进农民工融入城市、尽早实现市民化刻不容缓，因而助推其在城市建构可持续生计也成为必然。

（二）中国消除区域结构性失业的必然要求

在区域经济的发展中，区域内人力资源存量和增量理应成为经济发展所需劳动力的蓄水池。农民工人力资本水平普遍较低，根据人力资本理论，低水平人力资本会制约劳动力的迁移距离，故农民工可迁移的距离通常较短，主要表现为他们离开农村后通常会选择离家乡较近的区域就业，因此

---

① 潘家华、魏后凯. 城市蓝皮书：中国城市发展报告 No.3[M]. 北京：社会科学文献出版社，2010.

理应成为区域经济社会发展所需劳动力的主力军。若农民工因缺乏于城市生存所需的就业技能而失业，便会在区域内形成结构性劳动力过剩。体面就业是促进人力资源城乡一体化的关键子系统，通过提升生计资本束禀赋水平促进农民工实现体面就业，在城市建构可持续生计，以满足区域产业转型升级对技能人才的需求，使农村剩余劳动力成为非农产业的劳动力蓄水池，既可实现城乡人力资源一体化的目标，又可消除区域结构性失业。自"十三五"开始，农民工在人们头脑中的影像应该不再是只能凭借力气在城市打散工、两栖于城市和农村的游离人群，而应该是能够凭借自身的技能拥有一份稳定且体面的非农工作岗位，享有职业安全①。

四、农民工于城市建构可持续生计的内在逻辑

（一）创新驱动发展战略下的主导人力资本分析

经济发展不同阶段对人力资本能力有不同的要求，表现为异质型人力资本（边际收益递增）形态的不断更替：农业经济、工业经济、知识经济的演进过程伴随着人力资本由一般能力到特殊能力的演进。虽然人力资本的根本价值在于边际收益递增的基本属性，但该属性并非恒常不变，任何人力资本都会经历从收益递增向收益递减的演变历程，即从异质型人力资本（边际收益递增）演变为同质型人力资本（边际收益递减）②。因此，在经济社会发展的不同阶段，人力资本主导形式不断更替：农业革命时期经营资本占主导，工业革命时期技术资本占主导，管理革命时期创新资本占主导，信息革命时期信息资本占主导。在中国创新驱动发展战略下，技术技能型人力资本将占主导。此间，中国正在步入以重化工业为特征的后工业化时期，低价劳动力红利正在枯竭，从制造业大国向制造业强国的转型亟待提高产业产品的附加价值和科技含量，这无疑对既有从业者的人力资本提出了新的要求，更要求新增劳动者提前储备从业岗位所需的技能。从这个意义上说，创新驱动发展战略对农民工群体提出了技能要求，若在城市建构可持续生计，必先获得技能型人力资本。

（二）农民工在区域人才结构中的定位探讨

区域经济发展对技能人才的需求是分层分类的，人才结构呈金字塔状，学术型和工程型的高端人才是金字塔"尖儿"，他们是引领区域经济现

---

① 张学英. 城乡一体化视角下的就业服务体系研究[J]. 职业教育研究，2016（2）：58-63.
② 丁栋虹、刘志彪. 从人力资本到异质型人力资本[J]. 生产力研究，1999（3）：7-9.

代化的灵魂；工作在生产、建设、管理和服务一线的众多劳动者是人才金字塔的底座，也是金字塔的"台儿"，他们由技术、技能型中端人才和操作性、低素质无技能低端人才构成，即初、中、高级技能人才，对应着初级工、中级工、高级工、技师、高级技师，高级工、技师、高级技师均是高级技能人才。如前所述，在区域经济发展中，金字塔"尖儿"部分的高端人才可以通过引进满足需求，但金字塔底座"台儿"部分的中低端人才全部依靠引进是不现实的，一方面是需求量太大，另一方面是区域内本身就有庞大的农民工群体和城市制度内的结构性失业群体亟待被消化，基于区域安全稳定发展的角度，也要将农民工视为中低端人才的蓄水池，这既是基于区域经济发展需求的经济定位问题，更是一个基于社会稳定需求的政治定位问题。第一代和第二代农民工定居城市的意愿是不同的，因此在人才结构中的定位也有差异。第一代农民工有务农经验，回乡从事农业生产是终极目标，且年龄稍长，进行人力资本投资的积极性小且收益率低，故可将第一代农民工定位为初级技能人才或从事粗工、力工的无技能人才。相比第一代农民工，第二代农民工缺乏农业生产知识和实践经验，定居城市的意愿强，有着强烈的融入城市的主观意愿，因年龄较小其人力资本投资的意愿强且投资收益高，故可将第二代农民工定位为中高端技能型人才，特别是中端技能人才[1]。

（三）以可持续生计促进农民工融入城市的逻辑线路

要从促进城乡人力资源一体化进而城乡一体化的战略高度出发，将农民工定位为创新驱动发展战略下产业转型发展所需的技能型人才，以促进农民工市民化和解决结构性失业为着眼点，围绕农民工在城乡二元结构的脆弱性背景下于城市的贫困问题，基于反贫困提出助推其在城市建构可持续生计，特别是通过职业教育和培训促进实现体面就业及生计资本增值，以此作为建构可持续生计的经济基础，逐渐帮助他们融入城市社会。助推农民工于城市建构可持续生计的内在逻辑为：生计——生计资本——职业教育和培训——技能形成——生计资本增值——可持续生计——市民化——城乡人力资源一体化（如图 3-1-1 所示）[2]。

---

① 张学英. 后工业化时期农民工在技能型人才结构中的定位研究[J]. 现代经济探讨，2011（3）：55-58.

② 张学英. 乡城移民建构可持续生计的新视野[M]. 北京：光明日报出版社，2015：12.

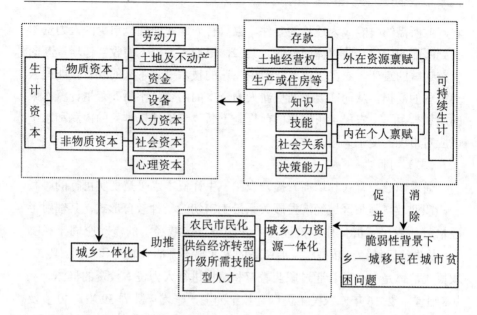

图 3-1-1　以可持续生计促进农民工融入城市的逻辑线路

　　农民工被非农产业吸纳的前提是拥有一定的职业技能，通过职业教育和培训将其培养为技能型人才，促进在城市实现体面就业，由此获得融入城市的基石和第一块敲门砖，进而能在城市建构可持续生计，这是促进农民工市民化的关键所在。基于农民工在区域人才结构中的定位，更要立足于通过职业教育和培训赋予其与非农务工岗位所匹配的职业技能。职业教育以培养受教育者职业技能为核心，与其他教育形式比较，对供给区域经济转型升级所需人才的影响最大；受人力资本水平所限，通过职业教育获得的人力资本最多可以将农村劳动力工作搜寻的市场范围拓展至区域劳动力市场，这恰好与区域经济发展对中低技能型人才的需求匹配。

第二节　促进农民工技能形成于城市建构可持续生计

一、职业教育和培训能否承载农民工的可持续生计？

（一）必要性

　　其一，农民工群体迁入城市恰逢经济转型，单纯如父辈一样做"粗工"很难在城市长期稳定地生存下来，以职业教育和培训为媒介掌握一定的非农产业所需的技能成为迁移的要件，也只有如此才能凭借自身的人力资本找到匹配的岗位，获得体面就业。其二，根据人力资本由收益递增逐渐向收益递减的衰变，农民工还要防范由飞速的技术进步带来的既有技能型人力资本的贬损，从而需要不断更新人力资本的内容，不断改善生计资本束的质量①。可见，农民工市民化的前提是不断改善生计资本束的内涵和水平以应对市场的变革风险。

（二）可行性

通过职业教育（和培训）提升农民工生计资本水平是切实可行的。其一，职业教育是与区域经济发展关系最为密切的一种教育形式，其辐射半径恰好与农民工群体作为技能型人才服务于区域经济的流动空间半径吻合，故供给区域经济转型和发展所需的人才离不开职业教育和培训。其二，农民工群体是一个适合通过职业教育和培训进行人力资本投资的群体。从年龄上看，2016 年，农民工仍以青壮年为主，平均年龄为 39 岁，40 岁及以下农民工所占比重为 53.9%，这个年龄进行人力资本投资的回报率较高。需要指出的是，2019 年，农民工平均年龄已达 40.8 岁，40 岁及以下农民工占比为 50.6%，在农民工平均年龄不断增长的趋势下，其人力资本投资的内容和形式需要不断调整，既能获得这个年龄段的投资效率，又能满足经济社会发展的需求。

二、职业教育（和培训）在建构可持续生计中的职能

职业教育（和培训）均是人力资本投资，职业教育是正规教育的一种，多为职前教育，职业培训多为在职人力资本投资，是出学校后的人力资本投资。职业教育（和培训）的投资收益包括货币收益和非货币收益，其中货币收益主要是指收入水平和工作福利水平提升，而非货币收益主要指难以用货币量化的收益，比如欣赏水平、决策能力、沟通交往能力的提升等。如图 3-2-1 所示，职业教育（和培训）对生计资本束中的非物质资本直接起作用，促进劳动者技能形成，通过改善非物质资本促进其向物质资本的转化，进而改善农民工生计资本束的质量和水平，即实现生计资本增值，再传导到可持续生计中的内在资源禀赋，通过提升内在资源禀赋水平带动外在资源禀赋的水平提升。

---

① 张学英. 乡城移民建构可持续生计的新视野[M]. 北京：光明日报出版社，2015.

（一）提升人力资本水平改善劳动生产率

通过接受职业教育（和培训），农民工至少可以获得中端人力资本，改善自身的劳动生产率，提升在正规市场就业的可能性，职业的垂直流动选择随之增多，工作福利和收入水平随之提升和改善。

（二）提升人力资本促进社会资本水平提升

通过职业的垂直流动，农民工具备了与城市社区对话和沟通的经济基础，社会资本随之得到改善，在基于血缘、亲缘、地缘和业缘的社会关系网在城市失灵后，通过职业的垂直流动重新建立起基于城市社区和业缘的新的优质的社会关系网络，不仅就业机会进一步扩大，优质的社会关系网络还能对解决家属就业、子女就学起到推动作用，农民工借此逐渐融入城市社区。

（三）提升人力资本促进心理资本水平提升

通过职业教育（和培训）获得中端人力资本会直接提升农民工的心理资本，使其逐渐建立起平等的心态积极与城市社区互动，逐渐消除源自农民身份的自卑感以及对城市社会的疏离，积极寻求一切可利用的公共服务和政策以实现在城市的生存目标，从被动融入城市转为主动融入，逐渐"去农民身份化"①。

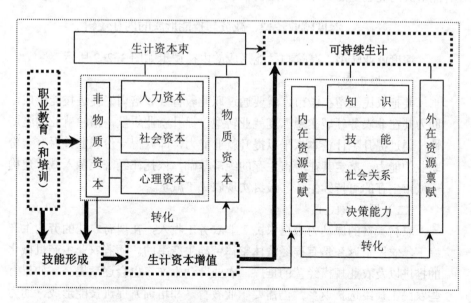

图 3-2-1　职业教育（和培训）在农民工技能形成以建构可持续生计中的作用

---

① 张学英. 乡城移民建构可持续生计的新视野[M]. 北京：光明日报出版社，2015：162.

综上，职业教育（和培训）在建构可持续生计中的作用主要体现为促进农民工的合理、稳定流动。其一，职业教育的就业功能和职业保障功能提升了农民工的职业可获得性，更为接近体面就业，提升了就业稳定性。其二，职业教育和培训为农民工提供了阶层流动的路径，通过人力资本水平的提升从人才金字塔底部不断向塔尖的垂直职业流动过程往往也伴随着其向社会上层的同步流动，其间非货币收益作为一种软实力起着决定作用，这是农民工融入城市的重要通道。其三，职业教育和培训关注人的发展，一方面提升农民工的就业技能，另一方面关注其对职业的深度认识从而有利于职业规划，不断培养农民工的职业能力、职业品质、职业素养、职业安全意识等，其在城市的长远职业规划是在城市建构可持续生计的主观动力。

职业教育（和培训）承载着提升农民工人力资本、社会资本、心理资本三项非物质资本水平的职能，其中对提升人力资本水平的作用最为直接，再加上人力资本水平提升后可以直接作用于改善社会资本和心理资本水平，在研究和实践中往往更为重视职业教育（和培训）对农民工人力资本水平提升的作用。在本书后续的内容中，职业教育（和培训）对农民工技能形成的促进重点关注其人力资本水平的提升。

三、深度就业转型、减贫与技能形成的内在逻辑

深度就业转型、减贫与技能形成的内在逻辑如图 3-2-2 所示。

（一）城市农民工

要把农民工留在城市，就要通过职业教育（和培训）促进技能形成，助力其在非农务领域实现深度就业转型、提升就业质量，消除就业的脆弱性，通过提升生计资本水平以提升就业能力，即获得一份职业并保有一份职业的能力，奠定其在城市生存的经济基础，依托在经济上融入城市建构于城市生存的可持续生计，最终实现农民工减贫。

（二）返乡农民工

农村减贫的原动力来自农民工非农务工收入，在现有农业的劳动生产率下，农民工返乡是有损经济体整体劳动生产率的。随着农业生产机械化的推进以及农业规模经营的推广，农业劳动生产率也会逐渐提高，如果有些农民工最终选择返乡，仍需要职业教育（和培训）促进技能形成，助力其实现从城市劳动力市场向农村劳动力市场的迁移，这不仅仅是地域上的迁移，更应该是能够保持原有的劳动生产率水平的迁移，至少保持原有的

收入水平，且不会因为返乡损害自身乃至整个经济体的劳动生产率和福利水平。

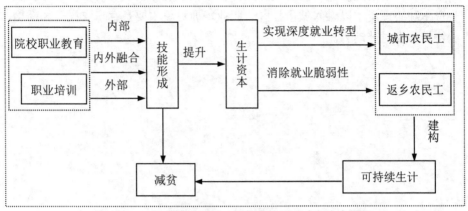

图 3-2-2　深度就业转型、减贫与技能形成的内在逻辑

　　技能形成的路径有两类：内部技能形成和外部技能形成。其中，正规教育因处在技能形成的真实生产环境之外而被称为外部技能形成路径；职业培训特别是企业提供的在职培训往往将劳动者置于企业内部这样一个技能形成的真实生产环境中，故而被称为内部技能形成路径。故农民工接受院校职业教育选择的是外部技能形成路径，而接受市场上的职业培训选择的则是内部技能形成路径。此外，由市场各类培训机构和各类行业、组织（比如企业、大学）提供的职业教育和职业培训的技能形成路径归属视具体情况而定，有的具有明确的外部技能形成特征，但大多数兼具技能内部和外部形成的特征，本书将其归为技能形成的混合路径，称为内外融合技能形成（技能形成路径的详细分析见后续相关章节）。（1）内部技能形成。职业教育的内容涵盖"知——职业知识，技——职业能力，意——职业心理"三个方面素质的培养，其中职业知识素质培养包括个体的职业基础、职业资格、职业适应和职业发展等，职业能力素质培养包括个体的认知能力、操作能力、技术分析和学习潜力，职业心理素质培养包括职业动机、职业效能感、职业价值观、职业道德感、职业理想与追求等。职业教育作为一种正规教育，旨在为经济社会转型构建劳动力蓄水池，主要对象是潜在农民工、新增待转移农村劳动力、需要回炉职业教育的青年农民工。（2）外部技能形成。通常来讲，职业培训的主要内容是专业知识和专业技能，目的是为受训者谋到一份职业或保障现有职业的稳定，为实现岗位转换和应对人力资本存量贬损提供技能。农民工是城市化进程中的一个特殊群体，在城市实现就业不是根本目的，融入城市才是根本需求，故农民工的职业

培训内容更为广泛，包括基本素质培训、职业知识培训、专业知识与技能培训和社会实践培训，既要提升人力资本以实现体面就业，又要提升社会资本和心理资本以融入城市社区。职业培训对象主要是存量农民工和新增待转移农村劳动力。

第二编 阐释：新时期
多元扰动下的就业与技能变迁

第四章　农民工于城市面对的多元扰动及就业变迁

第一节　技术进步与就业变迁

一、技术进步的涵义

经济学意义上的技术进步是指能使一定数量的投入产出更多产品和服务的所有影响因素发生作用的过程，这些影响因素包括：技术改进、技术效率提高、投入要素质量提高、资源分配效率提高、产品结构效益提高、规模经济等。广义的技术进步包括自然科学技术进步和社会科学技术进步两个方面。自然科学技术进步是通常所说的狭义上的技术进步，可分为技术进化和技术革命两个类别。技术进化是指技术进步表现为对原有技术或技术体系的改革创新、在原有技术原理或组织原则范围内发明创造新技术和新技术体系。技术革命则意味着对原有技术的颠覆式创新。社会科学技术进步是指管理水平、决策水平、智力水平等软技术进步，可细分为八个方面：采用新方针政策、推行新经济体制、采用新的组织与管理方法、改革政治体制、改善或采用新的决策方法、采用能长期激发人的积极性的分配体制与政策、改善生产资源的合理配置、用新的理论与方法激发劳动者的生产积极性。

无论是技术进化还是技术革命，其共同的本质是创新，技术进化是在继承基础上的更新发展，技术革命是对以往的颠覆式创新。创新的本质特征是"新"和"变"，发生技术进步，就业环境随之改变，这种改变或者来自科学技术的进步，或者来自软技术进步，其结果可能表现为旧工作岗位内容的更新升级，甚至旧工作岗位消失、新工作岗位诞生，归根结底会演化为对劳动者的就业冲击。在经济学理论中，技术进步带来的创新冲击到底会对就业产生何种影响，取决于技术进步的类别。

二、技术进步的分类

（一）希克斯对技术进步的分类

希克斯（Hicks）在 1932 年出版的《工资理论》一书中，根据技术进步对资本和劳动的影响程度，将技术进步分成三类：劳动节约型技术进步、资本节约型技术进步和中性技术进步。希克斯用要素边际替代率（要素边际产出之比）在技术进步前后变动与否来判定技术进步是否中性。

1. 劳动节约型技术进步：若技术进步提高了资本边际产出对劳动边际产出的比例，提高了国民收入中资本的分配份额，此时企业用资本替代劳动的意愿比较强烈，故称为劳动节约型技术进步。

2. 资本节约型技术进步：若技术进步降低了资本边际产出对劳动边际产出的比例，提高了国民收入中劳动的分配份额，此时企业用劳动替代资本的意愿比较强烈，故称为资本节约型技术进步。

3. 中性技术进步：若技术进步发生后，资本-劳动（K/L）的配置比例不变，资本边际产出对劳动边际产出比率保持不变，技术进步并不改变工资和利润在国民收入中的份额，劳动边际产量与资本边际产量同步提高，产出随着技术进步而增加，则为中性技术进步。

（二）中性技术进步的类别

我们用 Y 表示产出，生产函数由 $Y(t)=F(K(t),L(t),A(t))$ 给出，其中 $Y(t)$，$K(t)$，$L(t)$ 都是时间 t 的函数，简记为 Y，K，L；$A(t)$ 为技术进步因子，代表技术进步因素，则生产函数可简记为 $Y=F(K,L,A(t))$。下面结合生产函数进一步理解中性技术进步的涵义。中性技术进步的本质是使生产要素在某个给定组合比例下的产出增加。资本-劳动（K/L）配置比例不变的中性技术进步还可以分为几个细类[①]。

1. 希克斯中性技术进步。在同样的要素组合比例下，技术进步使资本和劳动的边际产出同比例增加，故又称为产出增长型技术进步。希克斯中性技术进步的生产函数为：$Y=A(t)F(K,L)$。

2. 哈罗德中性技术进步。技术进步提高劳动的效率，技术进步后 L 数量的劳动能做相当于原来 $A(t)$ 倍的工作，故又称为劳动增长型技术进步。哈罗德中性技术进步并不影响资本的边际产出，而是使每单位劳动装备更

---

① 李长风. 中性技术进步与技术进步类型研究[J]. 财经研究，1996（4）：40-45，50.

多的资本而提高效率，劳动投入增长则产出增长。哈罗德技术进步对产出增长的作用与劳动人口增加对产出增长的作用完全相同，也称为纯粹的扩大劳动的技术进步。哈罗德中性技术进步的生产函数为：$Y=F(K,A(t)L)$。

3. 索洛中性技术进步。技术进步提高资本效率，技术进步后 K 数量的资本能做相当于原来 $A(t)$ 倍的工作，故又称为资本增长型技术进步。索洛中性技术进步并不影响劳动的边际产出，而是使单位资本的效率提高，资本投入增长则产出增长。索洛中性技术进步对产出增长的作用与资本增加对产出增长的作用完全相同，也称为纯粹的扩大资本的技术进步。索洛中性技术进步的生产函数为：$Y=F(A(t)K,L)$。

4. 双要素扩张型中性技术进步。技术进步同时提高劳动的效率和资本的效率，技术进步后 L 数量的劳动能做相当于原来 $A(t)$ 倍的工作，K 数量的资本能做相当于原来 $A(t)B(t)$ 倍的工作。双要素扩张型中性技术进步同时兼具劳动增长型技术进步和资本增长型技术进步的特征，是哈罗德中性或索洛中性与希克斯中性的组合。双要素扩张型中性技术进步的生产函数为：$Y=F(A(t)K,A(t)B(t)L)$。

5. 劳动附加型中性技术进步。技术进步主要表现为劳动力素质、技能、劳动熟练程度的提高，产出增长成为与劳动就业人口成比例的附加额形式。劳动附加型中性技术进步的生产函数为：$Y=A(t)L+F(K,L)$。

6. 资本附加型中性技术进步。技术进步主要表现为资本存量的改造、挖潜，效益提高，产出增长成为与资本存量成比例的附加额形式。资本附加型中性技术进步的生产函数为：$Y=A(t)K+F(K,L)$。

三、技术进步下的就业变迁

"机器换人"如洪水猛兽般地引起了就业者的恐慌，甚至为职业教育带来了山雨欲来的强大危机感，但技术进步不仅仅是简单的"机器换人"，不同类型的技术进步带给就业的影响是迥异的。

（一）希克斯技术进步分类下的就业变迁

希克斯将技术进步分为劳动节约型技术进步、资本节约型技术进步和中性技术进步三类。不同的技术进步是否能够引发就业变迁，既要看某种技术进步在理论上对就业的影响，更要看在实践中技术进步是否能够被企业采纳。

1. 劳动节约型技术进步可能会减少就业岗位。劳动节约型技术进步是一种资本密集型技术进步，因为技术进步相对提高了资本的边际产出，导致企业产生用资本替代劳动的意愿。在理论上，劳动节约型技术进步会使企业在生产中更多地使用资本而减少使用劳动，随着就业岗位缩减而引致失业增加。但在实践中，企业还要充分考虑用资本替代劳动在经济上是否可行。企业的资本是逐利的，技术进步提高了资本的边际产出，提升了企业产品的利润空间，但若用资本替代劳动的经济成本高昂以致成为企业难以承受之重，成本大于收益，企业则不会用资本替代劳动。因此，在理论上，劳动节约型技术进步会引致失业增加，但在实践中失业增加是否会成为事实则依赖于企业用资本替代劳动是否可行。比如，面对如火如荼的工业 4.0 战略，企业是否一定要参与，那还是要进行足够充分的成本收益分析之后才能做出决策的，再好的技术无法带来利润，企业也是不会选择的。

2. 资本节约型技术进步可能扩大就业岗位。资本节约型技术进步实质上是一种劳动密集型技术进步，因为技术进步相对提高了劳动的边际产出，导致企业产生用劳动替代资本的意愿。在理论上，资本节约型技术进步会使企业在生产中增加劳动投入且减少资本投入，从而扩大就业岗位，带来就业增加。但在实践中，企业是否会选择用劳动替代资本，仍然取决于这种替代是否可行。此处的替代可行性一方面指用劳动替代资本在经济上的可行性，若替代可行，则替代会增加就业；另一方面指企业是否能够获得所需的劳动，如果技术进步是源自高科技的，在技术进步发生的初期阶段，企业所需的高端劳动可能在整个社会都非常稀缺，即供给受限，因之企业很难获得这类劳动，从而导致替代无法实现，因此就业不会增加；但若技术进步属于软技术进步，来自管理、决策、制度、方法等的创新或者资源的重新配置，并不需要用高端劳动替代资本，那么替代就相对容易实现，相应地也会带来就业岗位增加。

3. 中性技术进步可能增加就业岗位。无论是在理论上，还是在实践中，只要企业引入技术进步在经济上可行且所需的劳动力可获得，那么就可以扩大就业岗位。

表 4-1-1　技术进步类型及对劳动力和资本需求的影响

技术进步类型	对劳动力需求的影响		对资本需求的影响	
	劳动力数量	劳动力质量	资本数量	资本质量
劳动节约型（资本密集型）	减少	提升	增加	提升
资本节约型（劳动密集型）	增加	提升	减少	不变或提升
中性技术进步	增加	提升	增加	提升

（二）中性技术进步分类下的就业变迁

中性技术进步细类中各类型技术进步对就业的影响也是有差异的。

1. 哈罗德中性技术进步引发对高水平人力资本的需求。哈罗德中性技术进步主要提高劳动的效率，使每单位劳动装备更多的资本，劳动投入增长则产出增长，类似于劳动人口增加对产出增长的作用。虽被称为纯粹的扩大劳动的技术进步，但是，企业扩大的劳动需求不是对普通劳动力的需求，而是对具有一定质量和水平的人力资本的需求，是对高生产力水平劳动力的需求。故哈罗德中性技术进步对经济增长的作用是源自生产中投入了高素质劳动力，企业获得技术进步收益的前提是能够获得匹配的高素质的劳动力，相应地，劳动力供给方会产生对教育和培训的更高水平的新的需求。

2. 索洛中性技术进步引发对劳动力数量的需求。索洛中性技术进步主要是提高资本效率，并不影响劳动的边际产出，资本投入增长则产出增长，类似于资本增加对产出增长的作用，又被称为纯粹的扩大资本的技术进步。在引进新技术经济上可行的前提下，新技术带来的高效率可能引发企业增加投入资本，带来匹配性的劳动力需求增加。由于技术进步单纯发生在资本方，对劳动力的需求主要体现在数量增加，而非质量提升。

3. 双要素扩张型中性技术进步引发对劳动力质量和数量的双重需求。双要素扩张型中性技术进步同时提升资本和劳动的效率，引发社会增加对劳动力数量和质量的同步需求，进而对职业教育和培训的需求同步增长。

4. 劳动附加型中性技术进步引发对高素质劳动力的需求增加。与前述几种中性技术进步形式不同，劳动附加型中性技术进步的本质即劳动力质量提升，是要通过生产中投入的劳动力在素质、技能、劳动熟练程度等方面的提高促进产出增长，故这类技术进步会引发对高素质劳动力的需求增加，从而引发对职业教育和培训的需求增加。

5. 资本附加型中性技术进步可能引发对劳动力素质提升的需求。资本附加型中性技术进步主要发生在资本方，经过对存量资本的改造、挖潜提升资本的质量和效益，进而促进经济增长。这类技术进步旨在通过改善存量资本的质量促进经济增长，但并不改变投入资本的数量，从资本与劳动互补性的角度，可能引发对劳动投入质量的需求，进而导致经济社会对职业教育和培训的需求增加。

表 4-1-2　中性技术进步类型及对劳动力和资本需求的影响

中性技术进步类型	对劳动力需求的影响		对资本需求的影响	
	劳动力数量	劳动力质量	资本数量	资本质量
哈罗德中性技术进步	—	提升		
索洛中性技术进步	增加	—	—	提升
双要素扩张型中性技术进步	增加	提升	增加	提升
劳动附加型中性技术进步	增加	提升		—
资本附加型中性技术进步	—	提升	—	提升

（三）技术进化与技术革命下的就业变迁

如前所述，自然科学领域的技术进步可分为技术进化和技术革命两个类别，二者对劳动需求的影响是不同的。

技术进化发生在传统行业中，是一种在既有技术基础上发生的连续性的技术改善、技术优化和技术创新，强调创新的前期基础和积累，技术进步的成功建立在企业多年的行业积累基础之上，是一种相对稳妥、低风险的创新。这类技术进步可能引发对劳动质量提升的需求，行业、企业内既有劳动者的人力资本存量不再能满足技术进步的需求，亟待升级甚至换代，故技术进化通过对劳动质量的提升需求带动整个行业对职业教育和培训的需求。因此，技术进化可能不会引发对劳动力数量的大幅变动，对就业的影响可能更多地体现为对劳动质量的改善需求。所以这类技术进步往往不会引发劳动者既有人力资本存量的严重贬损，而是需要劳动者通过后续的人力资本投资防范可能的技术进化带来的人力资本存量贬损风险，或者通过后续的人力资本投资逆转技术进化带来的人力资本存量贬损的态势、补偿人力资本存量贬损的损失。

相比技术优化，技术革命是对原有技术的颠覆式创新，行业、企业内劳动者面对的人力资本存量贬损风险是巨大的，劳动者或者要面对既有人力资本被淘汰的风险，或者要面对人力资本提升的现实，或者要转岗甚至转行业。技术革命通常会带来既有人力资本存量贬损，引发劳动市场的较大变动，甚至引发大量失业，故针对既有劳动者的转岗培训、人力资本提升培训需求会增加。

表 4-1-3　技术进步和技术革命对劳动力需求和人力资本投资的影响

技术进步类型	对劳动力需求的影响		对人力资本投资的影响		
	劳动力数量	劳动力质量	投资需求	投资类型	投资目的
技术进化	不确定	提升	增加	人力资本改善与提升	防范与补偿人力资本存量贬损
技术革命	不确定	提升	增加	人力资本转型	补偿人力资本存量贬损

（四）附属型和非附属型技术进步下的就业变迁

根据技术进步的体现与非体现特征，可将技术进步划分为附属型和非附属型的技术进步。

1. 附属型技术进步通常伴随着新的投入进入生产过程，通常指机器设备投入。附属型技术进步对劳动就业的影响是不确定的，要看技术进步的类型是劳动节约型，资本节约型，还是中性技术进步。

2. 非附属型的技术进步通常不需要附着在新的生产要素上，主要体现为管理方法改进、要素重新组合配置等软性技术进步，反映在企业的收益上即为企业效率的提升和产出增加。非附属型技术进步往往不会引发对劳动力需求数量和质量的大幅变动。

第二节　"L"形经济周期、创新驱动与就业变迁

一、"L"形经济周期的涵义及特征

（一）"L"形经济周期的涵义

经济周期是经济学中的一个专业术语，用来表示经济活动有规律性的扩张和收缩，一般用国民收入和就业两个指标的波动来表征经济周期的不同阶段。通常将经济周期划分为繁荣、衰退、萧条、复苏四个阶段，经济的运行轨迹类似于正弦和余弦曲线，如图 4-2-1 中 C1 周期所示。其中，在繁荣阶段，国民收入增长至最高点，整个社会就业充分；在衰退阶段，国民收入逐渐降低，失业增加；在萧条阶段，经济陷入谷底，国民收入降至最低，失业增多；在复苏阶段，经济开始走出低谷，走向繁荣，国民收入逐渐增加，失业逐渐减少，整个经济体呈现一片欣欣向荣的发展态势。根据经济从萧条到复苏的恢复速度，通常将经济周期划分为几种不同的类型。如图 4-2-1 所示，C1 是常规意义上的经济周期，称为"U"形经济周期，经济在低谷期低迷一段，缓慢走出萧条，逐渐走向复苏；C2 称为"V"形经济周期，经济从进入衰退期后迅速触底，经过短暂调整迅速反弹走向复苏；C3 称为"L"形经济周期，经济从衰退走向萧条，触底后在低谷长期徘徊，要经过很长一段时间的调整走向复苏，因在谷底徘徊期较长，经济在短期内无意回暖，看不到复苏迹象，而被称为"L"形经济周期。"L"形经济周期的经济衰退期历时较长，国民收入下降，经济严重收缩，失业增多。

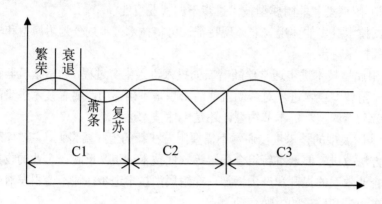

图 4-2-1　经济周期及类型

（二）经济周期产生的原因

经济学家从外部致因、内部致因和综合因素的视角分析了经济周期产生的原因，本书重点分析外部致因中的创新因素和内部致因中的投资过度和消费不足。

1. 创新的周期性引发经济周期。奥地利经济学家 J.熊波特认为，在创新初期只有少部分应用创新的主体获利，随着创新的扩散，更多市场主体从技术进步中获益，经济走向繁荣，但停滞阶段也因之逐渐临近。在新的技术创新出现之前，社会缺乏大规模投资的动力，经济陷入低迷的萧条期。科学技术创新的周期性引起经济的周期性波动，经济的复苏与再次繁荣依赖于新的创新的出现。

2. 投资过度引发经济周期。投资过度理论认为，随着投资增长，经济逐渐由复苏走向繁荣。但若投资过度，资本品增长快于消费品，资本品过剩将经济从繁荣推向萧条。

3. 消费不足引发经济周期。消费不足理论认为，经济社会对消费品的需求小于对消费品的生产，经济主体的过度储蓄导致经济缺乏发展动力而走向萧条。

二、中国本轮经济周期的"L"形特征

有学者认为，目前中国的经济发展周期已经呈现出典型的"L"形特征，这意味着作为世界上名列前茅的庞大经济体，中国要走出发展低谷期需要更加耐心地等待，同时急需选择更精准的支点以被撬动到更合适的发展轨道上。在"L"形周期中，经济从低谷走向复苏与繁荣并非一蹴而就，关于

经济体该走向何处以及如何抵达彼岸是需要深度思考的。

（一）长萧条期内发展的不确定性

其一，在这个相对较长的调整期内，中国必须直面的经济转型与发展可能会颠覆传统发展轨迹，市场中的经济主体要在转型与变革中顽强生存下来，无疑需要醍醐灌顶式的、深入骨髓的观念洗礼。整个经济体发展轨迹的转换与市场主体的破茧重生需要在迷茫的探索与试错中逐渐完成，这也正是经济周期呈现"L"形的致因之一。中国的经济体是一个庞杂的巨大系统，其在探索和适应新的发展轨迹时，在供给侧将持续存在着市场主体对发展轨迹的探索与试错，在长期内将引发多重职业变迁，进而对需求侧劳动者的就业产生高频次的强烈冲击，市场主体和劳动者该何去何从，是我们必须直面的难题。

其二，撬动中国经济转型的神奇支点是什么？"创新驱动""技术进步""人工智能""工业4.0""中国制造2025""产业转型"，这些热词深深地吸引着人们的眼球，磨烫了全体民众的耳朵，在短时间内高频度冲击着人们的大脑。它们将会引发怎样的工作变革？市场主体和劳动者又该如何应对这些变革带来的冲击？职业教育和培训将扮演何种角色？

（二）以创新作为发展的内驱力呼之欲出

今日的中国经济，无论用哪种经济增长理论去解释，都到了转变经济发展驱动力的关键时刻，亟待转化为以技术进步为引导、创新为驱动的发展模式。

1. 供给侧的分析

从供给侧看，中国改革开放几十年来走过的是一条资源拉动型、资本拉动型的发展道路，高能耗、高投入维持了几十年双位数的国内生产总值（GDP）增长率，随着边际收益递减规律的逐渐显现，近年来经济增速逐渐放缓，且污染、产能过剩等问题日益暴露出来，低效率、低技术含量、低附加值的粗放型经济发展方式已备受诟病，遭遇发展瓶颈。根据新经济增长理论，要促进经济增长就要借助技术进步，提高索洛残差，提升全要素生产率。这首先要求在供给侧转变发展模式，改资源驱动、资本驱动经济发展为以创新驱动为主，通过创新带动技术进步的辐射面，获得边际收益递增。

创新驱动发展的前提是以技术进步为导向的供给侧改革。但目前的困境是，相当一部分中低端劳动力难以支撑"中国制造2025"下的工业革命对劳动力素质的需求；游动的资本找不到可以持续发展的高附加值产业。新经济增长理论将人力资本和技术进步作为经济增长的内生因素，而创新驱动则是技术进步结合有效人力资本形成的产品、产业辐射，将技术进步内化于产业转型升级中，打破边际收益递减的规律，获得边际收益递增，从而带动经济实现良性、持续发展。

2. 需求侧的分析

国际上常用人均国民收入表征经济增长，用国内生产总值（GDP）表示国民收入，GDP 主要由消费（C）、投资（I）、政府支出（G）和净出口（X-M）构成。就消费需求而言，在物质产品相对丰富、居民收入水平日渐提高的背景下，国内居民的消费偏好由同质化、低质量、低技术的低价商品转向个性化、高质量、高附加值商品，显然现有商品供给尚不能满足这种转变。净出口是来自国外的产品需求，由于中国出口产品与东南亚国家的出口产品同质化，随着国内劳动力价格上涨，中国出口产品失去了价格优势，抢夺国际市场需要"中国制造"转向"中国创造"，通过技术进步占领国际制造业的制高点。就投资需求而言，产能过剩进一步解释了以往低成本进入市场的模式不再可持续，没有过硬的技术支撑，企业的经济生命周期会严重缩短。而现有的资本积累、技术积累、人力资本积累，都尚不能支持企业顺利走进技术进步引导下的良性循环。

三、创新驱动下的就业变迁

（一）解析经济发展的驱动力

中国共产党第十八次全国代表大会明确提出："科技创新是提高社会生产力和综合国力的战略支撑，必须摆在国家发展全局的核心位置。"此后，创新驱动发展被提至中国国家发展战略的高度。创新驱动最早由著名管理学家迈克尔·波特提出，他认为国家经济发展呈现四个阶段：生产要素驱动（factor-driven）阶段、投资驱动（investment-driven）阶段、创新驱动（innovation-driven）阶段和财富驱动（wealth-driven）阶段。中国科技发展战略研究小组指出，在对经济发展阶段进行划分时，既要考虑人均 GDP 等经济指标，还应关注产业结构及其科技内涵，这是不同发展阶段的主导产业不同的根本致因。其中，生产要素驱动阶段以资源密集型产业为主导；投资驱动阶段以资本密集型产业为主导；创新驱动阶段以技术密集型产业为主导。到目前为止，财富驱动发展的阶段特征尚不明显，世界上现存的三种经济发展模式分别为资源拉动型、要素拉动型和创新驱动型，三种经济发展模式对生产性劳动投入的质量要求是有差异的。

（二）不同经济发展模式下的劳动需求

资源拉动型经济发展模式的驱动力是资源，资源密集型产业的发展更多依赖于资源的积累和开发，对劳动力的需求重在数量积累；投资驱动型经济发展模式的驱动力是生产要素，以资本密集型产业为主导，基于资本与劳动的互补性，对劳动力的数量积累非常重要，但同时对劳动力质量提出了较高要求，以便与现代化工业生产流程相匹配；创新驱动型经济发展模式的驱动力是创新，该阶段以技术密集型产业为主导，基于资本与劳动的互补性，对劳动力的质量提出了更高的要求，在技术进步中劳动力是新技术、新知识的传承者、传播者、应用者，没有一定数量的人力资本存量，劳动者将无法获得高质量的就业。

综上，除了资源密集型经济发展模式，要素拉动型和创新驱动型经济发展模式都对劳动者技能和知识水平提出了较高需求，因此都离不开职业教育的人才支撑。如前所述，由于创新的长期存在性和发生的频繁性，创新驱动发展将缩减人力资本衰变的周期，增加衰变的频次，并在一定时期内提升衰变的强度。从预防和补偿人力资本可能的或者已经发生的存量贬损的视角看，职业教育和培训在创新驱动带来的冲击中大有可为。

（三）创新驱动下农民工于城市生存需思考的问题

中国开始步入后工业化时期，经济发展方式正经历着从粗放向集约转型的阵痛，经济结构和产业结构调整势在必行，创新日益成为经济转型发展的内驱力，提升产业、行业、企业产品附加价值和科技含量对高素质劳动力的需求成为燃眉之急，低价劳动力红利日益枯竭。在传统观念中，创新往往与新事物诞生、新方法革命、新元素引入、新路径探索、新环境生成相联系，是一个高端人力资本承载者驾驭的概念；农民工则是低端人力资本承载者。表面看来，创新驱动与农民工毫无交集。然而，本书认为，农民工经过职业教育的熏陶和锤炼，完全能够华丽转身为一个低调奢华有内涵的群体，成为创新驱动下产业发展所需的技术技能人才。

那么，创新驱动下我们需要思考以下几个问题：其一，随着经济发展驱动力的嬗变，创新作为新的驱动力走上历史舞台，在这个嬗变的过程中，人力资本扮演了怎样的角色？其二，创新驱动发展会给农民工于城市的可持续生计带来何种冲击？农民工在这一系列的就业冲击下，在城市的生存状态有何风险？其三，职业教育如何助推农民工应对创新驱动带来的风险？

第五章　创新驱动下农民工的人力资本嬗变

第一节　创新驱动下农民工于城市的可持续生计

一、在经济发展驱动力的嬗变中人力资本角色的重要性日益凸显

经济增长理论 200 多年的发展历史正是对人类社会经济发展驱动力嬗变的有效回应。古典经济增长理论、新古典经济增长理论和新经济增长理论虽然产生于不同的年代，有着不同的理论假设、理论模型和理论理想，但在驱动经济增长的主要因素上还是达成了共识，普遍认为一国的经济增长最终取决于生产性资源的积累、存量资源的使用效率和技术进步。

20 世纪 40 年代以前的古典经济增长理论以亚当·斯密为代表，认为增加生产性劳动的数量和提高劳动效率能促进经济增长，其中资本积累和分工协作是提高劳动效率的有效途径，也是经济增长的源泉。斯密肯定了生产性劳动积累、资本积累和劳动效率在经济增长中的作用，但未能提出投入生产的生产性劳动质量对经济增长的作用。

20 世纪后半叶，以马歇尔为代表的新古典经济增长理论开始盛行。新古典经济增长理论认为，经济增长过程就是资本积累的过程，由于规模收益不变，资本的边际收益递减会导致经济不能长期持续增长。该流派认为，技术进步是一个促进经济增长的外生变量，经济增长主要取决于资本积累和劳动投入，建构的典型经济增长模型是以资本投入和劳动投入作为自变量的柯布-道格拉斯生产函数，该模型将技术进步等视为促进经济增长的外生因素。为了解释、解决经济长期持续增长问题，索洛模型应运而生，该模型认为，经济增长的源泉是技术进步而非劳动和资本积累，要促进经济长期持续增长，就要增大索洛残差。索洛残差是产出增长率扣除各投入要素增长率后的残差值，也称为全要素生产率（TFP）。此间的经济增长理论

仍然强调劳动、资本等投入数量对经济增长的作用，看到了技术进步在经济增长中的重要作用，但缺乏详尽的解释，更未能将劳动力质量与技术进步建立联系。人力资本理论的创立者舒尔茨和贝克尔发现了人力资本在经济增长中的重要作用，详细阐释了人力资本的概念，以农业为例测算了人力资本对经济增长的贡献率，但却未能将人力资本视为经济增长的内生因素去探讨经济增长的内在机理。

20世纪90年代逐渐形成的新经济增长理论指出，经济的长期持续增长是内生因素所致，技术进步是经济增长的内生因素，技术进步会促进生产要素克服边际收益递减的趋势，且激发出边际收益递增，以此解释了经济的持续增长态势。新经济增长理论认为，生产中的劳动投入不仅仅包括数量因素，还包括劳动力质量因素，由正规教育、在职培训、健康投资等形成的人力资本表征了劳动力的质量；物质资本积累也不仅仅是数量的积累，还包含着研发、创新等形成的技术进步。根据新经济增长理论，物化的技术进步通过人力资本得以强化、实施，转化为经济收益，并成为经济增长的源泉。

二、在创新驱动对就业的冲击下农民工成为城市的隐性贫困群体

创新驱动发展是对中国以往粗放型经济发展模式的一次革命，中国未来经济社会发展的主要驱动力是创新。如果将中国经济比作一个自然人，创新驱动绝不是单纯地为经济发展注入新鲜血液，而是要为之植入一个全新的工作母机，植入一颗跳动强劲有力、高寿命的心脏。此间，机体必将经历一次大的系统性调整，如难产般的阵痛会长期持续，而这都是为机体能在较长时期内充分适应新的工作模式做磨合。

以创新为内驱力必然带来供给侧的结构性调整，波及需求侧，其中的一个表现即职业的变迁以及与职业伴生的职业技能的变迁。农民工是中低端人力资本且主要是低端人力资本的承载者，面对创新驱动带来的变革，他们首当其冲受到波及。因本身承载的人力资本水平较低，向下兼容的空间非常狭窄，甚至不具有向下兼容的可能性，不容易进行职业转换，因此面对创新带来的职业变迁，其在城市的生存风险高于城市制度内居民。接近2亿的外出农民工群体融入城市本就步履蹒跚，而创新驱动带来的变革无疑又为其融入城市的进程带来了新的挑战和不确定性。

三、以职业教育助推农民工适应创新并于城市建构可持续生计

职业教育在农民工融入城市进程中肩负着不可或缺的重任，在创新驱

动下，职业教育该如何促动农民工于城市建构以稳定职业为基石的可持续生计，并逐渐融入城市社会，这是本书要思考的论题。

作为技能型人力资本承载者，农民工处在人力资本低端，面对创新驱动发展带来的长期的系统性调整，他们遭遇的就业震荡相比人力资本中高端承载者要大很多，这是他们市民化的又一羁绊。面对创新驱动带来的技能型人力资本嬗变，农民工既有技能型人力资本可能被替代，亟待升级换代。农民工是工业发展的劳动力蓄水池，创新驱动发展中农民工的定位仍然是技能型人才，如何助推农民工提升人力资本水平成为与创新驱动发展匹配的劳动者，职业教育责无旁贷。正规职业教育主要定位于培养潜在劳动力或增量劳动力，通过专业群对应产业群的专业设置，培养关键技能有深度、核心技能有广度的"T"字形劳动者。职业培训主要服务于劳动力市场的存量农民工，既要提升人力资本这一"硬技能"的水平，又要提升社会资本和心理资本这些助推农民工市民化必须的"软技能"的质量，旨在从人力资本、社会资本、心理资本同步提升农民工生计资本束中这三项非物质资本的水平，以助推该群体能够在城市建立可持续生计。相比正规职业教育，职业培训容易发生"市场失灵"，亟待政府介入。特别需要指出的是，"软技能"是农民工融入城市所必需，但是在生存需要优先的马斯洛需求层次理论下，农民工缺乏参与这类培训的积极性；而企业在利润最大化的驱动下，更为关注以较少投入获得最大产出，对"软技能"培训漠不关心，故这类职业培训亟待政府直接提供或者政府主导提供，增加培训的供给量，促进农民工市民化的需求。

第二节　创新驱动下异质型人力资本嬗变及应对

一、诠释异质型人力资本嬗变

根据人力资本的收益特征可将人力资本划分为同质型人力资本和异质型人力资本。任何一种异质型人力资本均具有边际收益递增的属性，但这种属性并非恒常不变，随着技术进步的不断演进、新的人力资本不断传播开去，异质型人力资本会逐渐衰变为边际收益递减的同质型人力资本。这也是新技术、新发明逐渐由"新"到"旧"的衰减过程。随着新技术和知识的不断涌现，经济社会又开始了对异质型人力资本新一轮的渴求，故异质型人力资本的嬗变贯穿了整个人类经济发展史，成为人类社会不断进步的动因。在农业革命时期占主导的经营资本是异质型人力资本，在工业革命时期占主导的技术资本是异质型人力资本，在管理革命时期占主导的创新资本是异质型人力资本，在信息革命时期占主导的信息资本是异质型人力资本。异质型人力资本嬗变的过程伴随着劳动力持续的人力资本投资行为，旨在实现人力资本增值、预防/逆转人力资本存量贬损。

二、异质型人力资本嬗变对人力资本承载者的冲击

占主导的异质型人力资本更替会给劳动力市场带来猛烈冲击，持续的创新不断引发劳动力市场局部甚至整体"地震"，对高、中、低端劳动力就业产生多米诺骨牌式的影响。主导人力资本更替意味着原有异质型人力资本已经演变为同质型人力资本，人力资本从价值增值转向存量贬损，即劳动者收入下降、因技术和知识被淘汰而失业。人力资本具有向下兼容性，高端人力资本可通过兼容较低人力资本岗位抵御失业冲击，故劳动力在创新中受到的就业冲击因人力资本水平而异。其一，高端人力资本可以兼容中低端人力资本，其承载者面对的劳动力市场范围大——纵向岗位序列深度长，横向就业辐射面广，在创新中受到的就业冲击最小。其二，中端人力资本承载者虽然可以兼容低端人力资本岗位，但比高端人力资本的劳动力市场范围窄，故在创新中受到的就业冲击较大。其三，相比中高端人力资本承载者，低端人力资本只能向下兼容无人力资本要求的岗位，表现为其承载者从事"力工""粗工"，在创新中遭遇频繁的职业水平流动，受到的就业冲击最大。鉴于农民工的低水平人力资本劣势，创新驱动对其在城市就业和生存的打击是毁灭性的。

三、以人力资本投资应对异质型人力资本嬗变

要适应因主导人力资本更替带来的就业冲击，最有效的路径是人力资本投资。其一，对失业者而言，人力资本存量贬损已确实发生，必须通过人力资本投资获得新的主导人力资本以逆转在劳动力市场上的就业劣势。其二，对在业者而言，基于潜在的失业风险，须通过人力资本投资防范可能的失业，或者获取新的异质型人力资本通过转岗实现人力资本增值，或者针对新技术改造传统产业的需求进行人力资本投资，防范既有人力资本存量贬损风险。其三，对准备进入市场的潜在劳动力增量而言，他们应是主导人力资本的主要投资者，直接通过就业实现人力资本增值。

第三节　创新驱动下农民工的技能型人力资本变迁

一、创新驱动下技能型人力资本的嬗变表现

不可否认，由于创新驱动发展提升了岗位内涵，农民工所承载的技能型人力资本必然要面对一系列的嬗变。

（一）创新驱动下技能型人力资本是异质型人力资本

创新驱动下技能型人力资本具有异质型人力资本的收益递增属性。通过在生产实践的各个环节全方位地推进依托于技术进步的创新活动，经济社会真正获得了生产力水平提升，这种创新驱动必然要求匹配的技能型人力资本同步跟进。每一次技术进步都催生出新一代技能型人力资本，而每一次创新既是既有技能型人力资本智慧活动的结果，又可能开启对新的技能型人力资本的需求。可见，技能型人力资本在技术进步和创新驱动发展下是不断更迭的，某种技能型人力资本收益递增的属性会随着时间的推移不断衰变为同质型人力资本，而新的具有边际收益递增的异质型资本也在不断被催生。

（二）创新驱动下技能型人力资本收益的衰变

如前所述，技能型人力资本是异质型人力资本，但某种技能型人力资本仍受制于从收益递增逐渐衰变为收益递减的内在规律。这种衰变主要体现在两个方面：一方面，若依托于技术进步的创新驱动发展成为经济增长的永动机，则意味着创新的长期存在性和发生的频繁性，从而缩减了某项技能型人力资本衰变的单个周期，增加了衰变的频次，在一定时期内提升了衰变的强度；另一方面，创新驱动发展要提升技术进步的影响力、拓展其辐射面，对技能型人力资本而言，由收益递增向收益递减衰变的影响是全方位的，技能型人力资本均要直面这种衰变带来的挑战。综上，在创新驱动下，某种技能型人力资本要在长期中维持异质型人力资本的收益递增特质，须经过不断创新与变革以防范快速技术进步下的衰变，承载技能型人力资本的劳动者亟待通过适宜的人力资本投资策略以应对已经发生的或可能的衰变。

二、创新驱动下农民工仍是技能型人力资本的承载者

舒尔茨提出，人的能力不同其人力资本的价值含量和质量也相异，但他并未明确指出人力资本的分类。中国学者在舒尔茨研究的基础上对人力

资本形态进行了划分,普遍接受的分类方法是将其划分为一般型人力资本、技术型人力资本、管理型人力资本、创新型人力资本①。其中,技能型人力资本并非高端人力资本,它大概处在人力资本的中低端。但是,技能型人力资本具有边际收益递增的属性,员工承载的某种新型技能型人力资本会在一定时期内给微观企业带来持续的收益递增,企业的利润会随之呈现快速增长。因此,技能型人力资本虽然不是高端人力资本,但它在微观企业的经营中、宏观经济体的可持续发展中均具有举足轻重的作用。技能型人力资本的承载者是技能型人才,在中国,若借用一定的符号去表征技能型人才,那么初级工、中级工、高级工、技师和高级技师这五类群体都可以包含在内。技能型人才的典型特征是掌握着生产一线的专门知识和操作技能,能够解决生产实践中的关键工艺难题,无疑,他们是创新,尤其是技术创新的主要执行者。

在创新驱动发展下,农民工该将何去何从?技能型人才居于人才金字塔的中底部,这类人才往往并不是新技术的发明者,但却是新技术的传承者、传播者、执行者,技术进步在这个群体的助推下最终走向生产生活实践。目前,制造业领域的农民工多在生产一线从事技术实操工作,他们可能不持有相应的职业资格等级证书,但却是实实在在的技能型人才。在创新驱动发展下,农民工还是技能型人力资本的承载者吗?答案是肯定的。在创新驱动发展下,由技术进步助推的产业变革落实到微观经济参与主体上,就表现为企业结合自身实际状况而基于技术进步的转型。这个转型既是企业经营业务的转型,更需要匹配的人力资本转型。创新是传统观念中的阳春白雪,但并不是人才金字塔顶部少数高精尖人才独有的特质,人才金字塔中各个层次的人才都能够将技术进步创新地运用到生产实践中,形成全方位创新的局面,才能最终将技术进步传承下来、传播开去、执行下去,不断拓宽技术进步的辐射面,技术进步才能真正地转化为生产力,因之创新成为经济发展的永动机。庞大的农民工群体是中国工业发展的劳动力蓄水池,基于该群体整体素质和人力资本水平偏低的现实,短期内该群体迅速蹿升至人才金字塔顶端是不切实际的。虽然创新驱动发展提升了对劳动力的素质要求,但农民工在人才金字塔中的定位仍然是中低端且偏低端的技能型人才。不论创新驱动对岗位提出了何种高要求,但在发展的前路上农民工必须继续扮演技能型人才的角色,承担起技术传承、传播、执

---

① 李忠民. 人力资本——一个理论框架及其对中国一些问题的解释[M]. 北京:经济科学出版社,1999.

行的重任，切实融进创新驱动发展的洪流中，该群体才能最终被创新驱动下的第二产业吸纳，从而依托稳定就业建构起在城市生存的经济基础。

三、创新驱动下农民工面对的技能型人力资本嬗变

机器人技术、人工智能与机器学习开启了自动化的新纪元，人类在工作场景中面临被替代的风险。麦肯锡公司通过对 800 多种职业所涵盖的 2000 多项工作内容分析发现，目前约有 5%的职业可以通过既有技术实现全面自动化，大约 60%的职业有三成以上的工作内容可以利用既有技术实现自动化。这组数据揭示了创新驱动下农民工因技能型人力资本嬗变而面临的从业风险。

（一）农民工既有技能型人力资本被替代

农民工的既有技能型人力资本被替代表现为两种形式，一是被机器替代，二是被新的人力资本替代。麦肯锡公司的调查显示，在自动化中最易被替代的是在高度稳定与可预测环境下的体力劳动。农民工处在人力资本低端，相当一部分人在制造业、餐饮等行业从事"力工"和"粗工"，或者是需要高强度重复简单技能的流水线工作，一旦经营环境允许且经营成本收益比适宜，替代技术又是现成的，农民工将成为技术进步中首当其冲的受波及者，不得不面对毁灭性的结果——失业。除了被机器替代，由于技术进步和持续的创新，农民工的技能型人力资本可能被市场淘汰，结果仍然是失业。就业是农民工在城市建构可持续生计的经济基础，在新一轮的创新驱动发展下，农民工该如何面对人力资本被替代的人力资本存量贬值风险，是中国政府必须直面的一个难题。

（二）农民工既有技能型人力资本急需升级换代

资本和劳动之间虽然有替代性，但更具有互补性，即便在自动化的时代人类必须直面被机器替代的事实，但毕竟有 60%的职业是需要依托自动化做出改变的，这就要求人类不断地适应自动化下机器作业的互补性需求，不断提升人力资本水平，通过人力资本的升级换代，成为与机器作业要求相匹配的工作伙伴。故创新驱动下农民工要适应非农产业自动化发展、创新发展需求的行动取向即通过人力资本转换与升级满足其需求。中国整体的产业转型升级和创新驱动发展带来的是全方位的职业改变，人才金字塔各层级的劳动者都要在这个过程中不断提升自我人力资本水平以适应改变、启动改变，只不过处于人才金字塔中高端的人才的人力资本水平较高，即便不能提升自身人力资本还可以通过既有人力资本向下兼容实现转岗就业，但处于人才金字塔底部的技能型人才处于人力资本低端，其人力资本

无法向下兼容，面对的技能型人力资本嬗变风险是较高的。

第四节　创新驱动下农民工的人力资本提升

各国经济发展的轨迹表明，当一国经济发展到工业化中后期阶段，要促进经济持续稳定增长，必须摒弃在工业化初中期阶段主要依靠要素投入和投资拉动经济增长的粗放型发展模式，通过技术进步推动产业升级，提升经济结构内涵，让创新驱动经济发展和产业升级。中国在工业化的中后期要吸纳从农业转移出来的近3亿劳动力，人力资本投资势在必行。一方面，工业所需的技能型劳动力数量庞大，人力资本水平相对较低，正适合由农村转移劳动力补充进来，但前提是该群体必须接受一定的人力资本投资；另一方面，随着城市化进程逐渐放缓，提升城市化质量、促进农民工市民化使之被城市消化吸收成为时代主题，稳定、正规的就业是其能够在城市留住脚步的经济基石，人力资本是其实现转岗就业的金钥匙。

一、创新驱动下农民工技能型人力资本投资的策略选择

创新驱动下农民工的人力资本策略选择主要有两种：防范型投资和补偿型投资[①]。防范型投资使用的情境为：农民工依据自身承载的技能型人力资本，根据技术进步趋势，通过职业教育和培训拓展其广度和深度，一方面，在横向上拓宽技能型人力资本辐射的就业面，以备在未来的创新中因技能型人力资本衰变或被替代做转岗储备；另一方面，在纵向上提升技能型人力资本覆盖岗位的深度，以备在技术进步中能够较为顺畅地适应新的更高技能含量的岗位需求。补偿型投资使用的情境为：农民工持有的技能型人力资本已经发生衰变，甚至无法满足现有的岗位需求，面临失业、不得不从事非正规就业、遭遇失业，被动地接受新的人力资本投资，以适应创新驱动下未来就业岗位对新的技能型人力资本的需求，这种情境下，农民工不但要转岗，更可能面临着人力资本跨行业转型。

二、创新驱动下农民工人力资本投资的内容指向

创新驱动下职业变迁相对频繁，农民工要获得稳定的正规就业，不但要做好短期的人力资本投资决策，更要着眼于在长期中做好在城市生活的

---

① 张学英. 人力资本存量贬损及应对策略研究[M]. 北京：人民出版社，2010.

职业生涯规划，在不断提升自己的过程中适应创新驱动下岗位的技能需求。不可否认，中国长期以来的城乡二元结构造就了城乡居民之间诸多难以逾越的鸿沟，农民工市民化注定是一个需要长期加以考虑的难题。农民工融入城市最关键的是要在城市建构可持续生计，而要建构可持续生计必须拥有较高水平的生计资本束，即拥有较丰裕的物质资本、人力资本、社会资本和心理资本。在这个生计资本束中，人力资本、社会资本和心理资本这三类非物质资本均可以通过人力资本投资提升水平，且社会资本和心理资本能够转化为物质资本，对提升人力资本水平也大有裨益。

因此，创新驱动下基于农民工市民化探讨的人力资本水平提升实际上是一个非物质资本水平整体提升的问题，这是由中国多年来的城乡二元分割决定的。其一，如果只谈非农就业，作为工业发展的劳动力蓄水池，在创新驱动下，农民工首先需要的是人力资本投资。通过人力资本投资成为技能型人才是实现稳定、正规的非农就业的唯一有效途径，由此建立起融入城市所需的经济基础。其二，在中国多年的城乡二元结构下，城乡居民之间有诸多难以逾越的鸿沟，要融入城市社区，农民工首先失去了基于地缘、血缘和亲缘的农村社会资本，要在城市建构起崭新的社会资本，才有可能融入城市社区。就微观的社会资本而言，农民工需要强有力的心理资本，解放思想，认识城市社区，敢于接触城市社区，尝试建立与城市制度内人口之间类似的互动关系。就宏观的社会资本而言，通过制度改革打破城乡二元结构的分割，且形成农民工友好型的制度助推体系，为其融入城市社区营造良好的氛围。借助职业教育和培训，仍然可以实现提升农民工社会资本和心理资本水平的目标。

第六章　农民工于城市的就业变迁及应对

"L"形经济周期下低迷的经济发展态势减少了就业岗位，技术进步正引发就业变迁，来势汹汹的机器人强力抢夺着人类的饭碗，我们不禁要问：城市还需要农民工吗？创新驱动发展在提高附加值的同时也提升了岗位的复杂程度，开放经济正倒逼经济体通过提升劳动力技能水平融入全球价值链、占领国际贸易链高端以获得经济发展的可持续动力。农民工身处人力资本低端，他们可以堪此重任吗？作为城市第二、三产业发展的强大劳动力蓄水池，农民工在城市就业将会面对什么，又该如何应对？

第一节　技术进步下农民工于城市的就业契机何在？

高科技是实施创新的前提条件吗？技术进步并不是高科技的同义语，技术进步概念的内涵和外延都比高科技更为丰富。20 世纪 90 年代，美国借助信息技术实现了"新经济"，但其创新的内容和形式并非仅仅局限在信息技术本身，如雨后春笋般成长起来的中小企业成为助力美国"新经济"的主力军。

一、美国"新经济"与中小企业创新

20 世纪 90 年代末期，美国成功实现了"一高双低"的经济增长局面，即稳定的经济增长率与低失业率、低通胀率并存，打破了宏观经济学中描述的失业与通胀此消彼长的经典关系。此间美国借助信息革命，打破了规模收益不变假设下边际收益递减的魔咒，获得了边际收益递增。可以说，信息革命是美国"新经济"的驱动力。但是，此间美国的创新并非仅仅局限在信息技术本身，微观企业的制度创新将美国经济增长推向了高潮，中小成长型企业成为创造就业的主力，中型成长型企业的销售和利润增速是财富 500 强企业的 3 倍。美国企业的制度创新主要指企业流程再造，重新

设计企业组织结构、工作方式、行为准则，不再遵从分工理论原则，提倡组织内部灵活沟通，充分利用高科技手段；合理分权、授权，使每个职工享有一定程度的决策权，从而提高工作效率；以顾客满意度为唯一准则。

美国企业实施的企业流程再造契合了当时的市场需求。二战后短缺经济时代，企业以扩大规模降低成本的竞争策略遭遇顾客需求从满足供应向追求多样化、个性化的转变，亟待通过不断提供新优产品来吸引甚至创造需求，满足顾客多样性需求，以抢占新市场，击败竞争对手。然而，优良产品的价值、品质很容易被模仿、复制，企业要想生存必须提升产品推入市场的速度，并具有相当的创新能力、应变能力、灵活调整能力。

跟大企业相比，中小企业恰恰具有上述优势。（1）投资少，机构灵活，信息灵通，生产节奏快。美国小企业局的研究表明，在把新产品投放市场所需时间上，大、小企业分别为 3.05 年和 2.22 年；在新技术专利的利用速度上，大、小企业修改、改进产品的时间分别是 1 年以上、20 个月以下，生产新产品的时间分别为 2 年以上、不到 2 年。（2）小企业创新能力强，是重要的革新活动的源头。小企业雇员的平均创新能力是大企业的 2.5 倍；小企业每一美元研发（R&D）资金提供的成果为大企业的 4 倍；小企业的平均生产率为大企业的 3.4 倍。美国的中小企业尤其是小企业的灵活性和创新性很好地满足了技术创新的要求，使工业经济时代强调规模优势的大企业显得过分臃肿，故大企业纷纷效仿小企业，收缩总部，裁员消肿，以期适应技术创新的要求①。

二、企业创新是否必需高科技？

管理大师彼得·德鲁克认为，高科技才能创新的观点并不符合实际。美国的中小成长型企业一半以上从事传统制造业，而非高科技公司。20 世纪 80 年代最具成长性的公司中只有四分之一属于高科技，四分之三均是服务业和传统制造业。高科技企业在创新成功的概率和持久性方面要弱于传统行业，高科技往往意味着高昂的投入成本，资本是逐利的，企业引入高科技的终极目标应该是实现利润最大化，若引入高科技不符合该原则，企业必然拒绝高科技。同时，高昂的投入成本使高科技企业天生自带利润成长的压力基因，来自需求的任何变动都可能导致投资行为失败。彼得·德鲁克指出，创新不需要伟大，而是需要简单、小规模、专注和专业化。传统行业更容易实现创新，在一个行业长期的积累往往是抓住创新机会的关

① 张学英. 制度创新与美国"新经济"［D］. 保定：河北大学硕士学位论文，2001.

键，企业要通过持续的创新守住原有的细分市场，并时刻凸显自己的产品或服务的特色，这样就能在市场上立于不败之地。综上，传统行业的中小型企业应该是支撑创新驱动发展的主体，只要是能提高效率的创新都是值得践行的，创新并不必须引入高科技。

三、中国制造业转型升级中的企业创新

2015 年 5 月，被誉为中国版"工业 4.0 计划"的《中国制造 2025》战略的启动实施，将"推进信息化与工业化深度融合、启动智能制造工程，推动互联网在制造业领域中的深化应用"等理念推向全社会。2017 年 5 月17 日，国务院召开常务会议，再次指出深入实施《中国制造 2025》战略的主攻方向是发展智能制造。由此，如火如荼的"中国制造 2025"成为全社会热议的焦点问题。但是，中国的企业能否顺利走进"中国制造 2025"？这是因企业而异的。

确切地讲，中国正处在工业 2.0（电气化）的后期阶段，工业 3.0（信息化）尚待普及，工业 4.0 正在寻找示范领域，制造业的自动化和信息化正在逐步布局。从地区分布看，东部地区正在迈向工业 4.0，中西部地区大多处在工业 3.0 甚至工业 2.0 阶段[①]。在中国这样一个工业 2.0、3.0 和 4.0兼有的"火锅式"混合发展状态下，制造业的转型升级不是单纯依靠一刀切地使用高科技，如果处于不同工业发展阶段中的企业能够找到自身发展的创新点并高效运转，即使是中低科技也能促进制造业转型升级[②]。归根结底，中国的产业转型升级关键在于价值创新，无论何种形式的创新，只有能够为产业链带来新的价值才能提升创新的成功率、维持创新的持久性，才能为企业带来可观的利润。只要保证创新的技术是可行的，成本是可控的，价格是市场可接受的，企业是盈利的，那么创新就是能够成功的，这也是企业可接受的创新，才能够实现经济发展以创新作为驱动力。

四、农民工在技术进步与创新中的就业契机

（一）农民工就业的行业选择

中国现有的技术存量表明，即使启动"中国制造 2025"，也必然是部分行业企业走在前列率先实现工业 4.0，而其他行业企业则脚踏实地、循序渐进地从工业 2.0，历经工业 3.0，逐步走向工业 4.0，应该是部分行业企业

---

① 石伟平、郝天聪. 走向工业 4.0 还需要中等职业教育吗？[N]. 光明日报，2017-04-16.

② 许小年. 创新和企业家精神——来自德鲁克的忠告[EB/OL]. [2016-10-10]. http://www.chinavalue.net/Management/Blog/2016-10-10/1324272.aspx.

领先与大多数行业企业跟随模仿的发展模式。制造业技术进步在多个行业多点铺开循序渐进的发展表明，高科技不是所有行业企业同时大面积引入的，那么，从这个意义上说高科技对农民工就业的影响就不是必然的和必须的。基于农民工人力资本存量水平较低的事实，其在城市就业的行业选择最好是处于工业 2.0、3.0 阶段的。这也恰恰印证了"创新并不必然需要高科技"的观点。

（二）农民工就业的企业选择

根据美国的经验，中小企业，尤其是传统制造业、服务业中小企业是创新驱动的市场主体，这类企业非常活跃，是经济体活力的来源。目前农民工分布在以制造业和服务业为主的行业企业中，他们是否会受到创新驱动带来的就业冲击呢？答案是肯定的。其一，低端的制造业和服务业将在技术进步中逐渐被市场淘汰，那么，农民工将面临毁灭性的就业打击，不得不被动面对失业。其二，中高端的中小企业不断的技术升级将加大农民工人力资本存量贬损的风险，时刻面临职业生涯内持续的人力资本投资压力。其三，企业不依托于技术升级实现技术进步的，或者对农民工就业没有影响，或者对农民工的软技能提出更高要求，以满足企业的软技术进步需求。

虽然低端制造业和服务业的中小企业对农民工技能要求较低，农民工更好进入，但其就业风险也相对较高，要在城市建构可持续生计，这类企业不是农民工的首选。农民工若想进入中高端行业企业，且能在较长时期内保有一份工作，则需要不断更新、提升职业技能，以应对因其技术进步带来的人力资本存量贬损。就目前存量农民工而言，实施软性技术进步的中小企业是就业、转岗的首选，就业难度相对较小；对新增劳动力而言，依托于技术优化和技术革命的中小企业可作为就业的首选，起点较高，未来技术进步中的就业风险会相对较低。

此外，具有一定技术含量的操作类工作仍然适合农民工群体，特别是存量农民工群体，因此，依托技术进步的大企业内的中低端岗位仍是农民工的理论性选择。

（三）农民工就业的技术进步选择

理论上讲，农民工可以选择发生技术进步的企业就业，但会因技术进步的特点而异。发生软性技术进步、技术优化、技术革命的企业，会对劳动力有不同的素质需求，因而不同年龄段和不同人力资本水平的农民工的选择也会有差异。

新增劳动力具有极强的可塑性，通过正规教育和培训，其未来从事的行业、企业的选择面相对较宽，受教育水平较高的新增劳动力未来就业的起点也较高，进入劳动力市场后会分布在依托较高水平技术进步的行业和企业。这部分劳动力是能够接受职业生涯设计与规划的人群，正规教育结束后接受后续人力资本投资的可能性也较大，因此能够满足行业企业随着技术进步对劳动力提出的更高素质需求。

存量劳动力的情况相对复杂，一般而言，青年劳动力的可塑性较强，适合进行人力资本投资，通过后续的教育和培训可以从事软性技术进步、技术优化、技术进步的相关工作。中老年低素质劳动力已经错过人力资本投资的最佳时段，在技术进步的推动下，通过适当的培训，可胜任软性技术进步企业、技术优化企业。中老年较高素质的劳动力则可以依托较高的人力资本水平进入软性技术进步、技术优化企业、技术革命企业。

第二节 "机器换人"会给劳动力市场带来什么？

一、"机器"是洪水猛兽吗？

故事一则

笔者于 20 世纪 70 年代出生在河北农村，整个童年获得信息的渠道非常少，一台无线电收音机成为童年生活的唯一电器。当时中央人民广播电台有一档午间的英语节目，读英文故事并翻译成中文，节目不是很生动，但故事很吸引人。其中一则故事是关于马铃薯削皮机的，大概故事情节如下：一家专门负责马铃薯削皮的企业新引进了一台马铃薯削皮机，本该享受机器带来的高效率之喜，但是管理者却频繁接到机器故障的报告，因此怀疑机器的质量。经过专业检修，发现故障不是来自机器本身质量问题，而是来自外界的破坏。管理者很疑惑，于是决定在企业内部展开调查。这家企业一直雇佣年纪稍长的女士为马铃薯手工削皮，事实证明这份工作也确实有吸引力，一是工作强度不那么大，她们这个年纪的体力和精力完全胜任；二是因为大家一边削皮一边谈心聊天，工作时间显得较短，且每天都很开心。然而，她们工作的幸福指数随着削皮机的引入骤然下跌，看着一个个马铃薯放进去"嗖"的一下就被削得干干净净地滚出来，老太太们顿时失去了安全感，失业的威胁笼罩于心，久久挥之不去。于是，大家决定团结起来对抗这个"铁家伙"，只要机器一开动，她们就隔三差五地往里面放个小刀子之类的小物件，阻碍机器的正常运转……

多年过去了，故事的结局早已忘得一干二净，但可以肯定的是，英国的工业革命如火如荼地带着全世界走进高效率生产的轨道，人为的失业恐慌以及与此相伴生的对机器的阻碍与破坏最终还是毫无悬念地退出了历史的舞台。

机器是洪水猛兽吗？上面这则故事给出的是肯定答案。机器会给劳动力市场带来一定程度的扰动，比如失业增加，工资率下降，并造成恐慌。那么，机器到底会替代谁呢？为什么工资率会下降？

在稳定的工作环境中有规律性、重复性的技能更容易被机器替代，推理一下，低技能、流水线操作工等劳动者很容易被机器替代。在劳工成本日益攀升的中国，一旦企业用机器替代人力在经济上可行，低技能劳动力必须直面失业。根据劳动力市场均衡理论，假定劳动力供给不变，劳动力需求减少势必带来工资下降。迈克·麦克雷（Mike Mcrae）、达伦·阿塞莫格鲁（Daron Acemoglu）和帕斯夸尔·雷斯特雷波（Pascual Restrepo）针对1993—2007年劳动力市场中自动化程度稳定上升的发展背景，应用数据模型估测了机器人对劳动力成本造成的影响，结果表明，每新增1台机器人就会减少5.6个人类工作岗位，每1000名工作者新增1台机器人可能使工资下降0.25%—0.5%[①]。随着在生产中引入越来越多的机器人，生产的自动化程度不断提升，在可以预见的未来，会有更多的劳动者被机器替换掉。

这意味着什么呢？假定某企业在生产中引入机器人，为控制生产成本，企业同时会解雇部分劳动力，被解雇的劳动力在工作搜寻中将面对比自己先前就业时低的工资率，其福利水平下降。不仅如此，在机器换人的大趋势下，因机器的生产力高于人力，即使失业者愿意接受较低的工资率，企业对人力的需求意愿还是会降低，故劳动者的工作搜寻难度会加大，部分劳动力会在劳动者和企业的双向选择中被"剩"下来，甚至这类劳动者的技能不再被市场需要。那么，机器换人的结果是涵盖劳动者就业总量下降、就业难度提升、工资率下降在内的劳动者福利水平下降。

二、机器能给劳动力市场带来哪些福利？

经济学家们经过百年的历史观察发现：自动化在一个方面夺走的，会

---

① Mike Mcrae. Unsettling New Statistics Reveal Just How Quickly Robots Can Replace Human Workers [EB/OL]. [2017-03-31]. http://www.sciencealert.com/new-statistics-reveal-the-scale-of-robots-replacing-human-workers.

在其他方面加倍偿还。云计算、大数据和物联网等这些新事物正在创造出数以百万计的全新的工作岗位。事实上，技术进步在淘汰旧岗位、旧行业、旧产业的同时确实会创造新的工作岗位群、新的行业群，甚至新的产业链条及产业群。这些新的工作领域或者需要全新的工作技能，或者需要原有工作技能的升级。毫无疑问，在就业数量上，这是对劳动力市场减少的传统工作岗位的有益补充，也为丢掉传统工作岗位的劳动者提供了转岗就业的机会。另外，为生产配备的服务性岗位是新旧生产领域都不可或缺的，即使是新的工作领域，也仍然会提供传统的工作岗位，比如保洁员、快递员等。

新的工作岗位群、新的行业群甚至新的产业链条及产业群最为鲜明的特征是劳动生产率高、附加价值高，对劳动力的素质要求也相应较高。根据工资的劳动生产率理论，工资率水平由劳动生产率决定，那么，技术进步以及机器的使用带来的高劳动生产率应该为劳动者带来较高的工资率。因此，以"机器换人"为代表的自动化和技术进步，会提升劳动者的福利水平。工资率是劳动力市场的指挥棒，会逐渐引导失业的劳动者通过人力资本投资满足这些新的劳动力市场对劳动力素质的更高需求，重新配置存量劳动力。这里显然有一个职业教育的发展机遇，且这个机遇是来自劳动力的内生性需求。

三、机器一定会换掉人吗?

事实上，有些工作终究是机器不能代劳的，这无关岗位工作内容的技术含量水平。与人的大脑的感性思维相联系的、基于创造力和人类认知的工作是机器不能胜任的，比如，部分与艺术设计相关的工作；人是社会人，需要人类提供即时人文关怀的领域还是会提供更多的岗位给劳动者，比如护理工作；即使有些工作在理论上能够被机器替代，但超乎企业生产成本承受范围的仍然为人类提供了工作机会；在可以预见的未来，即便生产过程非常发达，机构和个人也仍然会需要保洁员、快递员等低技能劳动力。

四、农民工的就业契机

根据上面的论述，农民工在城市的就业看起来是喜忧参半：他们可能最先被机器换掉，在"机器换人"中的失业风险最高，在城市面临生计困难；他们仍有在新的工作领域从事传统工作的就业机会，但比其他从业者生计水平低，在城市的生计不可持续。但有一点是确定无疑的，在"机器换人"的背景下，无论农民工是否被替代，其在城市的生计都存在问题，安全系数较低，缺乏可持续发展的支撑力。农民工要适应、融入技术进步的洪流，要能够与新的岗位相匹配，就一定要不断地丰富自身的技能组合、逐步提升自身的技能水平和职业素养。

第三节　开放经济对劳动者技能提出了什么要求？

一、劳动者的技能组合是在开放经济中融入全球价值链的关键

经济合作与发展组织发布的《2017 年技能展望》以"技能与全球价值链"（"Skills and Global Value Chains"）为主题，主要阐释了如下观点：其一，技能是各国依托先进的科技产业融入全球市场，并从全球价值链获得最大化收益的关键；其二，各国要实现经济持续稳定增长，首先要依托先进科技产业融入全球价值链，其次要赋予工人以先进技术产业所需的"技能组合"，建构竞争优势。经合组织成员国的商业部门平均有三分之一的就业岗位依赖国外的产品需求，各国出口价值的 30%来自国外①。若工人因缺乏相应技能而无法回应全球化中的变革，会导致经济体脱离全球价值链，那么最直接的反噬效应就是工人失业、工资下降。归根结底，一国在开放经济条件下该选择何种技术、何种产业、何种发展模式融入全球价值链并及时准确回应价值增值和价值变革的需求，是获得经济持续稳定增长需要思考的关键问题。中国在国际贸易中面对的产品升级正在倒逼其向国际贸易结构链上端迁移，从而引发对劳动者素质的提升需求。

二、中国在国际贸易结构链的位置迁移倒逼劳动者技能提升

改革开放以来，中国的贸易顺差规模日益增长，来自国家统计局的年度数据显示，2006—2015 年间，中国货物进出口差额（出口减去进口）增长了 235%（如图 6-3-1 所示）。此间高新技术产品出口额占货物出口总额的百分比在 28.8%—31.2%（如表 6-3-1 所示），高新技术产品进口额占货物进口总额的百分比在 26.6%—32.6%，进出口占比基本相当，且十年间没有显著变化。美国的进口产品以原料、原材料、初级加工制成品为主，而出口产品都以技术性制造的高附加值产品为主，处于贸易结构链的上端。

①　唐科莉. 全球人才市场需要"技能组合"[EB/OL]. [2017-06-30]. http://www.jyb.cn/zgjyb/201706/t20170630_689301.html.

中国的出口工业主要是劳动密集型加工业，集中在服装、轻纺、鞋类及日用产品上，产品附加值较低，处在国际贸易结构链的底端。相比美国，我们需要反思中国现存的几个现象。

（一）低附加值产品、低技能劳动力支撑下的大规模国际贸易逆差

中国规模庞大的贸易逆差建立在低附加值产品出口的基础上，这直接反映了中国目前尚处在全球产业链低端的现状，同时也间接反映了中国存量劳动力素质较低，大部分劳动力只能从事产业链低端产品和服务的生产活动。换句话说，中国现有人力资源禀赋只能支撑全球产业链低端产品和服务的生产活动，相应地，劳动力的就业质量也较差，也因之成就了庞大的农民工群体亦农亦工的两栖生存状态。

（二）低附加值产品遭遇低技能劳动力成本高企

近年来，中国劳动力成本日益上涨的态势正在倒逼行业企业提升产品附加价值，通过进入全球产业链来扩大利润空间。在亚洲，20 世纪六七十年代，日本的劳动密集型产业逐渐向亚洲"四小龙"转移，继而从亚洲"四小龙"向中国大陆和东盟国家转移，各国、各地区之间的产业关系呈现为雁形模式。进入 21 世纪以来，因中国劳动力成本日益高企，服装等国际订单逐渐从中国向泰国等其他亚洲国家转移，大批中国企业倒闭，中国的从业者受到严重冲击。这种压力倒逼中国进行结构调整，提升产业附加价值，市场对劳动力的素质需求不断提升。但中国劳动力的素质现状又成为产品附加价值提升的制约因素，更可能制约着中国各行各业融入全球产业链，进而劳动力的就业和工资待遇面临着更为巨大的风险，失业演变为一种长期状态。无疑，处在人力资本低端的农民工，将面临最为糟糕的就业环境和就业未来。

（三）向制造业强国转型为劳动力提升技能预留了空间

从"中国制造"向"中国创造"转型，中国产品的附加价值提升空间非常巨大，而提升产品附加价值会同时对技术水平和劳动力素质提出更高的要求，即便处在人力资本低端，相应行业企业的农民工也会面临技能水平提升的压力。若以美国为超越的目标，从高附加值产品占出口货物 30%左右的基点起步，中国需要一个相当长的周期才能完成蜕变，且提升产品附加价值波及的行业企业范围非常广，受波及的农民工数量相当可观。另外，提高产品附加值是一个长周期内的经济现象，这表明其对劳动力就业的影响是长期存在的，相应地，劳动力也有充足的时间去思考并准备如何应对可能的就业冲击。

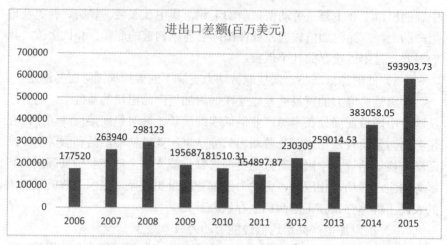

图 6-3-1　2006—2015 年中国货物进出口差额

资料来源：中华人民共和国国家统计局. 2016 中国统计年鉴[M]. 北京：中国统计出版社，2016.

表 6-3-1　2006—2015 年高新技术产品进出口总量及占比

指标	2006	2007	2008	2009	2010	2011	2012	2013	2014	2015
高新技术产品进口金额（百万美元）	247298.3	286985.7	341940.9	309843.0	412673.1	462992.4	507077.8	557942.2	551236.3	548058.0
进口总额（百万美元）	791460.9	956116.0	1132567.0	1005923.2	1396244.0	1743484.0	1818405.0	1949989.5	1959234.7	1679564.5
高新技术产品进口额占进口总额的百分比（%）	31.2	30.0	30.2	30.8	29.6	26.6	27.9	28.6	28.1	32.6
高新技术产品出口额（百万美元）	281425.3	347825.5	415611.1	376909.2	492413.9	548788.3	601163.9	660081.3	660490.4	655211.7
出口总额（百万美元）	968978.0	1220456.0	1430693.1	1201611.8	1577754.3	1898381.0	2048714.4	2209004.0	2342292.7	2273468.2
高新技术出口额占货物出口总额的百分比（%）	29.0	28.5	29.0	31.4	31.2	28.9	29.3	29.9	28.2	28.8
高新技术进出口百分比差额（出口—进口）	-2.2	-1.5	-1.1	0.6	1.7	2.4	1.5	1.3	0.1	-3.8

资料来源：中华人民共和国国家统计局. 2016 中国统计年鉴[M]. 北京：中国统计出版社，2016.

第四节　农民工需要具备什么技能组合以应对就业变迁？

一、劳动者的技能组合是融入全球价值链的关键

怎样的技能组合才能支撑农民工融入技术进步、适应创新驱动带来的就业变迁，从而在城市建构可持续生计？这在根本上取决于全球化进程中中国产业发展的战略定位。依托技术进步，以创新为驱动力，提升产业附加值，逐步移动到国际贸易链上端，从制造业大国走向制造业强国，这是中国努力的目标。也只有融入全球产业链，才能从根本上提升劳动生产率、增加就业岗位，获得一个经济体所需的可持续发展动力。经济合作与发展组织发布的《2017年技能展望》指出，1995—2011年间，德国、韩国和波兰都因最大程度参与全球价值链而提升了国内的劳动生产率，获益程度从产品碎片化程度最低的产业生产率每年提高 0.8%到产品碎片化程度最高的产业（如高科技制造业）生产率每年提高 2.2%。

产业升级的关键因素之一是匹配的劳动力。德国、韩国、波兰、捷克、爱沙尼亚、新西兰等国家因工人技能与高科技产业需求匹配度最高而在全球价值链中获益最大。而芬兰和日本虽同样拥有高技能工人，但因其高科技产业的专业化程度较低，获益稍差。因此，投资于劳动者的技能提升，是中国作为发展中国家能够融入全球价值链的关键。同时，投资于劳动者的技能培育与开发，能够使劳动者免受失业和就业质量差的风险，在促进劳动生产率提升的同时也能享受到包括较高工资率在内的较好的福利待遇。

二、未来劳动者该拥有何种技能组合？

在技术进步和创新驱动下，劳动者要适应就业变迁必须具备一个技能组合，而非单纯地拥有某一项工作所需的劳动技能，这样才能在遇到变动时在不同技能岗位间流动，或者通过后续的人力资本投资促进跨领域的工作变迁。这个技能组合至少应该涵盖专业岗位技能（包括动作技能、技术知识，是岗位所需的"硬技能"），这是技能组合的关键技能，同时还要拥有与所在工作领域相关的"软技能"，包括认知技能、社会与情感技能、可持续学习能力，通过这些技能确保劳动者既具有实现就业的能力，又具有

保有一份工作的能力，同时还具有应对变革的能力（如图 6-3-2 所示）。

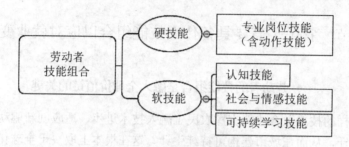

图 6-3-2　劳动者的技能组合

（一）认知技能

认知技能又称为智力技能、智慧技能或心智技能，它是一种程序性知识，是在练习基础上形成的按某种规则或操作程序顺利完成某种认知任务的能力，划分为一般智力技能和特殊智力技能①。（1）一般智力技能是在广泛的认识活动中形成和发展的，适用于一切认识活动，如观察、记忆、比较、分析、抽象、概括等技能。（2）特殊智力技能是在专门领域的认识活动中形成和发展起来的，适用于专门领域，如阅读、写作、计算等技能。认知技能中的读写、数学和问题解决能力是最基础的认知技能，是其他技能获得的知识基础。在创新驱动发展战略下，对劳动者终身学习的需求更强化了认知技能的基础作用；随着产业技术含量不断提升，整个社会经济发展对劳动者的技能水平不断提出新的要求，接受更高水平的技能培训则会对劳动者的认知技能水平提出更高的要求。

（二）动作技能

动作技能指通过练习巩固下来的、自动化的、完善的动作活动方式。如日常生活方面的写字、行走、骑自行车；体育运动方面的游泳、体操、打球；生产劳动方面的锯、刨、车等活动方式，都属于动作技能。不同行业、不同工作岗位对劳动者动作技能的要求不同。

（三）社会与情感技能

社会与情感技能包括：与他人交往的行为，如接受权威、谈话技巧、合作行为；与自我有关的行为，如情感表达、道德行为、对自我的积极态度；与任务有关的行为，如参与行为、任务完成、遵循指导等。社会与情感技能涵盖了劳动者在管理、沟通和自我管理三方面的技能，要求管理者具有计划、组织、协调、控制等各项能力。

① 潘菽、荆其诚. 中国大百科全书·心理学[M]. 北京：中国大百科全书出版社，1991.

1. 管理技能。管理技能指劳动者驾驭一项具体工作、一个工作岗位、一个项目、一个团队，甚至一个组织的能力。管理能力有水平高低之分，但与管理岗位没有必然联系，即使不从事管理工作，劳动者也应具备基本的管理工作的能力。

2. 自我管理技能。自我管理技能强调劳动者对自身的管理能力，包括管理身体健康、管理情绪、管理工作态度等。

3. 职业沟通技能。职业沟通技能指劳动者融入一个团体得以和谐进行劳动的必备技能。其一，人是社会人，有人群的地方就有关系，沟通技能是一个社会人必备的生存技能；其二，产业分工细化决定了不同工作岗位之间的相互衔接，因此要求劳动者能够基于本岗位处理好前后端工作关系；其三，务农工作的对象是土地，而非农务工的对象相对复杂，涉及更多的非农工作知识与技能，需要做好心理准备去应对。对农民工而言，务农工作的分工较粗，与其他劳动者的协作要求很低，长期务农养成的思维方式与非农产业的团队合作思维方式是有差异的，故在城市务工要刻意培养和训练与非农产业生产相适应的思维方式。

（四）可持续学习能力

可持续学习能力是劳动者适应创新驱动的"新"和"变"带来的就业变迁的关键能力。创新驱动一方面要求劳动者具有终身学习的思维方式，能够主动接受通过人力资本再投资改善就业质量、获得新的就业岗位的工作变迁；另一方面要求劳动者具备持续学习的能力，或者不断开发自身潜力学习新技能，或者能够根据需求调整自身的技能组合。

第三编　透视：劳动就业迭代、人力资本投资及技能形成

第七章　人工智能下的劳动就业迭代

　　根据人类劳动活动以体能为主或以智能为主、呈规则性还是非规则性特征两个维度，可将其划分为规则性体能劳动、规则性智能劳动、非规则性智能劳动和非规则性体能劳动四类。人工智能替代人力促使劳动者从最初所属劳动领域向后、向上进行就业迭代，人工智能对人类劳动的替代、增强、调整和重构对劳动力市场形成持续的冲击，引发劳动者的就业变迁、工作福利变迁。人工智能拓展了劳动者人力资本的内涵，既涵盖传统意义上以知识和技术为核心的认知能力人力资本，也包括应对技术变革、生产创新、企业制度变革等非均衡的非认知人力资本。面对来自人工智能的冲击，劳动者成功实现就业迭代的前提是拥有匹配的人力资本投资及策略：一是围绕人工智能拓宽认知人力资本的辐射面，并同时提升非认知人力资本水平；二是基于自身的劳动就业迭代需求选择防范型或补偿型人力资本投资策略以应对就业风险。

第一节　人工智能替代人类劳动的缘起

一、全球制造业升级面临的劳动力困境

　　全球制造业转型升级均需直面劳动力规模和成本的变动趋势。

　　其一，从劳动力规模看，人口老龄化和低生育率直接导致劳动力短缺。如图 7-1-1 所示，到 2020 年，美、日、德、意、法、英等发达国家的潜在劳动年龄人口剩余均为负值，美国高达-17，日本为-9，德、意、法均为-3，英国为-2。即便是人口规模庞大的中国，2020 年潜在劳动力剩余也高达-10，俄罗斯为-6。仅巴基斯坦、印度等发展中国家的劳动力相对充裕，2020 年潜在劳动力剩余分别高达 47 和 19。

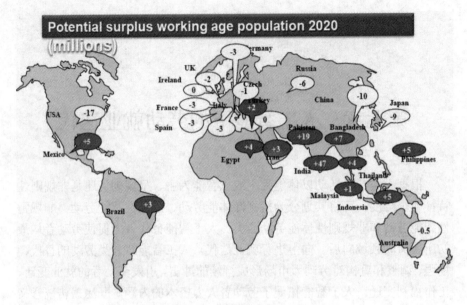

图 7-1-1　2020 年全球潜在劳动年龄人口剩余（百万）

数据来源：美国人口普查局波士顿顾问小组. 劳动年龄人口在总人口中的占比（总人口保持不变）。

其二，15—24 岁青年劳参率下降加剧了劳动年龄人口短缺。国际劳工组织的统计数据（见表 7-1-1）显示，2000 年全世界的青年劳参率为 52.3%，此后一直处于下降趋势，至 2019 年降至 41.2%，下降了 11.1 个百分点。经合组织的统计数据显示，2000 年亚洲经合组织的青年劳参率为 51.5%，2019 年下降至 48.0%，下降幅度小于全世界总体情况。2000—2019 年大多数发达国家、发展中国家的青年劳参率在总体上均呈下降趋势，只有法国呈现微增长态势，日本呈现先下降后增长的趋势但变化幅度较小。中国和印度作为世界人口大国，青年劳参率下降幅度非常大，中国青年劳参率 2000 年为 68.8%，2019 年降至 45.1%，下降了 23.7 个百分点；印度青年劳参率 2000 年为 44.8%，2019 年为 27.4%，下降了 17.4 个百分点。此外，美国、俄罗斯联邦、意大利的青年劳参率此间降幅较大，分别下降了 11.1、11.7、12.2 个百分点。在劳动年龄人口逐年下降的背景下，青年劳参率下降进一步加剧了劳动力短缺。

表 7-1-1　　2000—2019 年世界各国青年（15—24 岁）劳参率（%）

国家和组织	2000	2001	2002	2003	2004	2005	2006	2007	2008	2009	2010	2011	2012	2013	2014	2015	2016	2017	2018	2019	下降
澳大利亚	70.2	70.6	69.9	70.1	70.1	70.8	70.8	70.7	70.7	69.1	68.5	68.2	67.5	66.8	66.5	67.3	66.7	66.7	67.5	67.1	3.1
英国	63.5	61.7	62.2	61.0	61.4	62.0	62.2	61.3	61.2	59.3	58.6	58.1	58.4	58.0	57.4	58.2	58.0	57.2	56.7	56.5	7.0
中国	68.8	66.6	64.4	62.3	60.5	59.1	58.2	57.7	57.4	56.9	55.9	54.9	53.5	51.8	50.1	48.6	47.3	46.3	45.4	45.1	23.7
美国	62.6	61.0	59.4	57.6	57.0	56.8	56.9	55.6	54.9	52.9	50.6	51.7	51.1	51.1	51.3	51.7	52.2	51.9	51.5	11.1
加拿大	64.4	64.6	66.5	67.3	66.8	65.8	66.3	67.1	67.5	65.5	64.7	64.6	63.5	63.7	64.1	64.2	63.8	64.0	63.4	63.2	1.2
全世界	52.3	51.6	51.0	50.3	50.0	49.6	49.0	48.4	47.9	47.1	46.2	45.5	44.7	43.9	43.1	42.6	42.2	41.8	41.4	41.2	11.1
经合组织	51.5	51.2	50.6	49.8	49.5	49.7	49.4	49.1	48.9	48.1	47.4	47.4	47.5	47.2	47.2	47.2	47.2	47.3	47.5	48.0	3.5
德国	50.4	50.6	49.9	49.4	47.5	49.9	50.9	52.1	52.8	52.2	51.5	52.1	50.3	50.3	49.4	48.6	49.1	49.7	50.2	50.2	0.2
日本	46.5	46.1	45.3	44.7	44.0	44.3	44.6	44.6	44.3	43.6	43.0	42.5	42.3	42.9	43.1	42.9	44.5	44.5	47.4	47.3	-0.8
印度	44.8	44.7	44.6	44.5	44.4	44.4	42.7	41.1	39.5	36.3	34.8	33.2	32.3		31.2	30.3	29.4	28.5	27.6	27.4	17.4
俄罗斯联邦	43.6	40.9	40.9	39.5	39.5	39.4	39.3	39.9	42.4	42.6	41.5	41.4	39.4	39.6	38.1	37.3	36.9	34.7	33.2	31.9	11.7
意大利	38.0	36.4	35.3	34.6	36.8	33.9	32.4	31.1	31.1	29.1	28.3	27.2	28.5	27.0	27.0	26.2	26.7	26.3	26.1	25.8	12.2
法国	36.1	35.6	36.3	36.9	36.7	38.3	38.5	39.0	39.0	39.9	39.1	38.1	37.4	37.4	36.7	37.5	37.6	37.6	38.5	38.5	-2.4

数据来源：International Labour Organization. Labor force participation rate by sex and age [EB/OL]. (2020-09-08). [2020-10-27]. https://www.ilo.org/shinyapps/bulkexplorer0/?lang=en&segment=indicator&id=EAP_2WAP_SEX_AGE_RT_A.

其三，从劳动力质量结构看，全球劳动力群体中技术技能人才匮乏已成普遍事实。以美国为例，来自美国制造业工程师协会的数据显示，2015年底美国高级技术人员缺口达 300 万，2020 年仅机械师、电焊工等制造业高级技师人员缺口就高达 87.5 万[①]。麦肯锡公司的预测数据显示，作为发展中国家的中国在 2020 年高级技工的缺口量高达 2200 万人。

其四，劳动力成本不断提升倒逼企业装型升级。2020 年上半年的统计数据显示，加拿大、欧元区等多个国家的劳动力成本呈现增长趋势，且增长幅度普遍高于生产者价格增长幅度（如表 7-1-2 所示），企业的利润空间被挤压。在产品价格小幅提升的前提下，企业无法向消费者转嫁劳动力成本增长的压力，若要维持既有的利润空间，企业面临着急迫的转型压力，即用机器替代劳动力，从而改变企业的成本构成。可见，在生产者价格小幅调整的背后隐藏的是如火如荼的机械化、智能化生产方式变革。应当指出的是，产业转型升级必然伴随着劳动力的就业变迁以及引发劳动力技能提升需求。

---

① 谌超. 2200 万技能人才缺口！职业教育凭什么被低估？[EB/OL]. [2017-07-08]. http://mp.weixin. qq.com/s?__biz=MzA5MjIzNzAxNw==&mid=2653052665&idx=1&sn=089d458de105fa87aad9238a0bf519d a&chksm=8ba6c34fbcd14a5980814b032c4fb8b3c027bb058cbe98ade3142cc2b688c67f9ece78953921&mpshar e=1&scene=23&srcid=07108H9TSlWzCWC9VODXMfH4#rd.

表 7-1-2　世界各国劳动力成本数据、生产者价格数据（积分换算值）

国家	劳动力成本				生产者价格			
	前次数据	近期数据	增长情况	参考日期	前次数据	近期数据	增长情况	参考日期
加拿大	112	116	4	2020—06	114	115	1	2020—08
欧元区	103	116	13	2020—06	101	101	0	2020—08
法国	106	112	6	2020—06	99.9	100	0.1	2020—08
德国	111	118	7	2020—06	103	104	1	2020—09
意大利	115	121	6	2020—06	99.9	100	0.1	2020—09
荷兰	107	131	24	2020—06	102	102	0	2020—08
韩国	102	119	17	2020—03	103	103	0	2020—09
土耳其	221	257	36	2020—06	502	515	13	2020—09
英国	108	131	23	2020—06	115	115	0	2020—09
美国	114	117	3	2020—06	118	119	1	2020—09

数据来源：Trading economics. 劳动力成本. [2020-10-24]. https://zh.tradingeconomics. com/country-list/labour-costs？continent=g20；Trading economics. 生产者价格. [2020-10-24]. https://zh.tradingeconomics.com/country-list/producer-prices？continent=g20.

可见，未来劳动力的规模和质量以及适宜的成本成为全球制造业转型升级的关键制约因素。

二、人工智能助力制造业走出劳动力困境

与人类劳动者相比较，人工智能（Artificial Intelligence，AI）对工作环境的人文性要求低，不关注工作福利水平且工作效率更高。若经济可行，人工智能显然能帮助企业解决技能型人才短缺和劳动力成本高企两个难题。

在发达国家，以人口老龄化的日本为例，其制造业一线工人平均月薪1.4 万元人民币，是中国（0.36 万元人民币）的 4 倍，故就可变成本而言，日本制造业比中国缺乏优势；中国有 7000 万劳动者在制造业一线工作，而日本只有 700 万，故就劳动力数量而言，日本制造业也比中国缺乏优势。如果日本引入 3000 万台工业机器人，其平均月薪仅为 0.09 万元人民币，机器人连续 24 小时不间断工作可完成 9000 万人力劳动的工作量，一举即可扭转日本制造业劳动力不足与人工成本高企的双劣势。据悉，富士康也在研究用 100 万机器人替代 100 万工人①。

在发展中国家，相比世界上其他国家，中国劳动力数量相对较充裕，但从 2012 年首次出现劳动年龄人口下降以来，至今中国劳动年龄人口已持续八年呈现减少态势，减少总量高达 4432 万人（如表 7-1-3 所示）。随

---

① 陈宇. 中国就业和教育：2030[J]. 中国就业，2016（5）：4-7.

着劳动力总量不断下降以及劳动用工日益规范化，中国企业用工成本日益高企，2008—2019 年，外出农民工月均收入从 1340 元上涨至 4427 元，2019 年是 2008 年的 3.3 倍，廉价劳动力红利正逐渐丧失（如图 7-1-2 所示）。"中国制造"离不开丰裕的低技能或无技能劳动资源助力，但通过产业转型升级走出产业链低端以实现"中国创造"需要的却是中高端特别是高端技能人才，低端制造业产能过剩析出的低技能和无技能劳动力短期内难以匹配产业转型升级对中高技能的需求，劳动力市场的技能缺口日益凸显。2004—2013 年，除个别年份外，中国劳动力市场上技师和高级技师的求人倍率几乎都维持在 1.4 以上的高位，2007 和 2012 年甚至跃升到 1.8—2.2，技能缺口较大；初级和中级技能劳动力供需数量都很大，且基本供需均衡[①]。《中国人才发展报告》报道了中国高级技术人才的现状：技能劳动者总量已超过 1.65 亿人，但仅占就业人员总量的 21.3%，其中高技能人才不足就业人员的 6%，高级技工缺口高达上千万人[②]。在中国制造业转型升级中，劳动力成本高企与技能人才短缺叠加，如果经济成本可行，企业会考虑用机器替代人力。来自国家统计局的数据显示，仅 2018 年上半年，全中国工业机器人累计产量 7 万套，同比增长 23.9%。可以想象，引进的机器人数量越多，因之被替代的劳动力数量越大，若工业机器人连续 24 小时工作，被替代的劳动力数量将是工业机器人数量的 3 倍。

表 7-1-3　2011—2019 年中国劳动年龄人口数量（万人）及占比（%）

年份	15—59 岁（含不满 60 周岁）人口（万人）		在总人口中占比（%）	
	规模	比上年下降	占比	比上年下降
2011 年	94072	—	69.8	—
2012 年	93727	345	69.2	0.6
2013 年	91954	1773	67.6	1.6
2014 年	91583	371	67	0.6
2015 年	91096	487	66.3	0.7
2016 年	90747	349	65.6	0.7
2017 年	90199	548	64.9	0.7
2018 年	89729	470	64.3	0.6
2019 年	89640	89	64.0	0.3
2012—2019 年下降总量	4432		—	—

数据来源：国家统计局 2011—2019 各年度《国民经济和社会发展统计公报》。

---

① CEIC 数据库——中国经济数据库。转引自复旦大学、清华大学、J.P.Morgan.中国劳动力市场技能缺口研究[R].2016.10：93."

② 北大青鸟市场部.2200 万技能人才缺口 职业教育前景不可低估[EB/OL].[2018-3-15].http://www.bdqn.cn/news/201803/21553.shtml.

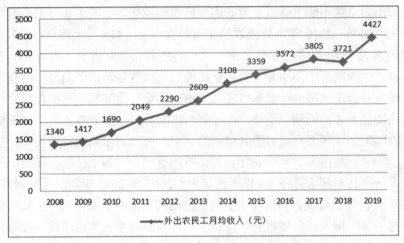

图 7-1-2　2008—2019 年中国外出农民工月均收入（元）

数据来源：国家统计局 2008—2019 各年度《全国农民工监测调查报告》。

三、人工智能带来了就业威胁

人工智能来势汹汹，智能机器、智慧制造、产业机器人和服务机器人正在入侵并且还将广泛地入侵人类的工作领域，代表着高强度、高效率的生产能力以排山倒海之势威胁着人类的工作岗位，抢夺着人类的"饭碗"……那么，人工智能是洪水猛兽吗？英国著名物理学家史蒂芬·霍金（Stephen Hawking）针对人工智能（Artificial Intelligence，AI）多次表达了他对人类未来的担忧，"对于人类来说，强大 AI 的出现可能是最美妙的事，也可能是最糟糕的事……我不认为人工智能的进步一定会是良性的。一旦机器到达能够自我进化的临界阶段，我们就无法预测它们的目标是否会与我们的一致。人工智能有可能比人类进化得快。我们需要确保人工智能的设计符合伦理，要有切实的安全措施"[①]。霍金担心人工智能崛起可能终结人类。

在可以预见的未来，在经济可行的前提下，人工智能对人力资本市场的影响同时涵盖了低端、中端和高端人力资本的广泛领域。一方面，人工智能首先会替代中低端人力资本，就中国而言，主要是以农民工为主的低技能劳动力和中端人力资本水平的产业工人。另一方面，高中毕业生在选

---

① 王心馨. 霍金：人工智能是最美妙的事，也是最糟糕的事[EB/OL]. [2016-10-20]. https://www.thepaper.cn/newsDetail_forward_1546660.

择报考志愿时面对的专业选择困惑已经不再仅仅局限于自己喜欢什么、自己能做什么，而是开始彷徨于无法预知哪些专业技能可能被人工智能替代。由此可知，未来人工智能还可能替代高端人力资本，尤其是在工作程序规范、工作内容制式化的常规岗位，人力很容易被机器替代。

以中国为例，16—29 岁外出的青年农民工、22—24 岁大学毕业生、40—60 岁中老年劳动力是当前中国三大高危就业人群。大学毕业生拥有高端人力资本，但因技能与市场需求不匹配而面临就业困难。根据 2010 年人口普查数据，每 10 个失业人员中就有 1 个大学毕业生。外出农民工的低端人力资本导致其较低的职业技能，普遍缺乏高质量就业所需的核心竞争力，难以获得体面就业。40—60 岁人员在身体机能老化以及技术进步引致自身人力资本存量贬损的双重挤压下仍在坚守较高的就业期望，暴露于失业的风险中而不自知。虽然这三类就业人群的人力资本水平高低不同，但其共同特征是缺乏职业技能，容易被更合适的劳动者或者机器所替代。

面对人工智能对人类劳动的替代，人类亟待思考两个问题：其一，作为前沿的人工智能，已不再是新闻报道、学界研讨的象牙塔中的论题，更不仅仅是茶余饭后的谈资，而是已经成为老百姓安身立命的重要决策变量；其二，不但中低端制造业产业工人，甚至接受了高等教育的大学本科生都已经感受到了被人工智能替代的威胁，那么人工智能到底会替代谁？劳动者该拥有怎样的人力资本投资策略才能应对就业领域迭代引发的职业转换？职业教育该有何种角色担当？本书借助陈宇对劳动者就业领域迭代的观点分析在人工智能进入生产领域后劳动者（特别是农民工）应对被 AI 替代的劳动领域转换轨迹、人力资本投资选择及职业教育与培训的作用。

第二节 劳动活动分类及劳动者就业领域迭代轨迹

一、劳动活动分类

陈宇[①]在《中国就业和教育：2030》中从两个维度描述了人类的劳动活动特征：一是以体能为主还是以智能为主，二是规则性还是非规则性，并据此将人类劳动活动划分为四个类别：规则性体能劳动、规则性智能劳动、非规则性体能劳动、非规则性智能劳动（如图 7-2-1 所示）。这四个劳动领

---

① 陈宇. 中国就业和教育：2030[J]. 中国就业，2016（5）：4-7.

域的劳动活动各具特色，对劳动者人力资本水平的要求迥然不同，从规则性体能劳动到规则性智能劳动，再到非规则性体能劳动，不同劳动领域对人力资本水平的要求逐渐提高。

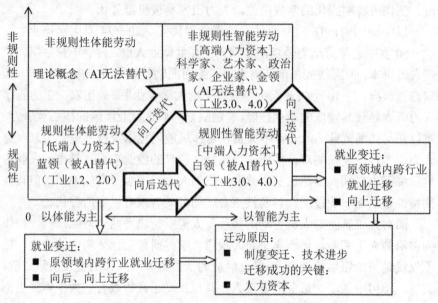

图 7-2-1　劳动活动分类及劳动者就业领域迭代轨迹

（一）规则性体能劳动

如果一种劳动活动兼具规则性和以体能劳动为主，就将其称为规则性体能劳动，即通常意义上的体力劳动，规则性体能劳动领域是低端人力资本聚集区。规则性体能劳动的典型特征有：工作内容程序化、固定化、重复性强，相对于智能的作用，主要依靠劳动者的体能，确切地说是体力来完成工作任务。从事规则性体能劳动工作的劳动力处于人才金字塔最底层，在目前中国的劳动力结构中，他们是规模最为庞大的一个劳动力群体，其主体是农民和农民工以及低端产业工人。规则性体能劳动广布于农业、建筑业和制造业流水线，以及劳动密集型的其他产业和行业，在工业领域则主要分布在工业 1.0 和工业 2.0 领域。这类劳动活动对劳动者的人力资本水平要求很低，以从事农业生产的农民、建筑业的"力工"和制造业的流水线工人最为典型，在工业劳动活动领域主要指"蓝领工人"。人工智能强势来袭，这类程序化且缺少变化的工作岗位最容易被智能机器人、智能制造所替代，故人工智能对低端人力资本承载者农民、农民工和低端产业工人的就业威胁最大。

（二）规则性智能劳动

如果一种劳动活动兼具规则性和以智力劳动为主，就称其为规则性智能劳动，即通常意义上的事务性工作，规则性智能劳动领域是中端人力资本聚集区。规则性智能劳动的典型特征有：以智能劳动为主，工作内容相对复杂，涉及专业知识和技能，需要独立思考能力、分析并解决问题的能力，主要靠劳动者的智力活动完成工作任务。规则性智能劳动广泛存在于各行各业，甚至大量的管理工作岗位也在此列，人们通常将从事这类劳动活动的劳动者称为"白领"，在陈宇对劳动活动的分类中，这些"白领"指的是中低层员工，是普通白领，主要从事事务性工作。从事这类劳动活动对劳动者的人力资本水平要求相对较高，技术技能人才、文员、管理人员，甚至教育工作者从事的都是规则性智能劳动，这个领域的从业者规模仅次于规则性体能劳动。相对于规则性体能劳动，规则性智力劳动更强调人力资本的作用，强调人的智力因素在劳动活动中的贡献，但这些智力活动往往因为所呈现出的相对规律性和程序性，甚至在不同行业领域的普适性，使得人工智能、专业软件、智能机器人也往往是可以胜任的。规则性智能劳动主要分布在工业 3.0 和工业 4.0 领域。

（三）非规则性智能劳动

如果一种劳动活动兼具非规则性和以智能为主的特点就称其为非规则性智能劳动，即通常意义上的高端脑力劳动，非规则性智能劳动领域是高端强专业性人力资本聚集区。非规则性智能劳动的典型特征有：以高端智力活动为主，工作内容非常复杂，专业性非常强，需要独立的专业性思考，或者要进行复杂性对话，这种劳动活动支撑着一个经济体的高端创新，包括从零到一的原创性劳动活动、从一到多的准原创性劳动活动，既涵盖技术领域的创新，也包括商业运行模式、社会制度规则等管理创新活动。该领域的工作岗位依赖创造性技能、社交技能、复杂的感知与操控，是人类专属的工作区域，也是人类劳动活动中最精华的部分，它是一个经济体创新和进步的原动力，不具备普适性的程序性和规则性特征，更多的是对未知的探索和研究。只有具备高端的强专业性人力资本的劳动者才能驾驭这类劳动活动。从事非规则性智能劳动的主要有科学家、政治家、发明家、创造家、创新式企业家、高级管理专家、艺术家等，是人才金字塔尖顶部分高端人才从事的劳动活动。非规则性智能劳动主要分布在工业 3.0 和工业 4.0 领域。在任何一个经济体，从事非规则性智能劳动的人口规模都相对较小，故从事非规则性智能劳动的人数多寡决定着一个国家软实力的强弱。相比规则性体能劳动、规则性智能劳动，非规则性智能劳动是人类专属的工作区域，也是人工智能不能替代的劳动活动。

（四）非规则性体能劳动

非规则性体能劳动限定在体育运动等特殊领域中，该类劳动同时需要强大的体能和智能因素作为依托。以体育运动从业者为例，此处的体能同时涵盖一般意义上的体力或身体素质和特殊意义上的体育特长或体育技能两种体能；另外，基于体育特长的体能往往以较高智力水平为依托才能更好发挥作用。也就是说，优秀的职业运动员除了要具备过硬的身体素质和优秀的运动技能，同时还需具备一系列关键性的运动软技能，包括在运动场上恰当、合理、巧妙地进行观察、判断和决策的能力，以及在团体项目中能够平衡个人技能与团队协作。李俊[①]在《现代足球技战术的演变》中指出，足球运动员的身体素质和运动技能要在运动过程中融入对足球的掌控、对空间的驾驭和对局势的判断与应对，才能最大化发挥作用。AC 米兰教练萨基认为，足球产生自大脑，不是出自身体，选拔球员如果只注重技术好或体格壮，无异于是在选拔机器人，他选拔球员时最看重球员的智慧是否能理解教练的才智，且球员拥有使用其自身的才智为团队效力的奉献与拼搏精神。可见，足球运动员的这种高体力和智力活动远远颠覆了人们头脑中关于运动员"头脑简单、四肢发达"的传统印象。综上，非规则性体能领域的人类劳动是人工智能不能替代的人类专属劳动。目前该领域的劳劲活动仅是一个概念性的领域，涉及的人数较少，更重要的是该领域的劳动不直接作用于生产力，故本书仅基于概念的完整性做简单讨论。

二、劳动就业迭代

（一）劳动者就业领域迭代方向

从静态角度看，不同劳动领域从业者的人力资本水平分布差异很大，但从动态角度看，随着经济社会的进步，劳动者的就业领域却会呈现出梯度转移的迭代特征，或者向后迭代，或者向上迭代。在农业经济占主导的时代，大多数劳动力的人力资本水平较低，主要从事规则性体能劳动；随

---

① 李俊. 现代足球技战术的演变. 微信公众号"差不多先生的闲聊". 2018-07-19.

着工业经济逐渐主导经济社会发展，一部分人力资本水平相对较高的劳动力开始分流，向后迭代到规则性智能劳动领域；在技术进步的推动下，一部分拥有更高水平人力资本的劳动者则向上迭代，进入非规则性智能劳动领域。从表象上看，劳动者在不同就业领域的迭代是顺应经济社会进步的结果，但迭代的原动力实际上来自技术进步和创新驱动，故劳动者要实现在不同劳动领域的迭代必须要依托持续的人力资本积累与升级。

（二）劳动就业领域迭代轨迹

在实践中，技术进步与创新作为劳动者就业领域迭代的前因是如何引发迭代的？而人力资本作为实现劳动者就业领域迭代的决定性手段又是如何发挥促进作用的呢？下面通过人类经济社会发展的实践来考查劳动力在不同劳动领域的迭代情况。

1. 规则性体能劳动者的就业迭代

随着农业机械化的普及，农业产生了劳动力冗余，富余出来的规则性体力劳动者就业迁移方向有三。其一，原劳动领域内的跨行业就业迁移。一部分转移到工业成为产业工人，继续依托体能完成工作任务（称为"力工""蓝领工人"），仍然留在规则性体能劳动领域。其二，向后迭代到规则性智能劳动领域。另一部分富余劳动力因具有一定文化基础能够进行后续人力资本投资，则向后迭代到规则性智能劳动领域。其三，向上迭代到非规则性智能劳动领域。一小部人力资本水平较高的劳动者向上迭代到非规则性智能劳动领域。

2. 规则性智能劳动者的就业迭代

规则性体能领域的劳动者就业领域的迭代压力和动力来源于两方面。一方面，规则性体能劳动领域的富余劳动力向后迭代加剧了规则性智能劳动领域的就业竞争，同时引起该领域薪酬福利水平下降，从而给规则性体能领域既有劳动者带来就业风险。另一方面，规则性智能领域的劳动者随时暴露于因技术变迁和创新带来的人力资本存量贬损风险中，因而不得不通过持续的人力资本投资规避被机器替代的风险。规则性智能劳动者就业领域的迭代与变迁方向有二：其一，原劳动领域内的就业迁移，即通过人力资本升级适应传统产业的升级改造而继续在规则性智能领域保有一份职业，或者跨行业就业迁移；其二，通过人力资本升级迭代到非规则性智能领域以规避被新技术和机器替代的风险。

综上，劳动者从规则性体能劳动领域向后迭代到规则性智能劳动领

域、向上迭代到非规则性智能劳动领域，从规则性智能劳动领域向上迭代
到非规则性智能劳动领域，其直接诱因是经济社会中的技术升级和革新，
而劳动者的人力资本水平和内容则决定了迭代的可能。从历史轨迹看，经
济社会的每一次进步都离不开主导型人力资本的嬗变：从农业革命到工业
革命，技术资本取代了经营资本的主导地位；从工业革命到管理革命，创
新资本取代了技术资本的主导地位；从管理革命到信息革命，信息资本逐
渐占主导地位。故劳动者要实现劳动领域的成功迭代需要掌握与时代发展
相匹配的主导型人力资本。

第三节　人工智能对劳动力市场的冲击：理论与实证

英国第一次工业革命期间，机械化生产给劳动力市场带来了就业震
荡：部分人类劳动者因被机器替代而失业，比如手工纺织工人；蒸汽机给
机车提供了动力，由此诞生了车站工作人员及铁路技师等新兴职业。此后，
劳动者在历次技术进步中不断经历着技术性失业的洗礼，也不断调整着就
业岗位。人工智能对人类劳动者现有劳动领域的影响主要体现在替代、增
强、调整和重构四方面，其中尤以替代的破坏性最强，而替代、调整和重
构迫使劳动力进行就业迁移，增强则要求劳动者提升人力资本水平以匹配
高需求，故人工智能将确定无疑地影响劳动者的就业和工资福利。

一、劳动者的就业变迁

人工智能引发劳动领域的迭代，劳动者必须直面由此引发的就业领域
变迁：在宏观上基于劳动领域迭代的就业变迁，以及在微观上基于不同劳
动领域内的微观就业岗位结构变迁。

（一）基于劳动领域迭代的宏观劳动就业领域变迁

1. 规则性体能劳动者的就业变迁

随着科技进步的日新月异，人工智能正在以高效率、高耐受力挑战着
人类劳动者。人工智能从实验室走向劳动领域，主要从事的是规则性、程
序性强的工作任务，初期人工智能主要替代体力劳动者和流水线工人。相
比人类劳动者，人工智能效率高，在可控的科学范围内其工作效率不受体
力影响，因而耐受力强，且对工作环境的人性化要求较低，不会引发劳资

纠纷，从而降低了管理的难度。从失业风险看，规则性体能劳动最易被人工智能替代。

牛津大学的卡尔·贝内迪克特·弗瑞（Carl Benedikt Frey）和迈克尔·奥斯本（Michael Osborne）于 2013 年发表声明，到 2033 年美国约有二分之一（47%左右）的就业岗位、印度约有三分之二的就业岗位、中国约有四分之三的工作都可能面临被依托计算机的"自动化"替代的高风险①。他们还预测了 702 种职业在未来 10—20 年被自动化替代的概率，其中超市收银员、接待人员、宾馆前台、餐厅服务员、保安、船员和洗碗工等规则性体能劳动被替代的概率依次高达 97%、96%、94%、94%、84%、83%、77%（如图 7-3-1 所示）②。

中国农村剩余劳动力向非农产业转移并非仅仅来自机器的替代，其动力有二。其一，制度变迁带来的迁移动力。始于中国改革开放的"民工潮"，是由经济体制改革释放了生产活力而引发的农业富余劳动力从农村到城市的乡城移民潮，2008—2019 年，农民工总量从 22542 万人增至 29077 万人，年增长幅度最高达 5.4%（如图 7-3-2 所示）。其二，农业机械化带来的迁移推动力。1999—2010 年，农村农户固定资产投资增长率从-0.36%一路攀升至 24.91%，此后一路走低，至 2017 年为-4.12%（如图 7-3-2 所示）。农业机械化程度越高，农业劳动生产率越高，但机器对农村劳动力的替代量也同时增加，因而农村富余劳动力越多。本书用农户固定资产投资额表示农业机械化程度，2009 年农户固定资产投资年增幅最高达 21.91%，相应地 2010 年农民工总量增幅高达 5.4%；此后农户固定资产投资增幅逐渐减小，农民工总量增幅也呈下降趋势，即随着农业机械化速度减缓，其替代的农民数量随之减少，相应地农民工增速也有所减缓（如图 7-3-2 所示）。

---

① 当机器人来和人类抢饭碗，该如何提升孩子的竞争力？[EB/OL].[2017-03-17].http://www.sohu.com/a/129141756_430917

② 井上智洋. 被忽略的技术性失业：为什么中等收入人群是最大受害者？[EB/OL].[2018-07-05].http://www.sohu.com/a/239625302_740319.

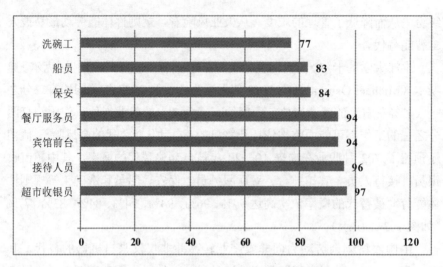

图 7-3-1　规则性体能劳动中典型职业消失的概率（%）

数据来源：根据《经济学人》周刊 2015 年 10 月 6 日刊载内容绘制。引自井上智洋. 被忽略的技术性失业：为什么中等收入人群是最大受害者？[EB/OL]. [2018-07-05]. http://www.sohu.com/a/239625302_740319.

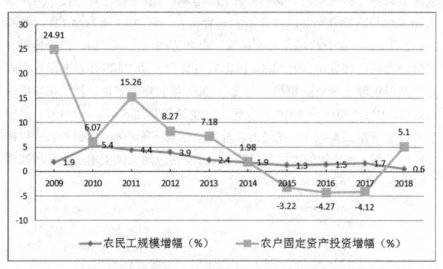

图 7-3-2　2009—2018 年农民工年度总量规模增幅（%）和农户固定资产投资增幅（%）

数据来源：（1）农民工年度总量规模增幅根据国家统计局 2012—2019 各年度《全国农民工监测调查报告》中农民工总量数据计算得出；（2）农户固定资产投资增幅根据国家统计局网站 2019 年《中国统计年鉴》数据计算，http://www.stats.gov.cn/tjsj/ndsj/.

　　然而，目前中国农民工从农业向非农产业的迁移改变了生产和生活方式，改善了收入水平，但并未因此改变劳动领域，仍然从事着规则性体能劳动，其工作足迹广布于农业、服务业、建筑业和制造业，尤其是低端制造业。2008—2017 年，50%以上的农民工在第二产业就业（其中30%左右在制造业，20%左右在建筑业），40%以上的农民工在第三产业就业；2018年，农民工在第二产业就业的占比跌破50%（为49.1%），同期农民工在第三产业就业的占比突破50%（为50.5%）（如表 7-3-1 所示）。美国劳动经济学家大卫·奥特尔（David Autor）的研究表明，短期内人工智能对包括中等技能在内的"事务性劳动"的替代会推动劳动力向低端就业领域和高端就业领域迁移，但在长期中随着技术进步推进，低端劳动力中的大部分终将被机器所替代。可见，大部分存量农民工的就业迁移是典型的在规则性体能劳动领域内部的迁移，因未能改变劳动的性质，其被机器替代的风险仍然很高。

表 7-3-1　2008—2019 年农民工就业的行业分布（%）

行业		2008	2009	2010	2011	2012	2013	2014	2015	2016	2017	2018	2019
第一产业		—	—	—	—	—	0.6	0.5	0.4	0.4	0.5	0.4	0.4
第二产业	总体	—	—	—	—	—	56.8	56.6	55.1	52.9	51.5	49.1	48.6
	制造业	37.2	36.1	36.7	36.0	35.7	31.4	31.3	31.1	30.5	29.9	27.9	27.4
	建筑业	13.8	15.2	16.1	17.7	18.4	22.2	22.3	21.1	19.7	18.9	18.6	18.7
第三产业	总体	—	—	—	—	—	42.6	42.9	44.5	46.7	48.0	50.5	51.0
	批发和零售业	6.4	6.8	6.9	6.6	6.6	11.3	11.4	11.9	12.3	12.3	12.1	12.0
	交通运输、仓储和邮政业	9.0	10.0	10.0	10.1	9.8	6.3	6.5	6.4	6.4	6.6	6.6	6.9
	住宿和餐饮业	5.5	6.0	6.0	5.3	5.2	5.9	6.0	5.8	5.9	6.2	6.7	6.9
	居民服务、修理和其他服务业	12.2	12.7	12.7	12.2	12.2	10.6	10.2	10.6	11.1	11.3	12.2	12.3
	其他	—	—	—	—	—	0.0	0.0		11.0	11.6	12.9	12.9

　　数据来源：国家统计局 2012—2019 各年度《全国农民工监测调查报告》。

　　在理论上，随着中国技术进步的持续推进，尤其是工业领域人工智能的飞速发展势必威胁蓝领工人就业，存量蓝领工人被迫向后迭代到规则性智能劳动领域，而增量农民工（主要是新生代农民工）要在非农领域获得体面就业以建立可持续的生计则可能跳过"蓝领工人"，直接向后迭代到规则性智能劳动领域，甚至一小部分精英会向上迭代到非规则性智能劳动领域。截止到 2017 年底，新生代农民工（1980 年及以后出生）在全国农民工总量的占比高达 50.5%，首次突破 50%，超过第一代农民工的占比而成为农民工的主体。从人力资本脆弱性看，新生代农民工的人力资本脆弱性比第一代农民工低，21—30 岁和 31—40 岁两个年龄段的新生代农民工接受过职业技能培训的占比分别达到 34.0%—38.3%、32.0%—36.1%；41—50 岁年龄段该比例稍低，大概在 30.5%—33.7%，人力资本脆弱性居中；而 50 岁以上的农民工该占比仅为 25.5%—28.8%，人力资本脆弱性最高①。综上，新生代农民工最有可能向规则性智能劳动领域和非规则性智能劳动领域迭代。

从事规则性体能劳动的劳动者承受了被人工智能替代的失业风险，但其工作领域向后迭代甚至是向上迭代也给予了他们进入体面就业领域的机遇，从这个意义上说，人工智能从事规则性体能劳动在客观上推动人力资本水平较低的劳动者进入工作福利较好的规则性智能劳动领域和非规则性智能劳动领域，他们无疑将面对大量高质量的就业机会，从而在客观上为农民工市民化提供了从事体面就业、在城市建立可持续生计的经济可能性。但是必须指出两点：其一，人工智能对规则性体能劳动的替代是基于技术进步的，而规则性体能劳动领域的劳动力要向后迭代到规则性智能劳动领域、向上迭代到非规则性智能劳动领域，则一定要借助人力资本投资才能实现；其二，人力资本脆弱性高的大部分劳动者仍然会滞留在规则性体能劳动领域内从事机器暂时无法替代或替代暂时在经济成本上尚不可行的体力劳动。

2. 规则性智能劳动者的就业变迁

（1）规则性智能领域内劳动力规模和就业结构的变迁

随着人工智能不断升级，规则性智能劳动领域中程序性和规则性强的劳动活动，甚至一部分管理工作，也可能被替代，因而人工智能背景下普通白领也暴露在失业风险中。

牛津大学的卡尔·贝内迪克特·弗瑞和迈克尔·奥斯本 2013 年的预测表明，律师助理、会计/审计人员、销售人员、保险代理人、导游、房地产销售代理人员等普通白领职业被"自动化"替代的概率依次高达 94%、94%、92%、92%、91%、86%；而作为技能型人才的餐厅厨师、出租车司机、公交车司机、理发师、调酒师职业消失的概率依次高达 96%、89%、89%、80%、77%（如图 7-3-3 所示）。

---

① 国家统计局 2012—2017 各年度《全国农民工监测调查报告》。

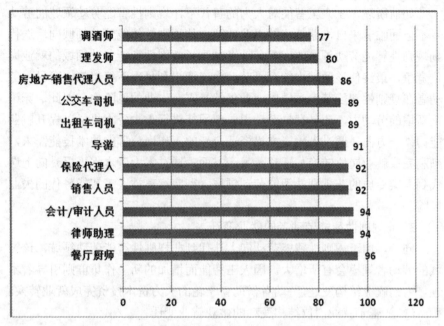

图 7-3-3　规则性智能劳动中典型职业消失的概率（％）

数据来源：根据《经济学人》周刊 2015 年 10 月 6 日刊载内容绘制。引自井上智洋. 被忽略的技术性失业：为什么中等收入人群是最大受害者？[EB/OL]. [2018-07-05]. http://www.sohu.com/a/239625302_740319.

在中国，从规则性体能劳动领域向后迭代而来的新生代农民工又该如何实现就业呢？有一点不能忽视的是，人工智能确实带来了失业，但围绕着人机接口、人机界面、人机协调、人与人协调、机器人维护等内容也创造了大量的新职业，正在形成一个个新的工作岗位群，成为规则性智能劳动领域存量劳动者和从规则性体能劳动领域迭代而来的增量劳动者就业的主阵地。也就是说，随着规则性体能劳动向后迭代，规则性智能劳动领域内劳动者总量会增加，这是该领域劳动者规模的变化；新职业群和新岗位群的生成以及对规则性体能劳动者和存量规则性智能劳动者的接纳则是人工智能替代下劳动者就业岗位结构调整的表现。同样地，发生在规则性智能劳动领域的劳动者就业岗位调整必须借助人力资本投资才能实现。

（2）规则性智能劳动向上迭代的就业变迁

人工智能不仅带来了规则性智能劳动领域内劳动规模和就业岗位结构的变动，同时会引发劳动者从规则性智能劳动领域向上迭代到非规则性智能劳动领域，相应地规则性智能劳动领域的劳动力规模减小。

如前所述，在人工智能对人力的替代下，规则性智能劳动领域的劳动者不但面临着来自机器替代的失业威胁，从规则性体能劳动领域向后迭代到规则性智能劳动领域的大量劳动者加剧了规则性智能劳动领域的就业岗位竞争，最终使该领域内的存量劳动力工资福利呈现下行趋势。可见，劳动者在规则性智能劳动领域内就业仍然暴露在失业的风险中。因此，无论是新增的劳动力，还是存量劳动力，都亟待进行人力资本投资以提升就业能力：一方面，通过人力资本投资适应新的工作岗位群的技术技能需求，顺利完成就业岗位转换与迁移；另一方面，通过人力资本水平提升向上迭代到人类专属的非规则性智能劳动领域，彻底远离被人工智能替代的失业风险。

3. 非规则性智能劳动者的就业变迁

同上，由于规则性智能劳动向上迭代到非规则性智能劳动领域，该领域的劳动者规模会有所增大。因人工智能而增加的新工作集群则引导着本领域内的就业结构变迁，劳动者借助新一轮的人力资本投资完成就业转换。

（二）基于就业岗位结构变动的微观就业变迁

从本质上讲，人工智能终归是"有知识没文化"的人类代偶，他们基于优于人类劳动者的特质而替代人类，但同时也因缺乏人类独有的想象力和创造力而无法完全取代人类。从微观看，人工智能在发挥增强、调整和重构的作用时会带来新的就业机会，从而引发劳动力市场就业结构的变迁。据《制造业人才发展规划指南》测算，在总量上，中国现有工业机器人产业人才缺口约 300 万，到 2025 年约为 450 万。在比例上，中国机器人相关技术的人才供求比例为 1:10。

1. 生产中引入工业机器人直接催生新职业

国际机器人联合会（IFR）的统计数据显示，2009—2017 年，全球工业机器人销量年均增长 26%。2018 年全球工业机器人安装量为 38.4 万台，其中中国为 13.32 万台，约占全球总量的 34.7%，中国已成为全球最大的工业机器人市场。人工智能与农业、金融业、制造业的结合重新打造了传统业态并催生了诸如智慧农业、智慧金融、智慧制造等多个新业态，随着工业机器人的应用领域从以汽车制造业为主快速向一般工业领域的拓展，新职业、新岗位不断涌现。据统计，基于人工智能、物联网、大数据、云计算的工程技术人员在劳动力市场上炙手可热，而数字化管理师、建筑信息模型技术人员、电子竞技运营师、电子竞技员、无人机驾驶员、农业经理人、物联网安装调试员、工业机器人系统操作员、工业机器人系统运维员则已成为新职业的翘楚。基于此，2019 年中国的 1+X 证书推广工作除了母婴护理、失智老年人照护、智能财税之外，主要围绕电子商务数据分析、网站运营推广、工业机器人操作与运维、工业机器人操作编程、特殊焊接技术、传感网应用开发、云计算应用展开。

2. 人机一体化团队（integrated teams）工作方式带来的岗位增加

人工智能在替代部分人类工作岗位的同时，也在改变着人类的工作方式，发挥着增强人类劳动的作用。随着人工智能技术和机器人技术的深度融合，机器人将具备更深层次的思维、学习、决策能力，能够完成更加复杂和具有创造性的任务，机器人的智能化将促进工作场所、工作方式的调整并增强生产效率，人机协作成为机器人产业新趋势。其中，人机一体化团队是企业组织中一种新的工作方式，人不仅仅局限于使用新技术，而是与新技术代表的人工智能一起工作，人工智能不再是冷冰冰的技术代表，而是具有分析功能和输入能力的重要团队成员，是团队中活跃的参与者，更是人类劳动者的工作搭档。事实上，智能机器人正是以资源投入和工作支撑的角色逐渐走进了人类的社会生活和工作环境中。戴尔技术部的一项近期调查表明，超过80%的企业负责人预期五年内本单位会采用人机一体化团队的工作方式。在需求大于供给的背景下，在生产中引入人机一体化团队工作方式显得很迫切，但这种工作方式的实现依赖于更高素质的匹配劳动力。除了新增劳动力，培训存量劳动者的复杂程度和难度相当于让其快速进入一个崭新的工作领域，故这类培训的成本是非常高昂的[1]。综上，在人机一体化团队中，人类劳动者需要崭新的职业技能去适应机器人搭档，人类劳动者学习和获取知识成为企业组织的内在需要，这类人力资本投资或将改变组织文化，彻底打破企业组织在员工职业培训问题上的"搭便车"思维窠臼。人机一体化团队中的工作岗位是知识和技术密集型的工作岗位，对劳动者的人力资本要求较高，团队中的人类劳动者或将处于非规则性智能劳动领域。在人工智能运用的始发阶段，人机一体化工作方式适宜在高端企业开展，通过示范效应，随着人工智能成本逐渐下降以及人机一体化团队中人类劳动者的培训成本下降才会在经济社会中逐渐普及开来。为加速这个过程的实现，需要政府的配套支持，促进企业组织提供职业培训，激励院校改变人才培养模式。

3. 围绕人工智能的生产性服务业岗位增加

人工智能对人类生产生活的调整和重构会创造出新的就业岗位：人工

---

① Louisa Kellie. UTA to help Boeing plan for teaching employees to work alongside bots, robots, artificial intelligence [EB/OL]. [2018-05-30]. https://www.uta.edu/news/releases/2018/05/George%20Siemens%20Boeing.php.

智能进入生产和服务领域后，围绕着人机接口、人机界面、人机协调、人与人协调、机器人维护等内容会创造出大量新职业，本书将这些新职业划入生产性服务业的类别。布朗宁（Browning）和辛格曼（Singelman）于1975年最早提出了生产性服务业（Producer Services）的概念，有别于购物、餐饮、休闲、娱乐等传统的消费性服务业，生产性服务并不是用来消费的，更不直接产生效用，它是生产过程中的中间投入而非最终产出。格若伯（Gruble）和沃克尔（Walker）、克弗尔（Coffer）认为生产性服务业的产出是包含大量人力资本和知识资本的服务，旨在促进生产专业化、扩大资本和知识密集型生产以提高生产率。生产性服务业依附于制造业企业而存在，贯穿于企业生产的上游、中游和下游诸环节，专业化程度高、知识密集是其典型特征。可见，因人工智能而增加的生产性服务业就业岗位对从业者的人力资本内容和水平均提出了较高的要求，无论是从规则性体能劳动领域迭代到规则性智能劳动领域，在规则性智能劳动领域内劳动者因被人工智能替代不得不转向生产性服务业，还是基于劳动领域向上迭代，劳动者都必须直面人力资本转型压力，且有人力资本水平提升的内在动力。在我国，生产性服务业包括交通运输业、现代物流业、金融服务业、信息服务业和生产性服务业等重要的行业和部门。

4. 多样化需求增长创造新岗位

1760—1830年英国第一次工业革命期间，纺纱机的广泛应用使1磅棉花纺成纱线的人均用时从500小时骤减至3小时，机器的高生产效率推进了纺纱机和织布机的广泛应用，人类劳动者被机器替代的技术性失业恐慌笼罩着手工纺织工人，因而在19世纪初发生了工人破坏机器的"卢德运动"。然而，机器与人类劳动力的对抗并未因此僵持不下，由于机器替代人力大大提升了生产效率、节省了劳动力成本，棉布价格大幅度下跌，人们的穿衣习惯因而发生了改变，比如更多人养成了穿内衣的习惯，从而引发了市场对棉布消费需求的大幅增加，使得工厂对工人的需求不降反升。

类似地，人工智能替代人类劳动引发的劳动领域向后和向上迭代伴随着劳动者人力资本转型与提升水平的变迁，此间人力资本的消费外部性逐渐显现，从而创造出更多更新的工作岗位。人力资本的消费外部性指在一个经济区域内，高人力资本所有者对商品和服务的消费需求呈现出多样化特征且需求数量较多，从而创造出更多的就业岗位，使得该区域内劳动者获得更高的工资水平[①]。改革开放后，随着物质财富逐渐丰富起来，中国消

---

① 易定红、陈翔. 人力资本外部性的理论发展及其启示[J]. 中国劳动，2018（1）：76-84.

费者的大规模标准化的同质性需求日益得到满足，伴随着城市整体人力资本水平和收入水平的提升，居民从追求消费数量逐渐向追求消费品质、追求消费个性化和差异化转变，回应上述需求的私人定制正在悄然兴起，应运而生的是更为新鲜的职业和岗位工作内容。

二、劳动者就业福利水平的变迁

（一）福利改善

1. 劳动生产率提升下的福利水平改善

劳动生产率提升是福利水平改善的根本原因。因劳动领域不同就业岗位的工作内容对劳动者的人力资本需求呈现出差异性：规则性体能劳动要求的人力资本水平最低，非规则性智能劳动要求的人力资本水平最高，规则性智能劳动要求的人力资本水平居中。劳动者从规则性体能劳动领域向后迭代到规则性智能劳动领域、向上迭代到非规则性智能劳动领域，从规则性智能劳动领域向上迭代到非规则性智能劳动领域的过程，同时也是低水平人力资本承载者通过人力资本升级迁移至高水平人力资本承载者所集聚领域的过程。在这个过程中，人力资本水平的积累和提升促成了劳动者就业领域的迭代，同时劳动者人力资本的持续累积逐渐提升劳动生产率，使得其福利水平得以改善。

2. 基于人力资本生产外部性的福利水平改善

人力资本具有外部性特征，即生产外部性和消费外部性。人力资本的生产外部性指个体人力资本对他人劳动生产率的影响。研究发现，人力资本生产外部性对受教育程度较低的劳动者的益处更大[1]。低技能劳动力进入高技能水平公司会因人力资本外部性的作用而获得更高水平的工资[2]。相比农村，城市的人力资本水平较高，相应地，城市劳动者的工资水平也比农村劳动者高出 33%[3]。人工智能替代人类劳动力引发的劳动就业迭代正好符合上述福利改善特征。其一，劳动就业领域向后迭代正是低端人力资本不断向中高端人力资本迁移的结果，尤其是低端人力资本承载者从规则性体能劳动领域向后迭代和向上迭代带来的福利改善收益更明显。其二，就中国城乡劳动力市场分割的现状而言，劳动者从规则性体能劳动领域迁移到规则性智能劳动领域的过程同时也是该群体从农村劳动力市场向城市

① Martins, P.S. Jin, J.Y. Firm-level Social Returns to Education[J]. Journal of Population Economics, 2010, 23(2): 539-558.

② 易定红、陈翔. 人力资本外部性的理论发展及其启示[J]. 中国劳动，2018（1）：76-84.

③ Glaeser, E. and Mare, D.C. Cities and Skills[J]. Journal of Labor Economics, 2001, 19(2): 316-342.

劳动力市场迁移的过程，因而从人力资本生产外部性的视角看，规则性体能劳动者向规则性智能就业领域乃至非规则性智能就业领域的迁移意味着其福利水平的改善。

3. 劳动者从非正规就业向正规就业迁移下的福利水平改善

规则性智能劳动领域的工作岗位大多具有正规就业的特征，无论是工资水平、福利保障都比规则性体能劳动领域优越；非规则性智能劳动领域的岗位福利水平则相对更高。因此，从这个角度看，人工智能替代人类劳动所引发的就业领域向后和向上迭代，特别是中国农村劳动力从规则性体能劳动领域向规则性智能劳动领域乃至非规则性智能领域的迁移，恰恰是促进 3 亿农民工脱离非正规就业、进入正规就业领域，从而实现体面劳动的历史机遇。

（二）福利恶化

美国经济发展的历程表明，技术进步会提升劳动生产率，相应地提高社会的平均福利水平，但具体到各个群体的福利变迁则是不同的。技术进步引致企业对掌握前沿技术的高水平劳动者需求增加，而对容易被替代的中低技能劳动力的需求则呈减少态势，在人均收入水平提升的前提下催生贫富不均。1950—2010 年间，美国人均 GDP、人均收入平均数和人均收入中位数均呈增长趋势；人均收入平均数和人均收入中位数均低于人均GDP，人均收入中位数低于人均收入平均数；人均收入中位数与人均 GDP之间的差距一直在拉大（如图 7-3-4 所示）。这表明掌握高技术技能的高收入者收入增幅较大，虽然中低收入群体收入增幅较小或有所降低，人均收入仍会增长，很可能在总人数的前二分之一且更靠前的位置的收入就已达到平均值，即在收入差距拉大的前提下，人均收入中位数会低于人均收入平均数。

人工智能替代规则性体能劳动和规则性智能劳动，劳动者在短期内因不能与新兴产业岗位所需技能相匹配而可能失业，或者不得不转移到低收入领域。比如，规则性体能劳动领域流水线工作者被机器替代而不得不从事护理、建筑等体力劳动，即使工资水平不发生变化，但要面临工作环境恶化、从正规就业转向非正规就业等负面变化。规则性智能劳动领域的劳动者得益于人力资本向下兼容的特性而从事较低人力资本需求的岗位，却因部分人力资本闲置而收入降低，人力资本发生存量贬损。在长期中，劳动者若能根据新兴产业需求进行人力资本投资成功实现向后、向上迭代，或者成功进行职业领域转换，其工作福利会得到改善，跃升为高收入阶层；反之，如果劳动者滞留在原领域低价使用人力资本甚至仅能从事体力劳动，其工作福利则会长期恶化，甚至陷入贫困。

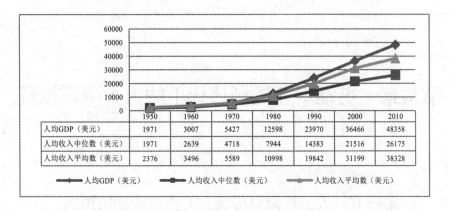

	1950	1960	1970	1980	1990	2000	2010
人均GDP（美元）	1971	3007	5427	12598	23970	36466	48358
人均收入中位数（美元）	1971	2639	4718	7944	14383	21516	26175
人均收入平均数（美元）	2376	3496	5589	10998	19842	31199	38328

——人均GDP（美元）　　——人均收入中位数（美元）　　——人均收入平均数（美元）

图 7-3-4　美国 1950—2010 人均 GDP、人均收入中位数、人均收入平均数

数据来源：美国商务部普查局、美国商务部经济分析局。

注：美国人均 GDP 所用的是全国年中人口数，而人均收入所使用的是全国 15 岁及以上人口数（1980 年以前是 14 岁及以上人口数）。

人工智能替代规则性体能劳动和规则性智能劳动可能会促进无技能、低技能就业比重增加，减少对中等技能中从事"事务性劳动"的就业需求，相应地低收入和高收入人口比重均增加，但中等收入阶层会缩减。美国劳动经济学家大卫·奥特尔将这种中等收入阶层劳动减少、低收入阶层和高收入阶层劳动增加的现象称为劳动力市场"两极分化"。

第八章 劳动就业领域迭代下的人力资本投资

第一节 人工智能对传统人力资本内涵的拓展

一、人力资本内涵：从认知人力资本到非认知人力资本

亚当·斯密（Adam Smith）[1]最早在《国富论》中提出的人力资本内涵指"社会居民或成员习得的有用的能力"。20世纪60—70年代，以舒尔茨（Theodore W. Schultz）、贝克尔（Gary Becker）和明瑟（Jacob Mincer）为代表的人力资本理论重点关注了教育、培训、迁移、健康投资等人力资本投资的成本和收益问题，认为人力资本投资能提升人的认知能力，进而提升劳动生产率，从而促使劳动者获得较高收入。认知能力主要指能在市场中被赋予劳动报酬的知识和技能，比如数学运算能力、读写能力、生产知识和技术等。根据"瓦尔拉斯模型"，在均衡的劳动力市场上，生产能力的强弱由劳动者的知识和技术决定，具有同样生产能力（每小时的产出）的劳动者能够获得同样的工资。故传统人力资本模型认为知识和技术对应于认知能力，认知能力水平差异可以解释劳动力市场的工资差异和企业的雇佣行为。

但另有研究者发现，诸如外貌、肥胖、居所是否干净等看似与生产技能无关的个人特征也能成为稳定的个人收入预测变量[2][3]；增加学校资源投入虽然很少能提高学生的学业成绩，但却能明显提高毕业生在劳动力市场

---

① Smith, A. The Wealth of Nations[M]. Chicago, IL: Encyclopedia Britannica, 1952: 119-220.

② Hamermesh, D. S., & Biddle, J. E. Beauty and the labor market (No. w4518)[S]. National Bureau of Economic Research, 1993.

③ Cawley, J. The Impact of obesity on wages[J]. Journal of Human Resources, 2004, 39(2): 451-474.

上取得成功的概率（Burtless，G. T.）[①]。故鲍尔斯提出，人力资本理论中的能力不仅仅指认知能力，还同时涵盖了非认知能力，并据此修正了"瓦尔拉斯模型"，提出了"熊彼特收入决定模型"（Schumpeterian Model），在该模型中他放松了关于市场均衡的前提假设，认为在经济非均衡发展下，单一的市场价格规律会失效，获得报酬的人力资本要素将不仅仅是生产技能，还包括能有效识别和应对技术变革、生产创新、企业制度变革以及其他冲击的非认知能力——获取非均衡租金的能力，这些非认知能力同样能够在劳动力市场上获取收益（Bowles，S.，Gintis，H.，Osborne，M.）[②]。在"瓦尔拉斯模型"设定的环境下，非认知能力对生产技能的影响很微弱，故早期舒尔茨提出的"应对非均衡的能力"（Schultz，T. W.）[③]并未能被学者们重视；但非认知能力的作用在非均衡的经济环境中就会凸显出来，且具有重要的经济价值。

　　实证研究表明，非认知能力也是具有跟认知能力一样重要的经济价值的。詹克斯（Jencks，C.）[④]认为，勤奋、坚持不懈、沟通能力和好的人际关系等个人特征对在劳动力市场上的成功有非常显著的影响。鲍尔斯和金蒂斯（Bowles，S.，Gintis，H.）[⑤]，爱德华兹（Edwards，R.C.）[⑥]，克莱恩、斯帕蒂和维斯（Klein，R.，Spady，R.，Weiss, A.）[⑦]等发现，雇主招聘雇员时最看重的并不是生产技能，而是其在工作中稳定可靠的品质。莫斯和蒂莉（Moss P.，Tilly，C.）[⑧]的研究发现，动机、团队合作能力、举止风度以及交往能力等在帮助人们在劳动力市场取得成功中非常重要。20 世纪 90年代美国人口调查局和教育部合作对 3000 名雇主的调查发现，雇主在招

① Burtless, G. T. Does money matter? The effect of school resources on student achievement and adult success[M]. Brookings Institution Press, 1996: 4.

② Bowles, S., Gintis, H., & Osborne, M. The determinants of earnings: A behavioral approach[J]. Journal of Economic Literature, 2002, 39(4): 1137-1176.

③ Schultz, T. W. The value of the ability to deal with disequilibria[J]. Journal of Economic Literature, 1975, 13(3): 827-846.

④ Jencks, C. Who gets ahead? The determinants of economic success in America[C]. New York: Basic Books, 1979.

⑤ Bowles, S., Gintis, H. Schooling in capitalist America: educational reform and the contradictions of production workers[J]. The Review of Economic Life. New York: Basic Books, 1976.

⑥ Edwards, R.C. Individual traits and organizational incentives: what makes a "good" worker?[J]. Journal of Human Resources, 1976, 11(1): 51-68.

⑦ Klein, R., Spady, R., & Weiss, A. Factors affecting the output and quit propensities of production workers[J]. The Review of Economic Studies, 1991, 58(5): 925-953.

⑧ Moss P., & Tilly, C. Skill and race in hiring: quantitative findings from face-to-face interviews[J]. Eastern Economic Journal, 1995, 21(3): 357-374.

聘非管理类员工或生产工人时，对雇员的态度（4.6 分）和沟通能力（4.2 分）的重视远远超过对技能性文凭（3.2 分）和教育年限（2.9 分）的重视（Arrow, K. J., Bowles, S., Durlauf, S. N.）[1]。英国一项对人事招聘主管的调查发现，主管对雇员的态度、动机和人格特征等的关注比例（62%）明显高于对技能的关注比例（43%）（Green, F., Machin, S., Wilkinson, D.）[2]。

周金燕[3]基于"瓦尔拉斯模型"和鲍尔斯对模型的拓展提出将人力资本划分为认知人力资本和非认知人力资本，两种人力资本分别指凝聚在劳动者身上的能在未来带来收益的认知能力和非认知能力，两种能力都可以通过教育、培训、工作等后天方式习得。故人力资本的内涵同时包括决定生产技能的认知人力资本和决定非生产技能的非认知人力资本。目前，关于认知人力资本的内涵及形成路径已经相对成熟，但非认知人力资本涵盖的内容及形成路径却是非常复杂且不明确的。

综上，可做如下推测：当技术进步或其他经济冲击产生非均衡租金时，与生产技能无关的耐心、偏好风险、应对变革和冲击的特质等非认知人力资本可促使劳动者顺利完成就业迁移以成功获取非均衡租金；而厌恶风险、害怕变革、缺乏耐心等非认知人力资本则会导致劳动者丧失非均衡机会从而难以获得非均衡租金，表现为劳动者因被市场淘汰而失业或者被人工智能替代。

二、人工智能下人力资本投资的内容

本书认为，认知人力资本对应的是生产技术技能和知识，从职业技能的角度分析，等同于通常意义上的"硬技能"；非认知人力资本更强调劳动者拥有应对劳动力市场变革的能力，与"软技能"含义近似。在职业教育领域内，"硬技能"和"软技能"并不是崭新的概念，但人工智能的发展对其内涵和外延提出了不同于以往的需求。如前所述，人工智能替代"事务性劳动"，减少对中低技能劳动力的需求，导致中等收入阶层劳动减少、低收入阶层和高收入阶层劳动增加的劳动力市场"两极分化"。劳动者要改善福利水平应迁移到高收入就业领域，在人工智能推动下，劳动者的人力资

---

① Arrow, K. J., Bowles, S., & Durlauf, S. N. (eds.) Meritocracy and economic inequality[C]. Princeton University Press, 2000: 119.

② Green, F., Machin, S., & Wilkinson, D. The meaning and determinants of skills shortages[J]. Oxford Bulletin of Economics and Statistics, 1998, 60(2): 165-187.

③ 周金燕. 人力资本内涵的扩展：非认知能力的经济价值和投资[J]. 北京大学教育评论, 2015（1）: 78-95.

本投资内涵更丰富、外延更宽广。

（一）劳动者需拓宽认知人力资本的水平和辐射面

一方面，围绕人工智能的就业岗位本身就是知识密集型的，需要劳动者提升人力资本水平。另一方面，劳动者需围绕人工智能的设计、开发、制造、调试和对产品、设备、流程及服务的运行维护进行人力资本投资，以确保在面对技术升级时能够通过人力资本向下兼容迁移到其他就业领域，或者为凭借后续人力资本投资向上迁移至更高职位或更先进的就业领域奠基。面对技术升级和就业变迁，劳动者可以在人工智能的领域内实现就业变迁或者劳动领域向上迭代，改变因认知人力资本固有的知识和技术内涵而被束缚于某一行业或某类工作岗位的局面。从这个意义上说，劳动者的认知人力资本需对接于人工智能，拓宽就业范围，降低被替代的概率、降低就业震荡的风险。

（二）提升非认知人力资本水平

劳动者的非认知人力资本在人工智能带来的快速变革下变得与认知人力资本同样重要，应对非均衡的"软技能"能够确保劳动者提前为变革做好人力资本准备，能够更快、更积极地接纳、适应变革，并顺利实现就业迁移。在非认知人力资本中，劳动者除了应具备主动性、责任感、良好沟通能力等职业品质，还需拥有匹配于人工智能需求的思维方式。美国学者斯滕伯格的思维三元理论提出了三种思维方式：在传统授受教学方式下主要培养学生的审辩-分析性思维，具有这类思维方式的人擅长解决熟悉的问题；当前借助信息技术衍生出的新的教育手段和教育方式正在培养人类的创造-综合性思维和实用-情境性思维，拥有创造-综合性思维的人擅长解决新问题，有自己独立的见解，能够针对问题建构独特的问题解决策略；拥有实用-情境性思维的人擅长解决日常生活中的问题，能很好地满足社会和工作的需求。同时具备上述三种思维方式的劳动者能处理好现在和未来遇到的各种问题。故在人工智能发展的背景下，对劳动者的非认知人力资本投资须着重于上述三种思维方式的训练，这在提升劳动者的非认知能力以应对人工智能带来的变革中显得尤为重要。

人工智能背景下劳动者应具备的非认知人力资本的具体内涵非常丰富，包括：运用上述三种思维方式思考并解决问题的技能；终身学习以适应非均衡的学习技能；读、写、人际关系处理等沟通技能；自我管理能力、责任感、上进心、对未来的判断与感知等个人技能；团队合作、应对冲突等社会能力等。随着人类社会的不断进步，非认知人力资本的具体内涵会日益丰富。

第二节 适应劳动就业迭代的人力资本投资策略选择

职前教育旨在提升受教育者的人力资本水平，为劳动力市场培养合格的劳动者。职后教育（主要是在职培训）旨在提升劳动力的技术技能水平，或者预防可能的人力资本存量贬损，比如，未来可能的技术进步对从业所需人力资本水平提出更高要求；或者补偿已经发生的人力资本存量贬损，比如，由于技术进步等导致原有就业岗位消失使得劳动者发生就业迁移，从而引发对新的人力资本投资的需求。人工智能替代人类劳动者会引发就业迭代，表现为劳动者的人力资本存量发生贬损，而就业迭代落实到每一位劳动者身上就表现为通过后续的人力资本投资而在新的劳动领域实现就业，即通过选择补偿型和防范型投资而顺利实现就业迁移（如图 8-2-1 所示）。

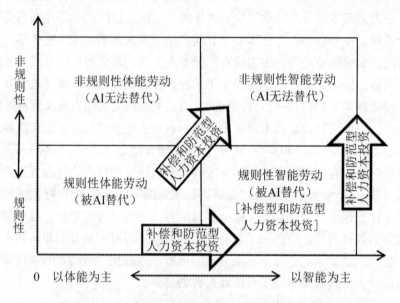

图 8-2-1　适应劳动就业迭代的人力资本投资策略选择

一、规则性体能劳动者就业迭代所需的人力资本投资策略

劳动者的就业领域从规则性体能劳动向规则性智能劳动的向后迭代、

向非规则性智能领域的向上迭代，伴随着工作任务内含的技术技能水平提升，劳动者顺利实现跨劳动领域的就业迁移需要匹配的人力资本作为支撑。这种人力资本投资是基于规则性体能劳动领域较低水平的知识技能的人力资本存量贬损而进行的补偿型和防范型投资，是基于就业迁移后的新工作岗位任务要求而进行的人力资本投资，这种人力资本投资往往是跨行业、跨领域的，更为强调技术技能水平，对规则性体能劳动者意味着人力资本跨界转型，是革命性的改变，就目前的中国农民工而言，这类人力资本投资是其在城市完成职业转换和身份认同的关键，非常重要但却恰恰又非常困难。

二、规则性智能劳动者就业迭代所需的人力资本投资策略

人工智能在规则性智能活动领域对人类劳动者的替代，会同时引发领域内劳动者对预防型和补偿型人力资本投资的需求。其一，补偿型人力资本投资。被人工智能替代的劳动者可迁移到两个领域：一是在规则性智能劳动领域从事新的职业，二是通过向上迭代到非规则性智能劳动领域实现就业迁移，两个方向的就业迁移都需要以补偿型人力资本投资为基础，旨在补偿已经发生的人力资本存量贬损。虽然都是补偿型人力资本投资，在规则性智能劳动领域实现就业迁移所需的人力资本投资难度相对小于在非规则性智能劳动领域就业所需的人力资本投资。其二，预防型人力资本投资。规则性智能劳动领域内未被人工智能替代的劳动者因感知到可能存在的被替代风险而基于规则性智能劳动领域的新职业和非规则性智能劳动领域无法被人工智能替代的高水平人力资本就业岗位而选择防范型人力资本投资。同样地，在规则性智能劳动领域发生的预防型人力资本投资的难度要小于向非规则性智能劳动领域就业迁移所需的人力资本投资。

综上，补偿型与防范型人力资本投资是劳动者顺利完成在不同劳动领域就业迭代的动力，劳动者就业迁移选择向后迭代还是向上迭代则决定了人力资本投资的内容、形式和难度。

第三节　应对劳动就业迭代的人力资本投资分布

人力资本投资的主要形式有正规教育、在职培训、工作迁移、健康投资等。在人工智能替代人类劳动者的就业迭代中，应对来自人工智能的就业威胁以获得就业安全感和可持续的就业能力，主要靠职业教育和培训来

完成。

一、人工智能下技能形成路径的特殊性

劳动者技能形成的路径有二：以正规教育为主的外部技能形成和以企业为主的内部技能形成。

对农民工技能形成而言，存量农民工的技能形成应走内部技能形成路径，以企业为主，依托市场完成；增量农民工的技能形成应走外部技能形成路径，以院校为主，依托政府完成。然而，中国农民工群体的技能形成并不是一个提升人力资本以适应产业发展需求的单一经济问题，从农民工市民化的视角看，该群体融入城市所需的职业技能形成更是一个社会问题，故其技能形成要比上述传统的技能形成路径更复杂。从实际情况看，企业在农民工职业培训上的"搭便车"行为以及农民工尚不能站在职业生涯规划的高度重视职业培训已直接导致该群体技能形成中的市场失灵：本该依托企业和市场培训机构走内部技能形成路径来促进农民工职业技能提升，却同时遭遇技能供需双方的冷遇——职业培训供需动力均不足。故农民工的技能形成不仅仅是在"理性经济人"假设下农民工个人基于"效用最大化"、企业和市场基于"利润最大化"的私人部门决策问题，同时也是政府基于"社会收益最大化"的理性决策原则帮扶农民工这一弱势群体提升就业能力以建构可持续生计、防范该群体在城市陷入贫困并进而提升全国城镇化质量的社会问题，因而农民工的技能形成必然是一个需要政府高度干预的领域，其技能形成的路径是清晰的，但怎样促进内、外部两条技能形成路径高效运行则是复杂的。

对高技能人才的技能形成而言，特殊培训和高端培训可由企业直接提供，走内部技能形成的路径；中高端的通用性培训可由市场培训机构供给走外部技能形成的路径，劳动者个人付费即可。在理论上这些是市场发挥作用的领域，不需要政府介入，但人工智能相关领域的高技能人才培养成本高且周期长，为加速劳动者对人工智能的适应且顺利实现就业迁移，上述内、外部两条技能形成路径仍需政府的高度干预。

二、规则性体能劳动者的人力资本投资分布

在规则性体能领域就业的主要是农民和农民工，被人工智能替代意味着存量农民和农民工、潜在农民工需要职业教育和培训完成向规则性智能领域和非规则性智能领域的就业迁移，其人力资本投资的主体、内容和形式如图 8-3-1 所示。

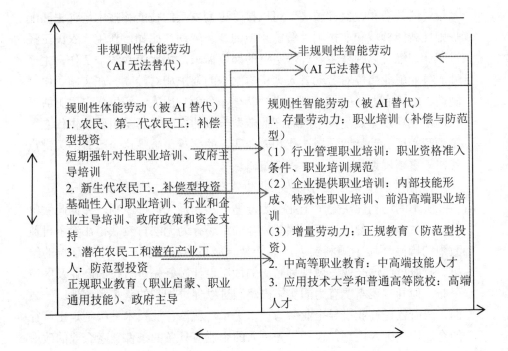

图 8-3-1　应对劳动就业领域迭代的人力资本投资分布

（一）农民和第一代农民工

因农民和第一代农民工的人力资本水平相对较低，通过指向性强的短期技能培训完全可以胜任包括农业机械化生产在内的规则性智能领域较低端岗位的需求。该群体处在人才金字塔底端，由于既有人力资本存量水平较低，被人工智能或技术替代的风险最大，故短期职业培训扮演的主要角色是促进其完成职业变迁。若以人工智能和技术对人类劳动的替代为前提，该群体的职业变迁往往是跨领域的，完成这种职业转换一定对人力资本禀赋提出高要求，鉴于其人力资本存量水平较低的事实，更为了降低其职业转换的难度，将其定位在规则性智能领域低端岗位是合理的。从助力中国优化产业结构、改造传统农业、提升制造业水平、提高服务业占比的战略出发，转移农村剩余劳动力，扶持弱势群体，促进农民市民化，需要政府主导为其提供职业培训，保障其在每一次技术进步带来的失业风险中能够顺利实现就业变迁，政府提供职业培训是一种补偿型人力资本投资。

（二）新生代农民工

新生代农民工因人力资本水平相对较高，且年龄较小，相应地人力资本投资的效率和收益都较高，可以接受更为复杂的技能和技术培训去匹配规则性智能领域和非规则性智能领域的复杂劳动。比如，新生代农民工经过职业训练可以胜任生产性服务业的岗位需求，相比流水线类工作，生产性服务业就业岗位对劳动者人力资本水平的要求相对较高。在实施"中国制造2025"的战略背景下，企业"搭便车"便宜用人、新生代农民工缺乏长远职业规划无疑是一个阻碍产业转型升级的魔障，更是阻碍新生代农民工顺利实现劳动就业领域迭代和就业变迁的藩篱，破除这个障碍的关键点就在于重新规划其人力资本投资策略。

1. 由政府牵头打开劳动力市场供需双方技能需求的潘多拉盒子

资本的逐利性决定了企业行为遵循"利润最大化"原则，并据此做出其技术进步参与度的决策，因此完全的市场行为无法自然获得在竞争日益激烈的国际环境中顺利实现产业转型升级以占据世界产业体系高端的结果。政府可通过产业发展规划布局的顶层设计做好先进科技的产业及区域分布，但同时还需要有力的实施方略跟进以促进规划的落实和落地。一方面，政府依托行业引导企业参与技术进步，就该行业技术升级制定出可行的企业优先进入规划，包括优先进入的企业应具备的条件、老企业的改造升级要求等，根据行业的评估结果，政府对符合要求的企业提供配套政策支持，通过示范效应引导资源流向行业技术升级领域，从而激发企业的技术升级需求。那些达不到进入条件的企业则留给市场，经过优胜劣汰，有潜质的企业会慢慢成长，同时落后产能逐渐被淘汰。政府的"抓"和"放"既为技术升级提供资源保障，也为市场留下竞争的空间。另一方面，政府以行业为依托，结合岗位工作分析将产业转型升级所需的技术技能分类分级，在此基础上制定职业资格准入标准，准入的目的不是限制进入，而是通过示范效应引导合格劳动者进入。第一步将符合条件的劳动者吸引过来，而后通过示范效应，引导更多的劳动者通过职业教育和培训满足准入条件，逐渐进入该领域。在这个过程中，行业准入条件对人才流向的引导需要配套的福利制度和政策作为指挥棒，以达到有效引导人才流动到技术升级领域的目的。

2. 政府依托行业制定梯度人才培养规划

根据行业对产业转型升级所需技术技能人才的分类分级，确定哪些人才或技能应由职业教育供给，哪些应由行业供给，哪些应由企业供给。其一，由正规职业教育供给技能具有典型的外部技能形成特征，容易导致人才供需"两张皮"，故政策的着力点在于构建有利于校企合作的社会合作制度集合①，比如配套的地方和中央制度，福利待遇、职业生涯规划等制度。其二，由行业和企业供给技能具有典型的内部技能形成特征，由此供给的技能在内容上更为贴近企业实践。但考虑到职业培训的通用性和特殊性的特征，行业和企业需要界定分工合作的边界。一般而言，由于通用性培训收益的外溢性特征，企业普遍缺乏供给通用性技能的积极性，故可考虑由行业来主导提供，且由政府配套资金支持；或者继续由政府的人力资源和社会保障部门提供。相对而言，特殊性培训的收益外溢性较小，具有成本收益内在化特征，故可由企业主导提供。依托行业供给通用性技能，能保证供给的技能更贴近生产实践，更重要的是为低端劳动者（尤其是新生代农民工）进入某一行业奠定初级技能基础，规避因企业在通用性培训上的"搭便车"行为导致供给该类培训时市场失灵，从而为该行业的产业转型升级奠基。特殊性培训由企业供给，这是企业最有积极性参与的一类职业培训，可按市场机制运行，不需要政府干预。但是，考虑到产业转型升级的国家战略性，政府给予一定的资金支持和制度助推，企业的积极性会更高，相应地劳动力的受益面也会拓展。

针对新生代农民工的人力资本投资策略是一种补偿型投资，重在引导他们进入产业转型升级的对应行业领域，给予他们进入某一行业的基础性入门技能，也因此奠定了他们进行职业生涯规划的基础，从而逐渐在城市拥有稳定和体面的职业，逐渐打造融入城市的经济基础，也才有可能逐渐在城市建构可持续生计。从长远看，将新生代农民工纳入产业转型升级的大战略中，既是产业发展所需，也是农民工市民化的战略需要。

（三）潜在农民工

潜在农民工的可塑性最强，通过正规职业教育完成人力资本投资，他们不但可以直接进入规则性智能劳动领域，同时还可能进入非规则性智能劳动领域。潜在农民工的职前职业教育侧重于防范人工智能可能带来的失业风险，职业教育肩负的工作任务主要有：一是要完成职业启蒙，能让其清醒地认识所学专业对应的职业内涵和外延；二是要获得人工智能发展所需的数码基因，能够适应并应对人工智能的快速发展，减少人工智能带来的就业冲击；三是要掌握从事规则性智能劳动所需的认知人力资本，主要是职业知识和职业技能，为毕业后就业做好准备；四是要奠定更厚实的宽口径专业知识基础（也是认知人力资本），培养关键职业能力，在未来的就业风险中能够实现就业领域转换；五是要注重积累非认知人力资本，为适

---

① 和震、李玉珠、魏明等. 职业教育产教融合制度创新[M]. 北京：科学出版社，2018.

应未来的技术技能革新做准备，也为在职业生涯中能够逐渐迁移到非规则性智能劳动领域奠基。

潜在农民工或者潜在产业工人依托正规职业教育进行的人力资本投资，在属性上的防范性强于补偿性。相比农民和农民工群体，该群体的人力资本投资更着眼于未来就业，故职业教育的角色扮演要关注如下几个要点：一是职业教育的技能供给须具有前沿性，专业知识口径须相对宽泛，以契合防范型投资的特征，既赋予受教育者从事某一职业的技能又使其能够顺利实现就业领域转换；二是政府助力职业教育做好产教融合，通过校企合作、工学结合达到融合正规教育作为外部技能形成路径的教育优势以及企业内部技能形成路径的育人优势，规避因职业教育人才供需错位带来就业困扰和产业升级乏力；三是在产业转型升级的国家战略下，职业教育的使命不是仅仅培养技能型人才以满足当期的产业需求，同时还要赋予学生创新能力，因为发端于产业一线的创新完全规避了前沿基础科研成果转化应用的中间环节，不但节省费用，而且更为接地气。

城市的规则性体能劳动者同样适用上述人力资本投资策略，此处暂不赘述。

三、规则性智能劳动者的人力资本投资分布

（一）规则性智能劳动领域内的存量劳动者

规则性智能劳动领域内存量劳动者就业迁移所需的人力资本主要依托职后的职业培训来获得，职业培训可由行业主导、企业提供和专门的市场培训机构提供。

1. 行业主导提供职业培训

行业主导提供职业培训仍然具有外部技能形成的特征，因此不建议行业直接提供培训，而是重在对职业培训的管理和规范，聚焦于制定劳动力的行业准入条件，引导中低端劳动者进入未来产业领域的基础性工作岗位从而为未来产业发展储备人才；发挥行业优势基于岗位工作分析从行业人才分级分类和职业培训内容、形式、师资等方面规范职业培训，明确人才质量的评价标准，从而确立人才成长的合理路径，从职业生涯规划的高度引导人才成长，以满足产业发展对高端人才的质量需求。

2. 企业提供职业培训

企业提供在职培训是典型的内部技能形成路径，企业对技能需求的感应最灵敏，故企业大学或企业培训能够确保技能供需的高匹配度。虽然企业是市场主体，其自发的培训行为不需要政府干预，但在产业和技术升级

的国家战略下，对前沿和高端的技术技能，政府可以给予政策引导和支持，激发企业办大学或提供在职培训的积极性，以满足高端产业发展的人才需求。

3. 专门的市场培训机构提供职业培训

市场上的培训主体提供职业培训是典型的外部技能形成路径，市场提供的培训既可以是基于产业集群发展需求的通用性职业培训，也可以是高端定制的特殊性培训，根据市场需求提供相应职业培训按照市场原则运行即可。劳动者处于职业转换期，为了应对技术变迁的失业风险，可根据自身需求选择市场的职业培训，这是一种补偿型的人才资本投资；劳动者基于技术进步拟向非规则性智能领域迁移，则是一种防范型人力资本投资。从扶助弱势群体和促进国家产业战略转型的社会收益出发，国家可对类似的职业转换培训提供政策和资金支持，以减少结构性失业；同时政策向重点行业产业的高端人才培训倾斜，以引导市场资源流向未来高端人才培训，满足高端产业发展的人才需求。

（二）规则性智能劳动领域内的增量劳动力

规则性智能劳动领域内的增量劳动力主要由正规教育培养，这是典型的防范型人力资本投资。其中，中高端人才依托于中高等职业教育，而高端人才则依托于应用技术大学和其他普通高等院校。为了满足国家产业转型发展的战略性人才需求，正规教育需关注如下几点：其一，专业设置是老生常谈的内容，根本点是校内的专业群、区域内院校的专业集群要对接于区域的产业集群。其二，培养方案既要注重培养某一行业的专用性特殊职业技能，同时要宽口径地培养职业通用技能，再加上对批判性思维方式，思考问题、分析问题和解决问题能力的培养，使毕业生能够被用人单位接纳，且能保有这份职业，并能在风险来临时顺利完成职业转换，包括在规则性智能劳动领域内的跨行业就业迁移或者向上迭代到非规则性智能劳动领域。就人工智能对人类的替代而言，培育"数码基因"是人才金字塔低、中、高各级各类人才的必修课，设置类似课程群旨在防范未来人工智能可能带来的失业风险，且劳动者能够迁移到人工智能的关联性工作岗位。其三，校企合作兼具内、外部技能形成的特点，故人才培养方式必须紧扣校企合作。

第九章　低技能劳动力技能形成的理论分析

第一节　技能的内涵

一、技能的定义

从技能的词义看技能的定义。在《现代汉语词典》中，技能是指"掌握和运用专门技术的能力"，技能与技术高度相关，其所界定的技能实际为职业技能。《心理学大词典》将技能定义为"个体运用已有的知识经验，通过练习而形成的智力活动方式和肢体的动作方式的复杂系统"[①]。《教育大词典》将技能定义为"主体在已有的知识经验基础上，经练习形成的执行某种任务的活动方式"[②]。《中国大百科全书·心理学卷》将技能定义为"通过练习获得的能够完成一定任务的动作系统"[③]。

从学科视角界定技能内涵[④]。管理学科对技能界定最具代表性的观点是由卡茨（Katz）[⑤]提出的企业经营管理人员的技能，包括技术性能力（Technical Skill）、人性技能（Human Skill）、概念性能力（Conceptual Skill）。其中，技术性能力指完成日常生活和具体工作任务的基本技能；人性技能指在工作中调整组织以促进高效率完成工作任务的协调能力；概念性能力指掌握组织整体的能力，比如将组织中不同技能组织起来的能力、将局部变化进行扩散的能力、明确个体与整体工作关系的能力等。心理学从生物的角度观察人习得技能的特征，认为包括技能形成在内的学习都是"自学"

---

① 朱智贤. 心理学大词典[M]. 北京：北京师范大学出版社，1989：300.
② 顾明远、季啸风、张瑞等. 教育大辞典[M]. 上海：上海教育出版社，1990：147.
③ 潘菽、荆其诚. 中国大百科全书：心理学[M]. 北京、上海：中国大百科全书出版社，1991：153.
④ 王彦军. 劳动力技能形成及收益模式分析[J]. 人口学刊，2008（6）：49-52.
⑤ 松本雄一. 組織と技能[M]. 东京：白桃书房，2003：9.

的过程，学校教育和企业培训是帮助自学的外在助力；技能的形成是实践的过程，技能的获得必须重视实践经历。

学者们对技能的界定各有侧重。陈昌曙、陈凡[①]认为，技能的核心是动作、操作，是体力活动的输出，体现在"动作的熟练化"，比如，动作的准确性、灵活性，技能是动手做的能力，即动作技能；但同时技能也包括智力要素，有脑力活动的输出，表现为人们的思维技巧、思维智能，比如，反应能力、构思能力等，故技能也是动脑想的能力，即智力技能。"心灵手巧"可以完美地概括技能的内涵。故他们认为，"技能是人们用已有的经验和知识控制自己行为的思维操作活动和动作操作方式的总和"。动作技能和智力技能并生存在，动作技能的发挥要以智力技能为指导，智力技能的实现要以动作技能的施行为前提。叶奕乾等[②]将技能定义为个体运用已有知识经验，通过练习而形成的一定的动作方式或智力活动方式。文技[③]把技能看作完成任务和解决问题的实际能力，即把知识和技能理解为知识和能力。王彦军[④]认为，技能是基于劳动者主观意愿完成特定任务所需的知识、技术和能力，技能与人力资本具有可互换性。技能的基本特征如下：技能是练习和经验的产物，技能是有意识地完成某个任务的综合能力，技能既包括技能本身（低级能力），也包括运用技能的能力（高级能力）。日本劳动经济学家小池和男[⑤]认为，随着科技进步和机械化生产的推广，劳动力的技能转变为管理机械设备的能力，即应对问题及变化的能力，他称之为知性技能。若将工人的操作分为一般性操作和非一般性操作，则技能与非一般性操作相伴而生。相对于简单重复不需要任何技能的一般性操作，非一般性操作的典型特征是劳动者要面对工作领域内出现的问题（比如出现残次品）和不可预测的变化（比如产品种类、生产方式、人员结构等变化），并能进行综合性判断处理之。在后来的研究中，小池和男认为，技能是一种应对各种具有不确定性工作任务的能力[⑥]，技能是可测量的，可用技能宽度和技能深度作为测量指标。技能宽度是一个操作工所能应对的岗位数量以及这类操作工的比例。技能深度包括能够发现和处理工作领域内的问题及比例、能够适应各种变化对岗位工作的再分配和生产方式调整的实现程度，以及

① 陈昌曙、陈凡. 关于技能的哲学思考[J]. 社会科学辑刊，1990（3）：13-18.

② 叶奕乾、何存道、梁宁建. 普通心理学（修订版）[M]. 上海：华东师范大学出版社，1997.

③ 文技. 技能的内涵与置位[J]. 济南职业学院学报，2008（6）：5-8.

④ 王彦军. 劳动力技能形成及收益模式分析[J]. 人口学刊，2008（6）：49-52.

⑤ 小池和男. 日本企业的人材形成[M]. 东京：中公新书，1997：1.

⑥ 小池和男. 工作的经济学[M]. 东京：东洋经济新报社，2004：20-21.

为提高工作效率所提出的合理化建议的数量[①]。

二、技能的类型

张振元[②]将技能区分为两种：普通技能和特殊技能。其中普通技能是以动手能力为核心的操作技能，是人类区别于动物在进化过程中制造和使用工具、最能体现人的本质特征的根本性技能。特殊技能是操作技能之外的超常规技能，包括身体技能、器官技能（体育竞技技能、杂技表演技能等）。张振元认为智力技能局限在"心里做事"，并非真正的技能，应划入知识的范畴，因此他对技能的界定更强调操作和动作，未阐述技能中的智力输出。

王建设[③]将技能分为三种类型：职业技能、体育艺术技能和智力技能，其中职业技能、体育艺术技能为狭义技能，智力技能为广义技能。狭义的技能是指人根据已有的知识和经验，通过学习和训练，使自身身体部位（器官）借助某种工具操控客体对象，或直接操控自身身体部位（器官）的能力，是人后天习得的或在工作过程中不断积累起来的完成特定工作所需的知识、技术和能力的总和。狭义的技能需要人的身体或器官，借助一定工具对操作对象实施操作，动作和操作是技能的核心。其中，职业技能多存在于工农业物质生产领域，具有客观外在的操作对象，是具有强实用性的技能，能够提供给社会明确的产品和服务。若人类生产产品的工具是机器，那么职业技能就是人操作机器的能力[④]。体育艺术技能多存在于体育艺术领域，技能的体现可以借助于外在操作对象，也可以借助人的身体或身体的某个部位（器官），该技能提供给社会文化娱乐产品而非实用性物质产品和服务。工业化、人工智能和市场经济的叠加，人类生产活动中实用性技能即职业技能开始逐渐弱化，技能更多地指向了智力技能。智力技能包括实用性的职业技能，需要人类身体的动作配合，但更强调人的智力和水平。

王彦军[⑤]将技能分为两个部分，狭义的技能指"技"，是硬技能，包括劳动力的体力、身体组织的灵活程度、控制和使用工具的技术能力，是技能的基础；广义的技能是指"能"，是软技能，包括沟通能力、观察能力、判断能力、逻辑推理能力、适应变化的能力等，是技能的高级部分，很难定量测量。软技能和硬技能相辅相成，软技能必须建立在硬技能基础之上，

① 陆素菊. 企业技术工人的技能形成及特点分析[J]. 江苏技术师范学院学报，2008（9）：24-28.
② 张振元. 技能分类若干问题新探[J]. 职业技术教育，2007（28）：5-10.
③ 王建设. 关于技能概念及其类别的再探究[J]. 洛阳师范学院学报，2016，35（12）：19-22.
④ 庄西真. 新时代完善农民工技术进步与技能退化[J]. 职教论坛，2013（10）：1.
⑤ 王彦军. 劳动力技能形成及收益模式分析[J]. 人口学刊，2008（6）：49-52.

但会制约硬技能的发挥。王彦军根据劳动力技能是否随时间增长将技能分为技能I、技能II、技能III。技能I是指劳动者的技能不随时间推移而增长，是最基础的技能，主要是指依赖于身体素质的硬技能，体力劳动技能是最典型的技能I。技能II是指劳动者的技能在短时间内迅速达到较高水平，而后就不再提升，这类技能比技能I高级，主要通过短期培训习得，具有较强的一般性技能特征。技能III是指劳动者的技能随时间的推移不断提升，需要持续的教育和培训，技能形成时间较长，人力资本投资成本最高，是最高级的技能。

本书根据劳动经济学对在职培训的分类，将技能分为一般性技能和企业通用性技能。在职培训可划分为一般培训（General Training）和特殊培训（Specific Training）两类。一般培训供给的技能为一般性技能，其特点为劳动者习得的技能适用于更多企业和/或岗位的需求。通常正规教育（含职业教育）、市场培训、企业供给的一般培训主要训练劳动者的一般性技能。特殊培训主要训练劳动者习得企业专用性技能。王彦军研究中的技能I和技能II具有一般性技能的特征，而技能III则具有企业专用性技能的特征。

三、本书中技能的内涵

（一）技能的定义

本书将技能界定为个体运用已有的知识和经验，通过不断练习而形成的一定的合乎法则的动作方式或智力活动方式。技能外显为劳动者在工作中完成各项任务的能力，专指动作技能（含职业技能、体育艺术技能）和智力技能。其中动作技能是狭义的技能，也是硬技能，它是技能的低级部分，通常指向一般性技能；广义的技能概念除了包括职业技能和体育艺术技能，还包括劳动者的智力输出，即智力技能，智力技能是软技能，也是技能的高级部分，指劳动者应对不确定性的能力，通常指向企业专用性技能。

（二）技能的内涵特征

第一，技能是一种掌握和运用专门技术的能力，强调有技术且会使用技术。第二，知识、经验和能力是较低级别的能力，运用技能的能力是高级能力。第三，技能的核心不是动手执行的动作技能，而是应对问题和不可预测的变化的智力技能，这要归功于小池和男通过知性技能的概念准确概括了技能所包含的"应对不确定性"这一核心内容[①]。第四，在技术更迭、信息革命、人工智能等科技进步中，应对变革和问题的技能为所有劳动者

---

① 王彦军. 劳动力技能形成及收益模式分析[J]. 人口学刊，2008（6）：49-52.

所必须。第五，根据心理学的解释，推动社会成员的技能形成以适应基于产业结构高级化的经济变迁需求，需要一个促进劳动力积累技能的制度体系或社会合作的制度集合以促进劳动力个体"自学"的能力发挥到极致。第六，鉴于技能的培训者、受训者、实施者都是人，那么技能的主体是人。第七，技能形成的关键点有：劳动者，知识、技术和经验，练习，动作输出（或智力输出），其中反复练习是技能形成的途径。

第二节　诠释技能形成

一、产业变革与技能变迁

在人类历史上，经济社会的技能变迁源自产业变迁，产业变迁引发教育和培训内容、形式乃至相关制度的变迁。随着产业结构高级化，第一产业比重迅速降低，第二产业和第三产业占比随之提高，技能变迁呈现出由农业技能向工业技能、服务业技能演进的发展轨迹，同期教育和培训的内容从农业教育为主逐渐转向以工业技术教育、知性技能教育为主。在技能变迁的过程中，技能形成的多方主体根据自身利益的需求互相作用，最终确定适合该区域的技能形成模式。以战后日本为例，随着第一产业比重下降以及第二产业的迅猛增长，职业教育逐渐将重心从农业、水产技能训练转向工科类技能训练，职业培训则增加了大量短期项目以满足第二产业对熟练劳动力的需求。随着信息技术在产业中的广泛引用，知识密集型产业成为主导，企业所需技能越来越复杂，也越来越依赖于可持续的人力资本投入，企业培训的力度无论在是时间长度上还是在资金投入额度上也都随之加大。中国的产业高级化经历了与日本一样的轨迹，技工荒所反映出的劳动力供需不匹配是劳动力技能形成滞后于产业高级化的外显矛盾。可见，技能变迁源自产业变迁，职业教育和职业培训须同步变迁才能匹配于经济发展对劳动者技能形成的有效需求。

二、技能形成的界定

小池和男[①]认为，技能的形成是相关知识获得和积累的过程（即"智性熟练"理论），他从日本的企业培训实践出发，从微观视角提出，知性技能

---

① 小池和男. 日本企業の人材形成[M]. 东京：中公新书，1997：1.

的习得必须以长期工作经验为条件，在生产实践中形成，需要企业提供继续培训和再培训来支撑，使得在企业中连续的工作经历成为劳动力获得高级技能的重要途径。

王彦军[①]认为，劳动力职业技能形成是一个比较宏观的概念，与职业教育和职业培训既关联又不同。职业教育和在职培训是劳动力技能形成的主要方式，但劳动力技能形成还包含技能结构升级、技能存量积累、技能获得模式演进等更广泛的内容，是一个动态过程。

陶志勇[②]从国家和集体的中宏观层面，指出技能形成是国家和集体培育社会发展所需要的技能的过程。因这个过程十分复杂，使大批劳动者获得、提高和使用技能是集体意义上的社会行为，需要协调和平衡政府、教育与培训系统、企业（资本）和劳动力等多个主体的博弈，生成有利于技能传递和形成的体制环境。

李玉珠[③]认为，技能形成是社会在学习、创新和提高生产力方面所具有的能力，劳动者获得的技能不单纯是一种个体意义上的、私有的技术和技巧，更是一种国家层面的、集体意义上的社会能力，它是指国家各部门以集体的方式培育社会经济发展所需技能的能力，特别强调产业部门和教育部门合作培育技能。

王星[④]认为，技能形成是一个社会过程，是"制度包"共同作用下的社会建构过程。技能形成包括技能知识习得与技能经验累积两个环节，技能知识习得发生在教育过程中，即主要在学校内完成；技能经验累积发生在生产过程，在车间或工作场所完成。故在技能形成实践中，除了学校教育的课程设置，更需要匹配的制度环境和社会基础。

综上，从微观劳动者个人的视角看，技能形成专指劳动者获得技术、技巧和能力的动态过程，相关知识的掌握是技能形成的基础，不断练习是技能形成的途径。技能形成与理论知识的传递方式有很大差异，理论知识的掌握分为三个阶段，即知识的理解、保持、应用，而技能的形成则是在掌握理论知识的基础上通过不断有效的练习，获得在工作中解决各种问题的能力，即掌握理论知识是技能形成的前提和基础，技能的形成在知识的理解、保持和应用以外还要进行大量反复的练习。从中宏观的视角看，技

---

① 王彦军. 日本劳动力技能形成模式分析[J]. 现代日本经济, 2009（5）: 41-46.

② 陶志勇. 构建技能形成体系的中国路径[J]. 中国工人, 2018（9）: 56-57.

③ 李玉珠. 美国技能形成制度的演变及社会建构[J]. 北京劳动保障职业学院学报, 2017（3）: 37-42.

④ 王星. 技能形成的多元议题及跨学科研究[J]. 职业教育研究, 2018（5）: 1.

能形成涉及劳动者、企业、政府、工会、行会等多个主体，是一个多主体复杂博弈的、宏观的社会建构过程，良好的技能形成需要一个社会合作的制度集合去促动。

三、技能形成的路径

技能形成路径是技能形成的实现路线，更是多主体协同互动的博弈结果。技能形成是指劳动者获得技术、技巧和能力的过程，但这个过程并非仅仅是在教育训练的直接现场中接受教育训练的劳动力（或准劳动力）和教育训练的供给方互动的微观过程，而是一个复杂的制度安排，涉及政府、行业企业、劳动力市场、劳动者等多个利益相关者，与经济社会发展需求、社会文化传统、教育体系、政策和制度安排有着密切的联系，具有较强的路径依赖，是一个全政府、协调性治理路径协同作用下的宏观的社会建构过程[①]。

技能形成的路径分内部技能形成、外部技能形成和内外融合的技能形成三种。技能形成的内和外是以企业为参照物，内部技能形成指的是企业内部的在职培训或在工作岗位上通过学习和模仿等方式获得经验并不断练习形成技能，是技能的自我生产；外部技能形成是在企业外部，是技能生产的外部替代，主要包括在职业学校等正规教育部门的学习和实践以及通过企业以外的政府或市场主办的职业培训形成技能的路径。内外融合的技能形成则介于二者之间，在理论上是一种融合了外部技能形成的理论知识特色和内部技能形成的企业技能优势的技能形成路径。

（一）内部技能形成

在内部技能形成中，企业是技能训练供给者，也是除了受训员工之外技能形成的最大受益者。企业在技能训练的成本分担和收益分享方案的制定中拥有绝对的主动权，除了要激励员工积极地参与技能训练，同时要在制度上保证企业获得足够的技能收益且将企业的风险尽量降低，特别是防范受训员工流失带来的技能训练成本沉没的风险。

内部技能形成的优点如下。其一，技能训练方案由企业提供，确保技能供给符合企业需求，在提高劳动者技能水平的同时也提高了技能训练项目的效率。内部技能形成的特点在于简单有效，技能形成高度契合员工的岗位需求或高度结合企业发展需求，以企业的实践经验为基础促进形成技能。其二，企业主导技能训练项目能充分利用劳动者在企业的时间，尽量

---

① 李玉静. 技能形成的全政府治理路径[J]. 职业技术教育，2019（17）：1.

做到技能训练不给劳动者增加额外用时负担。其三，技能训练由企业主导，将劳动者的技能形成与企业内部劳动力市场相结合，在促进劳动者结合企业内部劳动力市场制定职业生涯规划中，起到了稳定雇佣关系的作用，减少了劳动者流失带来的技能供给成本沉没的风险。其四，企业内部技能训练中，担任"师父"角色的通常是企业内部的老员工或者企业专门聘请的技术人员，企业对员工技能的需求他们比较了解，因此培训更具有针对性。

内部技能形成的缺点如下。其一，受训员工流失直接形成沉没成本，因此企业在通用技能（一般性技能）训练中往往有"搭便车"的倾向，也导致企业对通用技能训练的供给不足。其二，企业供给特殊技能（企业专用性技能）训练时，因为技能适用范围很窄，若企业未将特殊技能训练结合员工的职业生涯规划，一旦企业解雇员工，那么员工的技能形成收益损失较大。其三，一旦接受了企业特殊技能训练的员工离开企业，其生产率会下降，进而带来收益损失。根据小池和男的估算，日本的劳动力更换企业后生产水平平均下降10%—20%，即劳动力职业技能中企业专用性技能所占比重为10%—20%[①]。

日本的企业内部培训机制是非常成功的，几乎所有企业都会根据自身的特点采取不同的职业培训方式：持续性的在岗培训、有计划性地送员工去固定的学校或者机构学习、以奖励的形式鼓励员工自主学习。日本开放式的培训模式使日本的职业培训拥有了无限生机和活力，在年功序列工资制和终身雇佣制的保障下，企业供给的技能训练项目深度考虑员工的职业生涯发展规划，稳定的雇佣关系使企业的技能训练项目效果普遍较好：企业通过对员工有条不紊的技能训练项目规划提升了员工的生产率，同时稳定的雇佣关系也规避了员工流失带来的技能训练成本损失，员工个人在企业中也得到了很好的成长。在政府的制度约束和企业内部的发展动力双重驱动下，日本的内部技能形成机制具有很强的可持续性。

（二）外部技能形成

外部技能形成是指职业院校内按照人才培养方案对受训者进行技能训练，以正规教育的理论知识为基础，通过实训教学进行技能训练以形成技能。

外部技能形成的优点如下。其一，减轻了企业的技能训练成本负担，在理论上企业可以直接从市场上雇佣满足其技能需求特征的劳动者，不用支付技能训练成本。其二，以正规职业教育为主的外部技能形成最大的优

---

① 王彦军. 日本劳动力技能形成模式分析[J]. 现代日本经济，2009（5）：41-46.

势在于能够获得技能形成的规模经济，正规职业教育作为专门的技能训练机构可以在规定的时间内培养出更大规模的劳动者，为多个企业、多个领域供给技能型人才。其三，外部技能形成促进了劳动者在外部劳动力市场上的流动，技能受训者的职业选择较多，劳动者能在更大的地域空间、更广阔的生产领域进行职业迁移，外部技能形成鼓励了就业迁移，与内部技能形成中建构稳定的雇佣关系截然不同。其四，职业院校通过建设实训教学环节、校企合作来促进受训者的技能匹配于市场需求。

外部技能形成的缺点如下。其一，以政府投资为主的正规职业教育的人才培养对标企业的技能需求，本身就植入了技能供需不匹配的基因。其二，由于技能训练在企业外部进行，可能导致技能训练的内容和形成的技能水平滞后于市场需求，从而影响受训者的职业迁移。其三，技能训练的社会成本增加。技能受训者在正规教育结束后进入劳动力市场的就业难度加大，岗前的技能训练变得不可或缺，无论是由技能受训者还是由企业支付技能训练成本，都会导致技能训练总的社会成本增加。

以美国为例，美国的企业较为不愿意承担职业教育的成本，因此主要由政府和劳动者个人来承担。美国的技能培养体系主要是以学校职业教育这一外部技能形成机制为主，职业教育课程在学校里很普遍，包括职业与技术教育高中、社区学院等，也有一些组织和机构提供成人职业培训。学校会针对特定的岗位来设计课程，社区学院甚至提供短期内就能掌握技能的培训课程以促进就业。这种简单的技能形成方式和美国职业分工的高度分化有关，二者相互影响。为了维持国际竞争力，美国不断改进职业教育课程，这种高度注重雇主利益的技能形成体系适应了 20 世纪的产业结构，极大地推动了美国的经济发展。随着 21 世纪产业结构转型升级，这种替代式技能形成模式开始不断变革以适应智能制造的发展方向[①]。

（三）内外融合技能形成

内外融合的技能形成路径是指在地理空间上，受训者借助职业院校或培训机构的外部技能形成路径接受职业教育理论学习，通过企业这一内部技能形成路径习得岗位技能。从字面看，尚不能看出内外融合的技能形成路径区别于单纯的内部或外部技能形成的独特之处，其最大的特点在于内部和外部技能形成的供给主体有着密切的合作。职业院校或培训机构的理论训练内容根据企业岗位实际需求来设置，岗位技能的训练则是在企业的工作岗位上完成的，或者是在企业与职业院校或培训机构合作的学习工厂

---

① 李玉珠. 20 世纪美国技能形成体系分析[J]. 职业教育研究，2018（5）：25-30.

中完成的。

内外融合的技能形成路径的特点如下。其一，其突出的优点在于，通过企业与职业院校或培训机构的密切合作很好地实现了受训者技能供给与企业需求的高度契合，受训者毕业后与企业岗位无缝对接，为企业节省了岗前培训的时间成本和经济成本。其二，受训者以准员工或员工的身份接受职业训练，一方面为企业规避了培训成本沉没的风险，另一方面为受训者规划了明确的职业生涯路径，受训者认可职业教育，且技能训练状态稳定，从而保证了培训质量。其三，从社会发展看，内外融合的技能形成路径提早将受训者置于生产环境中，减少了摩擦性失业的风险。

按内外融合的技能形成路径实施劳动者的技能训练需要一定的前提条件。其一，企业拥有高度参与技能培训的积极性，并拥有足够的经济实力和人员储备投入技能训练中。其二，企业愿意在培训阶段接纳受训劳动者为员工，通过建立稳定的雇佣关系规避因受训者离职导致的企业培训成本。其三，整个社会的收入差距较小，职业教育得到家庭的认可，受训者愿意通过接受职业教育并据此进行职业生涯规划。其四，政府对职业教育给予足够的政策支持和资金投入，引导市场资源进入职业教育领域。

德国的双元制职业教育具有典型的内外融合技能形成特征。在德国的教育体系构成中，针对适龄人口实施十年义务教育制度，小学为四年制，小学毕业后学生开始分流，约60%的孩子进入主干中学和实科中学，40%学业相对优秀的孩子进入综合文理中学为升入大学做准备。主干中学和实科中学的学生毕业时已完成十年义务教育，且在学校的安排下做好职业定位，而后进入职业教育学习。德国的职业教育形式有三种：全日制（职业学校）、部分时间制（包括双元制职业教育体系和双元制大学学习）。全日制职业学校是以职业学校为主体的双元制形式，学生在学校学习理论知识（33%的时间）并完成实践学习（22%的时间），在合作企业完成实习（45%的时间）。部分时间制（双元制职业教育体系）分两种形式：一种以企业为主，由企业（20%—30%）与职业学校（70%—80%）合作；不具备教育条件的中小企业则与跨企业培训中心合作。双元制的大学学习还未普遍铺开，主要在一些应用技术大学的个别专业开展，这些双元制的专业与其他大学的专业基本相同，不同之处在于加入了企业实习学期。

德国的产教融合有着深刻的经济社会背景。其一，德国双元制职业教育开展的基础是《职业教育法》，以立法的高度指出职业教育旨在"培养全面的职业行动能力以及终身学习的能力和意愿"，主要的培养途径是双元制职业培训，基本理念则基于国家和私有制经济的合作。德国职业教育培训历史悠久，根据《职业教育法》及德国工商业协会和手工业协会的制度保障，以企业投入为主开展双元制职业教育培养培训模式。其中，马格德堡第三职业学校、跨企业培训中心以及大学的学习工厂，充分体现出德国职业教育校企合作的多种形式和层次。其二，"在德国每个年轻人都应该能够获得职业资格"，这是德国整个社会的共识。而德国的教育体系也为每个年轻人提供了在不同年龄和发展阶段可选择的受教育条件和培养培训模式。其三，德国政府高度支持双元制职业教育。全日制职业学校由政府管辖，部分时间制的双元制职业教育政府也有不同程度的资金和政策支持，从而减少了职业教育办学主体的办学成本。其四，双元制中职业教育对象普遍在接受双元制教育之前与企业签订了雇佣协议，较早地建立了较为清晰的职业发展路径，带薪学习极大地激发了学习的积极性。同时受教育对象与企业建立了稳定的雇佣关系，企业不用担心教育结束后人员流失问题。其五，不论是学校的学习工厂（比如慕尼黑工业大学丁戈尔芬技术中心的学习工厂），还是大学的孵化器，都在德国政府和学校的制度支持框架下，实现了政府、行业企业、学校之间的密切结合，有效地实现了产教融合、培养优秀员工以及提升生产率的目标。其六，注重人才培养的标准化，不论是哪种职业教育形式，学生都需要通过工商业协会或手工业协会的认证考试以获得职业准入资格。其七，德国社会的收入差距较小，接受职业教育且钻研岗位技能并据此进行职业生涯规划的理念深入人心，这成为德国职业教育质量的有效保障。

四、技能形成体系

（一）技能形成的分析框架

技能形成是源自演化经济学的一个概念，国外学者对技能形成体系的研究比较系统。英国莱斯特大学的阿什顿（Ashton）等[1]提出，政府、教育与培训系统、资本以及劳动力四个主体之间的关系是理解一个经济体的技能形成过程的关键。政治、经济、文化和历史背景不同，四个主体博弈形成不同的体制环境，技能在这个体制环境中逐渐形成[2]。英国卡迪夫大学的

---

① Ashton, D., Green, F. Education,Training and the Global Economy[M]. Cheltenham, UK: Edward Elga ,1996; Ashton, D., Green, F., Donna James & Jonny Sung. Education and Training for Development in East Asia: the political economy of skill formation in East Asian newly industrialized economics[M]. London/New York: Routledge, 1999; etc.

② Ashton, D., J. & Turbin, J. Twards a framework for the comparative analysis of national system of skill formation[J]. International Journal of Training and Development, 2000(1).

布朗（Brown）①提出，习得和使用技能都是社会行为，故技能形成必须置于国家政治经济制度框架下才有意义。

国内学者对技能形成需要一个制度框架作为环境基本达成共识。许竞②从政治经济学的视角分析了国家技能形成体系的基本框架，认为工作技能本源于学校教育和工作场所学习，一个国家的技能形成体系同时受教育系统与生产系统的牵制，是国家政治经济和历史文化等体制因素合力作用的结果。李福生等③的研究表明，技能形成体系是社会经济发展到一定程度需要在高位继续向前推进的产物。陶志勇④提出技能形成体系是宏观的、全局视野的，构成技能形成体系的各项制度不是独立的，需要相互之间给予持续的支持。

2017 年 2 月 6 日，中共中央、国务院出台《新时期产业工人队伍建设改革方案》，提出"构建产业工人技能形成体系"，首次使用了技能形成体系的概念，指代中国政府在技能形成上的制度安排和整体规划，它是由一系列制度组成的系统。《方案》围绕加强和改进产业工人队伍思想政治建设、构建产业工人技能形成体系、运用互联网促进产业工人队伍建设、创新产业工人发展制度、强化产业工人队伍建设支撑保障 5 个方面，提出 25 条改革举措，涉及产业工人思想引领、技能提升、作用发挥、支撑保障等方面的体制机制，为推进产业工人队伍建设提供了重要保障。

综上，技能形成体系是一个制度集合，囊括了政府、教育与培训系统、资本以及劳动力四个主体，其具体运行模式还受政治、经济、文化和历史背景的影响。

（二）技能形成模式

阿什顿（Ashton）等⑤提出了技能形成的分析框架，在对亚洲等国家的

---

① Brown, P. Globalization and the political economy of high skills[J]. Journal of Education and Work, 1999(3).

② 许竞. 试论国家的技能形成体系[J]. 清华大学教育研究，2010（8）：29-33.

③ 李福生、段海禹、白杨、刘熠. 新时代完善农民工技能形成体系研究——基于工会院校视角[J]. 就业创业，2018（09）：26-35.

④ 陶志勇. 构建技能形成体系的中国路径[J]. 中国工人，2018（9）：56-57.

⑤ Ashton, D., Green, F. Education,Training and the Global Economy[M]. Cheltenham, UK: Edward Elga, 1996; Ashton, D., Green, F., Donna James & Jonny Sung. Education and Training for Development in East Asia: the political economy of skill formation in East Asian newly industrialized economics[M]. London/New York:Routledge, 1999; etc.

比较研究的基础上归纳出四种技能形成的模式：市场模式、社团合作主义模式、发展型国家模式、新市场模式。许竞提出了转型模式和文化性模式。格林（Green）归纳了四类高技能竞争模式：德国的高技能社会模式、日本的高技能制造业模式、亚洲"四小龙"的开发型高技能模式、以英美为特征的高低技能并存模式①。

德国的技能形成框架是由国家协调社会各部门、各相关主体的利益关系，达成社会合作的方式，培育社会经济发展所需技能的系统性制度安排，包括企业、政府和学徒三方责任分担的技能投资制度、标准化与可转移的技能供应制度、科学公正的第三方技能评价和资格认证制度、公平可信的技能使用制度（涉及薪酬体系、集体协商、学徒制等内容，具体制度为内部劳动力市场制度、工资集体协商制度、技能工资制度）及多方支持的社会合作制度（政府、企业、学徒、社会合作者）等②。

日本劳动力的技能形成模式是以高水平的学校教育为基础，以企业内技能培训为核心，将职前一般性技能教育衔接就业后的企业内技能培训，企业终身雇佣制、内部劳动力市场、员工内部晋升和年功序列工资制等企业劳动保障制度作为制度保障。企业内技能形成主要依托在岗培训（OJT）和离岗培训（OFF-JT），同时注重员工的技能深度和技能宽度训练。

以新加坡为代表的亚洲"四小龙"采用的是开发型技能形成模式，政府的引导在技能形成体系中起决定性作用，政府通过制度和政策引导学校职业教育供给和企业的技能需求，从制度层面建立技能形成体系以有效地解决就业问题。该模式的特点如下：政府通过贸易和产业政策引导雇主的技能需求，教育政策与贸易和产业政策高度协调以确保匹配技能的适量供给，经济增长与教育培训系统保持平行共进。

美国的技能形成框架是以雇主利益为主导的技能替代模式③。因雇主极力压缩人力资本投资成本而形成了以国家和个人为主的技能投资制度，因雇主将技能供给责任转嫁给政府而形成了以学校职业教育为主的技能供应制度，因雇主在生产组织方式上的去技能化和"推压"体制形成了中低技能工人与高管的两极分化。技能形成的社会合作制度在美国基本失效。

英国的技能形成体系中学校教育与产业发展严格分离，由于奉行自由

① 职教论坛. 英国教育领域关于劳动者技能形成研究现状综述[J]. 职教论坛, 2008（2）：38.
② 李玉珠. 德国技能形成体系：演化、利益冲突与制度构成[J]. 职教论坛, 2016（4）：80-86, 91.
③ 李玉珠. 美国技能形成制度的演变及社会建构[J]. 北京劳动保障职业学院学报, 2017（3）：37-42.

竞争的市场经济，国家对学徒制培训等并不强势干预，由自愿性和慈善性组织发挥学徒制培训的管理功能，政府并不对职业培训的内容和标准做强制性统一要求。英国从业人口的技能结构呈哑铃型，不同产业、行业、企业，甚至同一企业内部多采用高技能-高工资、低技能-低工资的发展战略，维系了一种高-低技能均衡①。较高的高技能人才供应铸就了英国高科技领域企业的高品质和创新能力，大量享有低工资的低技能劳动力保障了低成本企业的生存。

无论技术怎样进步，只要技术活动的主体是人类，只要人类的生产活动存在，作为人类技术活动能力的技能就不会消失。因为机器仅仅替代了机械性的操作活动和定常化的思维过程，但在人类技术创新过程中的非定常化和随意性的反应活动是任何机器也不能替代的②。因此，探索产业工人的技能形成，尤其是在科技进步的变革环境中探讨技能这个话题，就显得尤为必要。

综上，在厘清了技能和技能形成的概念内涵以及技能形成的制度框架与路径的基础上，对中国劳动力技能形成的深入研究要聚焦在以下几方面。其一，发达国家技能形成经验的本土化研究。如前所述，德国实施双元制有其独特的经济社会背景，故其产教融合的经验在中国落地生根，既需要技能形成制度的完善与变迁以营造氛围，更需要结合中国实践做出适应性变革以接地气。其二，技能形成的差异化研究。在宏观上，技能形成的制度包建构是一个多元扰动下的复杂系统，涉及政府、行业、企业、学校、家庭等多元主体，且因地区、产业、行业、专业而异，需结合实际分别"开药方"。其三，技能形成的群体差异研究。就技能形成的主体而言，除了增量劳动力的技能形成外，存量劳动力如何在全球工业 4.0 中形成匹配于技术革新和中国经济结构转型需求的技能，是一个需要多学科关注的课题。其四，技能形成中的标准化研究。推动劳动者获得具有一定深度和广度的技能，不仅仅能够满足于岗位技能需求，同时更需具有生存的能力，这应该是技能形成中对劳动者最高的人文关怀。提高劳动者的技能水平需要建构行业准入的技能标准，通过标准促进技能形成中劳动者的技能水平提升，且通过技能标准的动态协调以高度契合产业发展需求。

---

① 许竞. 试论技能形成体系与经济竞争力的关系：英德比较的视角[J]. 职教论坛，2012（4）：84-91.

② 陈昌曙、陈凡. 关于技能的哲学思考[J]. 社会科学辑刊，1990（3）：13-18.

第三节　低技能劳动力的技能形成

一、诠释低技能劳动力

（一）低技能劳动力的概念内涵

低技能劳动力的概念内涵因学者选用的划分依据而异。主流的研究趋势是以劳动力的人力资本内容和水平为依据来界定低技能劳动力。人力资本是一个涵盖了知识和技能、工作经验、健康等内容的多维度概念，人力资本投资的形式有正规教育、在职培训、健康投资、工作迁移等，在研究中常选用受教育程度、在职培训数量、职业技能等级、工作经验年限等指标衡量人力资本水平。有的研究按受教育程度（Lawrence F. Katz、Kevin M. Murphy）[①]和/或职业技能培训差异[②]将受过大学教育和/或职业技能培训的劳动力界定为高技能劳动力，其他则为低技能劳动力。王忠根据劳动者掌握的知识和技能水平，以及能够解决生产操作难题作为判定劳动力技能水平高低的指标。技能人才是在生产或服务一线从事技能操作的人员，在技术工种岗位上职业技能达到国家职业资格一级职业水平的人员为高技能劳动力，而不具备精湛职业技能且在关键生产环节不能解决生产操作难题的则为低技能劳动力[③]。克努特·雷德和莫顿·诺德伯格（Knut Roed and Morten Nordberg）在受教育程度的基础上引入工作经验指标，将高等学校教育和工作经验不超过一年的劳动力界定为低技术工人[④]。马振华、刘春生在充分考虑人力资本水平的基础上，细分劳动力的人力资本内容，依据管理、技术开发和实际应用新技术等不同人力资本，将高技能劳动力界定为能够把生产决策从组织和技术层面落实到操作层面的综合技术工人，将不具备此能力的劳动力界定为低技能劳动力[⑤]。

另有研究以劳动力所从事的岗位工作性质为依据界定低技能劳动力。达伦·阿塞莫格鲁（Daron Acemoglu）将工作岗位划分为生产性岗位和非

---

① Lawrence F. Katz, Kevin M. Murphy. Changes in Relative Wages, 1963-1987: Supply and Demand Factors[J]. The Quarterly Journal of Economics, 1992, 107(1): 35-78.

② 周清杰. 低技能劳动力供给曲线研究[J]. 农业技术经济，2004（06）：18-22.

③ 王忠. 低技能劳动力短缺与广东产业升级陷阱的跨越[J]. 珠江经济，2007（06）：52-55.

④ Roed, K. and M. Nordberg. Have the Relative Employment Prospects for the Low-Skilled Deteriorated after All?[J]. Memorandum (Institute of Pacific Relations, American Council), 2000, 17(1): 67-82.

⑤ 马振华、刘春生. 对我国高技能劳动力短缺现象的新诠释[J]. 西安电子科技大学学报（社会科学版），2007（03）：147-151.

生产性岗位，相应地将从事生产性岗位的劳动力界定为低技能劳动力，将从事非生产性岗位的劳动力界定为高技能劳动力①。贝拉、卡雷和格雷戈（Belan，Carré and Gregoir）在此基础上引入摩擦性失业，认为在摩擦性失业中能够通过自身人力资本向下兼容而降级从事生产性岗位的是高技能劳动力，因人力资本水平较低无法向下兼容而处于失业边缘的则是低技能劳动力②。比如，一个核工程博士可以从事火箭科学研究，也可以从事汉堡生产，一定条件下他可以从火箭科学研究转向生产汉堡，规避失业风险；而一个高中辍学生可以从事汉堡生产，但其人力资本不足以支撑其从事火箭科学研究，在就业冲击中他可能面临失业。故在胜任与自身较高人力资本相匹配的岗位之外还有更多的较低人力资本岗位可以匹配的为高技能工人；反之，除了与自身较低人力资本相符合的岗位之外再无其他较低/较高岗位可以胜任的则为低技能工人，其失业风险较高（Albrecht & Vroman）③。

（二）低技能劳动力的群体特征

低技能劳动力通常具有如下一个或几个特征：低人力资本、低职位、低福利水平、工作稳定性差、高消费倾向。低技能劳动力通常具有受教育程度低、知识和技能水平低、职业培训数量少、工作经验少等一个或几个特征，而从本质上讲恰恰是由于受教育程度低导致了知识和技能水平偏低、职业培训数量偏少。低技能劳动力通常职位较低，这是低人力资本水平的直接结果，也是接受后续人力资本投资困难的致因。比如，受教育程度低导致其很难接受高质量的职业培训，故很难提升人力资本水平，由于在劳动力市场的上升通道受阻，低技能劳动力往往被局限在较低职位上，福利水平较低。由于低技能劳动力自身的低人力资本水平，特别是缺乏职业核心技能，只能通过做简单和基本的工作才能进入劳动力市场，并且位置极不稳定，替代性很强，因此工作稳定性较差④。低技能劳动力的低职位、低收入使得消费、教育、医疗和居住等支出在收入中的占比较高，其消费倾向偏高⑤。低技能劳动力的上述特征以及面临的职业再教育和职业技能提

① Daron Acemoglu. Technical Change, Inequality, and the Labor Market[J]. Journal of Economic Literature, 2002, 40(1): 7-72.

② Belan, P. Carré, M.and Gregoir, S. Subsidizing low-skilled jobs in a dual labor market[J]. Labour Economics, 2010, 17(5): 776-788.

③ Albrecht, J. and Vroman, S. A matching model with endogenous skill requirements[J]. International Economic Review, 2002, 43: 283-305.

④ Hamersma, M. Edzes, A. and Dijk, J. vanÂ. Underqualification as an opportunity for low-educated workers[J]. Environment and Planning C-Government and Policy, 2015, 33(1): 83-103.

⑤ 张一纯、李军、周清华. 低技能低工资人员激励方式初探[J]. 价值工程，2003（03）：18-19.

升的挑战导致其被主要劳动力市场边缘化，大多居于次要劳动力市场上，因而成为各国政府高度关注的群体。

（三）本书中低技能劳动力的范畴

综上，本书依据人力资本内容和水平界定低技能劳动力，选用受教育年限少、职业技能水平低作为判定指标，该群体是受教育水平低、职业技能水平低、工资收入水平低且处于次要劳动力市场的劳动者。低技能劳动力群体更多处于人力资本低端，但在技术进步以及产业转型升级的背景下，由于劳动者面对的市场环境多变，就业不稳定因素全面提升，因此本书将低技能劳动力的概念向外拓展，将那些面临职业中期转换困难的劳动者、受教育程度高但缺乏职业技能的新增劳动力也纳入低技能劳动者的范畴，甚至将人口老龄化背景下就业困难的老年劳动力也纳入低技能劳动力的范畴。本书认为，中国的低技能劳动力是一个综合的概念范畴，既包括人力资本水平较低的农民、农民工、失业者、部分职业中期转职者、低技能老年劳动力，也包括缺乏职业技能的应届中高等教育毕业生。

二、促进低技能劳动力技能形成的缘起

（一）需求：产业转型中对低技能劳动力的需求面临从数量向质量转型

刘易斯（Lewis）在《无限劳动供给条件下的经济发展》一文中提出了发展中国家的二元经济结构特征：传统经济部门和现代经济部门并存。传统农业部门由于劳动力剩余使得劳动力的边际生产力很低，甚至为负，故只要现代城市部门能够提供正的工资率，劳动力供给就是无限的[①]。无限供给的农村劳动力进入城市劳动力市场时，由于工资率要求很低，且人力资本水平很低，往往会基于生存所需局限在次要劳动市场，他们是典型的低技能劳动力群体。基于人力资本向下兼容的特性，一旦遭遇就业冲击，低技能劳动力在强替代性下被边缘化到次要劳动力市场中更差的职业岗位中。刘易斯描述的是工业化发展初期，随着工业发展以及城市化推进，农村的剩余劳动力向城市次要劳动力市场转移的现象。在后工业化时期，经济发展从粗放的规模发展转向以知识密集、技术密集、信息密集为特征的集约化发展，经济发展对劳动力的需求从单纯的数量需求转向质量需求，该需求辐射到全体劳动力，即便是在次要劳动力市场上，低技能劳动力也要掌握基本的技术和信息知识以及岗位技能。因此，在以工业 4.0 为牵引的新一轮工业化进程中，即便低技能劳动力也必须提升基于技术和信息的

---

① 阿瑟·刘易斯. 劳动力无限供给条件下的经济发展[M]. 北京：经济出版社，1954.

职业能力，不断提升人力资本水平，否则会被市场所彻底淘汰。

（二）供给：从次要劳动力市场向主要劳动力市场的就业迭代需求

20世纪60、70年代，强调劳动力市场的分割属性、制度和社会因素对劳动报酬和就业影响的劳动力市场分割理论（Theories of Segmented Labor Markets）应运而生，依照该理论，劳动力市场往往被分割为主要劳动力市场和次要劳动力市场，或一级劳动力市场和二级劳动力市场，两个市场相互没有竞争关系，有着很难逾越的界限。主要劳动力市场提供的工作机会福利水平高，表现为工资水平高、工作福利好、工作环境好、就业稳定、人力资本投资多、晋升机会多、进入市场条件要求较高等；而次级劳动力市场则福利水平较低，表现为工资水平低、工作福利差、工作环境差、就业不稳定、人力资本投资机会少、晋升机会少、进入市场容易等[1]。如果人力资本水平较低，或者类似于户籍的制度排斥，劳动力从次要劳动力市场进入主要劳动力市场几乎是不可能的。抛开制度安排，较低的人力资本水平不仅仅将低技能劳动力局限在较低职位，还长期将其边缘化在次要劳动力市场中，且该群体自身缺乏从次要市场迭代到主要劳动力市场所需的人力资本。故提升低技能劳动力的职业能力是其从次要劳动力市场向主要劳动力市场迭代的关键人力资本基础。

在知识、技术和信息密集型的经济发展中，提升低技能劳动力的职业能力具有重要的意义。马绍尔（Marshall）在1890年提出了人力资本外部性的概念，认为工人间基于工作经验和知识的互动交流会提高劳动生产率[2]。卢卡斯（Lucas）在后续的研究中将人力资本外部性划分为内部效应和外部效应两类：内部效应指劳动者个体的人力资本能提高其自身的劳动生产率和收益水平；外部效应指平均人力资本水平提高能提高全要素生产率[3]。就内部效应而言，通过提升低技能劳动力的职业能力直接提高其自身的劳动生产率，可以促进其迭代到更高收益水平的就业领域，甚至从次要劳动力市场迭代到主要劳动力市场，提升就业质量，并同时拓展其人力资本向下兼容的空间，提升了应对就业震荡的能力。就外部效应而言，提升低技能劳动力的职业能力会提高劳动力整体的人力资本水平，从而获得物质资本最佳配置效率，最终提高全要素生产率，为推进工业4.0储备适宜的人力资源。另外，通过外部效应提升劳动力的平均人力资本水平，能够

---

① McNabb R., Ryan P. Segmented Labour Markets. Sapsford D., Tzannatos Z. (eds.) Current Issues in Labour Economics[C]. Basingstoke: Macmillan, 1989.

② Marshall, A. Principles of Economics[M]. London New York: Macmillan, 1890.

③ Lucas R. On the mechanics of economics development[J]. Journal of Monetary Economics, 1988, 22(1): 3-42.

促进一个经济体形成终身学习的氛围，引导低技能劳动力制定职业生涯规划，从低技能-低职位-低收入的恶性循环走向中高技能-中高职位-中高收入的良性循环，消除其贫困的根源。

三、低技能劳动力技能形成的分析框架

如前所述，低技能劳动力是一个以低人力资本水平为典型特征的群体，由于该群体的细分特征差异、在产业转型升级中的角色定位差异，基于技能形成的职业能力开发需求、开发方式和开发内容均有差异，其技能形成的路径以外部技能形成为主。

（一）人力资本绝对数量少的劳动力

人力资本绝对数量少的劳动力是典型的低技能劳动力，他们被边缘化在次要劳动力市场，其职业能力开发是一个相对宽泛的概念，主要内容包括岗位技术知识、岗位工作技能、行业认知性知识和技能。其职业能力开发的目标是通过改善岗位所需的人力资本水平以及拓展行业认知提升保有一份职业的能力、应对就业震荡的能力，旨在通过改善就业质量奠定经济基础。这类劳动力处在人力资本低端，是人才结构的金字塔底座。根据人力资本理论，提升该类劳动力的人力资本投资收益是相对较高的，由于显著的人力资本收益外部性，各国政府相当重视其职业能力开发，人力资本投资的社会收益在绝对数量上以及相对意义上均强于个体收益。

（二）人力资本相对数量少的中年转职劳动力

人力资本相对数量少的劳动力指面临中年转职的劳动力。在人的经济生命周期中，青年阶段劳动生产率逐渐提升，人力资本投资收益随之提高；中年阶段的劳动生产率最高，此时人力资本投资的收益达到峰值；老年阶段的劳动生产率逐渐降低，随之收益不断衰减。综上，在人的经济生命周期中，人力资本投资收益呈倒 U 形，是一个自然的过程。处在人力资本中高端的劳动力由于人力资本存量水平较高，可以不干预人力资本投资收益衰减的过程，但处在人力资本低端的低技能劳动力以及处在人力资本中端的部分劳动力则需要借助职业能力开发阻止收益衰减并维持一定的就业质量。一方面，处于人力资本低端的劳动力的人力资本存量很少甚至为零，人力资本向下兼容的空间很小，在中年阶段以后，其收入衰减更快，且衰减的空间最小，基于提升就业质量的正向就业迭代完全依赖于职业能力提升。处在人力资本中端的劳动力在中年阶段可能面临被动转职，比如，技术进步使得原有就业岗位技能升级，既有人力资本不适应新的岗位技能需求，劳动力不得不更新职业技能；或者技术进步直接淘汰了既有就业岗位，

劳动力的人力资本贬损为零，不得不迭代到其他就业领域。无论是上述哪种情况，劳动力都必须提升职业能力。中年转职劳动力的职业能力开发内容主要包括岗位技能更新升级、行业通用知识和工作技能习得，旨在适应技术进步的需求，能够继续留在原岗位，或者在被迫转职时能够平行迁移到其他就业领域，甚至迭代到更好的就业领域。中年转职劳动力是经济发展的中坚力量，是知识和技术传播应用的重要媒介，也是家庭的主要经济来源，无论是基于经济发展的考量，还是基于民生的考量，都是职业能力开发的重点群体。

（三）人力资本存量衰减下的老年劳动力

老年阶段劳动力生产率下降的致因有二：一是自身的健康存量衰减，二是自身的知识和技术过时。老年劳动力健康存量衰减，可以选择退休。但目前全球各国普遍遭遇人口老龄化、少子化，劳动年龄人口紧缺，因此开发老年劳动力成为维持劳动力规模的路径之一，最具代表性的是人口老龄化程度较高的日本、韩国等国家。由于老年劳动力普遍会经历自身知识和技能存量衰减，甚至因为健康存量衰减而降低新增人类资本投资的效率，相对于中青年劳动力，老年劳动力的职业能力开发会有自身独特的方面。老年劳动力职业能力开发的主要内容是基于人力资本存量贬损而更新知识和技能。

（四）受教育程度较高但职业技能较少的高端人力资本承载者

处在人力资本高端的部分应届（毕业后0—3年）高校毕业生，受教育程度较高但职业技能较少，本书也将其列入低技能劳动力的范畴。该群体的主要特征如下：受教育程度高，在就业压力下有接受新增人力资本投资的主观意愿；年轻，新增人力资本投资的效率高；初入劳动力市场且就业不稳定，新增人力资本投资的机会成本低。该群体职业能力开发的主要内容是岗位技能，能够熟悉工作场景、掌握岗位工作技能、知晓行业通用知识和技能，从而将理论与实践知识有效融合。该群体处在人力资本高端，是一个经济体创新的主体。

第四编 实证：低技能劳动力技能形成的国内外实践

第十章 典型国家低技能劳动力技能形成的机制

世界各国政府都重视低技能或者中低技能劳动力的技能形成问题，因为高端人才在人才金字塔中居于顶层，且占比相对较小，可以从经济体外引进，但中低端劳动力规模足够庞大，完全依靠移民政策在数量上不太可行，再加上中低技能劳动力尤其是低技能劳动力的就业福利较差，这类移民规模过大会给政府增加财政转移支付以及公共服务的压力。因此，在技术进步以及经济转型中，如何促进中低技能劳动力尤其是低技能劳动力提升技能水平以满足产业发展需求，同时减小该群体的就业震荡，就显得非常必要。本书选取日本、韩国、新加坡和印度四个亚洲国家，追寻其促进中低技能劳动力技能形成的历史轨迹，观察各国中低技能劳动力技能形成的机制，拟为中国以农民工为主体的低技能劳动力技能形成提供借鉴。

第一节 日本

19世纪70年代以来日本的经济发展可划分为六个阶段：第一阶段是二战结束以前，第二阶段是1945—1955年，战后恢复期；第三阶段是1956—1973年，高速发展期；第四阶段是1974—1989年，低增长转型期；第五阶段是1990年泡沫经济破灭后的产业结构调整期；第六阶段是第四次工业革命至今。不同的发展阶段产业结构调整的趋势和特点不尽相同，对人才的技能需求也呈不断变化的态势，相应地，日本的正规职业教育和职业培训通过不断的变革以适应人才需求的变化。特别需要指出的是，以政府助力下的日本企业培训非常完善。在促进劳动者技能形成的正规职业教育和职业培训两个途径中，企业培训成为正规职业教育强有力的补充，弥合了正规职业教育人才培养与企业需求的差距，有力地促进了劳动者的技能形成。本节通过梳理日本产业结构调整过程中职业教育和培训的发展轨迹，以期为我国创新驱动发展战略下，企业身处经济结构调整过程中，面对经济转型的重重困难与压力，如何促进劳动力的技能形成提供启迪。

一、日本产业结构演进中的企业培训适应

（一）二战结束以前（19世纪70年代末至1945年）

19世纪70年代末期，日本产业革命兴起，由于机器大工业代替工场手工业，社会需要大量的技工和职业人才。为了更好地发展职业教育，日本政府于1893年颁布了《实业补习学校规程》《徒弟学校规程》和《简易农学校规程》，1894年颁布了《实业教育费国库补助法》[①]，1899颁布了《实业学校令》，提倡兴办实业学校和职业教育，希望借此培养大量熟练工和技术工。此后又陆续颁布了《工业学校规程》《农业学校规程》《商业学校规程》《商船学校规程》，职业学校数量开始迅速增加。

在日俄战争后，日本迎来产业革命大发展时期，各地都开始兴办大规模的工厂。以第一次世界大战为契机，日本的电气、机械、化工、造船等工业部门获得了长足发展。但当时的工业学校偏重于对具有手工业色彩的工业进行指导教育，显然与新兴工业发展的需求不相适应，故在新兴企业内部涌现出一批企业自办学校，专门教授本企业所需的技术技能以弥补工业学校发展的不足。此间有的企业甚至不满足于培养普通职工，开始培养少数高级优秀员工。二战来临之前，日本国内试图从战备和经济方面保证战争所需，但机械工人的极度短缺阻碍了其重工业的发展，技工短期培训作为补充劳动力的应急措施应运而生。很多只有小学或者初中文化程度的人被招募进企业，经过大概6个月的短期脱产教育，即速成为能应付基本机械操作等工艺需求的技术工人。1911年，日本政府颁布了《工厂法》，这是最早与职业训练有关的法律，它在工厂、雇佣工人等方面做了详细的规定。1926年，日本政府公布了《青年学校令》，进一步规范了企业的教育培训，多数企业按照该法令设置企业教育培训设施。到了1935年，以见习工教育为目的的企业教育培训设施几乎全部以《青年学校令》为依据进行设置。同时，在企业教育培训设施中逐渐增加了带有体育、娱乐等福利色彩的设施[②]。

第二次世界大战期间，其国内为了支持侵略战争不断扩大再生产，迫切需要劳动力，尤其是为了确保军工生产所需的技术人才，日本政府1939年

---

① 张继文. 日本职业教育的立法及其思考[J]. 成人教育，2004（4）：78-90.
② 唐莉霞. 战后日本企业内部职业教育的历史考察[D]. 重庆：西南大学，2006.

颁布了《工厂企业技术培训令》，规定企业有义务培训技工，培训内容包括思想教育、工人必备的知识和技能，且培训期限为 3 年[①]。《工厂企业技工培训令》成为日本企业教育培训进入划时代发展的标志。随着日本对中国等亚洲国家侵略的不断加深，日本产业特别是重工业规模迅速扩大，迫切需要培训大量骨干员工，除了实业学校培养的技术骨干员工以外，政府开始着手将企业教育培训置于国家控制之下，不允许企业自由安排教育和培训[②]。

　　1917 年，日本设立了直属内阁的、以研讨长期课题为目的的咨询机关"临时教育会议"，文部省根据其提交的诸多咨询报告制定教育改革方案并付诸实施，教育政策成为日本综合性国家政策的有机组成部分。为应对第一次世界大战后学生思想的变化，1931 年 7 月日本设立了"学生思想问题调查委员会"，审议并分析学生思想问题[③]。1937 年 12 月 10 日，日本政府成立教育审议会，审议全部教育制度内容的更新、振兴及改革的基本方针，它与临时教育会议成为强有力的文教政策审议机关[④]。1942 年 5 月 9 日，日本撤销教育审议会，在内阁设立"大东亚审议会"，策定处于"大东亚建设"中的文教政策，该机构完全被军国主义所左右[⑤]。教育审议会要求日本教育事业的发展须与国内外发展形势相吻合，而当时主导日本应对国内外形势的恰恰是军国主义，结果日本的国民经济被完全纳入战争轨道，以培训经济发展所需劳动力为主要任务的企业培训也受到很大负面影响。在军国主义影响下，战争时期日本的职业教育和企业培训呈现出如下特征：一是高度重视工业特别是制造业所需人才的培养，努力构建与战争时期经济发展需求相适应且以工业教育为核心的职业教育体制；二是企业培训呈现出军事化特征，企业培训政策逐渐背离了提高员工技术能力的目标，由日本政府修订的《实业教育规程》充满了浓重的军事化色彩，将企业培训完全纳入为全面侵略战争服务的军事轨道上。这个背景下的日本企业培训的良性发展严重受阻，企业培训一度成为日军侵略战争的工具之一[⑥]。在日本军国主义政策的影响下，

---

① 罗朝猛. 日本职业教育立法的嬗变及其特色[J]. 职业教育研究，2016（6）：156-156.

② 尹丽莉. 日本企业培训的制度研究[D]. 成都：四川师范大学，2008.

③ 史景轩、王印华. 日本教育审议会制度的演变及其历史作用[J]. 保定学院学报，2012（1）：111-116.

④ 文部科学省. 学制百二十年史[EB/OL]. [2011-07-05]. http://www.mext.go.jp/b_menu/hakusho/html/hpbz199201

⑤ 史景轩、王印华. 日本教育审议会制度的演变及其历史作用[J]. 保定学院学报，2012（1）：111-116.

⑥ 尹丽莉. 日本企业培训制度研究[D]. 成都：四川师范大学，2008.

一直到 1945 年日本战败投降后，日本的各级各类企业培训几乎都陷入了瘫痪状态。

（二）战后恢复期（1945—1955）

二战后日本产业结构调整是通过产业政策引导实现的。政府采用倾斜式的生产方式集中力量重点恢复和发展煤炭、钢铁、电力和造船业，再以重点投入的部门带动整个工业回升[①]。到 20 世纪 50 年代中后期，工业生产已基本恢复到战前水平。

产业结构的调整使得社会对高中水平的普通技工的需求增加，文部省教育革新委员会于 1947 年制定了《学校教育法》，为正规职业教育即学校职业教育发展提供了相应保障。这一时期的职业教育运行模式受到政府的直接调控，在国家单独直接负责职业教育的培养模式下，职业教育的计划、组织、控制都是以行政命令的方式来实施，因而人才培养的质量受到较大限制，导致毕业生达不到职业的相关要求。虽然职业教育的发展受限，但在客观上却促使企业培训日益成为培养人才和促进就业的重要补充。企业培训发端于纺织业，并在重工业得到广泛推广。1949 年，日本引进美国的企业人员培训方式，企业培训由此得到了充分延续和长足发展[②]，并成为正规职业教育的重要补充[③]。1951 年 6 月，《产业教育振兴法》获得国会通过并得以颁布，政府对初高中、大学的职业教育进行财政资助，重点是补充职业高中的教学设备，为职业高中的设施和设备达到一定标准提供了法律保障。《产业教育振兴法》还界定了职业教育的基本概念和原则，是一部《教育基本法》《学校教育法》《社会教育法》的补充法，更是日本职业教育发展史上具有里程碑意义的一部法案。此间企业培训呈现出如下三个特点。

一是日本政府制定了一系列法律法规，以保障日本企业制度的发展。1947 年 4 月，日本颁布了《劳动基准法》，对劳动标准和职业训练的目的做出了规定。此外，该法第 7 章中加入了《技能者培训章程》，其目的是避免徒弟制度中封建因素对劳动者的危害，以保护青少年劳动者的利益。1949 年，修订过的《技能者培训章程》中指定的职业种类对象扩大到了 147 个，培训制度逐步固定下来。此外，为了培养产业扩大所需的劳动力，且基于职业安定和经济恢复的目的，日本政府于 1947 年 11 月颁布实施了《职业安定法》。该法的主要内容是针对战后复员军人、战争受害者及归国人员等失业

---

① 李文英. 战后日本职业教育的发展与特点[J]. 职业技术教育，2009（25）：79–83.

② 李文英、史景轩. "二战"后日本职业教育的发展趋势[J]. 教育与职业，2010（12）：20–22.

③ 李京勋. 日本产业结构调整及其对中国的启示[D]. 延吉：延边大学，2002.

人群制订了职业辅导制度，通过实施职业教育为其提供就业机会，以满足产业扩张的需要。

二是日本企业开始重构劳务管理模式，虽然管理形态与战前没有较大差别，但在组织结构上撤销了以往的身份阶层制，学历阶层结构受到了重视。与此同时，在劳务管理中还引进了人事考核制度、人际关系管理、职务分析评价等，并且重新审查了职业资格制度。日本企业一改以往重视骨干精英、忽视普通员工，重视管理阶层、忽视一般阶层的做法，将企业人事管理的重心从精英阶层转向全体正规员工。全体员工的人事待遇，特别是工资水准逐步提高。

三是日本企业内部教育和培训制度逐渐从人事制度向"能力主义制度"发展，旨在更好地推动企业发展①。此间日本的企业雇佣形态主要是终身雇佣制，企业根据员工学历和进入公司的先后顺序确定员工的身份关系顺序，据此在企业中长期维持着上下级的从属关系，在一定程度上限制了员工教育和培训成果的应用。企业虽然看到了这个困局，但却又很难打破这一模式，由此企业教育和培训进入反省期。鉴于日本从美国引进的教育和培训模式在企业内已经稳定扎根，企业试图在生产设备、生产技术升级的同时研究如何提高教育和培训的效果及有效应用②。到了 20 世纪 50 年代，日本经济形势逐渐好转，企业效益不断提高，随着不断引入新的人事管理理念，日本企业不仅加大了对全体员工的教育和培训投资力度，还相继开展了以企业高层为对象的 CCS25 讲座、以中层干部为对象的 MTP26 讲座和以现场监督者为对象的 TWI27 讲座等定型教育③，有针对性地提升企业全体员工的知识、技能和职业素养。由此，日本企业内部教育和培训制度逐渐实现了从人事制度向"能力主义制度"的过渡。

（三）经济高速发展期（1956—1973）

进入高速发展时期，日本仍然利用产业政策充实基础产业、扶持新兴产业、强化支柱产业，实行产业组织合理化政策和向技术集约化推进的产业政策，逐渐从 20 世纪 50 年代中期以农业和轻工业为主过渡到以重化工业为主。

在经济高速发展阶段，日本经济发展对人才的需求出现全面井喷。一方面，为了经济起飞，日本全面、大量地引进了重化工技术，从而引发了对这些重化工技术进行消化和吸收的人才的急迫需求。另一方面，技术革新和经

---

① 杨海涛. 日本产业结构调整的启示[J]. 绍兴文理学院学报，2008（1）：74-77.

② 刘娟娟. 战后日本企业教育培训的发展和转型[D]. 上海：上海师范大学，2009.

③ 郭迪佳、宋德玲. 论日本企业培训模式的演进[J]. 佳木斯大学社会科学学报，2009，27（1）：35-38.

济发展不仅提升了对初级职业技术人员的需求，同时也迫切需要大量受过更高一级教育的专门技术人员。日本依托中等职业教育中的职业高中培养初级职业技术人员，在职业高中增设农业学科、工业学科、商业学科和信息技术学科等以期与经济发展和产业结构调整相适应。1957 年，日本政府颁布了《产业教育津贴相关法令》，对农业、水产职业高中的教师支付特殊津贴[①]。与此同时，为了培养高层次专门技术人员，日本于 1962 年创建了高等专科学校，作为培养中级技术人员的专门机构[②]。20 世纪 70 年代日本初步形成了由职业高中、专修学校、高等专科学校、短期大学、技术科学大学构成的职业教育体系[③]。

　　然而，政府主办的职业高中学生的技能长期以来不能满足企业界的需求，且公共职业训练机构培训的劳动力也不能完全满足企业岗位的需要，职业技术人才的供给和需求之间出现了严重错位。为提升人才供需的适配性，20 世纪 70 年代，日本政府决定把职业教育的实施权下放给企业，先后颁布了《职业训练法》（1958）、《新职业训练法》（1969）、《部分修改职业训练的法律》（1978），旨在落实企业作为职业培训实施主体等事宜，指出"企业主在为其雇员提供职业训练方面承担主要责任，公共当局的主要任务是对雇主所开展的职业训练活动进行鼓励和帮助"[④]，同时还详细规定了职业训练的类型、职业训练的认定、技能鉴定及实施办法，并提出了终身职业训练、改善技能鉴定的内容和实施体制[⑤]，从法律上确定了职业培训的必要性和强制性，为企业开展职业培训施加了压力，提供了动力。事实上，随着日本企业生产力迅速崛起、经营规模和经济实力逐渐增强，企业完全有能力胜任职业培训实施主体的角色，企业内部的职业教育由此进入快速成长期，各大企业纷纷建立了专门的培训部门从事企业内培训[⑥]。

　　此间日本企业内培训呈现出如下特征。其一，为了适应经济高速增长和产业结构高级化，日本企业积极引进西方先进的生产技术，但并不是照搬照抄，而是结合日本国和企业的实际需求进行消化、吸收和提高，因而企业内培训的内容更加注重向员工传授以新生产技术为核心的系统性知识培训，引导员工实现知识更新和升级。通过企业自发的技术升级和内部培训，在企业

① 张继文. 日本职业教育的立法及其思考[J]. 成人教育，2004（4）：78-90.

② 马常娥. 韩国的产业结构调整及其启迪[J]. 世界经济与政治论坛，2001（2）：18-22.

③ 权锦兰. 韩国职业教育的发展及启示[J]. 现代技能开发，2003（7）：114-116.

④ 王璐、张学英. 典型国家职业教育嵌入产业机构调整的实践研究[J]. 职教论坛，2012（6）：92-96.

⑤ 宫靖、祝士明、柴文革. 日本职业教育立法的演进[J]. 中国职业技术教育，2009（4）：19-22.

⑥ 王璐、张学英. 典型国家职业教育嵌入产业机构调整的实践研究[J]. 职教论坛，2012（6）：92-96.

内部直接消除了人职的结构性不匹配问题。日本在此间的企业培训可以堪称高效率的职业培训。其二，在日本企业内开展职业教育和培训的初衷是针对企业内部不同职务分工来提高员工技术水平和管理艺术进而提升企业的生产效率。在具备了良好的企业内部职业培训效果和培训条件的基础上，随着日本政府先后颁布《产业通商政策》和《职业训练法》，日本企业逐渐将企业内基于不同职务分工或部分岗位需求的内部培训拓展为面向日本社会需求的社会性职业培训。随着企业参与的社会性培训日臻成熟，日本企业几乎能够提供产业发展涉及的所有工种的职业培训，企业职业培训成为培养日本经济高速增长所需人才的强有力支撑，日本经济高速增长时期也是日本企业培训的繁荣发展时期。

（四）低增长转型期（1974—1989）

日本经济的高速发展态势一直持续至 1973 年第一次石油危机的爆发，能源价格上升迫使日本进行第三次产业机构调整，从以重化工业为主转向发展知识密集型产业，主导产业是汽车和电器机械，旨在减少经济发展对资源、能源的消耗。基于此，日本提出了"科技立国"的口号，并不断加大科技投入。此间日本第一产业发展非常缓慢，第二、三产业平稳发展，其中第二产业在 GDP 中的占比从 1974 年的 36.4%增至 1989 年的 37.4%，第三产业的占比从 1974 年的 58.8%增长到 1989 年的 60.0%。

从劳动密集型向知识密集型和服务型经济的转型带动了劳动力就业由第一产业向新兴产业的转移，从而引发了职业技术人才培养政策的调整。其一，由人才培养的多样化向基础化方向转变，要求职业高中重视基础教育，要求学生掌握基础知识和基本技能，以综合性基础性学科为主，强化与劳动有关的体验学习，以提高学生的能力和职业适应性[①]。其二，职业教育重心上移，更重视教育的终身化和创造性能力培养。自 20 世纪 70 年代以来，短期高等职业教育以专修学校的成立为契机不断扩充，提升了专门的职业学校的规格和地位，职业教育体系的社会开放度也不断加深[②]。

在这个阶段，日本企业培训日趋成熟，培训机制不断完善，企业培训成为促进企业发展的长效机制。即使在第一次石油危机后的经济发展低迷阶段，很多企业仍然坚持斥资建立培训中心，企业培训在日本企业家心中的重要性可见一斑。在已经日臻成熟的全员分层培训的基础上，日本的企业培训出现了新的变化。其一，企业根据产业结构调整方向适时调整了人才培养方

---

① 李文英. 战后日本职业教育的发展与特点[J]. 职业技术教育，2009（25）：79-83.
② 王璐、张学英. 典型国家职业教育嵌入产业机构调整的实践研究[J]. 职教论坛，2012（6）：92-96.

向。在知识密集型产业占主导的产业结构下，针对岗位的知识密集型特点，日本企业培训特别尊重员工的个性特点，集中培养解决问题型人才，以提升员工面对环境变化自主探索应对策略的能力。其二，企业培训努力促进企业向"学习型企业"转型，在企业内部营造学习氛围，为员工提供学习机会，以期在知识密集型产业发展中获得可持续发展的竞争力。其三，为了顺应企业国际化发展的需求，企业培训开始主要服务于企业开拓海外市场的人才需求，着眼于外语和外国文化的培训。其四，企业普遍重视企业精神、企业文化、集体主义等方面的软性培训，并尝试按部门、年龄、性别进行组织配合，以期提升培训效果。

（五）泡沫经济破灭后（1990 年—21 世纪初）

自 20 世纪 90 年代开始，日本的经济形势急转直下，从泡沫景气的巅峰滑入萧条。为了重振日本经济，日本进行了新一轮产业结构调整，产业结构从传统工业部门迅速过渡到技术密集型的新兴工业部门，2000 年，制造业比重停止上升，第三产业在经济中所占比重提高到 56.3%，信息服务业的兴起使产业结构呈现"社会服务化趋势"。[①]

20 世纪 90 年代以来，为应对产业结构高级化，日本的职业教育体系不断完善，内容不断充实，层次不断提高。其一，职业高中在重视基础知识和技能的同时进一步充实专业教育，以便为学生打下能够终身提高职业能力的基础。其二，实施短期高等教育的学位制度改革，如在高等专科学校设置专攻科并建立了副学士学位制度。其三，建立了专业研究生教育制度以培养具有丰富经验和国际视野的高级专门职业技术人才。

在泡沫经济破灭后的长期经济低迷中，虽然日本企业的培训规模和费用有所减弱，但企业培训在日本的地位丝毫没有动摇，反而有加固的趋势。与经济低迷的发展态势相反，日本企业培训却在不断进步，为下一轮经济增长积蓄人力储备。此间日本的企业培训引入了更科学的培训制度，以培养新时期所需要的、具有创新精神并能够适应新时代要求的国际型人才。但是，这一时期的日本企业培训也是备受争议的。一方面，虽然能力主义在 20 世纪60 年代已传入日本，但实际上，在企业内部年功序列制还是占据主导地位，评价员工的主要指标是以学历加工龄为主，这给员工个人评价、晋级、乃至工作激情都造成了不小的阻碍。另一方面，日本成年人的在职培训主要依托企业进行，企业也具有对员工进行人力资本投资的惯性。但是，一个人从进入企业开始直到退休所参与的大部分教育培训几乎都是在企业中进行的，虽

---

① 王璐、张学英. 典型国家职业教育嵌入产业机构调整的实践研究[J]. 职教论坛，2012（6）：92-96.

然对员工而言日本企业提供教育培训是一项很好的员工个人福利,但这终究是企业一项沉重的经济负担,尤其在经济萧条时期更是如此。

(六) 第四次工业革命以来

日本学者寺田盛纪[①]认为,日本从工业化的起飞期,经过工业化社会,进入 IT 社会的全盛阶段,经济增长已经多年停滞不前,为了经济发展供给人才的职业教育的任务已经结束,职业教育和培训应不仅以知识和技能为中心,更应将引领发展的可持续核心竞争力纳入培养目标和内容,通过打造"一个无论是职业教育还是学术教育,学生都可以得到同等待遇的社会",赋予受教育者各种职业所需要的知识和技能相匹配的"为了学生职业生涯发展的职业教育",这是对职业教育的重新定义。这个观点无疑将会影响企业培训的内容和发展方向,培养职业关键能力的职业培训对追求幸福生活更为重要,但基于其一般培训的特征,企业在经济低迷时期会比较抗拒提供这类培训,而更愿意"搭便车"。因此,企业会将有限的职业培训资源投资在特殊培训上,为改善企业竞争力而专注于提升员工基于特殊培训的职业能力。

从 20 世纪 90 年代开始,随着互联网技术(Internet Technology,IT)革命的推进,日本就业形态发生了很大变化,尤其是年轻人的就业问题日益凸显,年轻人中非正规就业日益增多、失业率增加、就业不稳定性增加,原有的终身雇佣制受到挑战。从 1990 年到 2011 年,日本非正规就业占从业人员的比例从 20.2%上升至 35.2%(新井吾朗)[②]。企业在经济低迷的环境中基于节约成本的思想在逐渐减少一般性技能培训支出、增加雇佣非正式员工。年轻人愿意从事非正规就业,喜欢享受假期。但是正规就业和非正规就业的福利水平差距很大,从事非正规就业的员工在低福利水平下为降低生存负担而越来越倾向于选择不婚不育,由此带来严重的社会问题。基于此,2003 年 6月日本厚生劳动、文部科技等四大臣提出了《年轻人自立的挑战计划》,并依托此计划于 2004 年 6 月推行职业教育双元制。

2015 年 OECD 开展的国际成人能力评估调查(PIAAC)推算的结果显示,日本对人才的投资水准在国际处于较低水平。日本内阁府也在 2018 年指出,1990 年后日本企业的职业教育训练实施率呈下降趋势,企业对员工的人均直接教育训练费用和其他国家相比处于较低的水平。日本内阁府于2018 年 2 月实施了"企业教育训练等意识调查",对各企业的人力资本投资

---

① [日]寺田盛纪著,王晓华译."成熟社会"的职业教育——对职业教育研究和政策的探讨[J].职业教育研究,2017(12):83-90.

② 2019 年 6 月 24 日,中国职教学会职教师资专业委员会与天津市职业教育发展研究中心共同举办"中日现代学徒制学术研讨会",日本职业能力开发综合大学能力开发应用系新井吾朗副教授做主旨报告《日本型现代学徒制》,日本非正规就业的数据引自该报告。

进行了推算，平均每年对每位劳动力的投资是 28 万日元，上市企业约为 36 万日元，非上市企业是 25 万日元。加藤永沼指出，上述现象出现的原因是由于日本经济形势变差，企业在巨大的削减成本压力下普遍削减了研修支出，同时企业增加非正式雇佣、抑制招聘新员工的举措均在一定程度上助力了人力资本支出的减少。

日本把提高劳动者技能素质喻为"技术立国"的基石。从全球工业发展的历史看，在机械化、电气化和信息化三次工业革命后，目前正迎来以智能机器、传感器、人机互交等一系列科技进步和信息网络化为特征的第四次工业革命，即工业 4.0。安井洋辅、森内岳等人在《第四次工业革命的新技术和企业的生产性》中对日本企业中新技术的引进状况及新技术对生产性和雇佣的影响进行了分析，发现企业引入的新技术包括大数据、人工智能、机器人、3D 打印、云计算等。结果显示，36% 的企业至少引进了一项新技术，已引进新技术加上筹备引进中的企业总比例达到总数的 60%，新技术的引进无疑具有提高生产率的效果。调查发现，积极引进新技术的企业都是较新的企业，企业的领导者年龄较低。为了适应第四次工业革命带来的变革，除了积极引入新技术强化技能型人才的培养，加强高素质的职工队伍建设也迫在眉睫。日本厚生劳动省 2001 年实施的《能力开发基本调查》结果显示，无论是企业还是个人都普遍认为企业在劳动力职业技能训练中起主导作用，且普遍认可员工在企业实施的 OJT、OFF-JT 中获取职业技能的途径。

二、日本版双元制与企业员工培训

第四次工业革命以来，面对产业对技能人才的新需求以及青年一代非正规就业日益增多带来的社会问题，日本政府出台了一系列包括双元制职业教育和企业参与职业培训的激励政策和制度。本书中日本双元制职业教育的内容主要来自日本厚生劳动省所属职业能力开发综合大学校新井吾朗于 2019 年 6 月在"中日现代学徒制学术研讨会"上的主旨报告《日本型现代学徒制》及部分期刊文章。关于日本企业培训内容及实际运行情况的梳理是在查阅小寺信也、井上祐介对近年来干预日本企业人力资本投资特征和效果的研究①，日本厚生省官方网站 2018 年发布的《能力开发报告书》②，安井洋辅、

---

① 小寺信也、井上祐介. 企業による人の資本投資の特徴と効果. [EB/OL]. [2018-08]. https://www5. cao.go.jp/keizai3/discussion-paper/menu.html.

② 日本厚生省. 能力開発報告書 [EB/OL]. [2018-03-30]. https://www.mhlw.go.jp/stf/houdou/ 0000200645.html.

森内岳、渡会浩纪关于第四次产业革命中新技术与企业生产性的研究[①]，厚生劳动省官方网站发布的人才开发支援补助金制度[②]等资料的基础上完成的。

（一）日本职业教育双元制

2003 年，内阁府、厚生劳动省、文部科学省和经济产业省推动出台了《年轻人自立挑战计划》，将实务·教育连接型人才培养体系——日本版双元制作为面向年轻人的实践性教育·能力开发的新措施，采用企业实习和教育·职业培训相结合的方式，将年轻人培养成能够独挡一面的职业人，旨在解决青年劳动力就业问题。2004 年，文部科学省制定了《推进在专业高等学校开展"日本双元制"》，此后双元制在全国实施。日本的双元制职业教育以厚生劳动省为主，由文部科学大臣、厚生劳动大臣、经济产业大臣、经济财政担当大臣共同推进，由学校和企业交替实施知识学习和实践培训[③]。

日本学校职场混合型教育·培训分两大类（如表 10-1-1 所示）：教育培训机构主导型和企业主导型。教育培训机构主导型是由职业学校等教育培训机构接受培训生，并寻找合作企业共同制定培训计划，职业学校等教育培训机构负责培训生的理论学习指导，企业负责实施实践培训，可分两类：（1）学校+企业，主要是指专业学校；（2）职业能力开发设施+企业，主要指职业能力开发促进中心的短期课程和附加企业实习的培训，此外还有职业能力开发短期大学，进行专业课程教育和训练。企业主导型是由企业以非正式雇佣的形式录用培训生，再寻求与职业学校等教育培训机构合作制定培训计划，在企业内实施（OJT），在合作学校和教育训练机构实施（OFF-JT），主要体现在企业开展的 OFF-JT 部分，分为固定期限和无固定期限雇佣两种：（1）固定期限的培训主要是短期实习型的培训；（2）无固定期限的培训主要是基于职业资格认定和实习而开展的职业训练。双元制项目初期启动时主要以教育机构为主，培训形式大概有三类：3 天/周的 OFF-JT，2 天/周的 OJT；上午 OFF-JT，下午 OJT；以 1—2 个月为周期 OFF-JT 与 OJT 交替轮换。

---

① 安井洋辅、森内岳、渡会浩纪. 第 4 次産業革命における新規技術と企業の生産性. [EB/OL]. [2017-09]. https://www5.cao.go.jp/keizai3/discussion-paper/menu.html.

② 厚生劳动省. 人材開発支援助成金制度導入活用マニュアル [EB/OL]. https://www.mhlw.go.jp/stf/seisakunitsuite/bunya/koyou_roudou/koyou/kyufukin/d01-1.html.

③ 陆素菊. 日本模式职业教育双元制的试行及意义之解读[J]. 职教通讯, 2006（3）: 61-63.

表 10-1-1 日本学校职场混合型教育·培训的类型

类型	相关机构	主要开展主体	制度名称	举例
教育培训机构主导型	学校+企业	专业学校	日本版双元制	葛西工業高校 http://www.kasaikogyo-h.metro.tokyo.jp/？page_id=178 桑名工業高校 http://www.mie- c.ed.jp/tkuwan/annai/dual_system.html
	职业能力开发设施+企业	职业能力开发促进中心	日本版双元制（短期课程附加企业实习的培训）	高齢障害求職者雇用支援機構 HP 紹介ページ http://www.jeed.or.jp/js/kyushoku/dual/course/6kagetsu.html 関東職業能力開発促進センター http://www3.jeed.or.jp/kanagawa/poly/training/cource-17dual.html
		职业能力开发短期大学	日本版双元制（专业课程）	高齢障害求職者雇用支援機構 HP 紹介ページ http://www.jeed.or.jp/js/kousotsusya/polytech_co/senmon_ka/dual.html 千葉職業能力開発短期大学校 http://www3.jeed.or.jp/chiba/college/school/subject/monozukuri.html
企业主导型	企业+OFF-JT	固定期限雇佣	短期实习型培训	厚生労働省 HP キャリアアップ助成金 http://www.mhlw.go.jp/stf/seisakunitsuite/bunya/koyou_roudou/part_haken/jigyounushi/career.html
		无固定期限雇佣	资格认定兼实习的职业训练	厚生労働省 HP 人材開発支援助成金 http://www.mhlw.go.jp/stf/seisakunitsuite/bunya/koyou_roudou/koyou/kyufukin/d01-1.html

1. 学校+企业版双元制

在专业高等学校，学生除了接受掌握基础知识的教育，还要掌握职业所需的基本知识和技术，在学期间还要接受劳动观和职业观教育。此外，学校与地区产业和企业建立合作关系，依据经济发展需求提升学生的职业素质和能力，人才培养具有灵活性。学校+企业版双元制一般会制定实践型教育计划，大学、短期大学、高等专科学校、专科学校等高等教育机构灵活运用教育科研成果制定培训计划，旨在促进受训者的职业能力形成，常用的培训手段有企业现场实习+讲座的组合培训。

东京都立葛西工业高校设有双元制专业，学生在学期间有四次机会去企业进行职业体验，可以是四家企业。学校在第一学年组织学生去公司参观学习，旨在让学生进行职业定位；第二、三学年的 6 月和 11 月份组织学生进行为期 1 个月左右的连续就业体验，除了周末学生每天都去企业上班。通过在企业进行就业体验，不仅可以让学生掌握实践知识和技能，也对其进行职业人行为准则训练，培养学生的职业判断力、职业责任感、职业态度和职业观。

2. 职业能力开发设施+企业的双元制

2004 年 3 月，日本厚生劳动省组织召开日本双元制协议会，并出台《日本双元制协议会报告》，提出双元制是根据培训计划，同时开展企业实习或在岗培训以及与其密切相关的教育培训机构的教育训练，并于结业时进行能力评价的制度。双元制实施的目的在于使年轻人在学校毕业后且未得到正式雇佣时，通过双元制系统培训成为独挡一面的职业人，实现在职场稳定就职，防止毕业后未就业者成为自由职业者或无业者。双元制职业训练与传统职业培训的区别在于它满足了企业对员工的高能力和即刻上岗的需求，受训者的训练内容由课堂教育训练、职业能力开发设施内实习训练、企业现场大量实习训练构成。训练结束后学员要接受能力评价，保证了实践能力水平，有助于受训者在培训结束后能顺利过渡到正式雇佣。

日本职业能力开发设施主办的双元制的职业能力形成计划有：（1）固定期限实习型培训，为没有机会获得职业能力形成培训的人提供企业现场实习和教育培训机构的讲座相结合的培训；（2）实践型人才培养为应届毕业生提供 OJT+OFF-JT 组合培训，将其定位于企业工作现场具备实践技能的核心力量。该双元制的实施对象是年龄在 35 岁以下面临就业困难的存量青年劳动力，包括高中在校生、高中毕业尚未就业者、无业者和不定业者等，该群体的共同特征是虽然持续求职但尚未获得稳定就业、正规就业。实施双元制培训的教育机构有独立行政法人、能力开发机构和都道府县的职业能力开发设施、民间的专门学校、国家认定的培训设施等已经具备职业能力开发经验和能力的机构。职业培训的实施周期通常为 1—3 年。双元制教育结束后培训生要接受能力评价，评价合格的可以被培训企业录用为正式员工，也可以到同行业其他企业就业。

关东职业能力开发促进中心提供双元制短期课程。制造业电气课程（控制技术科）附加企业实习训练短期课程以 45 岁以下劳动者为培训对象，旨在让至今为止没有就业经验的人或就业经验较少的人从基础学起并掌握就业所需的技能和知识。训练周期为 7 个月，包括 6 个月（794 小时）的设施内训练（包括作为社会人的礼仪和职业意识启发训练）和 1 个月在企业的实习训练课程。6 个月的设施内训练内容包括：（1）电气基础和电气工程，主要有电气理论、电路、测量仪器仪表的使用方法、电气设备施工；（2）序列控制技术、PC 控制技术，主要有序列控制基本电路、电动机控制电路、控制电路布线、编程；（3）数字电路技术，主要有使用可编程逻辑器件（Programmable Logic Device，PLD）的数字电路设计、逻辑电路设计基础、硬件设计描述语言程序；（4）嵌入式微计算机控制技术，主要有设备嵌入式计算机控制方法、高效率编程方法。为期 27 天（162 小时）的企业实习是受训者在设施内习得知识和技能的基础上，通过企业现场实习掌握实践知识和技能。另外还设有 9 天（54 小时）的跟踪训练，旨在解决企业实习中的难点和疑问点，掌握在实际业务中解决问题的方法。

千叶职业能力开发短期大学的双元制，旨在使受训者完成基础+行为规范+实践职业能力的学习。以机械技术科（制造系统科）为例，旨在通过学习机械学（机械工程）、电子学（电气电子学）、控制（控制工程）、编程（信息工程）等技术，学习职业人必须的知识和素养，包括商务礼仪、商务交流、面试对策和商务文书写作等，培养能够对工厂自动化系统进行设计制作和维护检修的工程师。在 2 年的培训期间安排 3 次企业实习，为期 6 个月左右，包括 2 次为期 1 个月左右的学科·实际技术实习和 1 次为期 4 个月左右的带薪就业型实习（如表 10-1-2 所示）。学科·实际技术实习旨在实际应用已经掌握的技术和技能，就业型实习旨在培训企业需求的实践性知识和技术；解决课题实习旨在解决就业型实习中遇到的课题，是 2 年培训的总结。

表 10-1-2　千叶职业能力开发短期大学机械技术科双元制学习安排

		1 个月左右 ⇩		1 个月左右 ⇩		4 个月左右（带薪） ⇩	
引进教育培训（本校）	学科·实际技术（本校）	实习（企业）	学科·实际技术（本校）	实习（企业）	学科·实际技术（本校）	就业型实习（企业）	解决课题实习（本校）

（二）企业培训

本书查阅了小寺信也、井上祐介对近年来干预日本企业人力资本投资特征和效果的研究，日本厚生省官方网站 2018 年发布的《能力开发报告书》，安井洋辅、森内岳、渡会浩纪关于第四次产业革命中新技术与企业生产性的研究，厚生劳动省官方网站发布的人才开发支援补助金制度等资料，将第四次工业革命以来日本企业培训的情况做了梳理。日本企业员工的职业技能训练主要有四类：入社教育、在岗培训、脱岗培训、员工自发训练。

1. 入社教育

在日本，劳动者进入企业之后首先接受公司的入社教育。入社教育包括企业面向员工介绍企业的信条、经营状况、企业的规章制度和劳务法规，提升员工的基本素质等。入社教育是企业对员工开展的第一层次职业技能开发形式，旨在促进员工了解企业，迅速熟悉企业运营情况，融入企业发展愿景中。入社教育结束后，企业会根据岗位需求对劳动者展开 OJT 在职培训。

2. OJT 在岗培训

（1）OJT 的内涵

OJT（On the Job Training）也称为"职场内培训"、在职培训，指在工作现场内，由上司和技能娴熟的老员工通过日常工作对下属、普通员工和新员工进行必要的知识、技能、工作方法等的培训。其典型特征是培训在具体工作实践中展开，培训者示范讲解、受训者在实践中学习，对工作中的任何疑问均可当场询问、补充、纠正。OJT 在岗培训的另一个优点在于，培训现场培训双方的互动往往能发现以往工作操作中的不足，培训双方可共同研讨改善。在日本企业对正式员工的有计划性的 OJT 培训中，新进员工有 55.1%接受过 OJT、骨干职员有 41.3%接受过 OJT、管理层人员 24.4%接受过 OJT。

OJT 在职培训是一个相对长期的培训计划，一般为期两年，以新人在工作岗位上最终能够独挡一面为最终目标。企业由专门的工作人员负责 OJT 在职培训，比如部门中的前辈或者责任人等。日本企业的 OJT 实践基本上都是围绕着"上司或者老员工传授给新员工必要的知识或技能"这个核心展开的，通常包括基本技能训练、体验技能训练和解决问题的技能训练三方面。（1）基本技能。包括机器的操作、生产流程、产品知识、不合格产品的处理、生产变化的对策、同事变动的应对、书写生产报告、机器故障排除等技能。（2）体验技能。包括了解生产的架构、体验相邻生产线或一个车间的生产过程，掌握其知识、技能等。（3）解决问题的技能。特别是对于管理层人员，要求提高编制生产计划及预算的能力、市场分析能力、解决问题能力、沟通能力、团队精神、领导力等。

（2）OJT 实施情况

①OJT 在企业中的认可度。1986 年，日本厚生劳动省职业能力开发局对规模在 30 人以上的 3000 家民营企业做了调查。结果显示，超过 70%的大企业的员工技能开发以 OJT 为主，同时也引入了 OFF-JT。日本厚生省的调查显示，2015 年 59.6% 的企业对正式员工开展了有计划的 OJT，2016 年该比例提高到 63.3%。上述两个调查数据充分说明了 OJT 在日本企业中的极高认可度。

②OJT 与企业规模。企业规模越大，开展 OJT 的比例越高（如图 10-1-

所示）。企业规模越大，对非正式员工开展 OJT 的比例越高，但是 1000 人以上的大企业对非正式员工开展 OJT 的比例也仅为 45.5%。

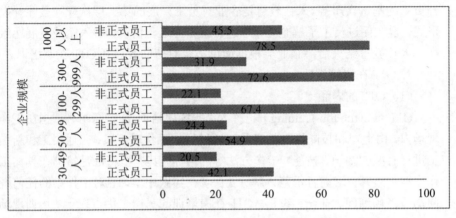

图 10-1-1　OJT 与企业规模

③非正式员工的 OJT。日本厚生劳动省的调查结果显示，2015 年有 30.1%的企业对非正式员工开展了 OJT，2016 年该比例为 30.3%。比较而言，企业对正式员工提供 OJT 的比例是正式员工的 2 倍。

3. OFF-JT 脱岗培训

（1）OFF-JT 的内涵

OFF-JT（Off the Job Training）翻译为脱产培训、脱岗培训，指企业将部分员工集中在某个教学场所开展集体培训，员工脱离工作岗位进行的培训。OFF-JT 有两种形式：企业内部讲师指导下的培训和聘请第三方机构的培训。在企业对员工实施的有计划性的 OFF-JT 培训中，新进员工有 62.9%接受过 OFF-JT、骨干员工有 62.7%接受过 OFF-JT、管理人员有 52.5%接受过 OFF-JT。2000 年以来，相比企业内部讲师实施的 OFF-JT 脱岗培训，第三方培训因配置的课程专业性强、教学模式新颖，逐步在市场上占据了重要位置。与 OJT 在工作实践中实施培训不同，OFF-JT 是不受原有工作限制的离岗培训，为培训对象提供均等的知识和学习机会，被认为是一种效率较高的能力开发训练方式。

（2）OFF-JT 实施情况

①OFF-JT 在企业中的认可度。厚生省的 2017 年《能力开发报告书》显示，2017 年 75.4%的被调查企业对正式员工开展了 OFF-JT，比 2016 年的 74%提高了 1.4%。同样地，企业规模越大，开展 OFF-JT 的比例越高（如图 10-1-2 所示）。2017 年，38.6%的被调查企业对非正式员工开展了 OFF-JT，比 2016 年的 37%提高了 1.6%，但 2016 年该比例仅仅是为正式员工提供

OFF-JT 的企业的一半。同样地，企业规模越大，开展培训的比例越高，但是仅有 53.9%的 1000 人以上的大企业对非正式员工提供了 OFF-JT，该比例远低于 75.4%的被调查企业为正式员工提供 OFF-JT 的比例（如图 10-1-3 所示）。

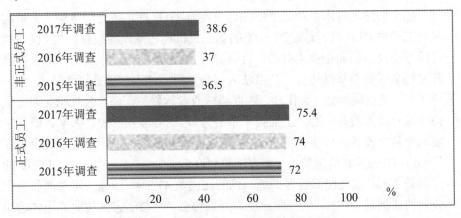

图 10-1-2 开展 OFF-JT 的被调查企业情况

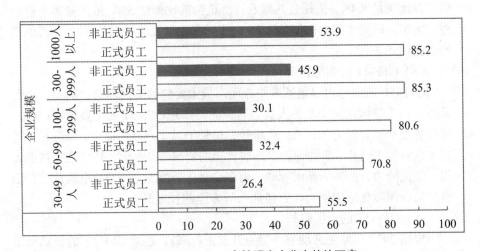

图 10-1-3 OFF-JT 在被调查企业中的认可度

②OFF-JT 与员工身份。正式员工和非正式员工在参加培训意愿上没有差别。但是实际接受培训的情况却有显著差异。非正式员工虽然想参加职业训练，但是很可能得不到机会。

③OFF-JT 与企业规模。企业规模对职业训练的开展情况有显著影响，企业规模越大，员工接受职业教育和培训的比例越高。

④OFF-JT 与员工最终学历。员工的最终学历对职业教育和培训的意愿

以及接受职业教育和培训的结果有重要影响，具有高学历背景的人更加愿意参加职业训练，也更容易得到接受培训的机会。此外，最终学历对培训成效也有影响，教育水平越高，职业教育和培训的效果越好。

（3）实施 OFF-JT 的第三方机构

如上所述，日本企业除了依托自身实施 OFF-JT，还会聘请第三方机构对员工开展 OFF-JT。实施 OFF-JT 的第三方机构包括民间教育机构（民间教育研修公司、民间企业主办的研讨会等）、公司总部、合作公司、职业技能开发协会、劳动基准协会、公益法人（公益财团法人、职业训练法人等）、商工会、工商联合会、合作社、购置器械或者软件的厂商、公共职业训练机构（综合技术教育中心、工业技术中心等）、高等专业学校、大学、研究生院、专科学校等。厚生劳动省 2017 年《能力开发报告书》中显示的企业提供 OFF-JT 的分布情况如下（调查选项允许多选）：在本公司接受 OFF-JT 的比例是 77%，依托民间教育训练机构的比例是 47.2%，依托公司总部和合作公司的比例是 26.3%，依托职业能力开发协会、公益法人其他业界团体的比例是 24.9%，依托商工会、工商联合会的比例是 14.1%，购置器械或者软件的厂商比例是 8.4%，依托公共职业训练机构的比例是 5%，依托高等专业学校、大学、研究生院的比例是 1.5%，依托专业学校的比例是 0.7%，其他机构的比例是 7.3%。

（4）OFF-JT 的训练内容

OFF-JT 的训练内容包括多个方面，最主要的训练内容有：其一，以新录用的员工等担任初级职务人员为对象的研修是 OFF-JT 的主要内容；其二，提高管理和监督能力的研修、对新晋公司骨干员工开展的研修、商务礼仪等基本商务知识研修、新晋升为管理层员工的研修等。除此之外还涵盖技能习得、交流能力、法务、品质管理、财务会计、方案策划、OA 电脑技术、语言学习、国际化适应能力、宣传能力等方面的技能开发。

（5）OFF-JT 的训练时长

根据 2017 年厚生劳动省《能力开发报告书》，接受 OFF-JT 的正式员工中，训练时间不足 5 个小时的占 17.6%，5—10 小时的占 24.6%，10—15 小时的占 13.9%，15—20 小时的占 12.9%，20—30 小时的占 10.1%，30—50 小时的占 9%，50—100 小时的占 5.3%，超过 100 小时的占 5.5%，情况不明的占 1.1%。接受 OFF-JT 的非正式员工中，训练时间不足 5 小时的占 32.2%，5—10 小时的占 26.9%，10—15 小时的占 10.7%，15—20 小时的占 10.5%，20—30 小时的占 6.6%，30—50 小时的占 5.8%，50—100 小时的占 4.3%，超过 100 小时的占 1.7%，情况不明的占 1.4%。从占比看，非正式员工接受的OFF-JT 时长比正式员工要短。

（6）员工对 OFF-JT 的满意度

2016 年日本政府对员工开展了企业 OFF-JT 满意度调查，调查结果显示，无论是正式员工还是非正式员工，近一半的人认为 OFF-JT 对他们的工作起到了积极的促进作用。2016 年对上级给予的指导和建议满意度调查显示，19%的员工认为得到了有效的帮助、55.3%的人认为得到了一定程度的帮助，即 74.3%的员工认可 OFF-JT 的培训形式。

4. 员工自发训练

（1）员工自发训练的内涵

员工自发训练又称员工自我启发训练，是指员工自发的、带有强烈个人意愿的进修和学习，常见的有参与各种职称考试、语言类培训等，这种学习方式因对个体自我管理的要求较高而不具备普遍性。调查显示，劳动者自主学习的主要动因是为了获得现在工作所需的知识和能力，其次是为将来的工作和职业提升做准备、为获得资格证书做准备，还有为跳槽或退休以后的生活和去国外工作的准备等学习理由。

（2）员工自发训练开展情况

2016 年，正式员工中有 42.9%的人表示实施了自我启发训练，非正式员工该比例为 20.2%，两类员工自发训练的比例均比 2015 年有所下降，且非正式员工自发训练的比例不及正式员工的二分之一。为鼓励员工自我提升，有些企业会为实施自我启发训练的员工提供费用补助，其中正式员工中有 41.8%获得了费用补助，非正式员工有 29.3%获得了费用补助。

（3）员工自发训练的途径

自我启发训练以通过电视、专业书籍和网络等自学和参加公司内部的学习会和研究会为主，除此之外还有参加公司之外的学习会和研究会、参加民间教育训练机构（民间企业、公益法人、各种团体）举办的讲习会和研讨会、互联网教学、到专修学校听课和参加各种学校讲座、参加公共职业技能开发设施的讲座、高等专业学校和大学听课等方式。

（4）员工自发训练存在的问题

无论是正式员工还是非正式员工，70%的人都表示自我启发训练存在一些问题，其中最主要的问题是成本太高。一方面，时间成本高。工作和家务严重挤占自我启发训练的时间，缺乏开展自主学习的时间和精力。另一方面，自主学习的货币成本太高，主要表现为企业并不对自主学习的成果进行评价，无法获得休假或者短时间出勤，没有对应的薪酬改善计划等。

5. 企业职业训练的效果

企业开展职业训练的效果是很明显的。其一，对员工劳动能力、知识、技能方面的影响。员工通过在岗培训、脱岗培训和自发训练能够在工作中不断提高劳动技能、丰富专业知识、开拓视野、了解行业动态、时刻紧跟时代脚步、适应时代发展。其二，对员工工作士气和满意度的影响。企业通过有计划地开展在岗培训和脱岗培训可以提高员工的工作士气和对工作的满意度，增强企业凝聚力。其三，对企业劳动生产率的影响。职业训练有提高劳动生产率的效果。日本企业的数据表明，人均人力资本投资增加1%，可以增加0.6%的企业劳动生产率。

三、日本政府对员工职业能力开发的助力

日本政府非常重视职业教育和劳动者职业技能的开发，并通过立法强化职业能力开发体系建设。1985年6月8日颁布了《职业能力开发促进法》，并于1987年进行修订。《职业能力开发促进法》分总则、职业能力开发计划、职业能力开发之促进、职业训练法人、技能鉴定、职业能力开发协会、职业能力开发审议会、细则和罚则共9章108条，强调要在劳动者整个职业生涯期间，通过职业训练和技能鉴定，有计划地实施综合性的能力开发计划，即"生涯训练"。

1. 人才开发补助金制度

人才开发补助金在2016年之前名为职业形成促进补助金，自2017年起正式更名为人才开发补助金，并相应修改调整了部分内容。人才开发补助金是政府对企业在实施劳动者职业技能训练时产生的训练经费和训练期间劳动者的部分工资补助。企业为了进一步培养人才在公司内部引入并实施以下任何一项制度时，政府均会根据情况给企业支付一定数额的补助金：其一，职业形成支援制度：包括定期性自我职业检查制度、教育训练休假制度、教育训练期间缩短出勤时间制度；其二，职业能力鉴定制度，包括技能鉴定合格奖金制度、公司内鉴定制度；其三，特定训练课程；其四，一般训练课程。人才开发补助金制度有助于劳动者学习专业性知识和掌握技能，辅助企业培养人才，帮助劳动者形成职业生涯规划。人才开发补助金制度也为经济上有困难的中小企业进行人才开发和人才培养提供了有力的支持。

（1）人才开发补助金制度的内容

①职业形成支援制度。中小企业导入职业形成支援制度可以获得政府补贴。职业形成支援制度包括定期性自我职业检查制度以及教育训练休假制度、教育训练期间缩短出勤时间制度。导入该制度的中小企业可获得47.5万日元的补助金，若符合生产率条件，补助金可增至60万日元。生产率的计

算公式为：生产率=附加价值①/企业内补助对象的人数②。当企业在申请补助金的当年，生产率达到与前 3 年相比提高 6%或者 1%到 6%两者任何一个条件，即意味着该企业符合生产性条件。企业引入同一制度时只能接受一次补助，但若某员工同时符合两项制度补助金可以兼得。例如，中小企业同时引入技能鉴定合格奖金制度和公司内鉴定制度，某员工若同时符合两项制度规定，则可以兼得补助金，额度高达 120 万日元。

其一，定期性自我职业检查制度。定期性自我职业检查制度是指公司利用 JOB-CARD（工作卡）向员工定期开展职业咨询服务，内容涵盖员工的年龄、就业年龄、就业年限以及职务等方面。定期性自我职业检查的职业咨询服务可以让员工自我反思职业生涯，以员工为主体考虑职业规划（职业能力开发的目标和计划），并且依照该规划同员工讨论以提高工作热情。定期性自我职业检查制度的效果体现在两方面。首先，提高员工的主人翁意识。员工自己考虑职业规划可以提高工作中的主人翁意识和谋求职业能力开发的意愿。员工比以往容易把握自己在公司内的升职所需的技能、知识和经验，预测升职空间，做好职业规划等，提高从工作中获得的精神价值和工作的上进心。其次，稳定雇佣关系、提升工作意愿。对新进职员开展职业咨询旨在促进其职业规划更具体化，从而可以稳定雇佣关系、提高工作意愿。通过对享受产假和照护老人假期的员工开展职业咨询可以帮助他们更加顺利地回归职场。

其二，教育训练的考勤与休假制度。教育训练的考勤与休假制度主要指教育训练休假制度、教育训练期间缩短出勤时间制度，是企业为员工参加企业之外的教育训练、各种鉴定考试或者职业咨询等提供假期的制度，确保员工自发接受职业技能开发的机会，促进和提高员工职业技能开发。通过导入这项制度来降低员工进行职业开发的时间成本，激发员工自发接受职业训练的意愿和热情，旨在提高其技能水平。

②职业能力鉴定制度

职业能力鉴定制度是一项仅面向中小企业的制度，包括技能鉴定合格奖金制度和公司内鉴定制度，补助金额和职业形成支援制度相同，导入制度奖励企业 47.5 万日元，满足生产性条件增至 60 万日元。

其一，技能鉴定合格奖金制度。技能鉴定合格奖金制度旨在让员工定期接受技能鉴定考试，企业对考试合格者支付奖金。技能鉴定考试是国家鉴定考试，是一项基于《职业能力开发促进法》实施的考试，在一定的基准下检

---

① 企业的附加价值计算公式为：营业利润+人事费+动产·不动产租赁费+公课税。

② 企业内的补助对象不包括以下人群：短时期员工、派遣员工和工作期间固定的员工。

测劳动者技能。技能鉴定合格奖金制度的优点有：首先，该制度可以提升员工职业技能开发的动力，并提高员工职业技能；其次，该制度可以作为企业控制员工职业技能的手段，帮助企业决定员工的配置和待遇，促进员工适得其所，工资待遇公平公正；最后，该制度可以减轻企业举办技能鉴定考试和奖金支出的负担。

其二，公司内鉴定制度。企业制定本公司需要的劳动者技能及相关知识的鉴定考试，并让员工定期接受考试。

③特定训练课程

特定训练课程是指由职业技能开发促进中心等开展的在职者训练、专业实践教育训练、生产性提高人才教育支援中心开展的训练等几方面，包括录用 5 年以内未满 35 周岁的年轻劳动者的训练、强化熟练技能工的指导能力和传承技能等训练、培养从事海外相关业务人才的训练、厚生劳动大臣认定的 OJT 训练、近两年录用的没有正式员工资格的中老年（45 岁以上）员工的 OJT 训练。特定训练课程的基本补助金标准如下：（1）OFF-JT 按经费的45%（满足生产性条件）进行补助，工资补助为 760 日元/小时，若未满足生产性条件则按照经费的 30%进行补助，补助金为 480 日元/小时；（2）OJT 的特定训练课程基本补助金仅限录用训练，补助金是 840 日元/小时。

④一般训练课程

一般训练课程补助是指对中小企业及其他企业事业单位员工接受特定训练之外的训练予以补助。如果员工接受 OFF-JT，按课程训练经费额度的30%进行补助，如果满足生产性条件则按经费额度的 45%进行补助。

（2）补助金的使用

日本厚生劳动省的调查结果显示，2016 年人才开发支援补助金的利用率是 5.1%，2015 年为 5.6%，补助金的利用率呈下降趋势，究其原因，45.8%的被调查企业表示知道该制度但是没有使用过，43%的被调查企业则表示根本不知道该制度（如图 10-1-4 所示）。

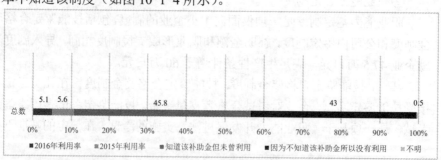

图 10-1-4　人才开发补助金的利用状况

厚生劳动省通过问卷调查了企业未利用补助金制度的原因,调查结果显示:36.5%的企业表示不符合补助要求,36.1%的企业表示申请补助金的手续繁琐、制度内容难以理解,还有的企业考虑到职业训练占用生产时间而未能让员工参加训练,有的企业经济困难因而未能提供员工职业训练的相关预算,有的企业认为日常工作中就可以提高职业技能所以无需让员工接受训练(如图10-1-5所示)。

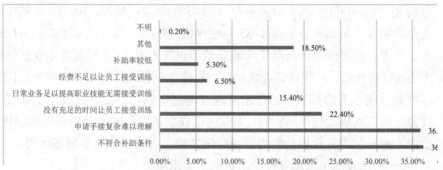

图10-1-5　没有利用人才补助金的原因调查(多项选择)

2. 加强职业训练指导员队伍建设

职业训练指导员是指从事职业训练的人员,大多是由职业训练大学校培养。职业训练大学校在实施公共职业训练时, 对在职的或自愿当指导员者给予必要的技能训练, 以便提高他们资质和能力。

针对指导员的训练课程分四类:(1)长期课程接收初中毕业生及同等学力者,设有基础学科、指导学科和实技技术三类,训练时长为4年;(2)短期课程,招收二级技能鉴定合格并具有三年以上实际工作经验者或同等及以上技能者,设有指导学科及实际业务实习、专门学科,训练时长为6个月;(3)进修课程,招收已从事或想从事职业训练者或持有职业训练指导员许可证者,该课程包括指导方法、专门学科和实技,训练时长至少达12小时;(4)研究课程,招收接受过长期训练的指导员或同等以上学历及技能者,该课程设有工学研究科(包括几个专业),同时还要撰写研究论文,训练时长为2年。

以上课程结束时, 学员必须接受学科考试和实技考试,考试合格,颁发相应的指导员训练毕业证书。但是,持有指导员训练毕业证书者并不一定都能成为真正的职业训练指导员,他们还必须参加按劳动大臣批准的考题、考试要领实施的职业训练指导员资格考试(包括学科考试和实技考试),通过该考试后才能成为真正的职业训练指导员。

四、日本企业内低技能工人的技能形成

企业工人尤其是低技能工人的素质是影响日本企业核心竞争力的先决条件，企业内职业技能培训是日本企业促进低技能工人形成高水平职业技能的通行做法。日本产业训练协会的数据显示，在企业内开展职业培训的企业占比呈增长趋势，1970 年为 4.9%，1976 年为 76.7%，1980 年为 82.0%，1985 年为 83.9%，1000 人以上的大企业 100% 实施企业内培训，30—90 人的中小企业的企业内培训实施率在 1985 年也高达 77.6%。通过这两个数据可以推断出日本企业可能对低技能工人职业培训也非常重视①。尽管各企业在规模大小、行业性质、技能培训经费额度、技能培训模式等方面存在差异，但都根据低技能工人的技能培训需求及现有培训资源以及企业发展需求开展了覆盖面较广的职业技能培训。大企业内部成立了专门的技能培训机构，中小企业则充分利用行业协会的力量组织低技能工人的职业技能训练活动。

（一）低技能工人职业技能培训的历史沿革

日本的职业技能培训有着悠久的历史。日本企业有计划、有组织的职业技能培训萌芽于飞鸟时代（中国隋唐时期）的金刚组企业内的匠人技能教育，肇始于明治维新时代的职业技能教育，形成于二战前的工业部门的企业内培训，发展于二战后技术革新带来的低技能工人技能教育。

1. 二战前：低技能工长教育

二战之前，日本企业职业技能培训历经明治时期、大正时期、昭和时期三个阶段。明治时期，日本转变了闭关锁国的传统治国理政观念，继而向欧美发达国家学习技术和企业管理体制，并大量引进先进的科学技术，以迅速推进日本的工业化和现代化进程。此间日本企业内技能培训的最大特点是以培养技能工人为重点。大正时期，日本重工业发展迅速，大工厂体制逐渐得以确立，同期在大企业内普遍建立了技能工人培养机构，企业内培训不仅强调低技能工人技能教育，同时注重责任意识教育。昭和时期，日本引进了科学管理、增进效率等新理念和方法，企业内技能培训也随之调整内容。同时受家族主义思想的影响，日本大企业也有计划地组织低技能工长开展技能教育，这是日本企业劳务管理趋于现代化的一个显性标志。

综上，随着日本经济发展的需要，企业逐渐建立了技能工人培养机构，专门负责劳动者的技能教育以及责任意识教育。为了便于对低技能工人的管理，开展了低技能工长的技能教育。

---

① 孔海燕、闫燕. 以企业内职业训练为主的日本职业训练体系[J]. 日本问题研究，2000（3）：42-47.

2. 二战后经济复苏期：广义职业技能培训模式形成

二战之后，日本经济面临复苏。由于二战期间企业内职业训练主要服务于军事需求，战争结束后企业内职业训练随着经济复苏的需求进行了系统的调整和充实。1950年，日本经团联提出了"关于新劳务管理"的观点，认为从业人员的教育训练是日本大企业劳务管理的最本质问题，是日本大企业实现经营合理化与生产效率化的前提条件，建议大企业着手考虑开展技能工人培养和实施企业管理教育问题。技工技能教育是为恢复工业生产和重建产业提供技能工人而开展的一种培养人的活动。经营管理教育是为了提高大企业整体经营管理效率和经济效益而对骨干低技能工人、经营干部及上层管理者进行的技能培训活动。日本企业内的经营管理教育模式从美国引进，共有三种形态：经营者讲座教育（又称CCS）以经营干部为培训对象；管理者培训计划（又称MTP）以企业部长、课长等中层管理干部为培训对象；监督者训练计划（又称TWI）以车间、班组等生产一线的工作经验丰富的骨干低技能工人为培训对象。在美国占领当局、当时的日本政府、经团联等民间组织的共同努力下，这三种经营管理教育模式逐渐得到产业企业的广泛认同，并在1955年之后在各产业领域的大企业中得到普及推广。

综上，二战后日本企业内培训的恢复起始于技能工人教育和经营管理教育，形成了相对稳定的职业技能培训体系，企业内的职业训练也逐步从大型工业企业延展到包括第三产业在内的其他相关产业和企业。上述技能培训的实施为这一时期的日本大工业企业形成广义的职业技能培训模式奠定了制度基础，广义的培训模式注重并行培养和发展低技能工人的职业技能和经营管理能力。

3. 经济高速增长期：阶层别教育训练与个体参与激励机制

20世纪50年代中期以后，随着技术进步，日本企业管理水平也同步提升，这些技术和管理上的革新促使日本企业内培训的内容也相应调整。20世纪60年代，日本产业结构发生了显著变化，第二产业的比重持续下降，第三产业的比重稳步提升，对GDP的贡献率基本在一半以上，第三产业的就业人数占社会总就业人数的50%以上。产业结构变化导致匹配的劳动力严重短缺，提升低技能劳动力的技能水平迫在眉睫。

（1）大企业的低技能工人培训

此间日本大型企业已形成与自身发展需求高度匹配的独特企业内技能培训体系，主要体现为针对企业内不同群体的培训需求实施阶层别教育训练。在经济高速增长期，日本大型企业进入规范化发展阶段，企业内部划分若干不同内设部门，各部门的业务性质和活动类型不同、就业岗位规范和标准不同、就业人员技能素质和结构需求不同，有必要针对不同就业人员提供匹配的职业技能训练。加之步入高速增长期后，随着技术革新速度加快，企业对低技能工人的技能素质和结构、骨干低技能工人的管理能力和水平提出了更高要求，故企业针对新录用员工等低技能工人和具有一定管理经验的骨干低技能工人（又称工长或骨干作业员）分别实施了新员工技能教育和经营干部技能教育。这两种培训的对象和内容各有侧重，新员工教育围绕企业一般业务的入门知识、技能进行职业通用技能培训，经营干部技能教育以企业质量管理、管理者职责和权限等高层次专业技能培训为主，旨在提升管理素质和能力。工长技能教育培训的出现契合了企业的发展需求，企业工长是日本企业内部专职开展生产和劳务管理的员工。岗位需求的技能既需要在工作实践中习得，也需要系统的专门性技能培训。从宏观上看，企业工长的技能培训完善了企业内技能培训体系。

（2）中小企业的低技能工人培训

在日本经济高速增长期，中小企业得到了迅猛发展，企业内职业技能训练也进入繁荣期。1955 年 7 月，日本经团联同其他民间组织联合创建了日本产业训练协会，旨在推进开发与实施适于中小企业骨干低技能工人的本土化经营管理技能教育培训模式。该协会改变了广义技能培训模式过于注重实施原则而与培训实践相脱节的先天不足，普及适应中小企业可持续发展面临的培训经费不足、高技能培训师傅匮乏等现实形态的新型低技能工人职业技能培训模式。

综上，此间日本企业内职业技能培训的最大特色是形成了个体参与技能培训的自我激励机制。美国的科学管理理论对日本企业内技能培训产生了重要的推动作用，它倡导发挥低技能工人在生产劳动中的能动作用，注重通过合理的组织形式激发低技能工人的能力，强调在经营管理技术的基础上恰当地组织技能培训。受此理论的影响，日本企业内技能培训普遍采用以目标管理和激发动机为导向的个人主动参与技能培训的方式，低技能工人的职业技能培训由此取得了较好效果。

4. 低增长转型期：低技能工人培训减量拓面

20 世纪 70 年代，历经两次石油危机后日本经济发展渐由高速增长转向稳定增长，随着新技术革新的飞速发展，日本产业结构从劳动密集型转向技术密集型，经济增长方式从粗放的规模增长转向理性集约增长。此间日本企业的新入职员工数量有所下降，但企业转型导致对低技能工人的专业技能和特定岗位技能的要求越来越高，由此对日本企业内培训提出了更高的要求：其一，技能培训内容从注重基础性手工技能转向新技术应用；其二，技能培训方式从在职培训向系统的脱岗培训转变。

此间日本企业内培训呈现出四个显著特色。其一，由于新入职员工规模下降，企业内低技能培训对象的数量下降。其二，低技能工人技能培训覆盖面拓宽，企业针对荣休职工及下岗失业员工提供弱势群体技能培训服务，如失业人员的再就业准备教育。其三，技能培训内容实现了从基础性手工操作技能教育向掌握新技术和应用技能训练转变。其四，企业普遍采用系统的脱岗培训方式进行技能教育。

5. 泡沫经济破灭后：国际视野的低技能工人培训

20 世纪 80 年代以后，日本企业受到了全球化和技术革新的双重冲击。一方面，在全球化的背景下，随着劳动力的全球自由流动，日本企业出现了劳动力短缺的局部性发展难题，同时外国劳动力大量涌入日本企业，对企业内低技能工人形成就业冲击。另一方面，技术革新使得日本企业低技能工人的岗位工作内容发生改变，生产线操作渐由机械体力劳动转向自动化下的脑力劳动。

这些非预期影响对日本企业低技能工人的职业技能素质和结构提出了新要求，此间日本企业内培训的特点有：其一，持续地扩大企业低技能工人的职业技能培训覆盖面；其二，有计划地扩大低技能工人的国际视野，培养国际化意识、国际环境适应能力、国际交流能力以及逻辑思考能力；其三，对企业中的外国劳动力开展社会生活教育和企业生产模式教育。

6. 第四次工业革命中：应对非正规就业的低技能工人培训

第四次工业革命中，日本年轻人非正规就业增加，针对此问题政府和企业携手实施职业教育双元制，在企业内部通过 OJT 和 OFF-JT 的形式提升职业技能，并促进劳动力实现正规就业。

（二）企业内职业技能培训的类型

日本企业按工作性质和权力结构不同将职工分为一般职工、技术人员、管理人员三类，相应地，日本企业内职业技能培训也按培训对象的类型划分为一般职工培训、技术人员培训和管理人员培训。

1. 一般职工培训

（1）培训时限。新入职员工一般要经过为期半年或一年以上的技能培训，具体培训时限取决于岗位技能复杂程度，一般而言，基础性通用技能培训约半年时间，特定岗位技能培训需至少达到一年以上。（2）培训对象和类型。通用技能培训以新入职的低技能工人为主，主要内容是新员工教育和基础技能培训。新员工技能培训的预期目标是促使新员工最大限度地了解与企业生产管理相关的情况，并尽快地熟悉各项规章制度、工作环境技术条件和工艺流程，为顺利融入企业和开展生产奠基。企业还会为新入职员工提供设备更新和技术改造培训，为企业的技术和设备升级奠定基础。特定岗位技能培训主要针对专业性较强的岗位职工进行专业技能培训。（3）培训环节。一般职工培训包括入企教育、业务教育、专门训练、车间教育、现场实习等环节。入企教育针对新入职低技能工人开展普适性教育，促使其熟悉企业基本情况（如劳动条件、劳动组织、工资形式、福利待遇、规章制度等），增强企业文化认同感。业务教育、专门训练及车间教育是培训新入职的低技能工人的主要环节，培训周期为三个月左右，培训内容是与岗位相关的业务知识和生产技术。现场学习是培训的最后一环，是在实践中训练特定岗位技能和知识的应用能力。（4）培训制度。一般职工培训推行师傅带徒弟的传帮带培训制度，即新员工完成培训后被分配到指定岗位，并在一名生产经验丰富的师傅指导下逐步适应工作环境、尽快熟悉并使用习得的技能。

2. 技术人员培训

日本企业的技术人员是指大学毕业后进入企业工作达 1 年以上经验的技术人才。尽管其在大学里已经接受过系统的专业技能训练，但进入企业后仍需按企业安排参与到一系列的技能教育和训练中。技术人员培训的流程为：企业安排技术人员到生产一线习得生产和销售的实际知识，而后在经验丰富的技术人员指导下独立完成某项技术工作并习得从事技术工作的实践经验，最后要学习与工作岗位相关的专业技术知识并通过企业的理论知识和工作能力的同行认证和考核。日本企业为从事技术岗位的骨干低技能工人提供骨干教育，旨在提升其职业能力和素养，以形成良好的职业技能，从而通过企业内部劳动力市场做好职业生涯规划，不断实现职务晋升。技术人员通常兼任技术部门、生产部门、研发部门的行政职务，在企业产品研发、生产、销售及后期服务中享有重要的话语权，技术人员的晋升既包括技术业务晋升，也包括行政职务晋升。

3. 管理人员培训

日本企业内管理人员是指初级、中级管理人员。初级管理人员是指生产一线的组长或作业长等，技能培训侧重于与其职务相关的管理技能培训，以提高其现场管理效能和管理技巧。（1）培训时限。初级管理人员的技能培训期限至少不低于半年，通常先进行为期一个月的管理方法训练，再进行长达四个月的基础知识培训，最后是为期一个月的现场实习，最终通过考核获得担任作业长的资质条件。（2）培训内容。主要包括管理者责任和权限、经营计划、决策能力、新技术和新产品研发、洞察自己和观察他人的能力、处理经营中各种问题的能力。

中级管理人员是指部门主管（课长）以上的管理人员，技能培训侧重基于风险的企业管理知识和技能培训，以提升其判断、决策、计划和沟通的能力，提升其领导效能。中级管理人员培训围绕组织方针制定、业务目标和活动评价能力、企业生产效率、组织凝聚力、企业管理人员梯队培养等内容展开。

（三）低技能工人企业内职业训练的形式

日本企业在长期技能培训实践的基础上形成了在岗培训和脱岗培训相互融合的技能形成模式。这种技能形成方式主要以在岗培训为主，并在此基础上灵活地安排形式多样的脱岗教育，以减少企业低技能工人参与技能培训的时间限制和工作负担，提升其职业技能水平。

1. 低技能工人 OJT

OJT 是日本企业普遍采取的职业技能培训方式，是低技能工人形成职业技能的最基本途径，其实质是企业有计划地安排职工通过岗位轮换的制度安排方式来提升其职业能力的一种活动，指企业职工不脱离日常工作岗位，在从事职业工作过程中通过师傅带徒弟或其他方式获得职业技能的过程。一般来说，在岗培训主要包括观察—模仿—接受指导—实践—总结—再实践的系列环节，主要由各个生产一线的中级管理人员结合职工的教育背景和能力特点开展。

低技能工人 OJT 具有如下特点：其一，在岗培训在日本企业内高度普及，企业针对所有职工开展在岗培训；其二，企业在生产过程中开展在岗培训，即培训过程与生产过程同步；其三，企业内低技能工人的在岗培训与企业内部晋升相关联；其四，企业轮岗范围并不限定在同一部门内部，可跨越部门轮岗，旨在拓展低技能工人的技能宽度。

2. 低技能工人 OFF-JT

OFF-JT 是 OJT 的一种有益补充，对企业低技能工人的技能形成起着重要作用，指企业将相近岗位的职工集中起来，暂时脱离工作岗位，在专业人员的指导下，集中进行技能学习。OFF-JT 旨在提高低技能工人处理问题的能力，培训内容以软技能为主，培训周期相对较短，更强调培训实施的计划性和规模性。企业依据自身的性质和实力确定 OFF-JT 的场所，通常大企业在企业内实施集中培训，中小企业可能选择第三方培训机构。除了企业提供的集中的 OFF-JT 外，可能的脱岗培训渠道还有：相关企业举办的研讨会、生产设备供应商举办的研讨会、民间教育培训机构举办的学习课程、公共职业教育培训机构的学习课程。相较于 OJT，OFF-JT 的实施成本高，时间和范围受限，需以在岗培训为基础，侧重于知性技能和软性技能。

五、日本产业工人技能形成的特点及启示

（一）日本技能形成的特点

日本的职业教育和培训特别是企业培训一直走在世界前列，为日本经济的发展培养了适切的产业工人，其主要特点如下。

1. 雇佣关系的稳定性降低了企业培训的风险

日本企业培训的发展建立在以终身雇佣制和年功序列工资制为核心的稳定雇佣关系的基础上，企业内部完善的劳动力市场为劳动力雇佣双方提供了促进技能形成的动力和安全保障，无论是雇主提供职业培训还是雇员接受职业培训，双方都是基于促进企业发展、员工职业生涯规划的共同目标，雇主因雇员接受培训后离职而遭受培训成本沉没的风险小；而雇员接受培训后不能分享收益的风险也很小，企业站在为员工进行职业生涯规划的高度实施职业培训，打消了员工是否参与职业培训的犹豫态度，从而极大地激发了员工参与培训的积极性。正是由于日本企业雇佣双方对职业培训高度一致的支持态度，企业培训才在日本多年来长盛不衰。

2. 企业组织职业培训避免了技能供需不匹配

日本的职业培训以企业提供培训为主，克服了正规职业教育人才培养滞后于经济发展需求的弊端，成为正规职业教育后职业人才培养当之无愧的接力棒。其一，产业结构调整带来的人才需求转变到底是什么，归根结底要落实到企业的人才需求上，在所有的经济主体中，企业拥有对人才需求变动最灵敏的嗅觉。日本依托企业培训提供社会性职业培训的模式，恰恰保证了职业培训人才培养与经济发展需求的高度适配性。其二，企业注重通过轮岗拓宽员工的技能宽度，通过同一工作场所之间、相邻工作场所之间轮岗促进员工掌握从简单到复杂、从单一到复合的技能训练；通过定期轮岗形成长期经验积累。其三，企业内培训对员工的评价内容非常宽泛，涵盖了体力、适应性、知识、经验、性格和干劲六个要素，企业能充分认识员工的优缺点，将员工配置到最合适的岗位[①]。

3. 政府的宏观引导与微观放权是职业教育和企业培训生命力的源头

其一，政府将职业技能的内容作为基础教育的一部分，注重职业意识的引导和培养。明治维新之后日本一直将职业技能教育作为基础教育不可或缺的组成部分，基础教育除了传授知识，还注重培养学生的勤劳意识和基本的劳动技能[②]。其二，政府对企业培训的宏观引导，主要是通过颁布相关的法

---

① 王彦军、李志芳. 日本劳动力技能形成模式分析[J]. 现代日本经济，2009（5）：41-46.
② 王彦军、李志芳. 日本劳动力技能形成模式分析[J]. 现代日本经济，2009（5）：41-46.

律法规、出台相关政策，引领企业培训发展的宏观方向，并对企业培训进行有效的引导、控制和监督，为保障企业培训顺利开展营造适宜的政策环境，比如，打出"科技立国"的口号，加大科技投入，引导企业将培训资源配置到知识密集型产业人才的培训上来。其三，进入 21 世纪后，终身雇佣制面临瓦解，面对青年就业问题开展双元制职业教育，日本政府通过人才开发补助金制度激励企业为员工同时提供一般性技能培训和专用性技能培训，极大激发了企业和劳动力的积极性，使得日本企业维持了高技能均衡，得以充分应对第四次工业革命。其四，日本政府从高度、直接控制职业教育发展汲取教训，在企业培训的微观方面放权，极大激发了企业参与职业培训的积极性，促进企业主动为产业结构调整把脉，并储备未来发展所需的人才，从而提升了日本经济发展的可持续能力。

4. 企业培训对全体员工全覆盖

日本的企业内培训面向全体员工，按岗位职能、管理层级提供分类培训。按岗位职能提供的培训旨在提升劳动力的生产能力。以生产技能教育为例，对低技能劳动力而言主要提供生产成本降低、低消耗产品、掌握有关机械操作、零件加工等训练内容。按管理层级提供的培训旨在提升劳动力生产能力的管理能力，比如普通职工培训、技术人员培训、管理人员培训等。在日本企业内，低技能工人也有机会获得职业培训，通过轮岗参与 OJT，掌握本岗位、临近岗位的操作技能以拓展技能宽度；通过参与问题处理研讨会、大型机械定期拆卸检查与维修等 OFF-JT 拓展技能深度，在工作场所内不断积累经验，并通过 OFF-JT 的训练使经验系统化、理论化，从而掌握生产所需的一般性技能和非一般性技能，并规划好在企业内部劳动力市场的职业生涯[①]。

（二）日本企业培训对我国的启示

在产业结构调整的背景下，日本的企业培训从产生到发展经历了从简单到复杂、从萌芽到成熟、从单一到完善的发展过程。日本企业培训得以发展壮大一方面归因于日本政府依据法律法规为日本企业培训提供的宏观指导和有力保障，另一方面则归因于日本企业在企业培训中的主动性深度参与，确保了职业培训与岗位需求的无缝对接。那么，我国该如何激励企业培训，又该怎样提升企业培训效果呢？

1. 以政府为主导，为企业培训营造适宜的市场环境

在政府层面，应注重对企业培训的宏观引导，从战略上给予资金支持和制度、政策保障。其一，把握产业结构调整和升级的方向与内容，通过政府政策、战略、各级各类规划纲要引导企业培训资源的投入方向。其二，打开

---

① 陆素菊. 企业技术工人的技能形成及特点分析[J]. 江苏技术师范学院学报，2008（9）：24-28.

企业和雇员均缺乏培训积极性的困局，既为实施培训的企业提供政策和资金支持，消除因员工在培训后离职给企业造成的成本沉没风险，减少其发展的后顾之忧；又为劳动者参与职业培训提供补贴，覆盖其参与职业培训产生的机会成本和未来得不到培训收益的风险。其三，制定相关的法律法规对企业培训进行规范、约束和监督，打造一个公平有效率的职业培训市场。

2. 以企业为实施主体，实现企业培训与岗位需求的无缝对接

其一，企业为本企业员工提供职业培训时，应将培训纳入员工的职业生涯规划中，在建立稳定雇佣关系的高度上开展培训，以规避雇佣双方在培训中可能面对的人力资本投资风险，从而激发雇佣双方参与职业培训的积极性。就一般培训和特殊培训而言，企业提供特殊培训投资风险相对较小。企业培训的内容设置依据来自岗位工作内容的终极呼唤，因而特殊培训的投资收益对企业更重要，对员工培训后转岗或离职的收益却并无多大裨益，因此企业比员工参与特殊培训的动力强，企业更愿意与员工建立稳定的雇佣关系以确保获得特殊培训收益，而员工在接受完特殊培训后能够分享一部分收益则会激励其与企业保持稳定的雇佣关系。相比特殊培训，企业提供一般培训的投资风险较高。一般培训的内容对整个行业都有裨益，一旦员工离职，企业将面对培训成本沉没的风险，而员工则可以获得全部培训收益，故企业缺乏提供一般培训的积极性，在一般培训上企业更愿意"搭便车"。然而，在我国新一轮的产业结构调整升级中人才供需的结构性不匹配不仅仅表现为基于特殊培训的人才供需缺口，更表现为基于一般培训的劳动力整体技能水平不足，恐怕企业很难通过"搭便车"解决基于一般培训的劳动力技能需求短缺。本书认为建立稳定的雇佣关系可以规避企业提供一般培训可能面对的成本和收益损失。企业在制定一般培训计划时摒弃自上而下单方推进的做法，借助工会和人力资源管理部门的力量与员工共同协商制定培训计划，并明晰员工在一般培训中的成本分担和收益分享机制。如果一般培训收益能够涵盖货币收益和企业内部晋升等其他非货币收益，一般培训的成本就可以顺理成章地实现企业和员工共担，通过培训成本约束和收益共享机制，将企业愿景与个人发展目标有机融为一体。

其二，企业面向社会提供职业培训时要保持对经济社会现实和潜在需求变动的高度敏感性以确保所培训内容与社会需求的匹配性。企业可结合本企业内培训的内容和优势，面向社会提供特殊培训，以实现最大化企业培训资源的配置收益的目标。企业还可以面向社会提供一般培训，培训内容围绕行业特征和需求，关注以岗位关键技能为内核的外围核心技能提升，旨在提升行业内劳动力的职业素养，培养劳动力的学习型素养，提升劳动力抵抗外界

就业冲击的能力，逐渐走出劳动力就业的结构性不匹配困局。

第二节　新加坡

一、新加坡人力资源开发的经济社会背景

（一）经济转型引发劳动力素质提升强需求

20 世纪末期，新加坡政府制定了"产业 21 计划"（Industry 21）和"科技企业 21 计划"（Technopreneurship 21），目标是在全球化背景下基于知识经济建立国家竞争优势。2006 年，新加坡政府公布了"智能城市 2015"计划，目标是实现通信行业价值翻一番，并增加 8 万个工作岗位等。在超额完成该计划的基础上，政府又公布了"智慧国家 2025"十年发展计划，成为全球第一个智慧国家蓝图。与"智能"侧重于以机器取代人不同，"智慧"强调在信息技术广泛应用中充分发挥人的主观能动性，从而对劳动者素质提出了更高要求。

（二）劳动力技能弱供给

新加坡的经济转型发展无疑对劳动力素质提出了强需求，但劳动力的技能结构、年龄结构、劳动力参与率结构都表现出不匹配的特征，劳动力的低技能水平叠加人口老龄化。下面以新加坡人力资源部 2020 年 1 月 30 日发布的年中统计数据考察 2009—2019 年间劳动力相关状况[①]。其一，从劳动力最高学历分布看，2009 年新加坡居民（SC&SPR）劳动力学历分布为：初中以下、初中、高级中学、大专和资格证书、学位（本科）的占比分别为 24.3%、24.3%、7.8%、16.9%、26.7%，高中及以下占比总和为 56.4%，整体劳动力素质偏低。其二，从劳动力年龄结构看，此间 15 岁及以上新加坡居民劳动力年龄分布结构显示，49 岁以下青壮年组别的劳动力占比普遍呈微降趋势，50 岁及以上年长劳动力占比则普遍呈增长趋势，且高龄劳动力增幅较大。50 岁以上年长劳动力占比在 2019 年达到 35.7%，超过劳动力总量的三分之一，劳动力老龄化的趋势可见一斑。其三，从劳动力参与率看，此间新加坡居民总体劳参率和分年龄组别劳参率均呈增长趋势。其中，15—24 岁组别的劳参率增长了 2.7 个百分点，25—54 岁组别的劳参率增长了 3.8 个百分点，55—64 岁年长组别的劳参率增长了 9.3 个百分点，65 岁及以上组别的

[①] Ministry of Manpower[SG]. Labour Market Statistical Information[EB/OL]. [2020-01-30]. https://stats.mom.gov.sg/Pages/Home.aspx.

劳参率增长了 11.5 个百分点。可见，新加坡年长劳动力的劳参率偏高，这一方面表明基于技能提升的人力开发政策是卓有成效的，另一方面也说明随着人口老龄化的推进，为弥补劳动力总量短缺，提升年长劳动力劳参率的政策必须配套人力开发政策。

（三）应对经济转型的人力开发规划

为呼应"产业 21 计划"和"科技企业 21 计划"，新加坡人力资源部（MOM）于 1998 年 6 月 4 日启动了"人力 21 计划"，旨在打造校园式终身学习系统，加强劳动力再培训和吸引国际人才，具体细分为综合人力发展计划、终身学习和就业能力、扩大人才库、改善工作环境、发展蓬勃的人力资源产业、加强合作六个战略①。其中，综合人力发展计划面对经济转型引发的劳动就业迭代而推动存量劳动力持续的职业能力提升，实现在长期内灵活迅速且动态回应市场需求的目标；终身学习和就业能力计划旨在打造综合性的校园式终身学习系统，通过技能资格认证提升劳动力技能水平，通过对雇佣双方进行培训激励国民提升技能且实现体面就业，通过信息基础设施建设供给公共就业服务信息，通过促进企业和院校与政府合作创造更多的培训机会，撬动国家、政府、社团、雇主和雇员各个层级的普遍合作机制。"人力21 计划"明确提出了政府、行业、个人提升人力资本的方法和途径，明确了不同参与主体的角色：政府为行业和个人发展提供政策和资金支持；行业发展为企业和个人发展提供专业服务；个人提升能力促进经济社会发展，经济社会发展反哺个人能力提升。此后多年新加坡的人力资源开发政策不断完善，完美助力了经济转型发展。

新加坡政府为配合经济社会发展战略制定了一系列计划以提升劳动者技能，比如劳动力技能资格鉴定制度（WSQ）、未来技能计划（SF）以及针对低薪和年长工人的就业援助与福利计划。2019 年的预算为配合企业发展计划，政府又新推出或延长了针对个人的一系列计划，主要有：专业人员转业计划（Professional Conversion Programme），让在职人员了解更多的新兴产业（比如区块链）；职业支持计划（Career Support Programme），雇佣 40 岁及以上员工的企业国家给予补助；企业发展计划（Enterprise Development Grant）和生产力解决方案津贴（Productivity Solutions Grant）②。

---

① 刘宏、王辉耀. 新加坡人才战略与实践[M]. 北京：党建读物出版社，2015.

② 2019 新加坡财政预算案发布！[EB/OL].［2019-02-18］. http://www.yidianzixun.com/article/0LJXQCXq.

二、新加坡劳动力技能提升的实践逻辑

新增劳动力的技能培养可以结合正规教育内部的变革完成,但产业内的存量劳动力面对的技能提升任务非常艰巨。一是产业转型升级中存量劳动力的人力资本发生存量贬损,不得不向下兼容从事就业质量较低的工作,被动面对职业变迁,向下迭代到就业福利较差的领域;二是现有岗位技术升级推动劳动者的技能提升,劳动者必须通过人力资本投资补偿人力资本存量贬损以适应岗位需求,从而逆转人力资本存量贬损,就业福利保持或改善,表现为劳动者向上就业迭代,必然在职业中期面对职业转换;三是劳动者的人力资本存量贬损为零,存量劳动技能被市场淘汰,处于失业状态,必须通过人力资本投资或外在援助才能实现重新就业。

结合新加坡人口老龄化、劳动力低技能的背景,劳动力技能提升主题有三个。(1)劳动力低技能叠加壮年劳动力职业中期转换问题。面向 21 世纪的产业发展规划对新加坡整体劳动力素质提出了新的更高的需求,故劳动力整体均需要提升技能。基于智慧的产业发展规划必然推动劳动就业迭代,处于职业中期的存量劳动力基于岗位技能变迁乃至就业领域变迁的技能需求走强,特别是壮年劳动力的职业中期转换问题是迫在眉睫的重点课题。一是从年龄、人力资本存量来看,壮年劳动力人力资本投资的效率较高,且人力资本存量处于经济生命周期的峰值,该群体的技能提升是相对好实现的。二是壮年劳动力是各领域的中坚力量,是关键领域发展所需的卓越人才基础,是必须被重视的人力资源。(2)人口老龄化叠加年长劳动力低技能问题。一是日益凸显的人口老龄化使得劳动力在总量上不足,数据显示,1999 年,新加坡 45—49 岁组别的劳动力就业率为 78.2%,而 50—54 岁组别仅为69.5%。二是深度开发年长劳动力又遭遇其受教育程度低、技能与新的产业发展不匹配难题。老年劳动力本身处于经济生命周期人力资本存量快速贬损期,且因为健康原因人力资本投资效率很低,故职业转换难度较大。近十年来,新加坡老年劳动力的劳参率一直处于上升趋势,利用老年劳动力弥补劳动力总量不足有了基础,但如何促进该群体在经济转型中实现高质量就业,激励雇主雇佣老年劳动力,关键在于如何通过技能提高老年劳动力的劳动生产率,为企业做出贡献是企业雇佣的关键。(3)低技能、低收入劳动力的就业与技能援助。低技能、低收入劳动力是指新加坡的就业弱势群体,因低技能而在低收入岗位就业,因为低收入、低技能而在经济实力和技能基础上存

在人力资本投资困难，该群体在经济转型中面临的就业冲击最大，但最不容易靠自身实力实现职业转换，亟待外界的就业援助。

本书主要以新加坡政府针对新加坡公民（SC）和新加坡永久居民（SPR）的政策为观察对象。新加坡政府非常重视劳动力技能开发，针对产业发展的技能需求以及劳动力技能供给短板，有针对性地制定了分类分层的全员技能开发战略计划，任何一个新加坡人都能被纳入对应的技能开发战略或计划，通过建构全社会学习、终身学习的制度体系，营造氛围以助力提升国家竞争力。同时，新加坡政府重点扶持低收入、低技能就业困难群体。

三、新加坡劳动力技能提升的实践

（一）存量劳动力技能认证制度

新加坡"人力21计划"非常重视劳动力技能认证标准及建立认证制度。技能认证制度的作用在于通过设置符合产业发展需求的技能标准并供给对应的职业培训提升存量劳动力的技能水平，通过技能认证的劳动者在企业可以找到匹配的就业岗位。技能认证制度一般是政府、行业、企业、雇员和社会组织多方参与的制度，是一项能够实现技能供需均衡的制度。目前新加坡实施的技能认证制度是2004年由新加坡人力资源部（Ministry of Manpower，MOM）下的劳动力开发局（Workforce Development Agency，WDA）负责推动的劳动力技能资格鉴定制度（Workforce Skills Qualifications，WSQ），该部门专门负责成年人在职培训工作。在制度设置的战略层面，WSQ通过制定统一的技能培养策略把技能标准、通用技能与特定行业和职业的在职培训相对接，并通过继续教育与技能培训中心（Continuing Education and Training，CET）进行资格认证[①]，从而在经济转型需求的前提下预设了劳动力技能提升的水平。在制度实施的操作层面，WSQ专门针对成年人开展技能培训，通过供给培训、技能评估与认证，一方面提升劳动力就业能力，另一方面帮助雇主确认潜在雇员的关键能力，实现劳动力技能供需均衡。

1. WSQ的框架和内容

新加坡劳动力技能资格鉴定制度（WSQ）包括技能、资格和经济资助三个模块（如图10-2-1所示）。

---

① Gary Willmott、李玉静. 通过国家劳动力技能资格制度培养高技能劳动力——新加坡的经验[J]. 职业技术教育，2008，29（06）：64-68.

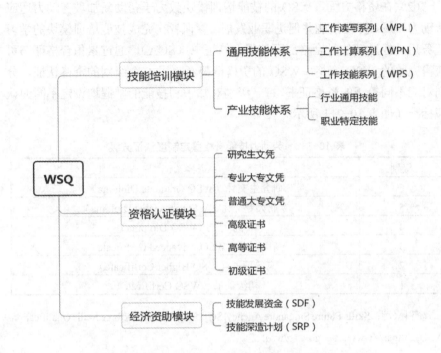

图 10-2-1 劳动力技能资格鉴定制度（WSQ）框架图

（1）WSQ 技能模块涉及通用技能体系和产业技能体系。通用技能体系旨在提升劳动力的就业能力、可迁移能力，涉及的技能适用于各个职位的能力。WSQ 的通用技能体系分成三个培训模块：工作读写系列（WPL）、工作计算系列（WPN）、工作技能系列（WPS），涵盖 10 项基本工作技能：工作读写和计算、信息与通信技术、解决问题与做出决策、积极进取与创业精神、沟通和人际关系管理、终身学习、全球化意识、自我管理、与工作相关的生活技能、健康与工作环境的安全[1]。WSQ 提供业务、监督和管理三种职业类别的工作技能系列，其中业务层面能力是指没有对他人监督的能力，只能在别人指导下开展工作；监督层面能力是指具有监督他人工作并主管某一业务的能力；管理层面能力是指可以负责某一大型单位的运营和绩效管理的能力[2]。在产业技能体系方面，主要涉及行业通用技能和职业特定技能。产业技能体系旨在提升劳动者的职业能力，即个人执行具体岗位工作任务所需的技能和能力。

---

① 李光宇、王鹏. 试析新加坡就业必备技能体系[J]. 中国冶金教育，2007（05）：72-75.
② 刘杰、戚文革. 新加坡劳动力技能资格系统述评[J]. 中国职业技术教育，2014（8）：70-72.

（2）在资格方面，WSQ 的技能培训模块致力于帮助新加坡劳动力适应劳动力市场、开发技能并促进职业发展，参训者在完成技能培训模块的学习任务后，经过评估且合格后可获得合格证书（SOA），通过累积合格证书可获得完整的 WSQ 资格。WSQ 的资格框架涵盖了 6 个级别的资格认证，分别对应不同等级的资格证书，每一级别对知识和技能的掌握均设定不同的认证标准（如表 10-2-1 所示）[①]。

表 10-2-1　劳动力技能资格鉴定制度认证分级

级别	资格认证
6	研究生文凭（WSQ Graduate Diploma）
5	专业大专文凭（WSQ Specialist Diploma）
4	普通大专（WSQ Diploma）
3	高级证书（WSQ Advanced Certificate）
2	高等证书（WSQ Higher Certificate）
1	初级证书（WSQ Certificate）

资料来源：Skills Future Singapore Agency[SG]. Singapore Workforce Skills Qualifications (WSQ). https://www. ssg. gov. sg/wsq.

注：新加坡教育系统中的相关称谓：Master Degree 指硕士学位，学制 2 年；Graduate Diploma，Postgraduate Diploma 指介于学士和硕士之间、类似于硕士预科的课程，学制 1 年，本科毕业或者 Diploma 读完有几年工作经验才可以就读（Postgraduate Diploma 读 Master 的时候有些相同的课程模块可以申请免修）；Specialist Diploma 指专业大专，专业人士进修相应课程可获得专业大专文凭，需要相关工作经验；此外还有 Advance Diploma，进阶大专，读完理工学院或本科学位以后才能申请，学制 1 年；Certificate 课程一般为 1 年，通常都是技工类别专业，专门针对特定领域技术性较强的专业，几乎没有任何学术课程，注重动手能力的培训，故大部分认证项目都会带一个 Apprenticeship 学徒计划，例如，水管工、焊工、电工、暖通专家等，某些专业通常还需要通过认证。WSQ 的培训课程认证对应教育系统的文凭等级设置了类似于同等学力的认证等级。

（3）在经济资助方面，若企业派遣员工接受 WSQ 提供的就业必备技能培训，符合条件的员工可得到技能发展基金（SDF）资助的学费和技能深造计划（SRP）提供的缺勤工资。技能发展基金（SDF）资助学费的 90%，技能深造计划（SRP）资助小时基本工资的 80%—90%。技能发展基金（SDF）和技能深造计划（SRP）适用于获得初级技能水平的工人，资助金额以 40 岁为分界点，40 岁及以上参训者获得资助的额度较大[②]，表明新加坡政府重视

① 王祥. 新加坡"劳动力技能资格认证体系"述要[J]. 职业技术教育，2013，34（01）：82-87.
② 李光宇、王鹏. 试析新加坡就业必备技能体系[J]. 中国冶金教育，2007（05）：72-75.

低技能劳动力的技能培训,鼓励较年长低技能劳动力不断提升技能以防范就业风险。

2. WSQ 的运行情况

2016 年底,新加坡政府成立了新加坡未来技能局(Skills Future Singapore,SSG)和新加坡劳动力局(Workforce Singapore,WSG)两个机构。未来技能局(SSG)隶属于教育部下的私立教育理事会,其成立后的首要任务是确保所有教育学府与培训机构承认不同领域的认证框架,扩大新加坡公民的学习选择,同时承接劳动力开发局(WDA)负责的技能培训项目,负责推动与统筹“未来技能”计划。劳动力开发局(WDA)重组为劳动力局(WSG),仍隶属于人力资源部,负责开发劳动力队伍,与企业共同优化人力资源结构。劳动力局直接对人力资源部负责,肩负多种职能,对现有劳动力开发战略进行整合,包括开发技能框架、实施国家培训项目、提供就业安置服务等,以实现支持行业发展、减小结构性技能差距、提高行业标准及提高低技能工人就业能力四个战略目标,逐渐形成了以劳动力局为主的劳动力开发机构,以及与政府、行业、培训机构、其他社会机构以及劳动力多方协作的运行机制,其中,劳动力开发局负责开发、实施培训框架,提供就业服务和经费激励以及对培训机构进行认证等;政府机构在经济和人力规划中参与合作;行业承担培训或者招聘参训者以及认证资格证书;培训机构注重开发、实施高质量的培训项目;社会机构注重营造终身学习的氛围,推动工人学习、促进就业;劳动力寻求参与培训的机会,积极提升劳动技能[①]。

截至 2019 年 12 月,新加坡劳动力局已完成了涵盖航天等 32 个行业的WSQ 框架,建立了 39 个继续教育与技能培训中心(CET)。新加坡政府针对存量劳动力技能提升推出了劳动力技能资格鉴定制度(WSQ),将标准、证书和资格认证高度聚焦职业生涯路径且与各层次职业技能一一对应,既关注存量劳动力的技能提升,更促进其明晰职业生涯路径,使劳动力现实的技能需求得以满足并激活了其基于个人职业生涯设计的潜在技能需求,以此降低劳动力在产业变革和技术变革引发的劳动就业迭代中面临的就业风险。

(二)全民未来技能提升战略

2004 年 11 月 4 日,新加坡成立了由政府、企业雇主、工会、工人和教育培训机构等劳资政学各方代表组成的未来技能委员会(Skills Future Council,SFC),2016 年又成立新加坡未来技能局(SSG)协调劳动者受雇前培训、继续教育与培训,同时推进实施未来技能培训计划(Skills Future,

---

① Gary Willmott、李玉静. 通过国家劳动力技能资格制度培养高技能劳动力——新加坡的经验[J]. 职业技术教育, 2008, 29(06):64-68.

SF）[①]。未来技能培训计划（SF）是新加坡基于提升国家竞争力而提出的一项覆盖新加坡全体国民的培训战略，针对全体公民、在校学生、在职人士、雇主和培训机构分别设置了有针对性的系列培训项目，是一个培训项目的超级综合系统（如图 10-2-2 所示），旨在针对新加坡未来技能需求驱动形成终身学习的氛围，建构终身学习的路径，使每个劳动者都有明晰的职业生涯路径。（1）针对全体公民的培训项目主要基于知识经济普及新技术知识、促进劳动者了解新技术可能给工作带来的影响，从而接纳新技术并愿意参与相关培训。（2）针对在职人员未来技能提升的培训项目针对在职人员未来技能提升的学习内容包括职业发展指导、职业技能培训、经济资助三方面。其一，在职业发展指导方面，一是借助未来技能职业生涯顾问项目（Skills Future Career Advisors Programme，SFCAP），由行业资深人士组建未来技能职业顾问团队并提供行业职业咨询服务以帮助求职者了解技能需求和岗位工作内容；二是借助政府与社区发展理事会及自助团体合作推出的未来技能推广计划（Skills Future Engage，SFE），走进社区举办工作坊、对话会协助在职人员筛选培训课程进行技能提升规划。其二，职业技能培训是未来技能培训计划（SF）的主体内容，其在内容设置上主要包括科技技能加速培训计划（Tech Skills Accelerator，TeSA）、未来技能系列课程（Skills Future Series，SFS），从初级人员到高级人员提供不同内容的技能升级培训项目以应对产业的技能升级需求；在针对人群上，有针对应届毕业生的半工半读大专文凭（Work-Study Post-Diploma，WSPD）项目，更有针对职业中期人员的专业人员转业计划（Professional Conversion Programme，PCP），为处于职业中期面临职业转换的专业人员、经理、行政人员和技术人员（PMET）提供职业转换计划，促进他们进行技能转换并过渡到具有良好发展前景的新职业。其三，在经济资助方面，政府提供多种形式的经济资助，其中，未来技能培训补助（Skills Future Credit，SFC）为所有 25 岁及以上的新加坡人设立个人技能培训补助账户，鼓励其以极低的成本参加技能培训；未来技能职业中期加强补贴（Skills Future Mid-Career Enhanced Subsidy，SFMCES）专门针对 40 岁及以上的新加坡人应对工作场所变革、提升技能水平、养成学习新技能的习惯；未来技能资格奖（Skills Future Qualification Award，SFQA）鼓励劳动者获得 WSQ 的全部资格，以具备全面而强大的技能来胜任工作，不断追求职业发展、探索新的就业机会；未来技能进修奖（Skills Future Study Awards，SFSA）面向致力于发展和深化关键领域技能并在此类领域具有相关工作经验的职业生涯中早期劳动者，特别是具备深厚专业技能且愿意发展其他能力的资深

---

① 杜若飞. 新加坡"技能创前程"计划研究[D]. 重庆：西南大学，2017.

劳动者，鼓励其发展和加深未来经济增长部门或重点领域所需的专业技能，最大限度地发挥潜能；未来技能专才奖（Skills Future Fellowships，SFF）旨在表彰掌握精湛技能且在指导未来人才发展中有贡献的新加坡公民。

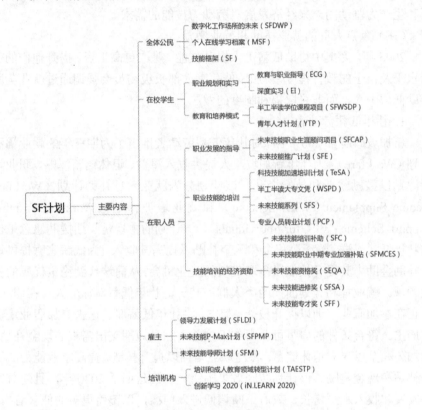

图 10-2-2　未来技能计划（SF）

未来技能培训计划（SF）是一个未雨绸缪的前置性技能提升战略，其在未来技能提升中的作用可以概括为如下几方面：其一，帮助全体劳动力认识新技术以及与之密切关联的工作变革；其二，帮助新增劳动力在入职前明确个人特长以进入匹配的就业领域，建构明晰的职业生涯路径；其三，促进存量劳动力形成终身学习的习惯，保持技能提升的惯性以适应可能的就业挑战，激活劳动力的主动技能提升需求；其四，促进职业中期的在职人员实现职业转换以适应新的就业需求，从而平滑就业迭代进程，满足结构性失业风险中劳动力的被动技能需求；其五，促进关键领域的资深专业人士深化技能；其六，激发企业参与劳动力技能提升的动力，帮助企业明确劳动力技能提升的重要性，促进其针对未来技能需求实施培训或积极参与国家的未来技能培训计划，且从企业领导个人发展、中高层专业人员配置和企业员工发展三方面给予具体指导,通过企业的技术和管理升级激活企业对劳动力技能提升的需求；其七，帮助培训机构提高培训供应素质、创新学习方式，以提高培训的学习质量和效率，促进培训机构紧跟技术进步和全球化的步伐，满足由创新和生产力驱动的未来经济发展对劳动力技能的需求。

（三）重点人群的就业援助和就业激励

2005 年，为集中协助低薪工人提升技能、赚取更高工资、提升他们的生活水平及孩子的教育程度,新加坡低薪工人部长级委员会强调通过就业奖励帮助低薪工人，而非采取福利制度的做法①。

1. 壮年低薪劳动者

新加坡政府于 2007 年针对壮年低薪劳动者推出了为期三年的就业福利计划（Workfare），为壮年新加坡工人提供收入津贴、退休储蓄津贴、职业培训津贴以鼓励就业和技能提升，该计划分为就业入息补助计划（Workfare Income Supplement (WIS) Scheme）和就业培训计划（Workfare Training Support Scheme (WIS) for Individuals）。该计划的主旨是长期援助愿意工作的壮年低薪人群，给予公积金和现金补贴以提高其收入，为低薪家庭提供培训补助金助力其提升技能以争取优质的就业机会，从而迭代到稳定优质的就业领域。就业福利计划面向两类人群：其一，壮年低薪新加坡人，在职和/或正在参加职业培训以提升技能；其二，将壮年低薪雇员送去参加职业培训的雇主。符合条件的雇员可获得如下收益：满足短期支出需求的现金补贴；增加公积金以建立退休储蓄；参与职业培训以提升技能、提高就业能力的给予补贴和现金奖励。该计划实施效果不错，一直延期至 2020 年，且随着经济发展和收入水平增长，政府不断调低进入门槛，以覆盖更多的低薪者②。

2. 年长低薪劳动者

2005 年，新加坡月薪在 1000 新元及以下的低薪劳动者约有 24 万人，他们大部分年龄较高且教育程度低，就业能力较差。为鼓励企业雇佣年长劳动者并愿意对其进行培训、鼓励年长劳动者不断提升技能以适应新的工作环境和新的工作要求，新加坡政府推出了如下计划：乐龄补贴计划（Silver Support Scheme，SS）和特殊就业补贴（Special Employment Credit，SEC），鼓励雇主雇佣年长工人，鼓励年长工人就业以提高收入水平；见习计划（People-for-Jobs Traineeship Programme），一方面为 40 岁及以上的较年长劳

---

① 经济参考报. 新加坡六大方针扶助低薪工人 [EB/OL]. [2005-09-06]. https://finance.sina. com. cn/j/20050906/0852298532.shtml. 摘自 2005 年 8 月 31 日新加坡《联合早报》.

② Ministry of Manpower [SG]. Workfare [EB/OL]. https://www.mom.gov.sg/employment-practices/ schemes-for-employers-and-employees/workfare.

动力提供培训机会，同时也为雇主提供资助以鼓励其雇佣较年长劳动者；未来技能 P-Max 计划（SFPMP），专门针对企业雇佣年长工人且送其参加职业培训以提升技能给予补贴和奖励。此外，新加坡设有由工会、雇主和政府代表组成的提高年长工人受雇能力劳资政委员会（Tripartie Committee on Employability of Older Workers），协助雇主返聘年满 65 岁的高龄劳动者。

四、新加坡的产业工人技能形成机制

（一）政策供给主体：以劳资政三方协调为主的多主体参与

新加坡劳动力技能提升工作大部分是以政府为主导，吸纳资本方、劳动者以及社会组织共同推进的，建构了劳资政协调体系，比如由人力资源部（MOM）、全国职工总会（NTUC）和新加坡雇主联合会（SNEF）组成的国家三方顾问小组负责推动企业责任、平衡员工在工作和生活之间的关系，该小组通过新加坡劳资政三方论坛（Singapore Tripartism Forum）、国家工资理事会（National Wages Council）、劳资政三方公平雇佣联盟（Tripartite Alliance for Fair Employment Practices）和劳资政三方工作与生活和谐发展策略委员会（Tripartite Committee on Work-Life Strategy）等全国性的机构实现对劳动力市场的管理和监督，该三方协调体系成为新加坡强大的经济竞争力、协调的劳资关系和国家进步的核心因素。

在三方协调的政策架构下三个主体分别担负不同职责，分工明确。具体而言，政府、雇主和工会的三方协调机制旨在推动国家、政府、社团、雇主和员工各个层级的协调与合作，其工作机制分三个层面：在国家层面，由政府、雇主和工会进行三方协调，推进国家层面的有效领导力提升；在行业层面，通过国家技能协会（National Skills Council）联系其他行业协会架构企业与政府沟通的桥梁；在社区层面，建立图书馆、社区中心、自救学习小组以及其他非营利性组织促进终身学习和提高终身就业能力。

具体到某些政策，三方协调的具体职责分工也是非常清晰的。比如，未来技能培训计划（SF）以未来技能局（SSG）、劳动力局（WSG）和劳动力技能资格鉴定制度（WSQ）三方为主导，未来技能局（SSG）宏观调控子项目质量，劳动力局（WSG）主管资源评估，履行监管职责，劳动力技能资格鉴定制度（WSQ）负责认证技能，此外社会机构、学校以及大众媒体辅助协调。

（二）政策运行体系：明确分工下的耦合推进

在新加坡具体的制度运行中，各主体分工明确，且相互促进耦合运行。该体制的运行特征及效果如下。

1. 实现技能供需均衡

新加坡政府成立了全国生产力与继续教育理事会（National Productivity & Continuing Education Cuncil），该机构由劳资政三方代表组成，在组织架构上将技能需求方和技能供给方结合在一起，它的主要工作领域有两个：其一，在个人、企业和行业层面推动提高生产力，推出生产力及创新优惠计划（Productivity and Innovation Credit），设置全国生产力基金（National Productivity Fund）；其二，开发一套世界领先的国家继续教育与培训制度（WIS 和 WTS 等计划），帮助工人提升技能。劳动力技能供需匹配很容易就做成"两张皮"，多数情况下表现为培训技能跟不上生产力进步提出的技能需求，但新加坡劳资政三方协调的组织架构将技能供需双方有效地结合在一起实现技能供需匹配。

2. 提供项目实施保障

新加坡劳动力技能提升工作大部分是以政府为主导，吸纳资本方、劳动者以及社会组织共同推进的，在保证了技能供需均衡的基础上，因有政府的行政助力有效地保证了技能培训计划的顺利实施。其一，各项政策均以政府主导联合行业和企业展开，具有强大的顶层设计和执行优势，政府驱动保证了计划制定的战略高度和行政执行力度，与行业、企业、社会组织等的联合行动同时也确保了各项计划内容无限贴近经济社会发展需求，促进了技能供需均衡。其二，政府驱动为各项计划的顺利实施提供了资金保障。2014 年11 月，新加坡政府设立"未来技能金禧基金"，鼓励雇主与工会捐款，政府以 1∶1 的方式注资，筹资 3000 万新元。2015 年 2 月，未来技能培训计划（SF）获国会预算批准，财政投入由以往的 6 亿新元跃升至 10 亿新元，几乎翻一倍[①]。同时，政府还为"全国生产力基金"补充 15 亿新元，以配合计划的其他动议。其三，政府在微观层面提供技能培训奖励，调动了参训的积极性，促进顶层设计的培训项目获得预期的实施效果。比如，政府为 25 岁以上的新加坡公民建立未来技能培训补助账户，为参与专题研讨会的企业和员工报销高达 90%的课程费用，对获得技能和资格的员工给予奖励金。

3. 培训资源供给充足

面向全体新加坡国民，涵盖各类职业、各年龄层人士，这样一个庞大的计划需要强大的培训资源供给，尤其是培训课程供给要到位。三方协调的主体架构实际上连接了包括社会组织在内的多个主体去提供培训资源。其一，培训供给主体多。政府驱动下的未来技能培训计划（SF）并未走政府直接供

---

① 严晓蓉. 新加坡推人才新政[EB/OL]. [2016-04-13]. https://www.shobserver.com/news/detail?id=14082.

给培训资源的道路，而是采用了市场化运作、政府购买服务的模式，各高校专业培训机构、政府认证的各类社会培训机构以及有资质的社会组织等均可参与，技能培训的供给主体多元且数量庞大。其二，培训课程储备充足。据统计，未来技能培训计划（SF）中涉及的培训课程种类已达 57 个，培训课程已超过 1 万门①。其三，培训课程形式多样。培训课程有在线授课、晚间和周末课程，在学习时间上和学习形式上满足了学习者的不同需求，极大地方便了学习者，从而提高了培训课程的使用效率。

（三）政策实施对象：分类分层、广覆盖面、强针对性

存量劳动力继续教育与培训的各类计划覆盖面非常广，基本建构了涵盖劳动者一生各时段的职业培训计划，帮助劳动者明晰职业生涯规划以及与之匹配的技能培训项目，从而建构终身学习的社会，比如未来技能培训计划（SF）。同时，新加坡政府对劳动力群体进行细致的分类分层并对应提供匹配的技能培训计划，以提升培训效果。其一，针对低技能员工开展就业援助与激励，推出就业入息补助计划（WIS）、就业培训计划（WTS），旨在通过就业济贫帮助低薪劳动者获得体面工作。其二，针对所有员工技能更新、推动技能广度和深度的卓越技术培训计划（STEP），提升劳动者的技能水平和就业能力，以规避失业风险。其三，针对未来发展需求的未来技能培训计划（SF），以应对产业升级下的结构性失业风险，让劳动者获得新技能，比如针对在职人员职业中期技能提升的专业人员转换计划（PCP），以帮助专业人员在职业中期转换中获得新技能，一方面为产业发展提供匹配的劳动力，同时为关键领域培养卓越的劳动力。其四，针对年长劳动者技能转换与提升的乐龄补贴计划（SS）、特别就业补贴（SEC）、见习计划等。

（四）政策作用路径：雇佣双向的技能提升激励

无论是劳动力技能资格鉴定制度（WSQ）的培训课程还是未来技能培训计划（SF）下的培训项目，抑或是针对低技能、低薪和年长劳动力的就业援助与激励政策，大多数政策都是对雇佣双方进行双向激励，以确保接受过技能培训和认证的劳动者能够找到匹配的就业岗位，同时企业愿意雇佣劳动者、愿意鼓励员工参加技能培训，从而将雇佣双方的技能培训需求激活，以确保技能培训项目的实施效果。

雇主参加培训项目送雇员参加技能培训的，或者劳动者个人自发参与技能培训项目的，达到项目要求的一般都可享受培训费用补贴，此外雇主还可享受员工缺勤工资补贴，雇员也可享受培训津贴。比如，未来技能 P-Max 计

---

① 严晓蓉. 新加坡推人才新政[EB/OL]. [2016-04-13]. https://www.shobserver.com/news/detail?id=14082.

划（SFPMP）为参训的雇主和雇员提供高达 90% 的培训费用补贴。坚持受训奖（TCA）中受训者获得 WTS 认可的技能培训课程证书，每个自然年度可获得不超过 400 新元的补助等。

新加坡政府注重从经济需求的角度促进企业升级，鼓励企业创新以及在海外创业、推动传统企业技术升级，倒逼企业参与员工技能提升以满足企业成长需求，同时配套激励政策，帮助企业推动员工技能提升。比如，政府推出生产力解决方案津贴（PSG），鼓励中小企业采用政府制定的科技方案实现生产率提升，同时获得针对工人技能提升的津贴，该方案很好地兼顾了企业的技术升级与员工技能提升，可谓一举两得。未来技能培训计划（SF）专门设置了针对企业的技能提升项目，主要包括企业领导个人发展、中高层专业人员配置和企业员工发展指导三方面，具体有领导力发展计划（Skills Future Leadership Development Initiative，SFLDI）、未来技能 P-Max 计划（Skills Future P-Max Programme，SFPMP）和未来技能导师计划（Skills Future Mentors，SFM），鼓励企业助力员工提升技能，同时提高自身人力资源管理水平和技术水平，技能供需双方同步升级。

新加坡政府鼓励企业雇佣年长、低薪劳动力，同时激励企业支持年长员工技能提升。比如，就业培训计划（WTS）下的三个项目均面向企业实施激励：雇主补贴（EG）项目为雇主提供高达 95% 的学费津贴和员工缺勤工资补助，以鼓励企业送年长低薪劳动者参加职业培训；技能提升计划（WSP）用定制案例的结构化培训为低薪工人建构坚实的计算和读写等基本工作技能。在人口老龄化的背景下，新加坡政府通过这些项目激励雇主开发老年人力资源以解决劳动力短缺问题，并同时解决年长劳动力的结构性就业难题。

五、新加坡技能提升政策效果

新加坡政府为营造全民学习氛围，建构了针对存量劳动力技能提升的制度体系，出台了针对未来竞争力提升的未来技能培训计划，针对结构性失业和低薪、高龄劳动者的就业援助与激励，针对企业转型、创新和创业的雇佣激励的各项政策，上述政策激励效果卓越，多年来新加坡保持着相对稳定的信息技术人才队伍，目前全国有 14.67 万信息技术人才，"智慧城市 2015 计划"超额完成，"智慧国家 2025"也已顺利走到中期。新加坡人力资源部 2020 年 1 月 30 日发布的数据显示，2009—2019 年间，新加坡经济结构调整并未带来显著的失业波动，总体上年平均失业率仅 2009 年有高峰波动，此后下降并稳定在 2% 左右；新加坡公民（SC）和新加坡永久居民（SPR）年均失业率呈下降趋势，且稳定在 3%左右①。

第三节　韩国

一、韩国劳动者职业能力开发训练的背景

（一）韩国产业结构演变轨迹

韩国人均国民生产总值（GNP）于 1995 年超过 1 万美元，于 2007 年超过 2 万美元，国民经济以惊人的速度增长②。此间产业结构呈现出第一产业比重下降、第二产业比重稳定、第三产业比重上升的趋势，其演变轨迹可分为六个阶段③。（1）1960 年之前农林渔业占主导。此间农林渔业在产业结构中占主导，但呈现下降趋势，从 1953 年的 47.3%下降至 1960 年的 36.8%。（2）20 世纪 60 年代制造业划时代发展。此间制造业年均增长率在 20%左右，带动了韩国经济的起飞，1960—1972 年间，其他服务业占比稳定在45%—50%，农林渔业占比降至 25.2%，制造业占比升至 25.2%。（3）20 世纪 70 年代向重化工业转型。转型目的是弥补出口导向型工业发展战略带来的产业内部发展不平衡和日益严重的外贸依存度④。1973 年韩国政府发布《重化工业化宣言》，着手产业升级，1979 年，重化工业产值占工业总产值的比重达到 51.2%，首次超过轻工业（48.8%），钢铁、石油化工、汽车、造船、机械等产业成为韩国的主导产业。（4）20 世纪 80 年代调整重化工业投资结构。调整方向为：从以特定产业特别是重化工业为主强力推进的产业发展转向以重化工业投资调整为特征的产业调整和产业合理化发展，明确了政府介入的界限、作用、时限及工业发展基金等具体支援手段，支持提高产业技术发展和生产率提升。此间重化工业增长率一直高于制造业整体增长率和轻工业增长率（1980 年除外）⑤。（5）20 世纪 90 年代发展高技术产业。此间韩国政府的发展理念是技术开发和市场开放，民间研发投入在 20 世纪 90

---

① Ministry of Manpower[SG]. Labour Market Statistical Information[EB/OL]. [2020-01-30]. https://stats. mom.gov.sg/Pages/Home.aspx.

② 김도훈（산업연구원 원장）.한국 산업발전과 향후 과제[J]. 한국경제포럼·제 6 권제 4 호: 1-35. http://www.kea.ne.kr/common/download?id=1792&section=pub.

③ 韩国经济 60 年历史编纂委员会、韩国开发研究院. 韩国经济 60 年史Ⅱ：产业[M]. 首尔：韩国经济 60 年史编纂委员会，2010.

④ 두산백과. 대한민국의 산업 성장과 구조[EB/OL]. https://terms.naver.com/entry.nhn?docId=1177305 & cid=40942&categoryId=34708.

⑤ 韩国银行，http://ecos.bok.or.kr.

年代占比高达 70%—80%，韩国在半导体领域积累了领先世界的技术力量，信息通信产业成为韩国具有代表性的新技术产业。（6）进入 21 世纪亟待寻求新增长动力。韩国的经济增长率从 20 世纪七八十年代的 9.0%下降至 2001—2010 年间的 4.2%，制造业引领经济发展的作用减弱，劳动投入增长率下降幅度（2.6 个百分点）远超资本投入增长率下降幅度（0.5 个百分点），出现了无就业的增长。政府将发掘新增长动力的重点放在培育新技术产业、发展零部件和材料领域、培育服务产业，并制定了新增长动力事业的推进结构。

（二）韩国劳动力供给结构演变轨迹

1. 韩国劳动力年龄结构呈现老龄化趋势。从总人口年龄趋势看，2005—2020 年间，总人口中位年龄从 2005 年的 35.5 岁上升至 2020 年的 42.8 岁①。从生产年龄人口趋势看，1990—2015 年间，30—44 岁年龄组人口占比呈下降趋势，45—54 岁年龄组占比呈上升趋势，据预测，2017—2067 年间，韩国生产年龄人口占比继续下降，由 2017 年的 73.2%下降至 2067 年的 45.4%，只有 50—64 岁年龄组占比上升②。韩国劳动力中期转职及老年人力资源开发迫在眉睫。

2. 韩国劳动力分产业就业结构演变。2009—2019 年间，韩国劳动力分三次产业的就业变化趋势为：农业就业占比呈下降趋势，从 2009 年的 7.01%下降至 2019 年的 4.68%；工业就业占比稳定在 24%—25%；服务业就业占比呈增长趋势，从 2009 年的 68.5%上升至 2019 年的 70.48%③。劳动力就业的行业结构演变提出了对劳动力技能提升的需求：一是从农业析出的劳动力向第二、三产业转移的技能开发训练需求，二是因技术升级和产业升级产生的技能开发训练需求。

3. 韩国劳动力受教育和职业技能开发训练的情况。（1）受教育程度。2007—2018 年间（不含 2013 年），韩国受教育程度在中学以下的人口占比一直最低，且呈快速下降趋势；受教育程度为高等学校（高中）的人口占比呈微下降趋势，排位从第一降至第二；受教育程度为高等学校以上的人口占比呈快速上升趋势，排位从第二上升至第一④。（2）职业能力开发训练情况。来自雇佣劳动部的职业能力开发训练实施数据显示，2008—2018 年间韩国

---

① SGISplus. 인구피라미드[EB/OL]. https://sgis.kostat.go.kr/jsp/pyramid/pyramid1.jsp.

② 조영태. 고령화 대책만 외치다가는 닭쫓차아 인구구조가 어떻게 변할지 예측해야[EB/OL]. https://dbr.donga.com/article/view/1203/article_no/8142.

③ H. Plecher. Employment by economic sector in South Korea 2019 [EB/OL]. [2020-01-29]. https://www.statista.com/statistics/604702/employment-by-economic-sector-in-south-korea/.

④ 교육부. 국민교육수준（학력별 인구분포) [EB/OL]. [2019-12-12]. http://www.index.go.kr/potal/main/EachDtlPageDetail.do?idx_cd=1530.

职业能力开发培训参训人员总量呈增长趋势，2018 年比 2008 年增长了17.1%，其中业主和在职者培训增长 14.0%、人力不足领域增长 75.4%、失业者和弱势阶层增长 124.5%，表明韩国政府关注人力资源不足领域的职业开发训练，同时在包容性发展理念下充分关注失业者和弱势群体的职业开发训练①。

4. 韩国劳动力参与率演变轨迹。2009—2019 年间，韩国 15 岁以上人口的劳动力参与率呈现微增长趋势，从 2009 年的 61%上升至 2019 年的 63.3%，男性劳动力参与率稳定在 73.2%—74.4%，女性劳动力参与率呈微增长趋势，从 2009 年的 49.3%增长到 2019 年的 53.5%，但总体上低于男性②。

（三）韩国劳动者就业训练政策的历史沿革

韩国为产业需求变革均配套了教育训练计划：20 世纪 70 年代—90 年代初，韩国正处于高经济增长期，但当时大学升学率仅为 30%左右，人才供给状况堪忧，政府高度重视产业工人职业能力培养以应对经济增长引发的人才需求，在此间完善了正规教育课程和职业高中教育；20 世纪 90 年代初至2010 年初，韩国对劳动者的支持重点放在对新增、转职失业者提供社会安全网③，将开展公共劳动事业、就业培训等工作制度化。来自韩国雇佣劳动部的资料给出了韩国劳动者就业训练政策的历史沿革轨迹④。

韩国于 1967 年出台《职业训练法》（「직업훈련법」），将职业培训的领域从第二产业拓展到包括工作岗位需求的职业素养等在内的劳动力开发培训，其重要作用还体现在对各种技能训练和技能资格授予体制进行一元化（即规范化）。《职业训练法》实施了 8 年后，1975 年韩国开始实行"职业培训义务制"（직업훈련의무제），政府加强技术培训政策的力度，以有效推进经济发展。韩国的职业培训可由公共职业培训院、政府认可的职业培训所实施，也可由企业内设置的职业培训所实施。其中，中央职业培训院等机构成立于 1968 年，它在各地分布很广泛，是韩国非常重要的公共职业培训机构。这些职业培训均由雇佣劳动部管理，是产业领域的社会教育形式。

此后，韩国经济得到了很大发展，将对职业的全面支援转变为发达国家

---

① 고용노동부. 직업능력개발훈련실시현황 [EB/OL]. [2019-07-26]. http://www.index.go.kr/potal/main/EachDtlPageDetail.do?idx_cd=1500.

② H. Plecher. Employment by economic sector in South Korea 2019 [EB/OL]. [2020-01-29]. https://www.statista.com/statistics/604702/employment-by-economic-sector-in-south-korea/.

③ 从广义上讲，社会安全网（Social Safety Nets）是旨在保护所有国民免受失业、贫困、灾害、老龄、疾病等社会危险的制度机制，在社会保险和公共扶助等现有社会保障制度中包括公共劳动事业、就业培训等。

④ https://upgrade-u.tistory.com/3565.

型支援模式，于 1995 年建立了雇佣保险制度。雇佣保险制度是为失业工人提供失业救济金和技能开发成本，以及为雇主提供就业维持与教育和培训成本的社会保障制度，旨在向在一定时期内支持失业工人的公司和工人提供补贴，同时培养失业者以促进其进行工作调整，这也是对产业结构调整的人力供给匹配政策①。雇佣保险制度最多可提供 2 年的职业培训补贴。

在 1997 年的亚洲金融危机中，韩国大量企业面临倒闭，失业人数剧增。对此，韩国政府展开了大规模的失业者训练，到 2001 年为止接受失业者训练的人数接近 16.8 万名。亚洲金融危机结束后，很多大企业倒闭，中小企业纷纷涌现，面对新的职业培训需求，政府废除了职业培训义务制度，发布了将职业能力开发工作一元化的新方案，大企业侧重的职业培训范围扩大到中小企业，中小企业职业培训财团开始出现，旨在培养劳动者更多的职业能力以实现就业。

2008 年，韩国实施"明日学习卡制度"，这是韩国历史上一个划时代的职业培训政策。根据该政策，韩国 15 岁以上处于失业状态的人，有就业或创业意向，但面临各种启动困难，若需要必要的训练，国家将发放补贴。明日学习卡与求职者的经济水平无关，旨在促进失业者能够有选择性地提升自己意向中的职业能力。

2013 年，韩国正式实施"工作学习并行制"（일학습병행제로），这是一种将工作和学习相结合的制度，受训者不仅在工作现场学习职业能力，还进行理论学习。工作学习并行制是企业将希望就业的青年聘用为学习劳动者，在实施工作现场训练的同时，还将他们送到特性化高中、专科、大学等接受理论教育的教育训练制度。

2014 年，韩国制定了国家职业能力标准（NCS），真正实现了以职业能力为中心，把青年人的能力推向最具活力的领域，同时也为更多劳动者提供了就业机会，缓解了就业结构性不匹配的矛盾。

二、韩国劳动者职业能力开发训练的实践逻辑

韩国的《职业能力开发法》将劳动者的教育训练称为职业能力开发训练，指"为劳动者学习和提高职业所必需的履职能力而实施的培训"。针对韩国经济社会发展对劳动者技能提出的需求，考虑到韩国劳动者整体素质和结构，韩国的职业能力开发训练遵循着如下实践逻辑。

（一）对弱势群体的救助从经济支援转向就业支援

如前所述，20 世纪末亚洲金融危机引发韩国经济萧条，大量的失业给

① https://terms.naver.com/entry.nhn?docId=659433&cid=42152 & categoryId=42152.

韩国的福利体系带来强烈的冲击，基于政府转移支付的福利体系难以为继，传统的福利思想不再能够支撑解决失业者和弱势群体的生存问题。在这个背景下，韩国主张发展就业经济以提高劳动者收入，通过就业实现福利改善，从而刺激消费增加，拉动经济增长，形成"工作岗位+分配+增长"的良性经济循环①。在这个循环中，劳动者能够持续地依托就业改善收入水平的前提是拥有职业技能以动态地适应工作岗位需求，才能实现以就业为基础从而建立起可持续生计，真正减轻政府的福利支出负担。对弱势群体的救助理念从经济支援向就业支援的转向无疑需要对劳动者进行职业能力开发。

（二）提高国家竞争力需要全体劳动者持续提升职业技能

21 世纪竞争的核心要素是科技，日益加速的科技进步不但令韩国企业应接不暇，同时对劳动者的就业技能更新、提升、迁移提出了强烈的要求，各个层面的劳动者都面临着职业能力开发问题。从政府提升国家竞争力的宏观层面出发，不论劳动者是否意识到职业能力开发的重要性、是否能够主动参与职业能力开发训练，政府都必须出台相关政策去激发企业和劳动者双向的职业技能提升需求。鉴于持续的技术进步会不断带来就业变迁，劳动者的职业能力必须同步提升才能与岗位工作需求相匹配，故韩国劳动者职业能力开发训练应该不仅仅是关系到弱势群体的，而更应是关系到全体劳动者动态技能提升的问题，因此韩国的职业能力开发训练政策目标是要建构全民终身职业能力开发体系。

三、韩国劳动者职业能力开发训练政策实践

（一）政策供给主体

韩国负责劳动力职业能力开发训练的主要部门有韩国雇佣劳动部（고용노동부，Ministry of Employment and Labor，MOEL）、工作岗位委员会（일자리 위원회，The Presidential Committee on Jobs）和国务调整室（相关下属机构）。

1. 雇佣劳动部

雇佣劳动部于 2010 年 7 月 5 日通过重组韩国劳动部成立，负责总管劳动力雇佣制度，劳动力职业能力开发训练的相关事宜由其下属的专业机构完成。雇佣劳动部下属 11 个专门业务机构，其中业务与劳动者职业能力开发训练有关的机构是韩国产业人力公团、韩国科技专科大学、韩国技术教育大学、韩国工作世界、劳工共济会、劳资发展财团等组织。

---

① https://www.jobs.go.kr/ko/cms/CM_CN01_CON/index.do?MENU_SN=1988.

2. 工作岗位委员会

工作岗位委员会成立于 2017 年 5 月 16 日，旨在通过创造工作岗位和改善工作岗位质量来提高国民生活质量并促进国家经济发展，它是韩国总统直属咨询机构，委员长由在任总统担任。工作岗位委员会的主要功能是审议、调整及评估就业政策，负责职业培训与终身职业能力开发体系的改善方案。

3. 国务调整室

国务调整室（简称"国调室"），主要职责是辅佐国务总理，负责各中央行政机关的指挥、监督、政策调整、社会风险和矛盾管理、政府工作评价制度改革等事项，与国务总理秘书室平级。国调室下属的韩国职业能力开发院（한국직업능력개발원）和韩国劳动研究院（한국노동연구원）两个公共机构与劳动力职业能力开发训练有关，其中，韩国职业能力开发院负责劳动力职业培训的评价审查等业务，出具针对职业教育的专门研究报告；韩国劳动研究院负责系统地分析和研究劳动关系。

（二）雇佣劳动部的政策

下文的劳动者职业能力开发训练政策主要来自其官方网站（https://www.moel.go.kr/index.do）和下属功能性网站 HRD-NET（www.hrd.go.kr）。文中有些通用词汇：训练=培训，机关=机构，支援=补贴，事业者=企业主，共同=联合。

1. 针对失业者的激励政策

针对失业者的政策有国民明日学习卡（국민내일배움 카드）、国家基础及战略产业训练（국가기간·전략산업직종 훈련）、普通高中特化职业能力开发培训（일반고 특화 직업능력개발훈련）、工业 4.0 先导人才培训（차산업혁명 선도인력 양성훈련）、职业培训贷款（직업훈련 생계비 대부）。

（1）国民明日学习卡。该政策最初针对失业者和在职人员分别实施，从 2020 年 1 月 1 日起合并为统一的国民明日学习卡政策。国民明日学习卡旨在帮助劳动者能够自发实施职业能力开发，通过不断积累人力资本而拥有持续的就业能力，充分体现对失业者、年长劳动力和弱势群体的关注。失业者卡的支持对象是 15 岁以上的失业者，含小型自营业者（영세 자영자）和特化高中者；在职者卡优先支持企业从业人员、非正规就业者、未成立企业者、无工作保险的非雇佣人员，同时还支持大企业内 45 岁以上员工，或未满 45 岁但月收入不足 250 万韩元者。国民明日学习卡政策向符合条件的参训者提供培训费用补贴和就业成功奖金。培训费用的补贴额度是培训费用的 45%—85%；培训后成功就业的按培训费用的 72.5%—100%给与就业成功奖励金。

（2）国家基础及战略产业训练。国家基础及战略产业训练将参训者定位为国家基础产业及战略产业领域的短缺劳动力，并提供相关职业能力开发训练帮助他们获得企业所需的技术技能。该政策的覆盖对象有失业者、非升学预定高中三年级在校生、大学毕业预定者①、成立 1 年以上但年销售额不足 1.5 亿韩元的企业主、特殊形态劳动者、中小企业员工、期间制②及短时间劳动者③等。国家基础及战略产业训练政策为培训机构提供全额培训费用补贴，为符合条件的参训者提供每月不超过 11.6 万韩元的培训奖金。

（3）普通高中特化职业能力开发培训。普通高中特化职业能力开发培训，（High School Specialized Job Capacity Development Training）面向非升学而有就业意愿的普通高中三年级学生提供有针对性的职业能力开发培训机会，旨在促进其尽快进入劳动力市场。符合条件的参训者可获得全额培训费用补贴及每月不超过 11.6 万韩元的培训奖金。

（4）工业 4.0 先导人才培训。工业 4.0 先导人才培训（Leader Education and Training in 4th Industrial Revolution）围绕第四次工业革命面向未来培训高端融合型人才，培训课程难度在韩国国家职业能力标准（NCS）5 级以上，注重培养实践能力，培训总时长的 30%—50% 均为项目实习。工业 4.0 先导人才培训政策为培训机构补贴培训费用，为符合条件的参训者提供每月不超过 11.6 万韩元的培训奖金。

（5）职业培训贷款。职业培训贷款旨在通过贷款减轻劳动者在参与较长期职业培训期间的生活负担，覆盖对象为临时工、失业者等弱势群体，资助形式为向其提供长期低息生活费贷款。

2. 针对企业的激励政策

雇佣劳动部针对企业实施职业能力开发训练政策的目的是促进企业技术升级，政策主要有：国家人力资源开发财团（국가인적자원개발컨소시엄）、企业主职业能力开发（사업주 직업능력개발 지원）、中小企业训练补贴（중소기업 훈련 지원）、工作学习并行制（일학습병행제로）。这些政策虽然主要以补贴企业为主，但也同时是对在职劳动者职业开发训练的激励。

（1）国家人力资源开发财团。国家人力资源开发财团是一项促进战略性增长领域的中小企业成长的激励政策。国家人力资源开发财团是中小企业联盟，通过利用各个中小企业的培训优势促进企业内员工（或应聘中小企业者）

---

① 非升学预定者指不打算继续升学的人；大学毕业预定者指大学将要毕业的人。

② 期间制指临时工、临时聘用/固定期限聘用制。

③ 短时间劳动者指打零工者。

参与职业能力开发训练①。国家每年预算不超过 20 亿韩元用于国家人力资源开发财团的补贴和运营。2020 年 1 月的数据显示，韩国共同训练中心类型的机构共有 206 个，分为普通型、战略产业领域型、区域型等几个类别。

（2）企业主职业能力开发。根据企业主职业能力开发，企业对劳动者实施职业能力开发培训的可获政府补贴，补贴内容涉及训练费、带薪休假训练人工费、训练津贴和食宿费等。

（3）中小企业训练补贴。中小企业训练补贴旨在促进培训能力不足的中小企业参与员工职业能力开发，鼓励企业建设学习组织、采用韩国产业现场教学制度。

（4）工作学习并行制。工作学习并行制于 2013 年开始实施，旨在让参训者同时学习理论知识、提升职业能力，鼓励企业对青年员工实施职业能力开发训练，除了在工作现场进行训练，还将其送到特性化高中、专科大学等接受理论教育，企业可获得培训费用和培训师资费用补偿。

（三）韩国国家职业技术资格认定制度

韩国国家职业技术资格认定制度由雇佣劳动部主管，具体事务由韩国产业人力公团（한국산업인력공단）负责。韩国产业人力公团是委托执行型准政府机构，负责具体执行劳动者终身学习、职业能力开发训练、技术资格鉴定、技能奖励及促进雇佣等政策。

1. 韩国国家职业能力标准

自 2013 年起，韩国国家职业能力标准由雇佣劳动部总管，产业界主导开发具体职业能力标准。目前韩国 NCS 的工作内容涉及三方面：NCS 现场性能提升，围绕未来技术发展开发 NCS；工作现场型人才培养，将教育、职业培训和国家技术资格均按照 NCS 进行改革；国家职业技术资格与 NCS 对标对现有资格进行改善、分割与整合，开发具有资格-教育、训练-经历相适应的能力体系（Sectoral Qualifications Framework，SQF）。韩国每年针对新产业领域开发 10 多个 NCS 新项目，截止到 2019 年 6 月 1 日，已在 24 个领域合计开发了 1001 个 NCS 项目，仅 2019 年聚焦智能工厂系统安装、人工智能模块、区块链服务等战略新兴产业就开发了 20 个 NCS 项目。

2. 课程评价型国家技术资格认定

在韩国，获取国家技术资格的过程要经过内部评价与外部评价，故其资格认定也被称为课程评价型国家技术资格认定（과정평가형국가기술자격），目前共有 159 个课程评价型国家技术资格项目。

---

① http://www.c-hrd.net/contents/business/3/1/.

（四）韩国科技专科大学的职业能力开发训练课程

韩国科技专科大学（Korea Polytechnics）是一所国立特殊大学，共有 8 所大学 34 个校区。韩国科技专科大学提供的职业能力开发训练课程旨在提升劳动者的工作现场职业素质以培养具有创新性、全球化特征的顶级技术人才，课程覆盖对象有高中、大学应届毕业生/同等学力者和熟练劳动者。韩国科技专科大学针对高中及同等学力者开设了两年制学位课程、专业技术课程、普通高中职业教育委托课程；针对大专及以上应届和同等学力者开设了学位专业审核课程（夜）、高科技课程；针对熟练工人开设了技能培训课程、新中年特化课程。一般国家对这些课程资助部分或全部学费，提供津贴和交通费，参训者可以享受国家技术资格鉴定笔试免试、结业后就业介绍、延迟入伍和预备军训练等不同内容的参训待遇。

（五）韩国技术教育大学的职业能力开发训练课程

韩国技术教育大学是 1991 年由雇佣劳动部全额出资成立的一所旨在开展全民教育、培养兼具创造性和实践技术的融合型人才的职业能力开发类大学，主要培养实践工程技术人员、人力资源开发专家、职业能力开发培训教师等，是韩国的国家职业能力开发中心。其课程内容设置以工作现场为中心，据产业界和社会需求编制教育课程，注重职业素质教育，实践工程技术人员、人力资源开发专家、职业能力开发培训教师等均需修读人力资源开发课程，以提升其人力资源开发能力，凸显了韩国技术教育大学旨在培养工程领域的融合型人才的目标。

此外，劳资发展财团（基金会）通过实施劳资合作项目改善就业和劳资关系，比如中壮年工作转移支援[①]，免费提供针对中壮年的职业生涯设计服务、针对即将退休的中壮年的转职学习项目（School Program）、支援退休者再就业的再跳跃计划等综合服务。

四、韩国产业工人技能形成机制

（一）政策设计起点：法律高度下的政府顶层设计

工作岗位委员倡导在韩国建构全民终身职业能力开发体系和发展就业经济以形成国家竞争力，涉及如此庞大劳动者群体的职业能力开发训练必须在政府的宏观层面实施顶层设计。

1. 将劳动者职业能力开发训练上升到法律高度

制定专门的《职业能力开发法》，在法律高度上规范劳动者职业能力开发训练相关事宜，旨在促进劳动者整个生命周期的职业能力开发。

---

① https://blog.naver.com/howwhy21/221656629638.

2. 雇佣劳动部专管劳动者职业能力开发训练

劳动者职业能力开发训练的整体实施框架由雇佣劳动部专管，分别面向失业者和在职者提供不同的培训项目，促进失业者提升就业能力以改善收入，促进在职者面向未来技能需求不断提升职业能力以应对未来的就业变迁。韩国产业人力公团专管国家职业技术资格事宜，根据技术和产业发展需求动态调整国家职业能力标准并与国家职业技术资格对接，以促进职业能力开发训练与技能需求的匹配。韩国科技专科大学专门面向未来需求培养顶级技术人才，将 15 岁以上的劳动者全部纳入未来技能领域，为高中应届生及同等学力者、大专及以上应届和同等学力者、在职熟练技术工人提供不同的培训课程，一方面关注应届毕业生职业能力开发训练，使之在理论知识之外提升工作场所职业技能，培养融合型人才，另一方面关注在职者面向未来需求提升工作场所职业技能，同时还关注年长劳动者职业转换的培训需求。韩国技术教育大学主要培养实践工程人员，目标是培养高级融合型人才。劳资发展财团则重点通过劳资合作项目改善劳资关系，特别是关注中壮年劳动者转职、再就业的技能训练和支持。

3. 总统和国调室直接参与职业能力开发训练

总统和国调室下属研究机构直接在高位协调韩国职业能力开发研究与设计工作。工作岗位委员会由总统任委员长，倡导以人为中心的就业经济，在韩国建构创造工作岗位+提升就业质量以促进收入增长+职业稳定的良性循环体系。国调室下属的韩国职业能力开发院（KRIVT）和韩国劳动研究院（OPC）分别负责职业能力开发训练相关研究与设计工作。

4. 政府资金强势资助职业能力开发训练

韩国雇佣劳动部设计的职业能力开发训练政策均有政府资金资助：国民明日学习卡制度为参训者提供相当于培训费用 45%—85%的补贴和相当于培训费用 50%—100%的就业成功奖励金；国家基础及战略产业训练政策、普通高中特化职业能力开发培训均为参训者提供全额培训费用补贴和每月不超过 11.6 万韩元的培训奖金；职业培训贷款政策为符合条件的劳动者提供每月 200 万韩元的低息贷款；韩国科技专科大学的培训课程大多由政府补贴培训费用、提供津贴和交通补助等；政府为国家人力资源开发团每年预算 20 亿韩元以内的补贴；企业主职业能力开发政策针对实施劳动者职业能力开发的企业提供训练费、带薪休假训练人工费、训练津贴、食宿费补贴。中小企业训练补贴政策对建立学习型组织、采用韩国工业现场教学制度的中小企业提供补贴。

（二）政策设计终点：面向未来技能的融合技术人才培养

韩国认为应对第四次产业革命中融合技术发展的需求，劳动者应掌握融合技术技能。

1. 存量劳动力融合能力训练

（1）韩国通过技术资格认证制度和完善的职业开发培训体制引导存量劳动者认识融合技术技能并引导他们参与融合技术能力提升的培训。韩国每年针对新领域开发国家职业能力标准（NCS），并要求国家职业技术资格与 NCS 动态对标，保证职业能力开发与未来技能需求动态匹配。（2）韩国雇佣劳动部的职业能力开发训练政策也强调在未来技能引导下培养融合型人才。工业4.0 先导人才培训、国家基础及战略产业训练两项政策就是专门针对未来技能需求和融合能力培养设计的。

2. 新增劳动力融合能力培养

韩国正规教育全程引导和助力融合技能人才培养。（1）韩国工作世界（Job World）为儿童和青少年提供未来职业探索和职业体验。（2）在中小学阶段注重创造性和团队协作等融合能力的基础素养培养。（3）特性化高中的学分制与技术资格认证制度衔接。（4）韩国科技专科大学和韩国技术教育大学则针对高中应届生或同等学力者提供高技能人才课程，强调掌握两种以上技能，注重理论知识与工作场所职业素养的培养。

（三）政策覆盖对象：全民融入未来技能的包容性发展

技术进步中面对就业变迁风险最高的是弱势群体，怎样在促进技术升级中保持弱势群体能够分享经济发展成果，而非暴露在失业风险中呢？韩国工作岗位委员会在 2017 年提出了就业政策五年发展蓝图，专门应对第四次产业革命、青年就业、低生育率、人口老龄化等引发的就业危机，提出建立一个包容性职业能力开发训练体系，除了中高级技能者，将低技能、低收入以及其他弱势群体也定位在未来发展领域中的某个适合的位置，通过适宜的职业培训项目，将弱势群体融进相应就业领域中，通过这种包容性发展的理念，不让弱势群体掉队，促进他们获得可持续就业能力，在减轻财政的福利支出压力的同时，实现就业经济发展目标。

韩国政府建构包容性职业能力开发训练体系是从两方面着手的。（1）劳动力层面。韩国科技专科大学的培训课程旨在培养融合型高端人才，但其招生对象包括 15 岁以上未就业者、初中毕业生、高中应届毕业生、大学应届毕业生等就业困难的青年劳动者，也为 50 岁以上的新中老年提供转职培训。劳资发展财团为中老年劳动者提供免费转职学习项目和职业生涯设计服务。雇佣劳动部的国家基础及战略产业训练、工业 4.0 先导人才培训直接将未就业者纳入未来先导产业领域中。（2）企业层面。韩国政府对企业职业能力开发训练的支持也体现出包容性特征，重视中小企业的职业能力开发训练。国家人力资源开发财团旨在通过建立中小企业联盟，充分利用各自的培训优势针对战略增长领域需求培训员工。企业主职业能力开发直接对企业提供培训补贴，帮助他们完成劳动者职业能力开发训练。中小企业训练补贴针对开发能力不足的企业，鼓励他们建立学习型组织，利用韩国产业现场教学制度，因地制宜地组织职业能力开发训练。

（四）政策作用机制：劳资民政相生型职业能力开发生态系统

职业能力开发训练的根本目的是为经济发展培养适宜的人才，因此劳动者技术技能的匹配性也就是技术技能的供需均衡才是根本。为了实现这个目标，韩国的劳动者职业能力开发训练工作从多方面营造良好的机制，旨在形成一个劳资民政相生型职业能力开发生态系统。

韩国工作岗位委员会的工作方向之一即促进建构劳资民政相生型工作岗位创造机制，该机制强调劳动者职业能力开发训练工作要服务于区域经济发展需求，因此要结合区域经济发展规划和用人单位需求设计职业培训。韩国的劳资民政相生型工作岗位创造机制实际上是要在区域内建构一个劳资民政相生型生态系统，将区域内的地方自治团体、企业、劳动者、居民等利益相关主体纳入系统内，共同协商劳动条件、投资计划、生产力提升等问题并达成协议，在协议的基础上根据区域产业发展情况和工作岗位需求设计职业能力开发训练，做到职业培训内容对接经济发展需求。劳资民政相生型的生态系统最根本的特点在于为区域经济发展的利益相关者提供协商沟通机制，劳动者职业能力开发对标于区域经济发展需求，从而有效地提升生产力。

第四节　印度

一、印度产业工人技能提升的经济社会背景

（一）印度的经济发展情况

20 世纪 80 年代，印度拉开了改革开放的大幕，此后经济开始起飞，自 2003 年 GDP 年增长率首次突破 7%后，大部分年份维持在 7%的高位增长，2016 年以来逐渐回落至 5%左右。来自世界银行的数据显示，2000—2019 年

间印度 GDP 年增长率均高于日本、德国和美国，成为世界第六大经济体①。

印度的高速经济增长伴随着产业结构的调整，农业增加值在产业增加值中的占比逐渐下降、工业和服务业占比逐年提高。2000—2018 年间，农业增加值占 GDP 的比重从 21.61%下降至 2018 年的 14.6%；工业增加值占 GDP 的比重从 27.33%下降至 2018 年的 26.75%；服务业增加值占 GDP 的比重从 42.73%增至 2018 年的 49.13%，接近 50%②。印度于 2014 年启动"印度制造"（Make In India，MII）发展战略，试图将印度转型为制造业中枢国家，不断提升产业附加价值，在全球达成共识的可持续发展理念下推动印度产业转型。2019 年莫迪连任印度总理后，为印度未来发展选择了"以低端制造业为主、中高端制造业为辅"的科技创新发展道路，配套培养上亿人/年的产业工人队伍③。

（二）印度的劳动力供给情况

1. 印度的劳动力结构年轻，拥有极为丰厚的潜在人口红利。印度是世界上年轻人最多的国家之一。2018 年就业交流手册的统计数据显示，2006—2016 年间，印度 15—29 岁劳动力占总就业人口的比例在 64%—71%；2010—2016 年间，印度 20—29 岁劳动年龄人口占比最高，在 46%左右，39 岁以下的中青年劳动年龄人口占比接近 90%④。

2. 印度的劳动力参与率偏低，且女性远低于男性，存在严重的人力资源浪费。一方面，印度的整体劳动力参与率偏低。2009—2019 年间，印度劳动力参与率在 50%左右，比世界平均水平低 10 个百分点，比中国低近 20 个百分点⑤。50%左右的劳动力参与率表明印度劳动年龄人口中有近 50%未能进入劳动力市场，存在极大的人力资源闲置。另一方面，印度女性的劳动力参与率偏低。2009—2019 年间，男女两性在劳动年龄人口占比上仅相差 4 个百分点左右，但男女两性劳动力参与率却相差 50 多个百分点，男性为 70%以上，而女性只有 20%多一点，女性人力资源闲置过多⑥。

3. 印度劳动力受教育程度低、接受技能培训比例过低。其一，印度劳动力受教育程度偏低。印度劳动与就业部 2014 年发布的就业统计数据（2003—

① World Bank. https://data.worldbank.org.cn/indicator/NY.GDP.MKTP.KD.ZG?contextual=default & end=2018 & locations=IN-CN-US-DE-JP & name_desc=false & start=2000&view=charta.

② World Bank. https://data.worldbank.org.cn/.

③ 莫迪连任影响下的印度科技创新政策[EB/OL]. http://epaper.gmw.cn/gmrb/html/2019-06/20/nw.D110000gmrb_20190620_2-14.htm.

④ The Ministry of Labour & Employment[IG]. Employment Exchange Statistics 2018[EB/OL]. [2020-02]. https://labour.gov.in/sites/default/files/Employment_Exchanges_Statistics_2018.pdf.

⑤ World Bank. https://data.worldbank.org/indicator/SL.TLF.CACT.ZS?locations=1W.

⑥ World Bank. https://data.worldbank.org.

2013 年）显示，印度接受过初等教育（10 年级）的数量位列第一，接受过中等教育（10+2）的位列第二，接受过高等教育（大学及研究生）的位列第三[1]。男性求职者受教育程度高于女性[2]。其二，印度劳动力接受技能培训的比例偏低。印度全国抽样调查局（National Sample Survey，NSS）第 61 次和第 68 次调查报告显示，2004—2005 年度、2011—2012 年度，15—59 岁年龄组劳动力有正规职业培训经历的不足 5%，未接受过职业培训的占比畸高，2004—2005 年度为 87.8%，2011—2012 年度为 88.3%，男性占比在 85%左右，女性占比在 90%以上[3]。

（三）印度产业工人技能形成政策沿革

产业转型一方面促使传统产业技术升级，引发存量劳动力技能提升需求；另一方面催生新产业，从而引发劳动力技能提升需求。除此之外，印度经济转型中的劳动力提升需求更为迫切，一是因为劳动力受教育程度低、技能培训占比低，使得劳动力普遍存在技能提升需要；二是因为印度女性劳动力参与率过低，亟待通过技能提升促进其走进劳动力市场。历史上，印度政府针对劳动力技能提升做出过很多努力，近期为了配合"印度制造"发展战略，还配套了"技能印度"（Skill India）培训计划，其劳动力技能提升政策的沿革如下所示。

印度早在 1961 年就出台了《学徒法案》，14 周岁及以上劳动者可接受学徒培训以提升劳动者的技能水平。本书重点关注 21 世纪以来印度在可持续发展背景下，基于可持续发展和科技进步的经济转型中的技能开发制度。此间印度在《2003—2004 年度发展计划》《第十一个五年计划》中首次单列章节阐述劳动者技能开发问题，后又分别出台了专门阐述劳动者技能开发问题的《国家技能开发政策》《国家技能开发与创业政策》[4]。

1.《国家技能开发政策》。该政策于 2009 年出台，是印度第一个关于劳动者技能提升的官方文件[5]，其基本要义如下。（1）技能开发的实施主体有

① The Ministry of Labour & Employment[IG]. Handbook of Employment Exchange Statistics (1947-2014) [EB/OL]. https://labour.gov.in/sites/default/files/Handbook%20of%20Employment%20Exchange%20Statistics%20%281947-2014%29%281%29.pdf.

② The Ministry of Labour & Employment[IG]. Employment Exchange Statistics 2016.[EB/OL]. [2019-09]. https://labour.gov.in/sites/default/files/Employment_Exchange_Statistics-2016.pdf.

③ National Sample Survey Organisation[IG]. Status of Education and Vocational Training inIndia 2004-05[EB/OL]. [2006-12]. http://mospi.nic.in/sites/default/files/publication_reports/517_final.pdf；National Sample Survey Organisation[IG]. Status of Education and Vocational Training in India 2011-2012[EB/OL]. [2015-09]. http://mospi.nic.in/sites/default/files/publication_reports/nss_report_no_566_21sep15_0.pdf.

④ 刘欣. 印度职业技术教育和培训政策研究[D]. 上海：上海师范大学，2013.

⑤ 宋欣屿. 印度《国家技能培养政策》（NSDP）的实施效果及其影响因素研究[D]. 长春：东北师范大学，2018.

中央及地方政府、企业、工会、民间组织等，中央政府负责技能开发规划，地方政府制定具体实施方案；（2）吸引多元主体参与技能开发，到 2022 年培训 5 亿熟练工人；（3）为女性、部落、种姓、贫困人口等弱势群体提供技能开发机会以实现可持续的包容性发展；（4）在劳动者技能存量的基础上分类分层开展技能培训。

2.《国家技能开发与创业政策》。该政策于 2015 年颁布，旨在统一技能标准以促进技能供需匹配，打造高标准、大规模、快速习得技能的技能开发生态系统。（1）技能开发政策的核心目标是促使劳动者通过终身学习不断地开发个人潜能，获得人口发展红利。特别关注印度年轻人的技能开发，同时关注女性等弱势群体，在高度重视雇主生产发展的技能需求基础上，为年轻人和雇主提供高质量技能培训[①]。（2）创新创业政策的核心目标是协调和加强印度全国创新创业发展事宜，促进形成创新创业文化，在学校教育系统整合创新创业教育资源，提供创新创业培训，激活中小企业以促进产业升级、提供更多高质量的就业岗位。

二、印度产业工人技能形成的实践逻辑

（一）经济转型中全员建构可持续生计的技能提升理念

21 世纪以来，随着全球倡导可持续发展，印度也汇入了可持续发展的洪流中。随着全球科技革命的推进，印度也必须要融入其中。无论是可持续发展，还是科技进步，都对印度经济转型以及配套的人力资源提出了要求。相比其他国家，印度的人力资源总量丰富，人口结构年轻化，经济发展蕴藏着巨大的潜在人口红利。但是，印度总体劳动力素质偏低，无论是受教育程度还是技能水平都无法满足经济转型发展对技能人才的需求，至 2022 年前技能人才缺口年均 1 亿人左右，技能人才短缺成为印度经济转型发展的短板。因此，劳动力技能开发成为挖掘人口红利的一把金钥匙。

由于印度的劳动力技能存量普遍较低，故技能开发制度必须全员覆盖。技能开发的目标是将劳动力输入到正规的、有技能要求的岗位上，这显然是一次向上的劳动就业迭代，表现为劳动者的就业变迁。但是，即便劳动者通过某次技能培训实现了就业迁移，加速的技术进步仍会引发再一次的就业变迁，故印度的劳动力技能开发必须是持续的、终身的学习与培训活动，最终促进劳动者通过技能更新/提升以动态胜任工作岗位的技能需求变迁，从而

---

① Ministry of Skill Development and Entrepreneurship. National Policy for Skill Development and Entrepreneurship (2015)[EB/OL]. https://www.msde.gov.in/assets/images/Skill%20India/Policy%20Booklet%20V2.pdf.

建立起可持续生计。

另外,印度的弱势群体就业困难问题比较突出,女性占人口总量的 50%,但劳动力参与率仅为男性的三分之一,开发女性人力资源在理论上可行,但女性大多无技能、受教育程度很低,针对女性实施技能开发必须有外力助推。同样地,印度还有种姓、部落、贫困人口、残疾人口等诸多弱势群体,这些群体叠加女性人口,构成了庞大的弱势群体。印度政府基于可持续发展的理念对弱势群体进行扶持,主要是通过技能开发促进其就业,通过就业建构可持续生计,从而改善自身的福利水平。

（二）通过技能认证推行高质量、标准化的技能培训

印度劳动力参与正规职业培训的占比不足 5%,接受非正规培训的占比是接受正规培训的 2 倍多,未接受过任何形式的职业培训的占比在 88%左右[①]。可见,提升劳动力接受职业培训的占比非常急迫,但普及正规职业培训也必须同步推进,才能促进技能培训的成果与产业需求相匹配。故技能培训课程、课程内容的设置以及根据产业发展需求的动态调整显得尤为重要。印度政府推动的劳动力技能开发在制度上必须保证技能培训的质量足够高以切实提升劳动力的技能水平,更重要的是技能培训的成果能够被企业接纳。为此,印度政府需要做如下努力：其一,出台国家技能资格框架,制定技能标准,为劳动力、培训机构、企业等主体参与技能培训提供基本遵循；其二,借助企业促进技能标准在实践中的运用,要求企业优先雇佣接受过国家技能资格制度认证的劳动力,这也是对企业生产力提升的促进。在政策层面的宏观设计中,国家技能资格标准要随着产业需求动态调整,避免技能培训的内容滞后于产业发展需求。

三、印度技能开发责任机构与技能开发实践

（一）印度的技能开发责任机构

印度职业技术教育与培训的政策均由中央政府制定,邦一级政府负责贯彻实施[②]。2015 年之前,人力资源开发部和劳动与就业部是印度职业技术教育和培训立法的关键部门, 人力资源开发部负责综合技术学校（Polytechnics）和学校水平的职业技术教育, 劳动与就业部负责工业培训学校（Industrial Training Institutes, ITI）和职业培训机构（Vocational Training

---

① National Sample Survey Organisation[IG]. Status of Education and Vocational Training in India 2011-2012 [EB/OL]. [2015-09]. http://mospi.nic.in/sites/default/files/publication_reports/nss_report_no_566_ 21sep15_0.pdf.

② 任君庆、王琪. "一带一路"职业教育研究蓝皮书·南亚卷[M]. 厦门：厦门大学出版社, 2018.

Providers，VTP）的职业培训。具体事宜由国家培训总局（DGT）负责。2015年印度设立国家技能开发与创业部（Ministry of Skill Development and Entrepreneurship，MSDE），专门负责基于青年就业能力提升的技能开发。国家培训总局（DGT）从劳动与就业部分离出来，与国家技能开发局（NSDA）和国家技能开发公司（NSDC）一起实施技能开发与创业部（MSDE）的职业培训计划。2015年印度成立国家技能开发团（National Skill Development Mission，NSDM），它通过技能开发与创业部（MSDE）的组织架构建构了最高理事会、指导委员会和任务理事会三个层次的工作机制，国家总理任最高理事会主席，MSDE部长任指导委员会主席，MSDE秘书担任其任务理事会主席①。

（二）国家技能开发公司（NSDC）

印度于 2008 年成立国家技能开发公司（National Skill Development Corporation，NSDC），这是一家专门致力于缩小印度技能供需缺口的非营利性有限公司，通过公私合营（技能开发与创业部持股 49%，私营部门持股51%）的示范效应引导市场资源配置到劳动力技能提升领域。

1. 培训计划

国家技能开发公司（NSDC）运营的培训计划有 PMKVY 旗舰计划（Pradhan Mantri Kaushal Vikas Yojana，PMKVY）、Udaan 计划、生计促进项目（Skills Acquisition and Knowledge Awareness for Livelihood Promotion，SANKALP）、印度国际技能培训中心（India International Skill Centre，IISC）、技术实习生培训计划（Technical Intern Training Program，TITP）、现代化职业培训中心建设项目（Pradhan Mantri Kaushal Kendra，PMKK）。

（1）PMKVY 计划。PMKVY 计划是 2015 年技能开发与创业部（MSDE）发起的一个旗舰计划，旨在促进 1000 万印度年轻人接受与行业相关的技能培训，培训费和评估费完全由政府支付，其中国家技能开发公司资助 75%，邦政府资助 25%。PMKVY 计划涵盖如下六个关键组成部分。其一，培训中心（Training Centres，TCs）的短期培训项目面向中学/大学辍学者或失业者提供国家技能资格框架（NSQF）5 级及以下技能的短期培训。其二，学习经历认证（Recognition of Prior Learning，RPL）对个人先前的经验和技能进行认证，与国家技能资格框架（NSQF）相衔接。其三，特殊项目旨在促进企业开展现有资格包（Qualification Packs，QPs）/国家职业标准（National Occupational Standards，NOS）中未涵盖的特殊工作岗位培训。其四，老沙

---

① Ministry of Skill Development and Entrepreneurship[IG]. Mission booklet[EB/OL]. https://www.msde.gov.in/assets/images/Mission%20booklet.pdf.

尔（Kaushal）和罗兹加尔·梅拉（Rozgar Mela）旨在通过社区互动提升PMKVY项目的实施成效。其五，就业指导的基本方针是将经过技能培训的熟练劳动力的培训成果与市场需求联系起来。其六，培训质量监管则确保提供高质量的技能培训[①]。

（2）Udaan计划。Udaan于2015年7月10日启动，是针对查谟克什米尔（Jammu and Kashmir，J&K[②]）的特殊行业计划（SII），针对该地区年轻失业者（包括本科、研究生和三年制文凭工程师）技能提升和就业问题，旨在消除结构性失业。Udaan计划在5年内覆盖查谟克什米尔（J&K）地区40000名年轻人[③]。

（3）生计促进项目（SANKALP）。生计促进项目（SANKALP）于2017年7月15日启动，它是一个得到世界银行支持的项目，在可持续发展战略的总体目标框架下促进印度劳动者技能开发，强调加强国家层面的机制体制建设，关注弱势群体接受技能培训的机会[④]。

（4）印度国际技能培训中心（IISC）。2015年出台的《国家技能开发与创业政策》针对印度的经济转型和可持续发展提高技能标准、提升技能培训的质量，在此背景下，国家技能开发公司（NSDC）主导启动印度国际技能培训中心（IISC）项目，旨在提供符合国际标准的技能培训和认证平台以促进印度向海外输出高质量劳动力。IISC计划共建立了14个试点，招募了593名培训候选人[⑤]。

（5）技术实习生培训计划（TITP）。2017年技能开发与创业部（MSDE）启动技术实习生培训计划（TITP），由印度派遣实习生到日本接受训练，待其回国后再将熟练技术运用到印度本国[⑥]。

（6）现代化职业培训中心建设项目（PMKK）。为给有意赴海外求职的青年提供针对性培训，技能开发与创业部（MSDE）2017年启动了现代化职

① National Skill Development Corporation[IG]. PMKVY Guidelines (2016-2020)[EB/OL]. [2016-07-15]. http://pmkvyofficial.org/App_Documents/News/PMKVY%20Guidelines%20(2016-2020).pdf.

② J&K：指查谟克什米尔（Jammu and Kashmir），地处喜马拉雅山南麓的克什米尔地区，因印巴领土争议，也被称为"印控克什米尔"，为印度最北部邦。该邦南面与旁遮普和喜马偕尔邦接壤，西北部与巴基斯坦接邻，东北部与中国相连。地理上查谟克什米尔分为三大部分：查谟、克什米尔谷地和拉达克（列城）。

③ National Skill Development Corporation[IG]. Udaan[EB/OL]. https://udaan.nsdcindia.org/.

④ National Skill Development Corporation[IG]. SANKALP[EB/OL]. https://www.msde.gov.in/assets/images/sankalp/note.pdf.

⑤ National Skill Development Corporation[IG]. India International Skill Centre[EB/OL]. https://www.nsdcindia.org/international-skill-training.

⑥ National Skill Development Corporation[IG]. Technical Intern Training Program[EB/OL]. https://nsdcindia.org/about-titp.

业培训中心建设项目（PMKK），通过建设最先进的示范培训中心（Model Training Centers，MTC），将印度打造成为世界技能之都。该项目为每个示范培训中心（MTC）提供优惠抵押贷款，额度最高可达项目总投资的 75%[①]。

2. 资金支持

国家技能开发公司（NSDC）主要提供两类资金支持。（1）培养培训合作伙伴。通过向培训合作伙伴提供资金支持与其建立会员关系，促进在全国各地创建可持续、营利性、高质量的技能培训机构，以满足技能人才培养的需求。（2）学生技能贷款（Skill Loans for Students）。利用该项目向在校生提供资金支持，提升新增劳动力的技能水平[②]。

（三）国家培训总局（DGT）

国家培训总局（Directorate General of Training，DGT）成立于 1945 年，是印度国家层面实施职业培训计划与协调的最高组织，负责为全国的职业培训和学徒培训制定政策框架和标准规范，并通过其直属实体机构在专业领域实施职业培训计划[③]。DGT 实施的职业培训计划有：工匠培训计划（Craftsmen Training Scheme，CTS）、工匠教员培训计划（Crafts Instructor Training Scheme，CITS）、学徒培训计划（Apprenticeship Training Scheme，ATS）、高级职业培训计划（Advanced Vocational Training Scheme，AVTS）、妇女职业培训计划（Vocational Training for Women，VTW）、技能开发行动计划（Skill Development Initiative Scheme，SDIS）、灵活谅解备忘录计划（Flexible Memorandum Scheme，Flexi MOU 计划）、双元制培训（Dual System of Training，DST）、提升产业附加值的技能培训项目（Skill Strengthening for Industrial Value Enhancement Operation，STRIVE）。

1. 工匠培训计划（CTS）。该计划于 1950 年启动，面向印度年满 14 周岁的公民提供培训，为各行各业培养熟练技术工人，重视提升工作场所技能，70%的课程内容为实训操作。该计划高度关注残疾人和妇女等弱势群体，为残疾人预留 3%、为妇女预留 30%的培训名额[④]。

2. 工匠教员培训计划（CITS）。该计划与工匠培训计划（CTS）同步运行，培训人员接受产业技能和培训方法的全面培训，将来作为技能培训的师资。印度国家职业培训委员会（NCVT）要求工业培训学校（ITI）的所有培

① National Skill Development Corporation[IG]. Pradhan Mantri Kaushal Kendra[EB/OL]. https://www.nsdcindia.org/pmkk.

② National Skill Development Corporation[IG]. Skill Loans for Students[EB/OL]. https://nsdcindia.org/vidya-kaushal.

③ 任君庆、王琪. "一带一路"职业教育研究蓝皮书·南亚卷[M]. 厦门：厦门大学出版社，2018.

④ Directorate General of Training[IG]. Craftsmen Training Scheme[EB/OL]. https://dgt.gov.in/CTS.

训师都必须接受工匠教员培训（CITS），鉴于目前只有约 15% 的培训师参与过该计划，工匠教员培训计划（CITS）在印度是具有刚性需求特征的职业培训[①]。

3. 学徒培训计划（ATS）。该计划于 1959 年启动，后印度出台《学徒法案》（"*The Apprentices Act*"）并多次修订，旨在利用企业现有的培训设施为产业发展培训熟练劳动力，形成以产业为主导、以实践为导向、高效率的正规训练模式。《学徒法案》将学徒分为职业学徒（Trade apprentices）、毕业生学徒（Graduate apprentices）、技术员学徒（Technician apprentices）、技师学徒（Technician (Vocational) apprentices）和可选职业学徒（Optional trade apprentices）五个类别。学徒训练课程包括基础训练和在职训练/实训，基础训练占培训总学时的 20—25%。学徒培训计划（ATS）强调企业肩负技能开发的社会责任，规定拥有 40 名及以上雇员且拥有《学徒法案》规定的必要培训基础设施的雇主，必须雇佣学徒[②]。

4. 高级职业培训计划（AVTS）。该计划于 1977 年启动，最初目标是提升和更新服务行业工人的技能，一般通过 1—6 周的短期模块化课程对选定技能领域进行培训，后来得到世界银行的财政援助后，拓展至更多的产业领域[③]。

5. 女性职业培训计划（VTW）。该计划于 1977 年启动，建构了面向妇女的国家职业培训机构（NVTI）和区域培训机构（RVTI），旨在通过提升女性技能水平以提高其劳动力参与率。截至 2017 年 6 月，印度全国约有 405 名工业培训学校的女性学员，约有 1003 名女性网络的女性学员，总共有 83270 个培训席位[④]。女性职业培训机制灵活，有流动培训地点、灵活的下午培训班等。该计划通过为女性预留培训席位激励参训积极性。

6. 技能开发行动计划（SDIS）。就业与培训总理事（DGET）于 2007 年 5 月启动基于模块化就业技能（Modular Employable Skills，MES）的劳动者技能开发计划，旨在为离校学生和未就业青年提供技能培训以培养熟练劳动力，培训课程向注册培训者免费开放。该计划预算 55 亿卢比（7.95 亿美元），提供约 1257 门课程，约有 42.85 万人受益[⑤]。

---

① Directorate General of Training[IG]. Crafts Instructor Training Scheme[EB/OL]. https://dgt.gov.in/ CITS.

② Directorate General of Training[IG]. Apprenticeship Training[EB/OL]. https://dgt.gov.in/ Apprenticeship_Training.

③ Directorate General of Training[IG]. Advanced Vocational Training Scheme[EB/OL]. https://dgt. gov.in/AVTS.

④ Ministry for Skill Development & Entrepreneurship[IG]. Annual Report 2017-2018[EB/OL]. https://www.msde.gov.in/assets/images/annual%20report/Annual%20Report%202017-2018%20(English).pdf .

⑤ Ministry for Skill Development & Entrepreneurship[IG]. Skill Development Initiative Scheme[EB/OL]. https://www.msde.gov.in/assets/images/annual%20report/Annual%20Report%202018-2019%20(English).pdf.

7. 灵活谅解备忘录计划（Flexi MOU 计划）。该计划于 2014 年启动，旨在促进产业界按自身技能需求定制培训课程，充分利用雇主现有的基础设施、培训设施、培训师资，为雇员提供内部培训。该计划规定，包括课堂培训和现场培训在内的培训时间应至少为期 6 个月，最长 24 个月（2 年），但必须是定制课程①。

8. 双元制培训（DST）。该计划于 2016 年启动，旨在提升工业培训学校（ITI）的培训质量以满足产业发展的技能需求。该计划促进行业/企业与工业培训学校（ITI）合作，在高就业能力培训课程下实施职业培训计划，是学校理论培训和行业/企业实践培训的结合体②。

9. 提升产业附加值的技能培训项目（STRIVE）。该项目于 2016 年 11 月启动，是世界银行资助 22 亿卢比（3.18 亿美元）的一个为期 5 年的劳动力技能提升项目，以印度政府为主导，旨在提升职业培训机构质量、提高培训教学水平。项目实施第一步覆盖印度 300 所职业培训机构及 100 多个产业集群区，旨在重塑国家职业培训体系；第二步聚焦整合提高工业培训学校（ITI）质量③。

（四）国家技能开发局（NSDA）

国家技能开发局（National Skill Development Agency，NSDA）是职业培训的监管和质量保证机构，它建立了国家技能资格框架和相关质量保证机制④。

1. 国家技能资格框架（NSQF）

印度的国家技能资格框架（National Skills Qualifications Framework，NSQF）将技能分为十级，每个技能等级都对应工作过程、专业知识、专业技能、核心技能和责任五个指标，用以描述学习者为获得该等级的技能认证而需要获得的最低知识、技能和属性要求⑤。印度的劳动者不论采用哪种学习方式，只要其技能符合技能标准即可通过技能认证，故 NSQF 实际上是关

---

① Directorate General of Training[IG]. FLEXIMOU[EB/OL]. [2019-02-28]. https://dgt.gov.in/sites/default/files/Draft_Guidelines_for_Flexi_MoUFinalVersion.pdf.

② Directorate General of Training[IG]. Dual System of Training[EB/OL]. https://dgt.gov.in/Dual_System. https://dgt.gov.in/Dual_System.

③ Ministry for Skill Development & Entrepreneurship[IG]. Annual Report 2017-2018[EB/OL]. https://www.msde.gov.in/assets/images/annual%20report/Annual%20Report%202017-2018%20(English).pdf.

④ National Skill Development Agency[IG]. About nsda[EB/OL]. https://www.nsda.gov.in/nsda-about-us.html.

⑤ National Skill Development Agency[IG]. NSQF[EB/OL]. [2013-12-27]. https://www.msde.gov.in/assets/images/Gazette_EO_NSQF.pdf.

于教育和技能的质量保证框架，旨在为职业教育和培训、普通教育与技术教育搭建相互衔接的桥梁，为劳动者提供技能开发和终身学习的机会[①]。

2. 国家质量保证框架（NQAF）。印度的雇佣双方均提出了对技能培训质量的需求，为此，印度设计了国家质量保证框架（National Quality Assurance Framework，NQAF），它是一个关于职业技术教育和通识教育的质量保证体系，主要目标是培养和培训与产业发展需求匹配的高技能劳动力。NQAF 对职业培训质量的把控在《NQAF 手册》有详细阐述[②]。

3. 国家技能研究部（NSRD）。2015 年印度成立国家技能研究部（National Skill Research Division，NSRD），这是国家级技能开发的智囊团式研究机构，主要负责在前期调查和研究的基础上为政府提供关于技能开发的决策咨询建议、指导政府制定和实施技能开发政策[③]。

四、印度产业工人技能形成机制

（一）制度设计起点：国家主导下的高质量技能标准

印度的劳动力技能开发是在中央政府主导下完成的，强调技能开发的高标准以满足产业发展需求。

1. 国家主导技能开发的责任机构设置

印度负责职业技术教育和培训的机构有政府部门、行业组织、国际组织及公私合作/私营组织四类，就政府机构而言，中央政府负责制度设计、政策开发、氛围营造、财政支持等；地方邦级政府依据中央政策分别制定地区技能开发方案并贯彻落实。印度技能开发的国家主导特征从技能开发的责任机构演变可见一斑。印度国家总理直接领导国家技能开发管理委员会（Mission Governing Council），负责技能开发政策的整体指导和政策制定，人力资源开发部、劳动与就业部、技能开发与创业部是印度职业教育、技术教育和职业培训的主要责任部门。人力资源部负责正规教育和职业教育工作，劳动与就业部在 2015 年之前负责职业培训工作，2015 年出台《国家技能开发与创业政策》后，印度成立了国家技能开发与创业部（MSDE）专门负责职业培训，国家培训总局（DGT）从劳动与就业部分离出来，归属于技能开发与创业部（MSDE），与国家技能开发局（NSDA）和国家技能开发公司（NSDC）一起实施技能开发与创业部（MSDE）的职业培训计划。2015

---

① National Skill Development Agency[IG]. NSQF[EB/OL]. https://www.nsda.gov.in/nsqf.html.

② National Skill Development Agency[IG]. National Quality Assurance Framework[EB/OL]. https://www.nsda.gov.in/nqaf.html.

③ National Skill Development Agency[IG]. National Skill Research Division[EB/OL]. https://www.nsda.gov.in/nsrd.html.

成立的国家技能开发团（NSDM）专门负责协调技能开发事宜，建立了最高理事会、指导委员会和任务理事会三个层次的工作机制，其中最高理事会的主席是国家总理，指导委员会的主席是 MSDE 的部长，任务理事会主席是MSDE 的秘书，充分体现出印度劳动力技能开发工作的中央政府主导特征。

2. 推行国家技能资格制度提高技能培训质量

（1）印度通过机构设置确保技能标准的科学性、标准性和前瞻性。印度国家技能开发局（NSDA）是职业培训的监管和质量保证机构，负责国家技能资格框架（NSQF）的制定、技能标准调整，根本的工作原则是技能标准要动态与产业发展需求匹配。国家技能开发局（NSDA）专门制定了国家质量保证框架（NQAF）对提升教育和培训质量进行详细规范，内容涉及国家技能资格、培训机构、评估认证等方方面面。印度成立国家技能研究部（NSRD）专门负责教育和培训政策研究，所有的技能标准及技能开发政策的制定与调整均有科学依据。

（2）在技能资格与技能标准的实践应用中，印度政府从技能供需两个方向推进：一是激发企业雇佣高技能标准的劳动力，要求企业优先雇佣经过技能培训和认证的劳动力；二是设置学习经历认证（RPL）项目鼓励劳动者对标技能资格标准接受培训并进行认证，以确保技能的标准化。

（二）制度设计目标：弥补技能缺口的经济效率兼顾可持续发展的社会公平

1. 弥补技能缺口的经济效率获得

与世界上多数国家人口老龄化、青年劳动力短缺不同，印度整体人口规模很大，且人口结构相对年轻，蕴藏着巨大的人口红利。但同样与他国不同的是，印度的人口素质偏低、技能水平偏低。技能人才短缺严重影响了印度基于可持续发展和科技进步的战略转型，全体劳动力的技能更新与提升成为印度实现经济转型、获得经济效率的前提。故印度政府在十年中连续出台了《2003—2004 年度发展计划》《第十一个五年计划》《国家技能开发政策》《国家技能开发与创业政策》等政策，致力于大规模的劳动力技能开发。同时印度政府主导制定国家技能资格框架（NSQF），一方面对技能进行标准化以满足企业需求、与国际接轨，另一方面也为劳动力养成终身学习的习惯、进行职业生涯规划指明方向。

印度的人口结构较为年轻，25 岁以下人口占比超过 50%，15—59 岁劳动年龄人口占比超过 60%，故技能开发政策以年轻人为主导。（1）新增劳动力技能培训支持。国家技能开发公司（NSDC）的 Udaan 计划旨在解决查谟克什米尔地区就业困难的本科生、研究生和三年制文凭工程师的结构性失业问题；国家技能开发公司（NSDC）为学生提供技能贷款资助其参加技能培训；灵活谅解备忘录计划（Flexi MOU 计划）规定技术大学可派出培训候选人到产业界接受技能培训；国家培训总局（DGT）启动的技能开发行动计划（SDIS）为离校学生和未就业青年提供模块化就业技能（MES）培训，为行业培养熟练劳动力。（2）存量劳动力技能培训支持。PMKVY 旗舰计划的短期培训面向中学/大学辍学者或失业者提供国家技能资格框架（NAQF）5 级以下的短期低技能培训；学习经历认证（RPL）对劳动力先修技能进行认证以促进技能标准化；技术实习生培训计划（TITP）派出年轻劳动力在日本训练高技能。国家培训总局（DGT）的工匠培训计划（CTS）旨在促进 14 岁及以上的劳动力通过技能培训成为熟练技术工人；高级职业培训计划（AVTS）提供为期 1—6 周的短期模块化课程对选定技能领域进行高技能培训；学徒培训计划（ATS）专门针对企业在职员工进行技能训练。

2. 可持续发展目标下的弱势群体可持续生计建构

印度的经济转型是在进入 21 世纪全球倡导可持续发展的背景下展开的，从以往的粗放型发展转向集约型发展，对印度的劳动力素质提出了很高的要求。如前所述，弥补技能缺口是印度经济转型发展获得经济效率的关键。但是，经济转型同时意味着劳动者的技能更新与提升，在整个劳动力结构中，受到冲击最大的是无技能、受教育程度低的底层劳动者，技能变迁对该群体而言无异于技能动荡。与其他国家不同的是，印度人才金字塔底座的底层劳动力数量众多且素质很低，93%的劳动力在非正规部门就业，因此实际上印度的弱势群体数量是相当庞大的，除了常规的贫困人口、残障人士，印度还有相当规模的种姓、部落等弱势群体。然而，印度更大的弱势群体是占人口二分之一的女性，女性人口素质低且劳动力参与率仅为男性的三分之一，开发女性人力资源在理论上能够获得人口红利，但是却困难重重。可见，印度的劳动者技能开发在制度设计上必须兼顾社会公平，充分考虑到庞大弱势群体的技能需求，通过就业技能提升改善就业质量，帮助弱势群体建构可持续生计，这也是印度基于可持续生计的经济转型发展的目标。

3. 基于包容性发展的弱势群体职业能力开发

充分考虑到弱势群体技能开发需求，印度的劳动者技能开发具有基于包容性发展的弱势群体职业能力开发的特点，所有的技能开发政策都将弱势群体纳入其中。《2003—2004 年度发展计划》倡导包容性技能开发理念，强调关注农村青年、女性、种姓、部落、少数民族、辍学人员等弱势群体的技能开发；《国家技能开发政策》认为提升弱势群体技能水平是印度技能开发的前提，政府为弱势群体提供技能培训机会，解决交通不便、资金不足等困难；

《国家技能开发与创业政策》将开发女性人力资源、促进女性就业创业、提升女性劳动力参与率纳入政策的核心目标；生计促进项目（SANKALP）特别强调要改善女性学员和弱势群体接受和完成职业技能培训的机会；女性职业培训计划（VTW）在中央和各州建立对应的产业训练设施，专门为女性提供职业培训，旨在提升女性的就业创业能力进而提升其劳动力参与率。国家培训总局（DGT）的工匠培训计划（CTS）分别为残疾人和妇女等弱势群体预留 3%和 30%的技能培训名额。

（三）制度设计落脚点：劳动者技能供给与企业技能需求匹配

（1）国家技能开发公司（NSDC）着力促进技能供需匹配，推出培养培训合作伙伴计划以建设一批可持续、营利性、高质量的技能培训机构，吸引私人资金进入培训领域，政府为合作伙伴提供资金资助。数据显示，截止到 2020 年 3 月，印度全国的工业培训学校（ITI）共有 15042 所，其中政府机构 2738 所、私人机构 12304 所，私人机构占比高达 82%。（2）国家培训总局（DGT）的灵活谅解备忘录计划（Flexi MOU 计划）鼓励符合条件的企业提供定制培训课程，在充分利用企业的培训设施的同时促进学员接触行业发展现状；双元制培训（DST））是工业培训学校（ITI）的理论培训与行业/企业实践培训的有机结合体；高级职业培训计划（AVTS）提供为期 1—6 周的短期模块化定制课程。

（四）制度作用机制：强调企业社会责任的技能开发生态系统建构

1. 建构相关主体联动的技能开发生态系统

印度的技能开发是在政府主导下相关主体联动的技能开发生态系统，政府部门、行业组织、国际组织及公私合作/私营组织扮演不同角色。国家技能开发公司（NSDC）与行业、企业、基金会、社区组织建立多方合作伙伴关系，旨在促进印度国家技能培训生态系统的发展。《国家技能开发与创业政策》旨在打造一个高标准、大规模、快速学习技能的生态系统，该政策积极鼓励多个主体参与技能培训。在创新创业政策中，政府将在校学生、青年创业者、创业导师、孵化器、投资公司、创业服务机构等纳入政府建构的创业沟通平台，打造创业在线社区。

2. 国家激励企业承担技能开发的社会责任

印度政府强调企业应当承担技能开发的社会责任，主要原因如下：依托企业实施技能开发能够促进技能供需匹配；能够充分利用企业现有培训设施而不增加额外培训成本；改善企业的技能人才需求以推动技能人才数量快速增加。根据《学徒法案》，雇主必须让学徒从事指定职业和可选职业的学徒培训；拥有 40 名及以上雇员、拥有《学徒法案》规定的必要培训基础设施的企业必须雇佣学徒，雇佣学徒数量为总雇员的 2.5%—10%，职业学徒总聘用比例为 2.5%—10%。企业要为职业学徒提供培训津贴，并与中央政府一起平均分摊毕业生学徒、技术员学徒、技师学徒的培训津贴。印度已指定39 个行业的 261 个职业实施职业学徒培训，以去除低技能劳动力的行业进入障碍；已指定 163 个学科领域实施毕业生学徒和技术员学徒培训；已指定137 个学科领域实施技师学徒培训。

第十一章　中国历史上企业员工的技能形成轨迹

第一节　中国历史上企业的形成与演变

一、中国古代企业的萌芽

中国企业的历史是漫长而又丰富多彩的。早在春秋末期，政府以发展官营手工业为主，随着生产技术不断改进，生产关系逐渐发生改变，家庭作坊开始发展为民营手工业，冶铁等行业的民营手工业规模甚至超过了官营手工业。春秋末年齐国著作《周礼·考工记》中主要记录了当时的手工业技术，"百工之事，皆圣人之作也。烁金以为刃，凝土以为器，作车以行陆，作舟以行水，此皆圣人之所作也"。但是，由于常年战乱，人口规模总体较小，故当时的商品经济并不发达，因此民营手工业从业规模非常小，那时尚未出现雇佣劳动。

西汉初年，随着人们对铁制品、酒的需求规模不断扩大，冶铁、酿酒等行业逐渐发展壮大起来。除铁制长剑、长矛外，生活用品和生产工具也多用铁制，在西汉中期的遗址中发现已经有釜、剪等铁制用品。据《盐铁论》记载："浮食奇民，好欲擅山海之货，以致富业，役利细民……往者，豪强大家得管山海之利，采铁石鼓铸，煮海为盐，一家聚众或至千余人，大抵尽收放流人民也。"可见，此时在手工业领域出现了雇佣劳动的萌芽，雇佣劳动力以流亡的农民和少数其他雇工为主，总体规模比较小。

隋唐时期，随着技术水平日渐提高，人们对手工业产品的需求日益增长，中国封建社会民营手工业达到了空前繁荣。此间自然经济开始转向小农经济，手工业和农业成为主导行业，农工商业都有了较大发展。一部分手工业者的家庭作坊随着产品需求增长不断扩大规模，使得家庭原有劳动力完全无法满足作坊的生产需求，从而催生了对雇佣劳动的需求。不过，此时家庭劳动力仍然占绝大多数，家庭作坊主要从事简单的产品生产和来料加工等。

到了宋代，手工业发展迅猛并形成了较大规模，随着人们对产品数量的需求扩大、对产品质量要求提高，雇佣劳动成为常态。南宋的都城就有成千上万的手工作坊，老板可自由支配的雇佣工人规模在5—40人。有了雇佣工人后，手工作坊内的家庭成员开始扮演管理者的角色，不再负责具体工作。《马可·波罗游记》记载道："每一种手艺都有成千个铺子，每个铺子雇佣十个、十五个或二十个人工作……只要他们发了财，有钱雇佣工人，当上了老板，那么自己就可以经营父亲的职业而不参加劳动。"彼时宋瓷、活字印刷术等举世闻名，也从一个侧面反映出宋代手工业的繁荣和雇工数量之多。

明清时期，随着人们生活水平进一步提高，染织业、制瓷业等多种产业在数量和规模上都达到了极致，民营手工业的雇佣劳动规模到了顶峰。此间雇佣劳动力已经极其普遍，失地的农民、妇女儿童甚至被市场竞争淘汰的小手工业者都成为雇佣劳动力的主要来源。清代前中期，江南人口增长缓慢，劳动力不能满足本地经济发展的需求，工业中外来劳工数量巨大。康熙末年，"苏城内外踹匠不下万余，均非土著，悉系外来"。江南棉纺织业发达的松江、太仓、常州和丝织发达的苏、嘉二府与湖、杭二府的东部，都成为外来劳工输入地。苏州府城的棉布加工业、纸业，枫泾镇和双林镇的榨油业等都大量引进外地劳工，足见手工业规模的扩大和雇工数量的增加。《雍正朱批谕旨》中记录了雍正初年苏州染织业雇佣员工的盛况，"染坊、踹布工匠，俱系江宁、太平、宁国人氏，在苏俱无室家，总计约有二万余人"。仅松江城镇就有一千多踹布工匠，双林镇"向有三油坊，博士人数逾百"，该镇上皂坊雇工多时达数百人①。乾隆时府城有纸匠八百余人。

中国古代民营手工业自由雇佣劳动是企业萌芽的表现，它与近代企业雇佣劳动力有着本质的差别。在古代企业萌芽阶段，劳动密集型的生产方式扩大规模是自由雇佣劳动力的根源，生产成本较高、劳动生产率较低。而近代企业是以机器代替手工劳动，是在劳动生产效率大幅度提高的基础上，企业得到长足发展的背景下扩大了对雇佣劳动的需求。

---

① 李伯重. 近代中国真是因人多才穷的吗？[EB/OL]. [2016-10-18]. http://www.360doc.com/content/16/1018/18/16534268_599407372.shtml.

二、中国近代企业的产生和发展

鸦片战争后，外国资本开始侵入，中国的自然经济解体，人口大量增加，个人土地持有量大幅减少，于是产生了大量的剩余劳动力。政府逐渐放弃"重农抑商"的政策，开始鼓励兴办企业解决劳动力的就业问题，中国企业正式登上历史舞台。本着"师夷长技以制夷"思想的洋务派和民族资产阶级创办了以军工产业为主的我国第一批近代民族企业，曾国藩、李鸿章、张之洞等为"自强"创办了江南制造总局、安庆军械所等军工企业，但这些军工企业没有其他行业支持难以发展，于是洋务派提出"自强"的同时"求富"，民用企业为支持军工企业发展起来，经营范围涵盖了纺织业、交通运输业等方方面面，比较典型的民用企业有汉阳铁厂、津沽铁路、上海织布局等，这些企业的产品和服务极大地满足了人民的日常需求。

《马关条约》签订后，清政府对私人的管制变为鼓励民间自办企业，加上连年战争带来的物资需求大幅增加和"实业救国"思想的提出，以张謇、周学熙为代表的一批民族企业家涌现出来。1985—1913 年，新办工矿企业的资本总额就达到了 120369000 元[①]。但是，这些民间自办企业由于没有政府扶持，缺乏资金和垄断力量，主要以经营轻工业为主，产品和服务水平比较低，故外资企业在煤矿、纺织等行业依然占据主导。

辛亥革命爆发以及《中华民国临时约法》出台以后，封建官僚主义对近代民族企业的压迫有所减轻，涉及交通、建筑、农牧等多个门类的民族企业得到迅速发展。再加上民族企业将国情与西方现代技术和先进管理思想相结合，使得民族企业进入了黄金时期。但是抗日战争及解放战争时期，由于帝国主义的掠夺以及战争环境破坏了经济秩序，百业凋零，近代企业走向没落。

三、1949 年之后的中国企业与现代企业制度

1949 年之后我国实行计划经济体制，国有企业根据国家政策开展生产活动，国有企业是生产单位，它只是一个政府附属的部门，而不是真正意义上的现代企业。在当时百废待兴的经济社会背景下，计划体制通过国有企业高效地配置了中国社会的经济资源，实现了以重工业优先发展的战略，在短时间内迅速提升了中国国力。但是，随着经济实力的提升，国有企业

---

① 汪敬虞. 中国近代工业史资料[M]. 北京：中华书局，1962：870—920.

逐渐变得效率较低，缺乏市场竞争带来的活力。

1978 年改革开放以来，中国政府围绕所有制结构进行了有益的探索，1993 年党的十四届三中全会通过了《中共中央关于建立社会主义市场经济体制若干问题的决定》，1997 年党的十五大明确提出公有制为主体、多种所有制经济共同发展是我国社会主义初级阶段的基本经济制度，提出要进一步转换国有企业经营机制，建立适应市场经济要求，产权清晰、权责明确、政企分开、管理科学的现代企业制度。随之民营企业也焕发了活力与生机，"富起来"的需要和良好的创业条件使城市中的边缘青年、国有企业的下岗职工以及受过相当程度教育的创业者燃起了创业热情，而农村的乡镇企业成为星星之火逐渐兴起燎原之势，同时国有企业也大部分完成了公司制股份制改革，现代企业制度在国有企业和私营企业中都已经被广泛使用。中共中央统战部、全国工商联、中国民（私）营经济研究会组织的对全国私营企业第六次抽样调查结果显示，1989—2003 年间，私营企业产值增长了 48 倍，年均增长 47.15%。

第二节　历史上各时期企业劳动者的技能形成

一、手工劳动阶段的技能形成

大到雕梁画栋的建筑，小到精美绝伦的工艺品，无不让人感叹中国古代技术之精湛，这些技艺的传承无不依赖学徒制这一最普遍也是最经典的职业教育形式。学徒制是指在职业活动过程中，学徒在师父的引导下习得知识和技能的形式[①]。在我国漫长的历史长河中学徒制通过不断发展变迁来适应生产力的发展需求，在不同时期呈现出不同特点，作为职业教育最早的形态一直沿用至今，且现在依然发挥着重要的作用。适应原始社会和奴隶社会的农业发展特征，学徒制是一种以家庭为基础的生活技能传授方式，在以农业和手工业为主体的封建社会中，学徒制逐渐走出家庭成为职业教育的一种形式。随着资本主义萌芽的出现，以及机器大生产对技能的替代，传统学徒制在人才培养规模和效率上的不足逐渐显现，在现代企业的生产方式下学徒制不断改进，仍然是一种不可替代的技能形成方式。从技能形成的路径来审视学徒制，无论是源自家庭的技艺传承，还是依托企

---

① 施刚钢、柳靖. 试析中国学徒制中师徒关系的变化[J]. 职教通讯，2013（25）：54.

业的学徒制，都具有内部技能形成的特点。

（一）原始和奴隶社会的早期学徒制

学徒制是手工劳动阶段的最主要的技能形成方式。学徒制起源于原始社会孩子学习模仿父母以获得生活技能和以口授示范为形式的家庭内部技艺传授。那时虽然没有正规教育，但却存在着教育活动，人类需要学习前人的生存和生活经验，如捕猎、驯养等生存技艺。进入奴隶社会，随着社会生产力的发展与进步，出现了私有财产，形成了以农业为主的自然经济，园艺、桑蚕、畜牧业等耕作技术得以提高和发展。此间的技艺传承一般是以家庭为基本单位的"父传子""母传女"，子承父业世代传习。到了奴隶社会后期，原本掌管农业、手工业等行业的官吏深入民间，官府的技术与民间相融合促进了技术进步。此间技艺也不再局限于由父亲或母亲传授给亲生儿子，还包括侄子等家庭成员，甚至包括养子。奴隶社会末期即春秋战国时期，国家分裂，战争频发，原本设学收徒的官吏流落民间，继续收个别徒弟来继承自己的技艺，逐渐打破了仅在家庭成员中选择学徒的方式。

综上，原始社会和奴隶社会的学徒制是一种自发的生活技能传授方式，它以亲子或养子的家庭关系为基础，技艺对家庭成员以外的人保密[①]。手工业的发展得益于社会生产力提高和社会需求增加，使在家庭内部手工作坊生产的方式无法满足社会的产品需求，随着手工业的规模扩张，手工作坊引入雇佣劳动，随之家庭内部亲人之间传承技艺的技能形成方式不再是单一的技能形成途径，匠人们开始通过招收学徒技艺传授给家庭外部的成员，旨在获得合格的雇佣劳动力。从此学徒制逐渐走出单纯的家庭内部技艺传承形式，政府也开始加强对学徒制的管理，建立正规的学徒制体系。这也是政府对职业教育管理的萌芽。

（二）唐宋时期的学徒制

到了唐宋时期，封建社会中农业和手工业成为社会经济发展的主要形态。随着消费需求的规模增长和多样化，手工业日益兴盛起来，除了家庭作坊，官营手工业机构大量涌现出来。相应地，学徒制从家庭走向市场，政府也逐渐参与进来，加强了对职业教育的管理，官营学徒制应运而生。官营学徒制的繁荣带动了民间学徒制的兴盛。

---

① 刘晓. 我国学徒制发展的历史考略[J]. 职业技术教育，2011（9）：72-75.

1. 官营学徒制

唐朝的官营手工作坊均采用学徒制的教育形式[1]，在政府的政策支持下，能工巧匠如雨后春笋般地涌现出来。根据《新唐书·百官志》的记载，唐朝政府设置了少府监和将作监负责培养和训练学徒，其中少府监"掌百工技巧之政"，将作监"掌土木工匠之政"。以少府监为例，其职责范围覆盖了挑选工匠、训练学徒、管理学徒制等。其一，少府监负责在全国范围内挑选优秀工匠，承担天子和皇族日常生活用品的制作任务。其二，少府监负责挑选学徒到少府监学习细镂、车辂、乐器制造等精细手艺。其三，少府监负责在全国各地挑选各行各业技艺顶峰的工匠作为传技师傅，保证学徒站在全国职业技术最高水准上，促进了各行各业职业技术水平的提高。传技师傅在皇权的压力下精益求精，不断改良技艺，制定出了完备的学徒培养计划[2]。其四，少府监负责制定包括学徒年限和考核制度在内的学徒培训标准。对学徒年限的规定，一般复杂工需要 4 年，简单工需要 9 个月，具体的学习时限规定因工种而异。《新唐书·百官志》中记录了少府监关于学徒年限的记载："细镂之工，教以四年；车辂乐器之工，三年；平慢刀槊之工，二年；矢镞竹漆屈柳之工，半年；冠冕弁帻之工，九月。" 另外，《大唐六典》也记载了学徒年限的信息："凡教诸杂作工业，金银铜铁铸，凿镂错镆，所谓工夫者，限四年成；以外限三年成；平慢者限二年成；诸杂作有一年半者，……有九月者，……有三月者，有五十日者，有四十日者。"学徒的考核分为季考和岁考[3]。

到了宋代，随着手工业的繁荣，已经形成了庞大的官营手工业系统，生产更加重视标准化和定型化，开始使用简单的"教材"。随之，官营学徒制涉及的工种和规模都相应扩大，且学徒的培训更加注重规范化和标准化，由此"法式"学徒培训法应运而生，这是一种由朝廷主导推动的用以达成高效、大规模培养艺徒目的的学徒培训方法。"法式"是基于生产经验归纳出的工程、产品的制造制作技术规范与要求，以及基本的技术知识，行业不同则"法式"不同。著名的"法式"有《营造法式》《熙宁法式》等。"法式"除了规范学徒培养过程，同时也是学徒考核的标准[4]。《宋史·职官志》记载："庀其工徒，察其程课、作止劳逸及寒暑早晚之节。视将作匠法，物勒工名，以法式察其良窳。"足见当时对学徒的日程、休息等已经有了详细

---

① 刘晓. 我国学徒制发展的历史考略[J]. 职业技术教育，2011（9）：72-75.

② 刘建新、于珍. 中国古代学徒制的变迁[J]. 中国职业技术教育，2016（34）：62-65.

③ 陈文. 中国式艺制[J]. 中国手工，2008（3）：26-27.

④ 刘晓. 我国学徒制发展的历史考略[J]. 职业技术教育，2011（9）：72-75.

的安排。

2. 民间学徒制

唐朝官营学徒制的繁荣带动了民间学徒制的发展，除了早期学徒制中师傅对学徒的言传身教式的技艺传承，也使用简单的教材。但是，由于封建社会信息传递极为不发达，学徒的技能形成仍然依赖师傅的言传身教，民间学徒制也是从原始社会到封建社会技能形成的"企业"内部机制。

唐代的民间学徒制特点如下。其一，学徒制不再像早期学徒制那样以家庭成员为局限，但师徒之间的关系仍类似于"父子"或者是"养父子"，徒弟就像师父的家庭成员一样存在，其主要任务是学习技艺，但除此之外还要帮助师父做家务，且技艺学成后还要按规定无偿给师父劳动。据《学小官须知》记载，"学小官，清晨起来，即扫地、掸柜、抹桌、擦椅、添砚池水、润笔、擦毡子、拎水与人洗脸、烧香、冲茶、俱系初学之"[①]。可见学徒除学艺之外的辛苦。其二，师徒关系的确定是非常严谨而神圣的，一般应由学徒的监护人和师父签订师徒合同，学徒才成为真正意义上的徒弟。师父通常会对徒弟严加管教，甚至在入门时就会和学徒监护人达成一致，如果师父在体罚学徒时失手把徒弟打伤徒弟及其家庭或监护人不得计较。其三，师父主要负责传授技艺、教授行业规范和职业道德，同时还要承担徒弟的食宿。其四，学徒通过在实践中模仿师父的职业动作和职业行为以及自我感悟学习师父的技艺。其五，学徒的时限因行业而异。以木匠学徒为例，行业约定俗称的学徒时限为："三年学徒，五年半足，七年才能成师傅。"在木匠行业，徒弟刚入门必须要干一年及以上的粗活、杂活后才获得跟着师父打下手学习技艺的资格。学徒三年出师以后可以选择自立门户，但自立门户是非常艰难的，因为大多是家庭小作坊，消费数量是比较有限的，再加上学徒初出茅庐技术尚不过硬，如果过早自立门户可能很快就在行业内销声匿迹。因此更多的学徒即使三年学徒期满仍然会选择跟师父额外多学习两年再出师，旨在把技艺学得更加精进。但在这期间内师父往往会"留一手"，不会把所有核心的技艺传给徒弟，且徒弟几乎拿不到报酬。

（三）明清（鸦片战争前）时期的行会学徒制

明清时期资本主义开始萌芽。随着西方科学技术对传统手工业的激烈冲击和东西方商品的互相流通，企业对技术有了更高的需求，政府、客商和民间都在总结提升技能的形成经验。此间与官府和客商互相制衡的行会组织出现，行会组织催生了行会学徒制。行会学徒制遵循的仍然是干中学

---

① 伍绍垣. 学徒制度与技术教育[M]. 南京：国立编译馆，1941.

的模式，专门教育的部分较少，靠生产实践中师父的指导、学生的观察与感悟传递技能。

行会学徒制主要有如下几个特点。第一，行会学徒制的功能除了技能传承以外，更重要的是赋予学徒入行从业的资格。以贸易行业为例，"商事尚无学堂，必须投入商号学习。故各种商号，皆收徒弟"。[①]可见，若想从事经营就必须有在贸易行业企业做学徒的经历。第二，行会负责制定与学徒相关的入徒、学习、生活、出徒、学习期限等方面的规定和标准，并相当严格地加以实施管理。技艺传承必须遵守行会的培养规范和考核制度，学徒的技能形成甚至道德养成和利益分配都必须按照行会要求运行，并接受行会的考核。根据刘晓[②]和路宝利[③]的研究，晋商的优秀要归功于晋商学徒制的严苛，当地流传着"十年寒窗考状元，十年学商倍加难"。晋商学徒制对学徒入门考察、学徒入号培养、学徒出班考核等环节做了非常详细、严格的规定，仅学徒入门考察就涵盖了"铺保"介绍、学徒家庭考察、学徒考察三个方面。行会规定的学徒内容涵盖日常生活礼仪技能训练；商业基本技能训练，主要指写字、珠算、写信等；专业技能训练，主要指票号、钱庄专业技能，学习辨别银钱成色；职业道德教育，培养学徒诚信、谦和、正直、忍让、勤俭、吃苦等优秀品质。学徒入号培养有着严苛的规定，比如晋商学徒学习禁忌习俗有严格探亲制度、谨记学徒习俗、杜绝跳槽三项。学徒出班的考核也非常严格，包括商业技能考核、业务实践考核和职业道德考核等几方面，考核不合格者不能晋级，且可能被辞退。晋商学徒出班考核通过岗位锻炼考察学徒从业能力，设计考试情景观察其职业操守。值得一提的是其对学徒的岗位锻炼考核，考核分几个阶段进行，在学习基本技能后学徒的实践角色由低到高分别为跑街、录信员、帮账、各埠分庄服务，经过上述岗位考核，学徒才可以成才。行业不同行会规定的学徒学习期限不同，清朝时期竹工行会规定学徒三年为满，但有的也会延长至五到七年。第三，行会非常重视学徒制的仪式，入徒和出徒的仪式必须按照行会规定进行。其中，学徒入号被称为"请进"，要挑选黄道吉日。这使行会学徒制蒙上了一层宗法色彩，得到商号师父的认可实际上成为学徒入行的重要条件，行会也为师父树立了权威。第四，在行会学徒制中，学徒为学习技艺接受较低的薪资，除做工外学徒仍要帮师父做家务等杂役等都被行会学徒制所允许。但行会同时也为保障学徒学习成果和免受过度剥削采取

① 彭泽益. 中国近代工商行会史料集（上册）[M]. 北京：中华书局，1995：527.
② 刘晓. 我国学徒制发展的历史考略[J]. 职业技术教育，2011（9）：72-75.
③ 路宝利. 中国古代职业教育史[M]. 北京：经济科学出版社，2011：340-344.

了相应措施。第五，在这个时期劳动者的技能形成主要是以商号为依托的技能内部形成方式。

清朝前期，各工商重镇都出现了雇佣 10—20 名以上工人的作坊，这是手工业行业中的资本主义萌芽。此间由于棉织工艺的繁荣，棉纺织工具生产出现了专业化趋势，开始由家户个体经济转向纺织工场经营。乾隆时期出现了拥有织机千台、工人数千的大型工场，棉织品出口到欧洲、美洲、日本、东南亚国家和地区。随之由手工业者建立的行会逐渐涌现。这些行会有行业会馆和工匠会馆两类。行业会馆也称为公所，设立行规，明确表达防止同行间竞争目的。工匠会馆由同行业手工工匠组成。某些有名气的工匠按行业常与乡土相联系形成行帮，旨在防止竞争、垄断技术。随着生产规模的扩大，适合家庭手工业作坊的小体量生产方式的官营手工业学徒制度完全衰落，技术传承开始依赖行业会馆和工匠会馆学徒制①。行业会馆学徒制有严格的行规规定学徒教育，主要体现在以下几方面。其一，行业会馆规定了招收徒弟的年限和数额，一般一个师父只能带一个徒弟，学徒年限一般为三年，也可根据行业特点适当调整。其二，行业会馆规定收徒要缴费，不同会馆的缴费水平不同。其三，行业会馆的主旨在于限制竞争，因此在行业利润降低时，行业会馆会直接禁止招收学徒。其四，行业会馆对学成出徒有明确的规定。学徒出徒后要帮师一年，且要缴纳高额的入帮费或上行银，同时还要举行出徒仪式。比如，乾隆五十二年（1787）长沙铺业条规规定："店家带徒弟，三年为满，设席出师，倘年限未满，同行不得顾（雇）请，如有请者罚戏一台。"另外，行业会馆对学徒的帮工待遇、休假请假等都有非常明确而严格的规定。工匠会馆的师父和徒弟同在一个团体，师傅与徒弟之间的关系基于封建宗法制度。

二、大工业时期劳动者的技能形成

第一次鸦片战争以后的清朝晚期，随着经济社会逐渐进入大工业时代，依托科学技术的大规模工业生产代替了传统单纯依托经验方法进行生产的模式，生产中对拥有一定技术技能基础的熟练工人的需求规模扩大。一方面，帝国主义国家看准中国市场的利益，纷纷开设工厂，这种大规模生产的方式引发了对廉价劳动力的需求骤增。另一方面，洋务派试图通过"师夷长技以制夷"的方式提升国力实现实业救国，洋务运动期间中国诞生了近代民族企业，有利地推动了中国近代民族工商业的发展，引发了对熟

---

① 路宝利. 中国古代职业教育史[M]. 北京：经济科学出版社，2011：340-344.

练工人、技术人员、管理人员的需求激增。传统学徒制的技能学习和传授方式逐渐跟不上产业规模发展的需求，新的技能习得方式逐渐走上历史舞台。

（一）外部技能形成：职业学校出现

此间政府高度重视开发民智、兴民德，注重对专门知识的教学，确立了新型学制和相应的实业教育章程，重视职业教育的师资培养，政府的支持对职业学校的出现和快速发展起了决定性的作用。职业学校以行业企业的标准为基础教学标准，聘用专业教师开展教学活动，逐步成为主流的外部技能形成方式。洋务运动时期洋务派成立了专科性学校专门培养外交、矿物、铁路等方面的专业人才。清末受西方学制影响，分别在 1902 年和 1904 年实行"壬寅学制""癸卯学制"，其职业教育思想已经比较成熟。其一，学校教育分为普通教育、师范教育、实业教育三种，各类教育都规定了学堂的培养目标、入学条件、学习年限以及课程设置。其二，教育被划分为初等教育、中等教育和高等教育三个阶段。1917 年中华职业教育社成立并试行职业教育，教育部随后于 1922 年通过《学校系统改革案》，实行"壬戌学制"，也称"新学制""六三三学制"。《学校系统改革案》提出："适应社会进化之需要，发挥平民教育精神，谋个性之发展，注意国民经济力，注意生活教育，使教育易于普及，多留各地方伸缩余地。"新学制兼顾了升学与就业，职业教育得到与其他教育类型同等的重视，在中国教育史上具有里程碑意义。

（二）内外部融合的技能形成：官方场校一体的学徒教育

在清光绪政府"振兴实业"的号召下，各地以"传习公艺，振兴实业"[①]为宗旨的官办手工工场开始以工艺局、所、厂的形式涌现，其中规模最大的是北京首善工艺厂、农工商部工艺局和北洋工艺局（中华民国成立后废止），工艺局隶属于农工商部。对全国 22 个省的统计数据显示，从光绪二十八年（1902）到宣统三年（1911），全国有 228 个工艺局、519 个工艺所、10 个劝工厂[②]。数据显示，光绪二十九年（1903）至三十年（1907），北洋工艺局各科毕业学生 672 名；至宣统三年（1911），农工商部工艺局毕业学生 300 余名，除本局留用外，多充任外地工艺局师资。这些官办手工工场普遍厂房规模很大，能够容纳较多的工人和学徒，比如，江西建成了容纳 200—300 人的厂房，四川则有容纳 800 人的劝工局。

---

① 刘晓. 我国学徒制发展的历史考略[J]. 职业技术教育，2011（9）：72-75.
② 陈绍林、郭庠林. 中国近代经济简史[M]. 上海：上海人民出版社，1981：109.

官办手工工场对学徒教育进行了改造，推动了学徒教育的现代化和发达，工艺局学徒教育的特点如下。其一，设场授徒是工艺局学徒教育最突出的特点。官办工艺局的学徒规模从十人到数百人不等。比如，北京工艺局招收生徒 500 人，北洋工艺局初期招收学徒 200 人，后保持在千人左右。工场现场授徒保留了内部技能形成的特征，学徒在工场干中学、做中学，提升了习得技能与工场或行业需求的匹配度。其二，工艺局学徒教育的内容与形式兼顾，同时习得理论知识与技艺技能，是一种场校一体的技能形成途径，兼具内外部技能形成的优点。比如，陕西工艺厂采用蒙学成法，结合学堂、工场，理论与实习并施。福建工艺局采用半日习艺、半日习文的方式。其三，工艺局充分保障学徒教育的质量。首先，严格设置学徒招募条件。比如，农工商部工艺局有专门的招募学徒条例，从年龄、家庭背景、身体健康状况、文化程度等做出明确规定，通过设置一个月的甄选期，通过考察后再决定学徒名单①。其次，充分保证聘用师资的质量。师资分为负责学理的教习和负责技能训练的匠目、工匠，二者共同执教。但通常情况下学堂与工场并立，教习并不只是谙熟学理，同时也是工场工师，"工师除教导学徒外，遇有工作，仍须动手做工"。可见，工艺局学徒教育中师资在学理和技能方面都很在行，避免了学徒习得的学理与工场需求的技能之间的割裂②。同时，极为优厚的师资待遇助推了学徒习得技能的前沿性和高质量。

（三）内部技能形成：民间学徒制

学徒制并没有因机器大生产的出现而消亡，个别行业和企业为了自身的利益仍然保留了传统学徒制或者学徒制的某些方面。其一，企业为了降低劳动成本而保留了学徒制。在近代北京的一些机器化和半机器化工厂里，学徒工被改称为"练习生"，工厂把他们视为廉价的劳动力，少发甚至不发工资。学徒招收制度由行规来约束，很多学徒和工厂的师父之间有着亲戚关系，一方面有利于技术保护，另一方面可以通过亲情约束来管理员工。其二，北京的一些老字号因为采用机器化生产而全部继承了传统学徒制。比如，张凤鸣是"刻刀张"的掌柜，早期为传承张家世代流传的技术而拜自己的父亲为师；"月盛斋马家老铺"所有子侄都必须在自家铺子做学徒以更好地继承马家的技艺③。老字号完整保留学徒制的根本原因在于这些行当在机器化大生产的潮流中仍然保留了传统手工业生产方式，故而最适用

① 栾炳义. 清末工艺局对学徒制的改革[J]. 山西财经大学报（社会科学版），1989（4）：91-93.
② 彭泽益. 中国近代工商行会史料集（上册）[M]. 北京：中华书局，1995：527.
③ 谢会敏. 近代北京学徒制度研究[D]. 保定：河北大学，2011.

传统学徒制促进员工技能形成。

大机器生产的前夕，民间的行会学徒制已经在大部分行业稳定实施，其运行和前期大体相似。此间对技能等级划分标准做出了系统规定，根据技能等级将劳动者分为学徒工、帮工和师傅三类，学徒工可以按照划分标准和相关规定逐级晋升。此间政府为行会学徒制提供了法律保障。1914年北洋政府通过了《商人通例》，针对学徒制出台了新的规定，比如，企业必须对学徒工进行专业技能和文化知识培训，企业和学徒必须签订契约，契约期外企业不得干涉学徒自由就业。《商人通例》还对技能培训中企业的义务、培训内容、培训方式等做出了新的规定。1923年和1929年的《暂行工厂通例》和《工厂法》明确规定了学徒工的各项权利，如企业承担学徒工的培训成本，学徒工有权利接受普通教育与技能培训，企业和学徒工必须按照国家规定签订契约且契约在特殊情况下（学徒中途离厂、工厂不能履行义务等）可以解除。这些规定在法律层面上对学徒工的福利、签订契约等提出了规范要求，保障了学徒工的权利，从而促进了现代化的内部技能形成方式的发展与完善①。

在机器大生产下，机器代替人力完成固定的程式化的工作动作无疑会大幅度提高企业的工作效率，绝大多数企业员工从事的劳动仅仅是生产链条上的某一个环节，企业需要员工负责对机器的操作和控制能力及熟练程度。机器大生产和工作职能分化导致企业对员工技能的需求降低，但这并不是美国自动化生产模式中的去技能化，机器自动化生产的发展并不能完全替代劳动者的技能。此间职业学校学习的重要性有所降低，企业内部培训成为员工技能形成的重要途径之一。近代企业人才选聘的思想主要是遵循"能位对应"与"薪酬对等"，既重视培养员工的爱岗敬业精神，也提供与员工能力对应的物质薪酬激励，有利于促进员工的技能形成。

三、现代企业员工的技能形成

（一）内外融合的技能形成

在计划经济时代，除了正规教育之外，很多国有企业下设中专、技校等职业学校，这些学校并不直接隶属于国家教育系统，有的附属于国有企业，有的由国有企业和国家各行业部委联办，也有的是直接隶属于国家各部委的特殊行业的学校。比如，工程技工学校大多隶属于国有企业，纺织中专多由纺织工业局与国有企业联办，护士学校则完全属于卫生部门。国

---

① 和震、李玉珠、魏明. 职业教育产教融合制度创新[M]. 北京：科学出版社，2018：25-27.

务院 1980 年出台的《关于中等教育结构改革的报告》提出："可适当地将一部分原有的普通高中改办为职业中学，从而形成职业中学、中等专业学校、技工学校并存的中等职业技术学校结构。"[①]这些职业学校依托于单位，统一的管理和终身就业的制度带有明显的计划经济特征，主要表现在如下几方面。其一，行业部委和/或政府教育部门掌握教育过程所需的人力、物力、财力资源，包括技术、制度、文化等教育资源，行业部委和/或政府教育部门通过制度在宏观上参与教育过程。招生首先要各生产单位根据该国有企业岗位和工种的需求情况汇报到劳动人事科审核，审核通过后汇报给各级政府管理部门（劳动部或教育部等），报名考生经过统一考试合格且符合企业需求后才能被录取。其二，学校没有办学自主权，教育管理完全按照行业部委和/或政府教育部门的行政指令进行，教学大纲和教育内容均由行业部位和/或政府教育部门制定。比如，在纺织工业局和企业联办的学校，招生名额依据纺织企业岗位需求的实际情况确定，企业劳动人事科负责统计各车间增人增编需求，汇报给纺织工业局和教育部门审批，审批通过后在企业组织考试，按成绩顺次录取计划人数的 105%左右。纺织工业局和教育部共同制定教学大纲和教学内容，企业可根据具体生产情况适当调整。学生在校学习时间由学校管理，实习时间由企业人事部门管理。在纺织企业效益较良的时期，全国各地依托纺织企业建立起多所纺织学校，比如河北省石家庄市，就有河北纺织职工大学、纺织技工学校、纺织职工中专等[②]。通过行业与企业联和办学，实现了专业化教育，解决了学校习得的知识与企业实践需求相脱节的问题。其三，学生毕业后由国家分配工作，统招统分、终身就业。这些职业学校的学制一般为两到三年，培养方案的设置包含学校理论知识学习和企业车间实习两部分，学生经过考核合格后才能毕业。计划经济下基本没有劳动力市场，学生毕业后的工作岗位按行政指令进行分配，具体岗位的分配依据是学生的理论学习成绩和车间实习成绩。一般而言，职业学校培养的学生最终是为本企业服务的，故学生的实习工作岗位往往在入学第一年就已经确定，这也往往是其毕业后的就业岗位。这种紧密的产教相融合教育在保障学生就业的制度前提下促进了学生技能的形成，避免了企业的人力资本投资损失。

　　计划经济时期的职业学校人才培养方式兼具内部和外部技能形成的优势。在内部技能形成方面的优势主要体现在两方面。其一，最大的优势

---

① 和震. 我国职业教育政策三十年回顾[J]. 教育发展研究，2009（3）：33.

② 吴茵. 棉纺织业与城市化进程：1921—1990 年——以石家庄市为例[J]. 经济与管理，2010，24（8）：70-73.

主要体现在人才培养与企业需求的契合度高，这主要源自技能形成的良好环境。（1）实习场所安排在车间，学生在企业生产一线的真实生产环境中反复进行技能训练，确保习得的技能既与企业需求高度匹配，又与企业生产环境高度兼容，实习效果非常好。（2）师资尤其是实习环节的师资主要来自本企业，企业生产一线的师傅就是实习教师，甚至是理论教师，确保学生习得的理论知识与实践技能的前沿性，且与企业需求不脱节。（3）在企业生产一线的实习安排中，实习的教师资源是非常充足的，一般一个师傅仅负责一两个学生的实习教育，再加上训练时间非常充足，实习效果非常好。其二，学生毕业去向明确，职业生涯规划的路径清晰，因此在学校学习技能的动力十足，理论学习和实习效果都非常好。同时，清晰的职业生涯规划路径也为学生走上工作岗位后不断进行技能升级提供了充足的动力。从企业的角度看，通过将学生规划到企业未来发展规划中，可以提前为企业储备中坚人才，有效地避免企业在关键发展阶段的人才短缺。1989年《劳动部关于修订工人技术等级标准和制定岗位规范的通知》中提道："工人技术等级标准和岗位规范是进行工人培训与考核的重要依据，也是劳动、工资工作的组成部分。"①企业员工的技能与待遇挂钩，能够引导学生依托企业需求尽早做好职业生涯规划，实际上这个规划也是其在经济生命周期内的技能形成规划。

在外部技能形成方面的优势主要体现在学校在低成本前提下为企业及时培养了数量相当的人才。其一，学校的办学成本低。一方面，实习的硬件资源就是企业的真实生产环境，学校和企业均不需要为实习做额外投入；另一方面，学校的实习教师甚至一部分理论教师就是企业生产一线的员工，为学校节省了教师聘用成本。其二，企业在人才培养中提前介入，节省了对新入职员工的岗前培训成本。学生毕业去向明确，按照企业岗位需求实习，将象牙塔内学习的知识、技术和技能与企业岗位需求技能之间的差距最小化，学生毕业后可以零障碍切换到就业岗位，节省了企业对新入职员工的岗前培训成本。

这种内外融合的技能形成也存在一定缺点。学校对学生的培养有很强的目的性，提前将学生按照企业岗位对号入座，学生的学习内容仅限于生产单位和工作岗位需要的内容，更多地偏重于操作技能的习得，技能的广度和深度相对不足，不利于面对就业冲击。在计划经济体制下，学生毕业

---

① 劳动部. 劳动部关于修订工人技术等级标准和制定岗位规范的通知［EB/OL］.［1989-2-11］. http://www.molss.gov.cn:8080/trsweb_gov/detail?record=843&channelid=40543.

后会有统一的岗位分配，他们不会面对失业。但是随着经济体制改革的推进，中国逐渐开始建立社会主义市场经济体制，市场潜力被新的资源配置方式极大地激发出来，经济社会对较高素质劳动力的需求规模骤然扩大，原有的学校人才培养规模难以匹配市场需求。同时，劳动力市场逐渐形成和完善，劳动力在市场中必须直面失业风险。在新的发展环境中，上述人才培养方式的弊端逐渐显现出来，由于技能的广度偏窄，技能的深度偏浅，人才抵抗失业风险和经济变迁的能力较弱。

（二）外部技能形成

改革开放这一重大决策给我国企业带来了巨大的生机，社会主义市场经济体制建立并逐步完善，多种所有制经济共同发展，私营经济散发出勃勃生机。为给国有企业减负，推动其建立现代企业制度，职业学校逐渐与企业剥离。1978 年，邓小平同志在全国教育工作会议强调"扩大农业学校、各种中等专业学校、技工学校的比例"。1985 年出台的《关于教育体制改革的决定》强调了学校办学和招生的自主权，提出"改革管理体制，扩大学校的办学自主权……集体、个人和其他社会力量办学也得到鼓励。提倡各单位和部门自办、联办或与教育部门合办各种职业技术学校，除为本单位和部门培养人才外，还可以接受委托为其他单位培训人才并招收自费学生"。①1991 年《国务院关于大力发展职业技术教育的决定》规定："我国职业技术教育必须采取大家来办的方针，要在各级政府的统筹下，发展行业、企事业单位办学和各方面联合办学，鼓励民主党派、社会团体和个人办学；要充分发挥企业在培养技术工人方面的优势和力量。"该决定在职业学校与企业逐渐相剥离的过程中仍然强调"产教结合，工学结合"。②2002 年《国务院关于大力推进职业教育改革与发展的决定》中提出："建立并逐步完善在国务院领导下，分级管理、地方为主、政府统筹、社会参与的职业教育管理体制。"③2005 年《国务院关于大力发展职业教育的决定》要求继续完善"政府主导、依靠企业、充分发挥行业作用、社会力量积极参与，公办与民办共同发展"的多元办学格局和"在国务院领导下，分级管理、

---

① 国家教育委员会职业技术教育司. 职业技术教育文件选编 1978—1988[M]. 北京：生活·读书·新知三联书店，1989：7-8.

② 国务院. 国务院关于大力发展职业技术教育的决定[EB/OL]. [1991-10-17]. http://www.moe.gov.cn/.

③ 国务院. 国务院关于大力推进职业教育改革与发展的决定[EB/OL]. [2002-8-24]. http://www.gov.cn/gongbao/content/2002/content_61755.htm.

地方为主、政府统筹、社会参与"的管理体制。①在实践中用定向培训生的方式代替了招收学徒工，即用人单位从各大中专技校以及职高招聘工人而不再以招收学徒工为主，自此许多厂办技校不再完全附属于企业。2010年《国家中长期教育改革和发展规划纲要（2010—2020年）》指出："要以体制机制改革为重点，鼓励地方政府和学校大胆探索和试验，加快重要领域和关键环节改革步伐。"②此后职业学校规模迅速发展壮大，拥有了自主办学权利，逐渐形成一种典型的外部技能形成路径。值得注意的是，随着市场经济体制的逐步建立和完善，劳动力市场开始建立，学生毕业后"双向选择、自主择业"取代了国家包分配。随着1999年实行高等教育扩招政策，新增高学历劳动力供给增多，企业越来越倾向于排斥为新增劳动力提供一般性职业培训。在技能形成的外部路径中，由于职业教育过程中企业的参与度降低导致职业教育与实际需求的不匹配，故习近平同志在2014年全国职业教育工作会议上提出"坚持产教融合、校企合作，坚持工学结合、知行合一"。

目前我国的外部技能形成包括针对失业社会人员的职业培训学校、针对初高中毕业生的中高等职业院校，教育过程所需的人力、物力、财力资源来源于政府、企业以及民间和受教育者个人以及家庭，受教育者有初高中毕业生、在职和职前人员。在以正规职业教育为主的外部技能形成中，职业院校与用人单位和受教育者之间都存在供需关系（如图11-2-1所示）。一方面，职业学校和用人单位之间存在供需关系，职业学校为企业供应人才，企业则从学校招聘劳动力；另一方面，职业学校和受教育者之间存在供需关系，职业学校向受教育者供给职业技能，受教育者从职业学校习得技能同时取得学历。除了用人单位、职业学校和受教育者三个主体，技能形成要受环境的影响。一方面，政府出台的就业、教育、经济方面的制度和政策深刻影响着用人单位、职业学校和受教育者的技能需求；另一方面，用人单位在劳动力市场中对受教育者的出价水平影响受教育者的技能选择。在这样的外部技能环境中，职业院校成为关键环节，将政府、受教育者和用人单位有机连接起来。

---

① 国务院. 国务院关于大力发展职业教育的决定[EB/OL]. [1991-10-17]. http://www.moe.edu.cn/s78/A07/s8347/moe_732/tnull_816.html.

② 国家中长期教育改革和发展规划纲要工作小组办公室. 国家中长期教育改革和发展规划纲要（2010—2020年）[EB/OL]. [2010-7-29]. http://old.moe.gov.cn/publicfiles/business/htmlfiles/moe/info_list/201407/xxgk_171904.html?authkey=gwbux.

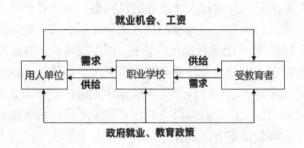

图 11-2-1　职业学校与用人单位、受教育者之间的供需关系

　　以中高等职业院校为主的正规职业教育是一种典型的外部技能形成方式，其优点如下：其一，除职业技能之外，职业院校还重视学生基础知识的习得，注重拓展学生未来的发展空间，择业范围较广；其二，有效的学历衔接制度使得学生有更多的升学深造的机会；其三，职业院校为更多的用人单位供给人才，服务范围拓展，相比服务于单个用人单位的社会收益明显提升。

　　办学自主权赋予了职业院校生机和活力，招生规模不断扩大。然而外部技能形成最大的问题在于，职业院校连接着用人单位和受教育者双方，但是其与用人单位联系在本质上反映的是其对产业技能需求的反应，因为职业院校并不能像企业那样直接感知产业技能需求，故其对受教育者的培养就存在与用人单位需求不匹配的天生缺陷，这种外部技能形成方式近年来逐渐显示出一些弊端。其一，办学成本提高。由于脱离企业环境，学校要投入建设实训环境，为学生提供反复训练技能的仿真场所。相比附属于企业的办学模式，办学成本明显提升，尤其是工科专业更甚。其二，技能习得的效率降低。根据经济学原理，职业院校与企业剥离后，面向社会的人才培养定位通过扩招会带来办学的规模效应。但是，这种规模效应是将职业院校作为市场主体去看待经济收益，若从其培养的学生与企业实际需求不匹配来看，这种外部技能形成的方式实际上降低了职业教育人才培养的效率。贴近企业生产实践的工科专业毕业生经过职前培训可以迅速上岗，人文社会科学类专业学生习得的往往是职业软技能，毕业生面向的工作岗位指向性不强，且因没有明显的行业依托而面临就业难。高等教育扩招后伴随产业转型的就业难促使高学历毕业生向下进行人力资本兼容，挤占了职业院校毕业生的就业岗位，对技能不匹配引致的就业困难无疑是雪上加霜。

市场用人需求是职业院校人才培养的风向标，就业难促进了职业院校技能形成的变革。2014 年，教育部出台《关于开展现代学徒制试点工作的意见》，一些职业院校开始试行现代学徒制，试图解决外部技能形成中技能供需不匹配的难题。例如，天津商务职业学院与新加坡叶水福集团合作，以试行订单式人才培养模式，校企合作培养学生的技能和职业道德。天津国际物流人才缺口巨大，政府为校企合作搭建了平台，由天津商务职业学院与新加坡叶水福集团签署培训计划，自愿报名的学生在经过考试后赴天津分公司实习三个月，期间企业安排专门的师傅指导学生的实践操作，学生毕业后有机会成为新加坡总公司或者天津公司的正式员工或带薪实习生。目前新加坡叶水福集团在华工作岗位对高职毕业生开放①。

现代学徒制与传统学徒制既有联系，也有区别。两者的共同点有二。其一，两者都以契约为基础，传统学徒制以契约对师徒间的关系进行规定，现代学徒制以协议为纽带，学校、企业和学生签订协议定向培养和安排就业。其二，两者都重视操作技能的形成，旨在使学徒或学生掌握操作技能以适应岗位要求。两者之间的差异也非常明显。其一，教学主体和场所不同。传统学徒制以企业或作坊为主体，即在工作场所完成教学形成技能，而现代学徒制的主体包括学校和企业，学习的场所是教室和车间，学校主要教授理论知识，企业则重视操作技能的培训。其二，学习方式和内容不同。传统学徒制中学徒在生产过程中观察学习，通过做中学的实践环节掌握技能，更多注重操作技能，而现代学徒制在学校和企业分别习得理论知识与操作技能，有利于培养高素质的人才，且避免了技能供需不匹配②。

（三）内部技能形成

职业院校教育是正规教育，作为一种技能形成的外部途径旨在为新增劳动者进入职场赋能。员工在企业接受的在职培训是正规教育之后的人力资本投资形式之一，强调结合工作岗位的实际需求习得技能，相比学校教育更偏重技能在生产实践中的应用，是一种技能内部形成的典型途径，旨在提高劳动生产率。与正规教育不同，在职培训具有很强的专业性和实践性，专业性表现在员工可以针对自己所从事职业的专业知识进行巩固和提升，实践性表现在从实践当中发现问题形成技能后再应用于实践。

现代企业提供的在职培训类型因分类依据不同而异。其一，按照员工

---

① 蔡南珊、朱琴. 中外合作开展现代学徒制人才培养实证分析——以天津商务职业学院为例[J]. 职业技术教育，2017（17）：8-12.

② 武家磊、花鸥. 从传统到现代——我国学徒制发展历史研究[J]. 创新与创业教育，2019（2）：66-69.

进入企业的时间维度，在职培训可以划分为岗前培训和岗中培训。岗前培训是针对新入职员工或学徒工的技能形成培训，旨在使其熟悉企业情况，拥有基本的岗位技能。在形式上或者脱产培训，或者由其辅助老员工工作，在工作过程中通过自身观察和老员工讲解习得技能、企业文化精髓、职业道德等。岗中培训是企业员工在身份上不脱离企业进行的在职培训，或者利用业余时间参与培训课程，或者在现有岗位的日常生产中完成培训，或者脱产培训。岗中培训是让员工直接参与生产，进行实践操作，在做中学习和练习来形成技能。在职培训的具体内容涉及职业技能、企业文化、职业道德等方面，一般而言企业侧重于提升员工的职业技能。岗中培训是岗前培训的进阶和深化，在正规的企业内，几乎伴随着员工职业生涯的全过程。其二，按照培训地点的空间维度，在职培训可以划分为企业内培训和企业外培训。企业内培训包括不离开工作岗位的"做中学"、企业在内部组织的利用专门时间开展的培训项目。企业外培训指的是在企业生产环境之外，委托企业大学、第三方机构组织的在职培训，有培训班、讲座、实地参观考察等多种形式，充分利用大专院校、市场培训机构等市场培训资源促进员工的技能形成。其三，按照员工在接受在职培训时是否离开工作岗位的维度，将在职培训划分为在岗培训和脱岗培训。在岗培训指员工接受在职培训时并未离开工作岗位，确切地说是员工在完成企业生产任务或保证既有劳动生产率的前提下接受的在职培训，包括做中学、业余时间培训等。脱岗培训一般指员工离开工作岗位腾出一段专门的时间参加特定的培训项目。其四，按照在职培训的适用面宽窄维度，将在职培训划分为一般培训和特殊培训。员工在一般培训中习得的技能不仅仅适用于当前企业，在其他企业一样适用。而员工在特殊培训中习得的技能则仅仅适用于当前企业，对其他企业不适用。

根据在职培训理论，在职培训的成本分担和收益分享取决于培训的性质和特征，一般培训由员工承担成本并享受收益，特殊培训则由企业承担成本和享受收益。假设企业承担一般培训的全部成本，一旦受训员工流向其他企业，则企业的培训成本沉没，而流失的员工却可以在不付出培训成本的前提下在其他企业获得较高培训收益。故一般培训通常由受训者承担培训成本，并由受训者享受培训收益。鉴于企业员工在特殊培训中所习得的技能专业通用性差，一般只适用于本企业或较少的职业，假设由受训者承担培训成本，一旦其离职，培训成本随之沉没，企业则并无经济损失。假设特殊培训成本由企业承担，因为受训员工获得的技能适用面窄，流失率较低，企业能够获得培训收益。但是在实践中，介于一般培训和特殊培训之间的混合培训数量最多，成本承担和收益分享的模式会相对复杂。为了对企业和受训员工双方进行约束以形成相对稳定的雇佣关系，多会由企业和员工共同承担培训成本、共同分享培训收益，比例设置适当考虑一般和特殊培训的性质，分享收益的比例依据是成本分担比例。通过这种分担-分享机制，在雇佣双方之间建立稳定的雇佣关系以使双方收益最大化。

四、研究结论与讨论

（一）中国劳动者技能形成路径的演进轨迹

中国劳动者的技能形成路径在不同的经济社会发展阶段具有明显的差异性。在手工业阶段，社会的主要经济形态是农业和手工业，无论是整体还是个体的经济体量均较小，因而学徒制比较盛行。民间学徒制带有典型的内部技能形成特征，而官营学徒制在政府的强干预下凸显了做中学的技能形成特点，更加注重技能的标准化和定型化。资本主义萌芽下经济量的扩张促使行会在技能形成中的作用日益凸显，行会学徒制开始盛行，这是经济发展和劳动力市场共同作用的结果。大工业时期和现代化大生产下经济体量扩张促进了正规教育的形成与发展壮大，作为一种外部技能形成方式，它有着较强的政府干预痕迹，大规模的人才培养满足了经济体量的需求，此间学徒制逐渐萎缩，且在手工业特征明显的传统生产方式中继续存在。企业办职业教育作为内外融合技能形成路径满足了计划经济体制下国有企业的人才需求，但市场经济改革中现代企业制度的建立在制度上剥离了企业与职业教育，这种内外融合技能形成路径逐渐萎缩，企业内技能形成路径随之萎缩。

不同的技能形成路径有其自身的优势和不足，学徒制作为内部技能形成路径满足了手工业发展阶段手工作坊及小规模工场的生产需求，但其人才培养规模却比较局限。随着经济体量增大，正规教育日益发展成为技能形成的主流路径，然而，随着技术进步与分工细化，正规教育因产出的人才素养脱离社会经济发展需求而不得不做出改革，试图通过与行业企业的互动去弥合劣势，逐渐走向内外融合的技能形成路径。市场经济体制建立后，中国粗放型的发展模式叠加劳动力过剩，企业对员工职业培训倾向于搭便车，40多年间外部技能形成路径变得日益弱化。在中国的经济转型中，低附加值的企业面临发展困境，使得正规教育与企业的互动成效较差。

（二）中国劳动者技能形成路径的历史逻辑

1. 劳动者技能形成是一个涉及多主体协同的复杂过程

从狭义上看，技能形成是指劳动者获得技术、技巧和能力的过程，是在教育训练的直接现场中接受教育训练的劳动力（或准劳动力）和教育训练的供给方互动的过程。但从广义上看，技能形成则是一个复杂的制度安排，涉及政府、行业企业、劳动力市场、劳动者等多个利益相关者，与经济社会发展需求、社会文化传统、教育体系、政策和制度安排有着密切的联系，具有较强的路径依赖，是一个全政府、协调性治理路径协同作用下的过程①。

2. 技能形成路径演进的前因变量

纵观中国劳动者技能形成的历史轨迹，不同的技能形成路径适应了不同经济社会发展需求。在客观上，生产力发展水平和技术进步决定了经济体对产品和服务需求的数量、质量和结构等的规定性，并在此基础上派生出对劳动者的技能需求，进而选择匹配的技能形成路径。在主观上，经济体制和劳动力市场制度影响着一个经济体的产品和服务供给乃至劳动力供给，进而筛选着匹配的劳动力技能形成路径，这点从中国劳动者技能形成的历史轨迹中可窥一斑。

（三）中国劳动者技能形成路径的演进趋势

综上，内外融合技能形成路径兼具双重优势，是适合未来劳动者技能形成的优选路径。2017 年 6 月 19 日，中共中央、国务院印发《新时期产业工人队伍建设改革方案》（以下简称"《改革方案》"），2019 年 1 月 24 日，国务院印发《国家职业教育改革实施方案》（以下简称"《实施方案》"），2019 年 5 月 18 日，国务院印发《职业技能提升行动方案（2019—2021 年）》（以下简称"《行动方案》"），2019 年 10 月 16 日，教育部等十四部门研究制定了《职业院校全面开展职业培训　促进就业创业行动计划》（以下简称"《行动计划》"），上述方案和计划均从政策驱动的视角揭示出未来中国低技能劳动者内、外技能形成路径相互间的界限会变得模糊，逐步走向内外融合技能形成。

1. 依托正规教育的外部技能形成路径逐渐演化为内外融合技能形成路径

其一，正规职业教育院校招生和服务拓面。《实施方案》提出，让"初高中毕业未升学学生、退役军人、退役运动员、下岗职工、返乡农民工等接受中等职业教育"，"为广大农村培养新型职业农民"，"落实职业院校实施学历教育与培训并举的法定职责……面向在校学生和全体社会成员开展职业培训"。《改革方案》提出"深入实施农民工学历与技能提升行动计划"。

---

① 李玉静. 技能形成的全政府治理路径[J]. 职业技术教育，2019（17）：1.

《行动方案》提出"推动职业院校扩大培训规模。支持职业院校开展补贴性培训，扩大面向职工、就业重点群体和贫困劳动力的培训规模"。《行动计划》提出"实施学历教育与培训并举是职业院校（含技工院校）的法定职责。职业院校面向全体劳动者广泛开展职业培训……提高劳动者素质和职业技能水平"。根据《行动计划》，职业院校面向全体劳动者特别是重点人群及技术技能人才紧缺领域开展大规模、高质量职业培训，重点人群包括高校毕业生、退役军人、农民工、去产能分流职工、建档立卡贫困劳动力、残疾人等；重点领域主要指推动职业院校联合行业企业面向人工智能、大数据、云计算、物联网、工业互联网、建筑新技术应用、智能建筑、智慧城市等领域，大力开展新技术技能培训。2019 年《政府工作报告》提出改革完善高职院校考试招生办法，鼓励更多应届高中毕业生和退役军人、下岗职工、农民工等报考，当年大规模扩招 100 万人。显然，正规教育院校的招生和培训对象正在从新增劳动力拓宽至存量劳动力，业务范围从以学历教育为主拓宽至与培训并举，这意味着一批具有职业经历的劳动者进入正规职业教育，"职业经历+正规教育"的组合在顶层设计上自带内外融合技能形成的基因，故未来正规教育特别是正规职业教育将从单纯的外部技能形成路径逐渐演化为内外融合技能形成路径。此外，这些政策文件均高度关注了劳动就业的弱势群体，将农民工、下岗职工、贫困劳动力、残障人士等低技能劳动力纳入职业院校教育的范畴，并作为职业培训的重点人群，旨在通过政策干预助推其技能形成。

其二，正规职业教育院校通过产教融合办学以缩短与企业需求之间的距离。《改革方案》提出"完善现代职业教育制度"，"坚持产教融合、校企合作、工学结合、知行合一，创新各层次各类型职业教育模式"。《实施方案》提出"校企共同研究制定人才培养方案，及时将新技术、新工艺、新规范纳入教学标准和教学内容"，"每年调整 1 次专业"，"每 3 年修订 1 次教材"，"建设一大批校企'双元'合作开发的国家级规划教材"。《行动计划》提出，职业院校要广泛开展企业职工技能培训：其一，推动职业院校联合行业企业面向人工智能等重点领域开展新技术技能培训；其二，鼓励职业院校联合行业组织、大型企业组建职工培训集团，支持职业院校与企业合作共建企业大学、职工培训中心、继续教育基地；其三，借助职业院校加大对困难企业职工转岗转业培训力度。可见，除了职业院校实现校企合作的内驱动力，中国政府正在通过政策和制度设计的外力助推院校开展校企合作，通过植入内部技能形成的基因改造传统外部技能形成的基因密码，以规避外部技能形成的劣势。

2. 依托企业的内部技能形成路径逐渐演化为内外融合技能形成路径

针对企业对劳动者在职培训搭便车,《改革方案》提出"支持企业举办或参与举办职业教育","实施国家高技能人才振兴计划,创新协同育人模式,依托大型骨干企业建设示范性技能人才培训基地,打造更多高技能人才","制定校企合作促进办法,健全企业参与校企合作的成本补偿政策",探索推进产教融合企业试点。《实施方案》提出"企业应当依法履行实施职业教育的义务",将企业参与职业教育提高到立法高度。"在开展国家产教融合试点的基础上,建立产教融合型企业认证制度",对符合条件的企业给予"金融+财政+土地+信用"的组合激励。《行动计划》提出"支持企业兴办职业技能培训……支持企业设立职工培训中心,鼓励企业与职业院校共建实训中心、教学工厂等,积极建设培育一批产教融合型企业。企业举办或参与举办职业院校的,各级政府可……给予支持"。旨在通过政府的政策引导一批优质企业参与产教融合,通过示范效应带动、营造企业参与职业教育的氛围,打破校企合作中院校热、企业冷的僵局。无论是企业自办职业教育还是企业与职业院校实施校企合作育人,都表明依托企业的内部技能形成将逐渐走向内外融合技能形成。

3. 打造高水平实训基地实现内外融合技能形成

《实施方案》提出,"加大政策引导力度……带动各级政府、企业和职业院校建设一批……集实践教学、社会培训、企业真实生产和社会技术服务于一体的高水平职业教育实训基地……辐射区域内学校和企业;鼓励职业院校建设或校企共建一批校内实训基地……为社会公众、职业院校在校生取得职业技能等级证书和企业提升人力资源水平提供有力支撑"。《行动方案》提出"鼓励支持社会培训和评价机构开展职业技能培训和评价工作"。"民办职业培训和评价机构在政府购买服务、校企合作、实训基地建设等方面与公办同类机构享受同等待遇"。《行动计划》提出"支持多方合作共建培训实训基地……支持校企合作建设一批集实践教学、社会培训、真实生产和技术服务于一体的高水平就业创业实训基地"。公共实训基地、校内实训基地、市场培训机构均强调与企业真实生产和社会技术服务的无线切近,让职业院校在校生和接受职业培训的存量劳动者能够在真实的生产环境中接受最前沿的技术技能训练,让缺乏培训条件的企业能够让员工的知识结构和水平、技术技能结构和水平不落伍,实训基地成为内外融合技能形成的载体。

第三节　改革开放以来中国劳动力职业培训政策溯源

本书将改革开放以来中国劳动力培训政策发展的历史脉络分为探索萌芽期（1978—1993 年）、立法规范期（1994—2002 年）、加速扩张期（2003—2011 年）、提质转型期（2012 年至今）四个阶段，探寻劳动力培训政策的历史轨迹。

一、探索萌芽期（1978—1993 年）

（一）发展背景

1978—1993 年间，中国实施改革开放后经济活力日益提升，但尚未实施社会主义市场经济体制改革，在计划经济体制下，资源配置的手段是政府行政指令，生产要素、商品和服务等实施统包统配，中国并不存在严格意义上的市场，相应地，也没有形成劳动力市场。为了满足改革开放释放的经济活力对劳动力素质提出的要求从而解决结构性就业矛盾，国家大力发展教育事业，1985 年《中共中央关于教育体制改革的决定》明确提出大力发展职业技术教育以培养技术技能型人才，职业教育的重要战略地位和作用得到提高，劳动力培训进入探索萌芽期。数据显示，1980—1995 年间，全国中等职业学校累计向社会输送 2260 万名毕业生，各种职业培训机构和学校实施培训累计数亿人次①。

（二）特点

1. 在技能形成路径上，针对在职员工开展形式多样、内外部技能形成兼有且以外部技能形成为主的教育与培训。此间劳动力培训的重点是专业技能教育，旨在提升在职员工的技术技能，为适应劳动力在职的特点，教育和培训形式灵活多样，出现了电大、分校、半工半读等多种形式的专业技能教育②，初步形成由政府统筹、全社会兴办职业教育的局面，根据社会需要，因地制宜，分类指导，多层次、多形式地确定职业教育的发展模式。劳动力的技能形成路径兼顾内、外两个通道，但以外部技能形成为主，具体的实现形式如下。其一，内部技能形成，主要指在生产岗位实施职务培训，旨在促使员工基于生产岗位进行职业生涯设计，不断提升生产技能。其二，外部技能形成，主要指员工到院校进修。外部技能形成的具体形式

---

① 朱开轩. 1996 年全国职教工作会议上的讲话[EB/OL]. [1996-06-17]. http://www.china.com.cn/zyjy/2009-07/14/content_18134667.htm.

② 樊大鲁. 急需大力开展职业教育[J]. 劳动工作，1980（05）：12-13.

多样，主要有：正规院校教育，指员工到高等院校和中等专业学校学习，此间政府大力发展职业技术学校，尤其是鼓励县办职业技术学校；政府举办成人教育，包括工人学校、干部学校、业余大学、广播电视大学、函授自学等；倡导在职劳动者参与继续教育，比如继续工程教育，企业举办脱产短训班。

2. 在技能培训的覆盖面上，针对产业需求实施广覆盖的劳动力全员、全面培训。所谓针对劳动力实施全面培训，不是指简单地将劳动者尽可能多地纳入培训的对象范畴，而是指不仅要提升劳动者本岗业务能力，更要培养劳动者适应知识和技术动态更新所需的多种能力[①]，旨在应对产业发展的未来需求并防范劳动者失业的风险。针对劳动力实施全员培训指除了将在职劳动力纳入教育与培训范畴，关注在岗劳动者的知识更新与技能提升，同时开展劳动力后备军的就业前培训，促进新增劳动力顺利上岗，通过缩短职业适应期间而尽快提升劳动生产率。此外，劳动力全员培训并非仅仅针对生产岗位的工人，也针对科技人员和管理干部实施培训，旨在通过全员培训应对技术进步对劳动力的需求变迁。职业教育坚持为经济和社会发展服务的办学方向，实行产教结合。

二、立法规范期（1994—2002 年）

（一）发展背景

1. 在市场经济体制改革中劳动力市场逐渐形成

1992 年，党的十四大明确提出中国经济体制改革的目标是建立社会主义市场经济体制。1993 年 11 月，党的十四届三中全会通过的《中共中央关于建立社会主义市场经济体制若干问题的决议》提出了中国社会主义市场经济体制的基本框架，提出建立健全现代产权制度，促进非公有制经济发展，推动混合所有制经济发展。建立现代企业制度的改革由此铺开。随着市场经济体制改革以及现代企业制度的建立，企业作为独立的商品生产者和经营者全面参与市场竞争，成为真正的市场主体。在劳动力要素市场上，"双向选择、自主择业"促使经济社会的劳动力供给和需求更加贴近实际，劳动力市场逐渐建立起来。在劳动力需求方，此间企业拥有了用人自主权，对劳动力的质量提出了要求且能够根据岗位需求筛选匹配的劳动力。

2. "三碰头"劳动力就业难亟待劳动力提升技能

1998 年亚洲金融危机带动包括中国在内的亚洲国家经济下行，国内形

---

① 王迎顺. 关于劳动力资源开发与管理的思考[J]. 理论探索，1988（04）：30-32+55.

成了农民工、下岗工人与大学毕业生"三碰头"的就业难，城镇登记失业率从 1998 年的 3.1%增至 2002 年的 4%。其一，随着现代企业制度的建立，国有企业下岗分流人员逐渐增多，2000 年总量达到峰值 657 万人，这些劳动力大多技能老化、年龄偏高，再就业非常困难。其二，中国城市化进程迅速推进，城市化率从 1994 年的 28.62%跃升至 2002 年的 39.09%，逼近40%，大量农村剩余劳动力涌向非农产业，城镇从业人员增量从 1998 年的471 万人增至 2002 年的 840 万人。其三，1999 年教育部启动高等教育扩招政策，至 2002 年第一届扩招政策效果显现，当年大学毕业生数量达到133.73 万人，远高于 1998 年的 82.98 万人，这些高学历的新增劳动力涌入劳动力市场。综上，无论是处于人力资本高端的大学毕业生，还是处在中端的企业工人（含下岗工人），抑或是处在低端的农民工，都有强烈的技能提升的需求：以"农民工"为代表的农村转移劳动力面临着从农业转向非农就业的行业从业技能转换；国有企业下岗工人面临着职业中期转职，需要获得新的技能或更新原有职业技能以匹配现代企业发展需求；大学毕业生不得不面对从毕业后"包分配"获得"铁饭碗"向"双向选择、自主择业"下的劳动力市场搜寻的转变，同时企业从盲目的高学历需求转向更看重职业能力的冷静用人需求，大学毕业生掌握尽快上岗的职业能力迫在眉睫。在 1996 年召开的中国国际经济论坛会议上，时任劳动部副部长朱家甄指出，在全国工业企业中，工程技术人员占职工总数的比例仅为 4.6%；全国 7000 万名技术工人中，中级工占 35%，高级工仅占 3.5%[①]。市场经济的典型特征即法制化，此间中国的劳动力市场在一系列立法的保驾护航中不断规范发展，相应地劳动力培训进入立法规范期，多形式、多层次的职业教育与职业培训网络逐步形成，以呼应市场对劳动力质量提升的需求。

（二）特点

1. 通过立法将劳动力培训制度化以凸显劳动力素质提升在经济社会发展中的重要性。1994 年 7 月 5 日，第八届全国人民代表大会常务委员会第八次会议通过《中华人民共和国劳动法》（以下简称《劳动法》），规定国家和地方政府应当把发展职业培训纳入社会经济发展的规划，鼓励和发展各种形式的职业培训，用人单位应当建立职业培训制度等。1995 年 3 月18 日，第八届全国人民代表大会第三次会议通过《中华人民共和国教育法》（以下简称《教育法》），鼓励发展多种形式的成人教育，使公民接受适当形式的各类教育，发展并保障公民接受职业学校教育或者各种形式的职业

---

① 朱家甄. 加强我国劳动职业培训工作[J]. 金属通报，1996（47）：4-5.

培训。1996 年 5 月 15 日，中华人民共和国第八届全国人民代表大会常务委员会第十九次会议修订通过《中华人民共和国职业教育法》（以下简称"《职业教育法》"），确立了劳动者在就业前或者上岗前接受必要的职业教育的制度，旨在通过发展职业教育来提高劳动者素质。《劳动法》《教育法》《职业教育法》的先后颁布，从国家立法高度确立了劳动力职业培训在社会经济发展中的地位与作用。

2. 通过建立职业资格证书制度以实现劳动力培训结果标准化与评价的客观公正。1995 年 1 月，人事部制定印发《职业资格证书制度暂行办法》，规定国家按照有利于经济发展、社会公认、国际可比、事关公共利益的原则实行职业资格制度，职业资格包括从业资格和执业资格两类。要按照国家制定的职业技能标准或任职资格条件，通过政府认定的考核鉴定机构，对劳动者的技能水平或职业资格进行客观公正、科学规范的评价和鉴定，对合格者授予相应的国家职业资格证书，实施劳动者技能水平评价，为规范技能标准奠定基础。通过职业资格证书制度将劳动力培训结果统一、规范具有划时代的意义：其一，行业企业就劳动力技能标准达成共识，劳动力培训工作的目标明晰化，规范了劳动力培训市场；其二，劳动力培训结果的标准化评价促进行业企业就技术升级从劳动力技能需求方提出调整方案，有利于规避结构性的劳动力技能供需不匹配，提高了劳动力培训的效率、改善了劳动力培训效果；其三，劳动力培训结果标准化扩大了劳动力工作搜寻的领域，促进劳动力资源在行业范围和地理范围内的合理配置。

3. 通过强化培训师资队伍建设为规范和提升劳动力培训效果提供保障。1992 年，原劳动部发布《关于加强工人培训工作的决定》，指出要努力建设一支以适应技能训练为主的、工人岗位技术（业务）培训需要的，既懂专业又懂管理、以专职教师为骨干，专兼职相结合的教师队伍。在充分利用职业技术师范学院、高级技工学校、高级职业技术培训中心培养后备师资和组织在职师资进修提高的同时，应聘请有生产实践经验的工程技术人员、技师担任技能训练指导教师。要努力改善教师待遇，开展优秀教师表彰活动，调动广大教师的积极性①。1996 年《企业职工培训规定》提出，企业应按国家有关规定配备职工培训专职教师和管理人员。职工培训专职教师、管理人员的职称评定、职务聘任、晋级、调资、奖励、住房和生活

---

① 法律图书馆. 关于加强工人培训工作的决定[EB/OL]. [1992-02-26]. http://www.law-lib.com/law/law_view.asp?id=54238.

福利等方面应与普通教育教学人员或专业技术人员同等对待①。1998 年《面向 21 世纪教育振兴行动计划》提出"依托普通高等学校、高等职业技术学院，重点建设 50 个职业教育专业教师和实习指导教师培养培训基地，地方也要加强职业教育师资培训基地建设"，中央和地方财政均对职教师资基地建设给予重点支持②。2000 年劳动和社会保障部《关于加快技工学校改革工作的通知》提出，各级劳动保障部门要加强职业培训教学研究和教学指导，组织教学成果交流活动，做好培训基础服务工作。各省、自治区、直辖市劳动保障部门要依托高级技工学校和国家重点技工学校，经劳动保障部认定，建立 1—2 所师资培训基地，有计划地开展师资和管理人员培训③。

　　总体上看，此间职业教育更加关注规模的扩大，特别是扩大中等职业技术学校的招生规模，同时开始逐步关注职业培训，贯彻实行职业学校教育和职业培训"两条腿走路"的方针。相比于职业学校教育，职业培训时间较短、办学形式灵活、适应性强，能够在短期内高效地培养合格劳动力，为中国企业尤其是劳动密集型企业输送了大量人才。

三、加速扩张期（2003—2011 年）

（一）发展背景

　　2003—2011 年间，上述"三碰头"的就业难局面仍然延续，除了国有企业下岗职工再就业基本完成，2010 年农民工总量增幅高达 5.4% 的峰值，2011 年农民工总量突破 2.5 亿人，全国普通高校毕业生从 2003 年的 187.75 万人增至 2011 年的 608.2 万人。中国人力资源市场信息监测中心的报告显示技能人才呈现出显著的供不应求特征：2011 年第四季度部分城市公共就业服务机构市场供求状况显示，各技术等级或职称的求人倍率均大于 1，其中，高级技师、高级工程师、技师的求人倍率分别为 2.68、2.56、1.97，表明高技能人才缺口较大；2011 年全国十大城市岗位需求和求职排行榜数据显示，裁剪缝纫人员、软件研发人员、电子器件制造人员、机械冷加工人员等技能人才的求职倍率均超过 3，人才缺口很大④。此间劳动力在总量

①　中华人民共和国中央人民政府. 企业职工培训规定 [EB/OL]. [2006-08-27]. http://www.gov.cn/ztzl/content_370675.htm.

②　潘姿曲、祁占勇. 改革开放四十年我国职业培训政策的变迁逻辑与未来走向 [J]. 职教论坛, 2018（11）：68-74.

③　法律图书馆. 关于加快技工学校改革工作的通知 [EB/OL]. [2000-05-12]. http://www.law-lib.com/law/law_view.asp?id=71920.

④　中华人民共和国人力资源和社会保障部. 2011 年第四季度部分城市公共就业服务机构市场供求状况分析 [EB/OL]. [2011-01-18]. http://www.mohrss.gov.cn/SYrlzyhshbzb/zwgk/szrs/sjfx/201201/t20120118_66145.html.

上仍供大于求，且总量过剩与结构性短缺并存，尤其是在长三角和珠三角等地出现了"民工荒""技工荒"现象，直接反应出局部地区或个别产业农民供给小于需求，深层次看也体现出农民工技能供给与企业需求的错位，是典型的劳动力市场结构性短缺，产业劳动力大军的职业能力水平堪忧，农民工亟待提升素质和技能。随着农业机械化进程的持续迅速推进，更多的劳动力被农业析出，他们渴望转移到非农产业。而社会经济发展需要高素质的劳动者，"数量庞大、文化水平低、无职业技能"的农村劳动力还不能满足更高生产力的要求，在中国制造业转型升级的倒逼下，以农民工为主体的产业大军急需提升职业能力和职业素养。在这个背景下，针对农民和农民工的系列培训政策纷纷出台，农村劳动力培训进入加速扩张期。自2003年以来，中央和各地政府有关部门相继推出一系列农民工技能培训政策，投入了大量的资源，形成了较为完善的培训政策架构体系。2006—2010年间，农业部投入资金37亿元，培训1350万人；2008—2010年间，人力资源与社会保障部投入资金逾4亿元，培训农民工860万。2011年度劳动和社会保障事业发展统计公报数据显示，相比2003年，全年技工学校面向社会开展培训人数增加300万人，就业训练中心面向全国开展的各类职业培训增加1034万人，参与职业技能鉴定的人数增加1059万人，取得职业资格证书的人数增加898万人[①]。

（二）特点

1. 劳动力培训政策聚焦于农民工培训。2003年，中共中央首次召开农村教育工作会议，强调农民教育和农民培训问题；同年，农业部、财政部、劳动和社会保障部、教育部、科技部和建设部联合制定《2003—2010年全国农民工培训规划》，对农民工培训的指导思想和基本原则、培训的目标和任务、推进农民工培训的政策措施做了规定，标志着从国家层面开始重视农村转移劳动力的培训问题。2004年《政府工作报告》提出要加强对农村劳动力的职业技能培训，加强农民工培训，多渠道扩大农村劳动力转移就业；随后，农业部、财政部、劳动和社会保障部、教育部、科技部和建设部发布《关于组织实施农村劳动力转移培训阳光工程的通知》，指出以县为主，对志愿转移到二、三产业和城镇就业的农民，由国家财政予以适当补贴，在输出地开展转岗就业前短期技能培训。培训项目以短期职业技能培训为重点，辅助开展引导性培训。培训时间一般为15—90天。职业技能培

---

① 中华人民共和国人力资源和社会保障部. 2011 年度人力资源和社会保障事业发展统计公报 [EB/OL]. [2012-05-05]. http://www.mohrss.gov.cn/SYrlzyhshbzb/zwgk/szrs/tjgb/201206/t20120605_69908.html.

训以定点和定向培训为主。培训重点是家政服务、餐饮、酒店、保健、建筑、制造等用工量大的行业的职业技能。2005 年《关于进一步做好职业培训工作的意见》提出了农村劳动力技能就业计划，拟在 5 年内对 4000 万进城务工的农村劳动者开展职业培训。2006 年《国务院关于解决农民工问题的若干意见》对如何开展农民工职业技能培训和引导性培训、完善农民工补贴办法、农民工参加职业技能鉴定等做出具体规定。2007 年《关于加强农村实用人才队伍建设和农村人力资源开发的意见》提出要继续实施阳光工程、贫困地区的雨露计划、农村劳动力转移培训计划，继续健全订单培训、定向培训等有效形式，输入地要把农民工纳入城市公共服务体系，加强岗位技能培训。中国以"阳光工程"为标志开始实施大规模的农村劳动力教育与培训，针对农村剩余劳动力转移的职业培训日益受到重视。

2. 劳动力培训政策以实现就业为导向。受 2008 年国际金融危机影响，此间中国经济下行压力变大，相应地，劳动力培训以就业为导向，充分贯彻"实际、实用、实效、快捷"的原则。2007 年颁发的《就业促进法》确立了以就业前培训、在职培训、再就业培训和创业培训为系统的劳动者终身职业技能培训体系，规定国家及地方政府在发展职业教育与职业培训、职业资格证书制度等方面的责任，扩大技工院校招生规模，加大校企合作力度，通过订单、定向培训等方式，对新增劳动力开展技能储备培训，提升技能水平和就业能力，有计划地培养高素质的农民工技能人才。2008 年《国务院关于做好促进就业工作的通知》指出要对参加职业培训的进城务工农村劳动者给予职业培训补贴；2008 年《关于切实做好当前农民工工作问题的通知》指出要加强农民工技能培训和职业教育，特别是加大农民工培训投入、改进培训方式、扩大培训效果，继续实施农村劳动力技能就业计划、阳光工程、农村劳动力转移培训计划、星火科技培训、雨露计划等培训项目。《2008 年劳动和社会保障工作要点的通知》提出要健全面向全体劳动者的职业技能培训制度，组织实施"5+1"计划行动，全面推进再就业培训、创业培训和农民工转移就业培训。2009 年《教育部关于切实做好返乡农民工职业教育和培训等工作的通知》指出要积极主动地开展返乡农民工的技能培训，组织职业学校、成人学校帮助返乡农民工获得必要的职业技能，提高就业和再就业能力，尽快重返就业岗位。继续推进教育部"农村劳动力转移培训计划"和"农村实用技术培训计划"的实施，力争培训规模达到 9000 万人次。其中，面向返乡农民工和农村劳动力转移培训 3000万人次。2010 年《国务院关于加强职业培训促进就业的意见》（国发〔2010〕36 号）提出职业培训工作的主要任务是：适应扩大就业规模、提高就业质量和增强企业竞争力的需要，完善制度、创新机制、加大投入，大规模开展就业技能培训、岗位技能提升培训和创业培训，切实提高职业培训的针对性和有效性，努力实现"培训一人、就业一人"和"就业一人、培训一人"的目标，为促进就业和经济社会发展提供强有力的技能人才支持。2010年《国务院办公厅关于进一步做好农民工培训工作的指导意见》要求逐步建立统一的农民工培训项目和资金统筹管理体制，到2015年，力争使有培训需求的农民工都得到一次以上的技能培训，掌握一项适应就业需要的实用技能。

3. 劳动力培训模式不断创新。为适应农村产业结构调整，推动农村劳动力向二、三产业转移，劳动力培训更注重针对性和实用性，在实践中形成了以下几种模式。(1)"订单式"培训模式。2009年《教育部关于切实做好返乡农民工职业教育和培训等工作的通知》提出要围绕产业结构调整、企业技术改造以及市场需求开展订单培训和定向培训，提高返乡农民工择业竞争能力。"订单式"的劳动力职业培训是一种岗前培训，指由企业提出用工计划和培训任务，而后由政府和/或企业出资实施培训。(2)"培训券"模式。该培训模式是指以市场需求为导向，由政府无偿地将一定面值的"培训券"分发给农民，农民自愿自主选择培训点和培训内容。该模式的主要特点有：政府无偿发放保障支付能力低的受培训者的选择权；坚持培训者自愿原则有利于在培训机构间展开竞争，让市场对培训机构进行优胜劣汰。(3)"基地式"模式。该模式是指大中专院校及科研院所在农村建立基地，定期或不定期对农民实施培训。该模式的优点是在农民家门口开展培训，有利于提高培训效率，增加受众人数。(4)"社会化"模式。该模式鼓励社会力量参与劳动力培训，发展职业教育，以农村中小学以及职业中学为依托，利用业余时间开展培训，促进职业教育办学主体和投资多元化。

四、提质转型期（2012年至今）

（一）发展背景

在全球工业4.0和中国制造2025的发展背景下，中国经济发展进入低增长期，政府致力于经济增长方式由粗放型向集约型转变，加速产业结构调整升级，更加重视自主创新能力的提升。此间结构性就业矛盾在劳动力供需两方面的具体表现如下：其一，在劳动力需求方，"技工荒"现象较为突出，高技能人才短缺成为产业转型升级的瓶颈。尽管劳动力培训工作一直在有序推进，但技能人才的需求缺口仍然在扩大，中国劳动力市场上技师和高级技师的求人倍率在2012年已达2.2，在总量上技能劳动者仅占就业人员总量的 21.3%，其中高技能人才不足就业人员的 6%。以人工智能领域为例，中国人工智能人才目前缺口超过 500 万，国内供求比例为 1∶10，供求比例严重失衡，预计到 2025 年人才缺口将突破 1000 万人①。其二，在劳动力供给方，由于产业转型升级，劳动力的技能存量亟待更新：一是传统产业升级要求存量劳动力技能升级，劳动力基于中期转职的技能培训需求增加；二是技术升级淘汰了既有产业行业导致劳动力被动实施就业领域迭代而急需技能更新；三是新产业、行业催生了全新的劳动力技能需求。技术的迅速更迭使劳动力就业环境的不稳定性提升，如何促进劳动力基于职业生涯规划在终身学习框架下通过职业培训不断更新技能，成为此间劳动力培训的宗旨和要义。由此，劳动力培训进入聚焦培养适应产业转型升级所需技术技能人才的提质转型期。中国共产党第十八次代表大会以来，党中央对劳动力职业技能提升做出了一系列深刻阐述和部署，劳动力技能培训上升到前所未有的战略高度，劳动力培训以培养知识型、技能型、创新型劳动者为目标，关注劳动者个体的全面发展需求，提倡面向技术升级和职业变迁实施职业培训，结合职业生涯规划实施职业培训，提升劳动者抵御职业风险的能力。

（二）特点

1. 建构劳动者终身职业培训体系

如前所述，早在 2007 年《就业促进法》就确立了包括就业前培训、在职培训、再就业培训和创业培训在内的劳动者终身职业技能培训体系，旨在通过提升劳动技能水平和就业能力改善就业问题。"十三五"期间，国家深入实施产业转型升级和人才优先发展战略，实现制造业"大国"向制造业"强国"的转型。为解决在产业转型升级中存量劳动力的就业困境与规避未来就业风险，存量劳动力的技能提升与职业发展受到了国家层面的高度重视，党的十八届三中全会提出了"构建劳动者终身职业培训体系"的改革部署。2013 年 11 月，《中共中央关于全面深化改革若干重大问题的决定》明确指出，完善城乡均等公共就业创业服务体系，构建劳动者终身职业培训体系。为适应劳动力转移和产业发展的需要，劳动力培训开始系统性地探索培训机制创新和体制建设。2017 年 6 月，中共中央、国务院印发《新时期产业工人队伍建设改革方案》，提出统筹发展职业学校教育和职业培训，建立多方力量共同参与的职业教育培训体系。

---

① 职豆豆. 人社部最新报告：未来五年新职业人才需求规模庞大[EB/OL].［2020-07-27］. https://new.qq.com/rain/a/20200727A0Q7T8.

中国共产党第十九次代表大会报告指出，要构建"职业教育与培训体系"，2019 年国务院出台《职业技能提升行动方案（2019—2021 年）》，提出大力推行终身职业技能培训制度，面向职工、就业重点群体、建档立卡贫困劳动力等城乡各类劳动者开展大规模职业技能培训，从而加快建设知识型、技能型、创新型劳动者大军；不仅要开展各类补贴性职业技能培训 5000 万人次以上，同时还要在全国各类企业全面推行企业新型学徒制、现代学徒制培训，力争用 3 年时间培训 100 万名新型学徒，在 2021 年底技能劳动者占就业人员的 25%以上，高技能人才占技能劳动者的 30%以上[①]。

2. 围绕劳动力综合能力提升与职业生涯规划实施职业培训

科技发展导致技术加快更替，通过职业教育习得的特定职业技能无法满足动态的技术更替需求。法国郎格朗（Lengrand）提出终身学习理论，认为人仅凭某种固定的知识和技能度过一生的情况正在迅速地消失，需要通过持续的培训和贯穿一生的学习，来保证知识的时效性与同步性。随着以人为本和终身学习理念的深入，劳动者对自身职业发展及社会公共服务供给提出了更加现实的要求。2010 年 5 月，国务院发布《国家中长期教育改革和发展规划纲要（2010—2020 年）》，指出要大力发展职业教育，职业教育要面向人人、面向社会，着力培养学生的职业道德、职业技能和就业创业能力。到 2020 年，形成适应经济发展方式转变和产业结构调整要求、体现终身教育理念、中等和高等职业教育协调发展的现代职业教育体系。2014 年 5 月《国务院关于加快发展职业教育的决定》指出，要加快构建现代职业教育体系，建立有利于全体劳动者接受职业教育和培训的灵活学习制度，服务全民学习、终身学习，推进学习型社会建设。2014 年 6 月，教育部等六部门印发《现代职业教育体系建设规划（2014—2020 年）》，指出增强职业教育体系的开放性和多样性，使劳动者能够在职业发展的不同阶段通过多次选择、多种方式灵活接受职业教育和培训，促进学习者为职业发展而学习，使职业教育成为促进全体劳动者可持续发展的教育。这一阶段，劳动者职业培训从满足基本生存为主转向追求自身发展为主，注重提高劳动者的综合职业能力，注重职业迁移能力的培养，聚焦提升人的生存能力、学习能力和职业发展能力。从关注岗位本身转向关注"人"本身，从只关注技能水平转变为关注技能和生涯发展相结合[②]。这样的职业培训

---

① 中华人民共和国中央人民政府. 职业技能提升行动方案（2019—2021 年）[EB/OL]. [2019-05-24]. http://www.gov.cn/zhengce/content/2019-05/24/content_5394115.htm.

② 吕玉曼、徐国庆. 改革开放以来我国职业教育政策的演变——基于宏观社会经济政策的视角[J]. 职教论坛, 2016（34）: 44-51.

在深化劳动者的技能水平的同时能够拓宽劳动者的就业领域，从而提升职业迁移能力，增强抵抗未来失业风险的能力。

3. 精准分类培训对象并供给匹配的劳动力培训政策

（1）将培育新型职业农民纳入国家经济可持续发展的基本战略。2012年中央一号文件首次正式提及"新型职业农民培育"，此后三年中央一号文件中均对培育新型职业农民提出了更高、更具体的要求。以面向三农、服务三农为战略抓手，突出为农特色，加强农业职业教育与培训，深化职业农民的培训层次，紧贴农村地区社会发展的现实需求，增强新型职业农民培训的针对性和实效性，培养有文化、懂技术、会经营的新型现代职业农民与农村实用人才。主要培育掌握农业现代化生产技术、直接奋斗在田间地头从事现代生产的生产型职业农民，承担农业生产信息咨询、技术推广等工作的服务型职业农民以及有较强的农业经营管理经验的经营型职业农民。例如，"阳光工程"职业培训项目按新型职业农民培育方向分类建设课程资源库，学员结合自身需求有针对性地选择资源库学习内容。其中，生产经营类面向现代农业产业基地建设，适用于发展特色效益农业的职业农民；专业技能类围绕农业生产能力建设，适用于农业专业化生产和产业化经营的职业农民；社会服务类围绕发展农村服务业，适用于农村经纪人、农产品加工人员等。

（2）聚焦新生代农民工职业培训。2019 年 1 月，人社部印发《新生代农民工职业技能提升计划（2019—2022 年）》（以下简称"《计划》"），要求加强新生代农民工职业技能培训，到 2022 年末实现新生代农民工职业技能培训"三普"：其一，普遍组织新生代农民工参加职业技能培训，提高培训覆盖率；其二，普及职业技能培训课程资源，提高培训可及性；其三，普惠性补贴政策全面落实，提高各方主动参与培训积极性[①]。倡导在政府服务+市场主导的培训模式下建构双重保障型梯次培训结构，其中，双重保障是指职业学校教育和职业培训双管齐下实施新生代农民工职业培训，特别是将新生代农民工纳入职业院校扩招人群，为其提供接受学校职业教育的机会；梯次培训结构是指为新生代农民工提供素质培训和专业培训，基于素质提升需求的"基础型"培训由政府直接组织提供培训产品或委托对口培训机构实施（由政府为机构提供补贴），基于企业岗位需求的"技能型"培训由市场供给，坚持市场供需规律、遵循等价交换原则，鼓励企业积极

---

① 人民网. 加强新生代农民工职业技能培训[EB/OL].［2019-01-20］. http://society.people.com.cn/n1/2019/0120/c1008-30578641.html.

参与。针对新生代农民工城市融入意愿，为该群体提供的职业培训要结合提升其城市融入能力，基于职业生涯发展规划建立"综合发展能力"导向的培训体系，将"就业式"培训提升为"能力式"培训。激励企业参与新生代农民工职业培训，2014年8月，教育部出台《关于开展现代学徒制试点工作的意见》（教职成〔2014〕9号），尝试利用现代学徒制实现人才技能培训模式创新，用工企业与劳动力培训学校紧密配合，将企业典型工作岗位的要求提炼出来，明确相关岗位或岗位群需要的知识和技能点，共同研究并形成新生代农民工职业教育与培训的人才培养目标。2020年8月，人力资源社会保障部等十五部门发布《关于做好当前农民工就业创业工作的意见》，提出要强化教育培训，用好职业技能提升行动专账资金，实施农民工稳就业职业技能培训计划；支持企业面向新吸纳失业农民工开展以工代训，实现以训稳岗；面向失业农民工开展定向定岗培训、急需紧缺职业专项培训，面向返乡农民工就近开展职业转换培训和创业培训。

（3）针对返乡农民工创业实施培训。农民工返乡人员创业始于20世纪90年代，2015—2018年间，全国返乡创业农民工人数分别达到242万、450万、536.5万和740万人，回流农民工如何安置成为亟待破解的难题。自中国共产党第十七次代表大会报告提出"实施扩大就业的发展战略，促进以创业带动就业"后，国家针对农民工返乡创业制定了一系列政策。2015年6月，国务院办公厅印发《关于支持农民工等人员返乡创业的意见》，强化返乡农民工等人员创业培训工作，要求紧密结合返乡农民工等人员创业特点、需求和地域经济特色，编制实施专项培训计划，整合现有培训资源，开发有针对性的培训项目，加强创业师资队伍建设，采取培训机构面授、远程网络互动等方式有效地开展创业培训，扩大培训覆盖范围，提高培训的可获得性，并按规定给予创业培训补贴。2016年11月，国务院办公厅印发《关于支持返乡下乡人员创业创新促进农村一二三产业融合发展的意见》，指出开展创业培训，实施农民工等人员返乡创业培训五年行动计划和新型职业农民培育工程、农村青年创业致富"领头雁"计划、贫困村创业致富带头人培训工程，开展农村妇女创业创新培训，让有创业和培训意愿的返乡下乡人员都能接受培训。除此之外，建立返乡下乡人员信息库，增加财政补贴，鼓励各类培训资源参与返乡下乡人员培训，采取线上学习与线下培训、自主学习与教师传授相结合的方式，开辟培训新渠道，加强创业创新导师队伍建设等。2020年《关于做好当前农民工就业创业工作的意见》提出面向返乡农民工就近开展职业转换培训和创业培训。

第十二章　低技能劳动力技能形成的典型案例

第一节　内外融合技能形成：A公司的技术工人培养路径

江苏省太仓市是全国经济十强县，地处中国经济最为发达的长三角地区，区位优势独特，外向型经济发达，聚集了近300家德资企业。中德职业教育合作是太仓对德合作最重要、最核心、最引以为豪的构成部分。早在2001年，太仓就在全国率先引进了德国"双元制"教育模式，并逐步构建起涵盖中专、大专、本科的多层次技术人才培养体系，为太仓企业实施"双元制"教育提供了肥沃的土壤。A公司是一家德国汽车零部件制造商，于2004年落户太仓，经过14年的迅猛发展，目前共投资建成4家工厂，年销售额13亿元，员工数达1200多人（含137名双元制学徒生）。

一、A公司在一线技术工人管理中面临的难题

A公司将员工简单地划分为两类：一线技术工人，占员工总量的60%；办公室员工，占员工总量的40%。在技术工人中，有职业教育背景的占30%，非职业教育背景的占70%。

就技术工人而言，A公司面临着如下几个难题。其一，技术工人市场需求旺盛，企业间竞争激烈，A公司招聘压力大，技术工人严重缺乏。随着A公司汽车业务的迅速扩张，每年技术工人的招聘量高达200人。但太仓是一个县级市，对外来人口的吸引力小，尤其对技术工人的吸引力明显低于周边的昆山、常熟、张家港，技术工人的缺乏给企业的发展造成了一定的影响，技术工人严重缺乏。其二，A公司生产的主要产品为汽车底盘、动力总成及车身零部件，由于制造工艺的特殊性和设备的复杂性，新进员工往往需要3—6个月的在岗职业才能正常履行岗位职责，这无形中给企业增加了劳动力培训成本。其三，技术工人，尤其是年轻技术工人的流失

率逐年上升。技术工人流失的主要原因是制造业企业中技术工人的工作内容相对枯燥，工作环境较差，薪资福利处于中游水平，因而对企业认可度较低。年轻的技术工人更倾向于在 IT 行业等服务业就业。

二、A 公司对一线技术人才的诉求

（一）技能需求：由单技能到多技能

随着持续的汽车制造技术升级，岗位工作内容变得日益复杂，技术工人不再只是完成一个机械化且重复的简单操作，而是要运用专业知识和技能去完成一个相对复杂的任务。例如负责弹簧卷绕的技术工人，以前只需按规定参数制造出弹簧即可，但是随着工艺的不断改善和产品的不断升级，他还要掌握设备维护保养、产品质量检测等技能才能胜任当前的工作岗位。岗位工作技能由单技能向多技能的转变必然驱动 A 公司对一线技术工人技能需求逐渐由原来的单技能向多技能转变，一方面对硬技能（Preofessional Skills）需求有所拓展，另一方面也对软技能（Soft Skills）提出强烈需求。其中，对硬技能的需求以材料检测、设备操作、质量控制、生产安全、预防性维护等最为强烈；对软技能的需求以工艺优化、精益生产、沟通协调、问题解决、人员管理等最为强烈。

（二）人力资本需求：由认知人力资本到非认知人力资本

随着技术进步的推进，A 公司对一线技术工人的人力资本需求有所拓展：一方面是拓展了对认知人力资本的需求内涵，除了产品生产技术，还要同时能够掌握产品生产前后端的技术和知识，包括前端的设备维护和保养、后端的产品质量检测等；另一方面是提出了对非认知人力资本的需求，尤其是对一线技术工人拥有吃苦能力（Hard-working）、端正的工作态度（Positive attitude）、就业稳定性（Stable）、较强的学习能力（Learnig skills）提出了较高要求。

（三）劳动力年龄轻型化

A 公司对技术工人技能需求向多技能转化加大了工作难度，且很多情况下需要技术工人接受不断的在职培训去提升岗位工作能力，为了提高人力资本投资的效率，A 公司更偏向于招聘年轻人，导致公司劳动力年龄结构日益轻型化。

三、A 公司的技术工人培养项目

A 公司对技术工人的培养主要从两个途径着手：双元制职业教育项目和分等级的在职培训体系。双元制职业教育主要以学徒制的形式培养员工，分等级的在职培训体系主要针对市场招聘人员和在岗员工提供在职培训。

（一）双元制职业教育项目

1. 项目简介

A 公司的双元制教育项目始于 1921 年，主要针对双元制学徒，在双元制培训中心完成。其双元制培训中心分布在德国、美国、捷克、印度和中国，A 公司于 2011 年入股太仓某双元制培训中心（以下简称"培训中心"），该培训中心是中国第一家"双元制"本土化载体。培训中心采用董事会管理制度，董事会由 A 公司和 B 公司的总经理、职业学校、政府有关人员组成，其中政府和职业学校占股三分之一，A 和 B 公司分别占股三分之一。董事会下设培训委员会和考试委员会，由培训中心负责日常运行。企业、学校执行有关合作培训协议；企业、学生执行有关培训服务协议。实施过程均受到德国工商大会（AHK）上海代表处的全程监督。校企共同制定课程方案和课程标准，学校先招生、企业后招工，企业负责实践教学的场所、设备及原材料、课程实施、培训师及工资等，学校负责学生管理、学籍管理、基础课程和专业理论课程实施、教师及工资等，政府给予专项经费与项目支持。

2. 学徒生培训与发展体系设计

A 公司的双元制学徒项目主要培养模具机械工，量身定做了一套完整的学徒生培训和发展体系，内容涵盖理论学习、技能培训、岗位实践、德国工商会考试四个环节，整个培养体系设计为：在学校学习理论知识，在培训中心接受技能培训，在 A 公司进行岗位实践，在岗培训体系，职业培训或海外培训。A 公司与某中专合作培养模具机械工，学制三年，40%的学习在学校完成，60%的学习在培训中心和 A 公司完成。A 公司与某高职合作培养模具机械工，学制三年，40%的学习在学校完成，60%的学习在培训中心和 A 公司完成。A 公司与某大学专业学院合作培养行业工程师，学制四年，2.5 年的时间在学校，1.5 年的时间在 A 公司。

下面以 A 公司和某中专合作培养学徒生计划为例，展示 A 公司的双元制职业教育项目设计与实施情况（如表 12-1-1 所示）。学徒生在 A 岗位实践的学时占比在第一学年、第二学年、第三学年的分布分别为：7%、15%、56%，逐年递增，且在第三学年有大幅跃升。

表 12-1-1　A 公司学徒生培训与发展体系

内容	第一学年（学时占比）	第二学年（学时占比）	第三学年（学时占比）	持续学习	
				在岗培训（On-the-job training）	职业培训或海外培训
在校理论知识学习	52%	50%	20%	分等级的在职培训体系	离岗培训
培训中心技能培训	41%	35%	24%		
A 公司岗位实践	7%	15%	56%		

A 公司与某中专合作培养的学徒工主要为 A 公司的关键岗位培养初级技术员工（员工级别由 A 公司自己界定）。第三学年学徒生在 A 公司的岗位实践学时占比高达 56%，培养周期长达 7 个月，这么高比例的学时主要用于执行学徒工的岗位培训计划，旨在促进学徒生养成符合 A 公司初级技术员工标准的职业技能，促进学徒工掌握的技能更加接近 A 公司的"地气"。A 公司为每位学徒工配给一名师傅，所有学徒工毕业之前都必须经过岗位技能认证考核，包括德商会（AHK）毕业考试和在岗培训考核认证两部分。

纵观 7 个月的岗位培训共分六个步骤展开：用人部门提出需求——学生筛选和分配——制定培训计划——培训实施——培训考核和定岗——在岗培训。首先由生产经理、学徒培训协调员、直接主管负责提出用人部门需求、筛选和分配学生、制定培训计划等工作，继而由学徒培训协调员、直接主管、岗位培训师、车间技术员工负责培训实施、培训考核和定岗、在岗培训等工作。表 12-1-2 列出了初级卷簧技术员、初级机修技术员、初级数控技术员 7 个月的岗位培训内容及时间分布。

表 12-1-2　第三学年学徒工岗位培训设计

类别	第一个月	第二个月	第三个月	第四个月	第五个月	第六个月	第七个月
初级卷簧技术员	通用知识培训	部门岗位轮岗	卷簧设计基础操作	卷簧设备基础操作	卷簧质量和原材料检测	卷簧设备高级实践和调试	设备调试和预防性维护
初级机修技术员	通用知识培训	部门岗位轮岗	部门岗位轮岗	初级设备维修	初级设备维修	高级设备维护、保养	设备改造和预防性保养
初级数控技术员	通用知识培训	CNC 基础实践	CNC 基础实践	CNC 高级实践	CNC 编程	部门岗位轮岗	模具装配

学徒工毕业进入企业后可以依照企业分等级的在职培训体系、职业培训或海外培训实现持续学习。

3. 学徒制教育项目的运行情况

下面以 A 公司与某中专合作的模具专业双元制教育项目为例，考察项目的运行情况。

（1）专业课程。专业课程依据德国的职业培训条例，结合 A 公司的生产需求，由企业和学校联合开发。所有课程都没有固定教材，而由教师或培训师开发教师工作页和学生工作页，伴随学生学习的是一本德国翻译版《简明机械手册》。模具专业共有 8 门双元制课程，其中企业负责开发 5 门，占比在 60%以上。

（2）培训/教学实施。学校教师与企业培训师之间相互商讨教学计划和实施问题，企业以专业技能教学为主，学校以专业理论教学为主，两者互为衔接与补充。模具专业由企业负责开发的 5 门课程均由企业负责实施。

（3）学时分布。每学期 40 个教学周的时间分布按年级有所差别（如图12-1-1 所示），一、二年级 60%的时间在学校学习专业理论知识，其余时间在企业实践，三年级将学校学习时间减至 25%，将企业实践时间提升至75%。三个学年累计在企业实践时间占比 52.5%，如果加上寒暑假的企业实践时间，占比会更高。图中在企业的时间包括在培训中心实训和在 A 公司实习的时间。

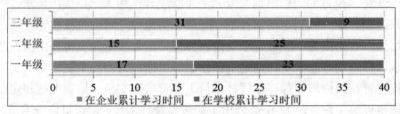

图 12-1-1　　模具专业学生学习时间分布（单位：周）

（4）课程评价。课程评价由学校、企业、第三方共同负责，学校评价理论基础（行为规范、理论学习情况），企业评价专业技能和职业素养（基本技能、工作品质、职业素养等），第三方评价为 AHK 模具机械工考试。

（5）培训师资。一方面，学校注重教师的实践能力提升。11.1%的教师通过德国工商行会等机构培训取得了培训师资格，22.2%的教师拥有企业工作经历，学校通过国内短期培训和下企业实习两个路径促进教师进修，100%的教师获得了技师及以上职业资格。另一方面，企业培训师主要承担双元制教学任务，同时也承担少量技术开发和技术服务工作，可见企业培训师的技能水平是相当卓越的。如表 12-1-3 所示，企业培训师认可度较高的培训师职责分别为：开发培训课程（100%）；为学徒制定培训计划（96%）；与学校专业教师沟通协调课程安排和进度（96%）；实施职业资格考试（96%）；为学徒提供学习支持（92%）；制定学徒评价标准并实施评价（92%）；制定学徒录用标准、考核方案并实施（88%）；设计培训教学（80%）；解决实践中的疑难问题，开发新产品或技术（80%）。

表 12-1-3　企业培训师职责数据统计

企业培训师职责	德企人员选择的比例（%）
开发培训课程	100.0
为学徒（培训学员）制定培训计划	96.0
与学校专业课教师沟通协调课程安排和进度	96.0
实施职业资格考试	96.0
为学徒（培训学员）提供学习支持	92.0
制定学徒（培训学员）评价标准并实施评价	92.0
制定学徒（培训学员）录用标准、考核方案并实施	88.0
设计培训教学	80.0
解决生产实践中的疑难问题，开发新产品或技术	80.0
培训学校教师	64.0

双元制课程与教学的设置同时满足了学生职业发展和企业职业标准需求，模具专业学生参加 AHK 认证获证率达 100%。模具专业学生毕业后，95%的学徒工被培训企业录用。

（二）分等级的在职培训体系

A 公司针对从市场招聘的技术工人（以下简称"社招技术工人"）和所有在岗技术工人制定了分等级的在职培训体系，旨在提升员工的专业知识和技能，从而改善公司的绩效指标，同时通过公司的卓越运营最终能实现技术工人的个人职业发展目标。

A 公司的在职培训体系结合了岗位的复杂程度以岗位技能矩阵的形式呈现。其中，纵轴表示岗位的复杂程度，等级 1 为初级岗位，等级 7 为高技能岗位，随着岗位等级从 1 升高到 7，对员工的技能要求随之从低逐渐升高；横轴表示处在当前岗位上技术工人的技能水平，A-D 表示技能水平从入门到精通（如表 12-1-4 所示）。从 A 公司岗位技能矩阵可知，从初级岗位到关键岗位，随着岗位重要程度的提升，岗位等级随之增高，对应着变得更为复杂的岗位工作内容，需要技术工人掌握的技能内容增多、技能水平提高，也进一步呼应了以上描述的 A 公司对技术工人技能需求的多样化。因为太仓本地的职业教育发达，故本地农民工不多，A 公司才能够社会招聘进来的农民工多为外省劳动力，鉴于其无技能或低技能的现状，A 公司将其定位为初级技术工人，对应岗位等级为 1 和 2 级，他们进入 A 公司后跟其他在岗员工一样接受在职培训。

表 12-1-4　A 公司岗位技能矩阵

岗位重要程度	岗位等级	技术工人技能水平				技术工人等级
		A 新员工—入门	B 入门—基础	C 基础—熟练	D 熟练—精通	
初级岗位	等级 1	包装	涂漆与贴标签、包装	抛光、滚丝	预张开	初级技术工人
	等级 2	涂层上料下料、装配	载入载出（仅限下挂）	切割、焊接、过程质量监测	挑选与包装	初级技术工人
瓶颈岗位	等级 3	喷丸、矫直	翻包装、挂弹簧（仅限上挂）	数控车、组装、注塑、实验室质量检测	影像挑选	中级技术工人
	等级 4	热处理、折弯、衬套粘接、尾端成型	检测机调试、拉拔、热处理、卷簧（初级）	冲压与成型、热处理	检测机、预定型、热处理	中级技术工人
	等级 5	内喷丸、涂层、热处理设备维护	涂层、定型、多工位定岗、设备维护	涂层与喷丸、预张开设备维护	车床、磷化、精冲、磁粉探伤	中级技术工人
关键岗位	等级 6	折弯设备维护、衬套粘接设备维护、尾端成型设备维护	卷簧	冲压设备维护、模具维修	车床设备维护、精冲设备维护	高级技术工人
	等级 7	样件	样件、资深卷簧	模具维护、资深设备维护	样件、资深设备维护	高级技术工人

　　分等级的岗位技能培训流程如下。首先是岗位等级评估。A 公司每年会启动岗位培训计划流程，盘点各部门一线员工技能现状，各部门基于员工技能现状、质量体系要求及客户要求，制定年度岗位培训计划，包括人工成本分析、培训负责人、培训对象、培训目标和内容。各部门年度调整

名额比例的上限分别为本部门直接员工数量的 20% 和间接员工数量的 20%。第二，对经过岗位培训的员工，由人力资源部及部门主管根据岗位培训计划定期组织理论和实操考核。人力资源部组织员工进行理论考核，根据题库随机抽取题目。实操考核需要有辖区的主管、工艺工程师、质量工程师、实操培训员共同参与；间接员工实操考核需要有辖区的主管、环境健康安全（EHS）工程师、实操培训员共同参与。人力资源部负责考核流程的监督与确认。第三，岗位考核不合格的员工，可再次申请岗位培训。重新考核的间隔时间不得低于 3 个月。若再次考核不合格，则培训年度内不予认证。新员工在试用期期间需接受相应的培训和考核，试用期满考核合格予以转正。

第二节　外部技能形成：世界银行的农村劳动力培训项目

一、项目简况

世界银行贷款广东城乡社保一体化和农村劳动力培训项目总投资 12600 万元，选定广东省人力资源和社会保障厅为建设单位，项目的建设内容分为广东城乡社保一体化、农村劳动力培训两个子项目。农村劳动力培训子项目由广东省人力资源和社会保障厅以转贷的方式择优选取三所技工院校为项目执行单位，X 技师学院是三所项目执行单位之一。农村劳动力培训子项目的总体目标有：扩大广东农村劳动力的培训机会，提高培训的质量、相关性（实用性）和效率；建立具有示范性、辐射性的农村劳动力培训基地并把项目经验进一步向其他院校或培训机构推广，从而为制定规划和开发政策提供依据。

X 技师学院是农村劳动力培训子项目的执行单位之一，其项目执行的具体目标有：（1）通过增加培训场地和设备培训和扩充培训师资队伍，开发满足企业需求的培训课程包，提升学院培训农村劳动力的能力；（2）通过开发、应用现代化信息管理系统和远程教育系统，使农村劳动力培训的效益得到提高；（3）通过加强校企合作，加强培训服务的宣传和推广，开拓多样化结合的培训模式，并有效实施培训课程与质量监控，使农村劳动力培训更适合企业需求。最终通过该项目提升学院农村劳动力的培训能力、培训质量、培训效益和培训规模，提升学生（学员）就业率，提高培训服务知名度，提升学院综合办学实力。

　　根据世界银行的要求,针对学院培训能力提升与培训模式改革的需求,学院设置了以下项目建设内容：（1）加强校企合作并宣传推广培训服务；（2）培训教师和管理人员；（3）开发和实施农村劳动力培训课程；（4）搭建培训服务管理平台；（5）改造培训环境和采购培训设备；（6）项目监测评估与管理。

　　学院的项目建设成果有：（1）搭建包括 1 个职业教育培训联盟和 7 个培训专家合作团队的校企合作平台,加强培训服务的宣传和推广,培训教师和管理人员每年达 180 人次；（2）建设包括一个门户网站在内的九类管理软件系统和能提供网络学习与就业服务的信息化管理平台；（3）开发汽车类专业群、文化创意类专业群、机电类专业群、先进制造类专业群、信息技术类专业群、商贸服务类专业群以及通用职业素质 6+1 类培训课程包,新建培训学习工作站 6 个（分别是计算机网络学习工作、动漫设计与制作学习工作、网站设计学习工作、城市轨道交通学习工作、汽车应用与维修学习工作、工业设计与制造学习工作）,改善教学环境和教学设施,并对项目进行规范化管理,总结并推广项目取得的经验。

二、农村劳动力培训项目的特点

　　农村劳动力培训项目以促进新增劳动力和农村劳动力转移就业为目标,以培养大批适应省市经济社会发展和产业结构调整升级需要的技能人才为宗旨,着力为农村劳动力提供更高质量的技能培训和就业服务,在深化校企合作、提升教师和管理者素质能力、拓宽职业培训领域、加强课程开发与课程资源建设和提高项目管理能力等方面取得初步成效。

　　（一）通过校企合作促进培训供需匹配

　　技工教育人才培养目标和职业导向决定了技工院校必须和企业合作,X 技师学院在"校企双制"的办学理念指引下,多年来积累了良好的校企合作经验,这为其培养供需匹配的农村劳动力奠定了坚实的基础。世界银行的农村劳动力培训项目同时带动了企业新型学徒制培养研究、企业员工培训、社会人员技能提升、国外师资培训等多方面的探索与实践。

　　1. 加强培训需求调研以开发优质培训项目

　　一方面,关于人才需求与培训现状的调研。委托咨询机构执行涉及四个产业领域共超过 80 家企业的培训需求问卷调查,精准定位与学院先进制造产业系（含 3D 打印技术领域）、汽车产业系（含新能源汽车领域）、文化创业产业系及信息产业系等专业领域相对应的行业企业在职人员的分布、特点、培训现状、培训需求及存在问题（广东珠三角地区）。

另一方面，关于培训师资的调研。学院使用 SWOT 分析法自我剖析，发现培训师资尚且不足，故组织人员深入探讨培训师资完善的路径。其一，组织企业调研，深入广东凤铝铝业有限公司、广州电缆厂有限公司、广州市龙之脊培训机构、广州市铂域建筑设计有限公司、深圳国泰安培训学院等企业集团实地走访和调研；其二，向同类项目学习，受孟加拉技能和培训提升项目邀请赴孟加拉国开展职业教育师资培训项目调研；其三，加强与工会的联系，调研并分析澳门工会提升培训讲师队伍素质的培训需求。

有针对性地调研并分析培训新需求、培训市场现状与发展趋势，为开发优质培训项目和提升培训服务质量提供支持。学院顺利实施了一系列对接企业需求的劳动力培训项目：举办第一期广州电缆厂企业新型学徒制电线电缆制造工培训项目，开发了广州市铂域建筑设计有限公司室内设计专业名师高级研修项目，举办了两期澳门职业素养培训讲师高级研修项目，签订孟加拉技能与培训提升项目合作协议书并启动中层管理者培训班。

2. 运行职业培训联盟深化校企合作

学院于 2015 年 11 月召开"凝聚力量谋合作　深化交流促发展——学院校企合作、培训联盟和促进就业高峰论坛"，正式成立职业培训联盟。2016 年，学院根据《职业培训联盟章程》制定了互访机制，定期走访双方单位以确保适时评估双方的合作成效。学院先后与天津职业技术师范大学、卡尔拉得汽车系统（北京）有限公司、广州电缆厂有限公司等近 20 家盟友进行回访洽谈，在社会培训现状、资源包开发、师资队伍建设、培训市场发展趋势等方面深入挖掘培训市场新潜力。

职业培训联盟拓展了学院的校企合作领域和规模，校企深度共建项目日益增加，合作内涵不断丰富。学院先后与近 300 家大中型企业深入合作，合作项目涵盖了人才培养、产品研发、技能大师工作室建设、世赛选手培养、职业课程与国际职业标准转化等多个方面，开拓了多样化的人才培训模式。其中，与世界 500 强企业美国江森自控集团下属的广州江森汽车内饰系统有限公司等 20 家企业组建 26 个校企双制班，开展深度人才培养合作；与广州宽带主干网络有限公司等 5 家企业共同探索计算机网络应用专业学制技师培养工作；与汽车钣金行业首屈一指的跨国公司共建华南地区唯一一家卡尔拉得汽车钣金技术培训中心；与美的空调等 3 家企业合作共建世赛选手校外集训基地。

3. 通过与企业合作开拓培训项目

2017 年，学院按照"甄选名优企业、开拓高端项目"的战略部署，在已有企业客户、潜在客户中选取近 50 家知名企业作为培训需求调研对象，制定了《2017年开展企业培训需求调研实施方案》。2017年学院举办了X技师学院企业培训联盟暨分享时代下企校培训新连接年会，特邀了云学堂联席首席执行官（CEO）、全球财富百强企业资深专家郤慧、《黄金时代》杂志总编覃海慧等多位嘉宾，他们从互联网思路、教育培训资源整合等视角分享了人才培养的新见解；通过深度对话行业近100位企业高管、人力资源与培训专家，获得了人才发展的新见解和经典案例。截至12月，学院与澳门工会联合总会、广州港集团有限公司教育培训中心、广州国光仪器有限公司、深圳国泰安教育技术股份有限公司、广州世达密封实业有限公司、中捷通信有限公司、广州市金大宗网络科技有限公司等7个行业企业签订了培训合作协议，向郤慧、孟伟等6位行业资深培训专家颁发了聘书。为了收集合作企业对双制班运行管理的评价以完善优化人才培养方案、提炼创新运行机制，学院开展了校企双制班创建与运行情况的问卷调研，形成了20份《企业互访纪要》以及1份《校企双制班创建与运行情况调研报告》，签订了《校企双制人才培养合作协议》8份，助推新建的8个双制班按计划完成签约、联合招生、课程设置、师资共组等系列工作。

2018年1—5月，学院对已有企业客户、潜在客户等35家知名企业开展了培训需求、校企双制人才培养以及世赛精英培养等主题调研，形成企业互访会谈记录35份，为深化校企合作内涵、开拓培训合作领域、优化培训服务等提供了有力支持。经过充分调研和洽谈，上半年与广州丰沃信息科技有限公司等6家企业签订了《校企双制人才培养合作协议》，与世纪龙信息网络有限公司等2家企业签订了《共建世赛企业实训基地合作协议》，助推17个校企双制班顺利运行。5月，学院举办了X技师学院2018年校企合作、企业培训交流研讨活动，汇聚校企合作联盟、企业培训联盟的联盟成员，涉及包括广州港集团在内共58家行业企业、培训机构的80余名代表。活动特邀国光电器股份有限公司管理学院副校长、富兰克林柯维资深顾问毕美琪、中国电信学院领导力中心主任郑园等3位业界资深培训师进行主题分享，与会嘉宾围绕校企合作探讨学校人才培养与企业员工培养该如何衔接，探讨校企共育复合型人才的合作模式。

（二）打造特色师资队伍提升教学和管理能力

1. 组建培训讲师团队和培训服务团队

学院积极组建各专业领域的培训师团队，成员涵盖国内外著名职教专家、世赛教练以及学院胜任培训工作的高级讲师、课改专家等，召开"培训课程开发研讨会""培训课程评估和指导会"不断提升授课质量。此外，还通过建立培训师档案、培训效果满意度调查等对培训师实施管理。学院逐步壮大项目策划、培训交付服务、宣传推广等服务团队，为培训工作提供全周期服务。学院委托第三方测评公司对培训交付过程进行监测与评估，及时分析培训效果并开展针对性的诊断与指导。

2. 提高培训团队的专业教学能力和管理能力

提高教师和管理人员的教学管理能力是世界银行项目的重点建设内容之一。学院围绕建设"国内著名、国际知名"全国一流技师学院的目标，不遗余力地打造专业精湛的培训师资和执行力强的管理人才。

（1）培训师队伍培训教学能力建设

2016 年，学院派出教师 557 人次参加各类专业技术能力培训活动：专业教师 85 人次下企业实践；159 人次参加教学能力培训及各类专业技术、技能培训；201 人次参加培训课程开发能力、课程资源库开发能力、职业培训师授课能力、技能鉴定能力等培训业务能力提升方面的培训；新入职教师 112 人次参加岗前培训和教学基本功培训。走出去或引进来的教师培训不但拓宽了教师视野，还交流了行业动态、课程建设、合作、招聘、培训和科研课题等方面的信息，综合提升教师在培训中的教学能力。

（2）构建培训师通用素质模型评价师资

学院委托人力资源测评公司构建集科学性、应用性及操作性于一体的培训师胜任素质模型，考虑到学院未来发展规划，建立多维度评价培训师人才测评体系。运用事件访谈法对全国各专业领域的 30 名培训师开展调研，提升胜任素质要素，制定《培训师岗位胜任素质词典》以及《培训师胜任素质模型结构表》，建立培训师胜任素质模型，并据此建立培训师培养方案。

（3）任务锤炼与业务培训相结合合磨砺培训管理队伍

学院注重提升培训管理队伍的能力和素质。2016 年，学院先后组织培训管理人员共 118 人次分赴全国各地参加培训管理能力培训：分批组织中层、主管和干事共 83 人次赴武汉大学、腾讯、华为、联想等省内外优秀技工院校、培训机构和企业集团进行培训业务考察，学习其先进的培训管理经验；采购职业英语培训为院领导、骨干教师、世界技能大赛的参赛选手和教练团队共计 30 人次提升英语能力；选派项目管理人员 5 人次参与企业培训业务开拓、审计和财务管理等培训活动。学院重视在实践中锻炼培训管理队伍，通过承担孟加拉职业教育代表团的广东职业教育参访、第二届对非投资会议筹备会的职教交流等一系列国际交流合作大型活动组织任务，极大地锻炼了项目管理人员。

（三）开发基于能力本位的模块式培训课程

1. 专业群培训课程开发

学院根据针对企业人员技能提升需求，按照专业群开发培训课程，制定了《"职业院校课程开发与实施"培训课程方案》和《"职业院校课程开发与实施"培训课程标准》，目前已经开发的七个专业群的培训课程分别为：世界技能大赛网络系统管理技术、世界技能大赛信息网络布线技术、汽车新能源技术、市场营销实务、3D 打印技术、电器自动化技术、五轴加工中心操作与应用。2016 年，着力开发了 3D 打印技术、世界技能大赛信息网络布线技术 2 门培训课程。

2. 自主培训课程开发

学院开发了一系列自主培训课程，在课程开发中关注两点：对接行业企业需求，探索世赛成果转化。比如，针对目前 3D 打印技术培训课程良莠不齐、课程资源缺乏的现状，学院充分调研了省内外多家产业园及数十家企业，掌握了 3D 打印相关行业及企业中 3D 打印技术人才的岗位能力和技术要求，确定人才培训的目标和规格，拟定开发 3D 设计与打印课程规范和培训课程方案。又如，学院总结世赛信息网络布线项目比赛内容和训练经验，确立世界技能大赛信息网络布线技术培训课程开发项目，经过内容策划、形成工作计划框架、召开工作研讨会、聘请专家现场指导等严谨的工作程序推进世赛成果转化，形成了教材、学材、课件、15 段教学视频等成果。

3. 课程资源包开发

一方面，学院自主开发了 3 个课程资源包：职业院校创新发展整体解决方案、3D 打印技术、世界技能大赛信息网络布线技术。另一方面，学院采购了 12 个培训课程资源包：新能源汽车维修、一体化师资、计算机网络应用核心专业、CAD 机械设计师、产品营销实施、会计专业、通用职业素质、形象设计、商业广告、图形用户界面、室内设计、职业院校中层管理者管理。

4. 引入第三方监测评估

学院引入第三方监测评估的手段，对开班频次较多、培训需求较大且有一定代表性的培训课程进行监测评估。目前，已对 6 个监测班级实施了定量和定性相结合的监测评估工作，形成 25 个数据采集点，357 个数据回收样本，近 35 万字的监测评估报告，为培训项目管理和教学质量的不断提升提供决策依据。

第三节　政府主导下的外部技能形成：雄安新区原住民就业迁移及职业培训

一、困境：雄安新区原住民就业迁移困难与职业培训供需现状

中国共产党第十九次代表大会报告提出了"以疏解北京非首都功能为'牛鼻子'推动京津冀协同发展，高起点规划、高标准建设雄安新区"的要求。2018 年 2 月，《河北雄安新区规划纲要》出台，为雄安新区规划建设提供了基本依据。2019 年 1 月 2 日《国务院关于河北雄安新区总体规划（2018—2035 年）的批复》（国函〔2018〕159 号）（以下简称"《批复》"）进一步明确了雄安新区未来的建设规划。在推进雄安新区产业发展规划的同时，原住民面临着生计转换下的就业迁移。基于此，雄安新区劳动力转型提升课题组针对原住民就业迁移情况进行了实地调研，一是向原住民发放问卷，涵盖了包括农业生产、个体经营、就业转移、外出就业、未就业等不同就业状态的劳动力群体；二是对当地人力资源和社会保障管理部门、雄安新区起步区的典型行政村管理人员进行了访谈。实地调研结果表明，雄安新区原住民就业迁移面临藩篱，而基于就业迁移的职业培训呈现出供需悖论。

（一）藩篱：原住民就业迁移意愿遭遇人力资本匹配新区发展需求难

调查发现，安新县 54%的原住民并无外出就业意向，虽然 98.9%的未就业人口有外出就业意愿，但 71.69%的未就业人口外出就业的目的地仅限于乡（镇）外县内的区域。容城县劳动力在本乡（镇）内或者乡（镇）外县内就业人数占劳动力总量的占比分别为 55%和 34%，其余在本县以外就业的也主要集中在雄安新区三县之内。综上，雄安新区原住民就业迁移的范围主要是在本县内，外出就业的最远范围是新区三县，可见原住民最能接受的就业迁移是就地迁移。

根据《河北雄安新区规划纲要》，容城、安新两县交界区域是新区的起步区、主城区，其产业规划集中于互联网、大数据、人工智能、前沿信息技术、生物技术、现代金融、总部经济等创新型、示范性重点项目，新一代信息技术产业、现代生命科学和生物技术产业、新材料产业、高端现代

服务业以及绿色生态农业等将成为雄安新区未来产业发展的重点领域，匹配于上述产业发展规划的人才需求结构以中高端人才为主。然而调查发现，雄安新区原住民的受教育水平以初中毕业为主，其中安新县受教育年限为初中毕业的劳动力占劳动力总量的 87%，容城县该比例为 81%。显然目前原住民无论在知识储备上还是在技能水平上都很难匹配雄安新区发展需求。

（二）悖论：原住民职业培训需求"热"遭遇职业培训效果"冷"

雄安新区原住民对职业培训的需求意愿较强烈：安新县被调查劳动力中有技能培训意愿的占比高达 58%，其中未就业人群的技能培训意愿最高，其次为农业生产人群；有创业培训意愿的占比为 61%；容城县被调查劳动力中期望参加园林绿化培训的占比 15%；期望参加现代服务业培训的占比 15%；期望参加创业培训的占比 11%；期望参加家政服务类培训的占比 10%。可见，未就业劳动力是非常渴望通过职业培训获得技能来实现就业迁移的；被调查劳动力的创业培训意愿很强烈。

然而，当前雄安新区的就业创业培训是以政府为主体的单一格局，培训效果并未达到预期。其一，原住民的实际参训率并不高。对安新县某村的问卷调查结果显示，在过去两年中村民参加过培训的仅占 20.51%，实际参训率远低于培训意愿表示。其二，培训效果有待提升。容城县劳动力参加职业培训后未就业的占比高达 85%，仅有 7%实现了对口就业。一方面，有一部分参训人员是受到培训机构的广告动员、失业救济金等优惠政策的吸引，并非以就业创业为目的而参训，因而影响了政府供给的职业培训对实际就业的促进作用。另一方面，对容城县的调查结果显示，因家庭和个人原因导致参训后未就业的占比高达 80.1%，这也从一个侧面反映出原住民本地就业迁移的强烈意愿。

综上，雄安新区发展规划出台后原住民面临着生计转换，但原住民的低人力资本与新区未来产业发展的高需求错位，必须通过职业培训促进其获得就业迁移能力，努力建构新的生计模式。促进原住民在新区未来发展中建构可持续生计需关注两个问题：其一，原住民在新区未来产业发展中的定位；其二，为原住民供给匹配的职业培训项目。本书以公共物品理论、可持续生计理论为依据，针对原住民生计转换中政府针对就业迁移的职业培训供给现状、面临的困境与问题，提出了基于原住民建构可持续生计的就业迁移与培训对策。

二、溯源：雄安新区原住民就业迁移培训的理论阐释

（一）公与私：公共物品理论

1. 雄安新区原住民的就业迁移培训是准公共物品

按照竞争性和排他性特征可将物品划分为私人物品、公共物品和混合物品（准公共物品）。在现实世界中纯公共物品很少见，大多数公共物品都是准公共物品。公共物品的典型特征是外部性，表现为收益外溢的正外部性，或成本外溢的负外部性。正外部性导致市场供给不足，而负外部性导致市场供给过度。因此，需要政府介入以增加正外部性产品供给，并减少负外部性产品供给。教育和培训是人力资本投资的两种重要形式，教育是一种准公共物品，为防止因正外部性导致个人和家庭的教育投入不足，各国政府都会介入教育（尤其是基础教育）供给，比如包括中国在内很多国家都实行九年义务教育制。一般而言，培训不一定是准公共物品，但雄安新区原住民的就业迁移培训具有准公共物品的性质，有着极强的正外部性，因而是需要政府介入的领域，主要原因如下。其一，雄安新区是政府主导下的区域规划，原住民面临的就业迁移问题是由政策扰动下的产业变迁引致。其二，原住民就业变迁的本质是建构新的生计方式，这是一个有着极强外部性的民生问题，处理得好能够助力雄安新区的未来产业发展，带来巨大的正外部效应；处理不好则会成为羁绊，产生极大的负外部效应。其三，原住民就业迁移面临着窘境，自身素质较低难以匹配新区高端产业需求，原来低人力资本支撑的生计方式未来难以为继，在与外来高端人才的竞争中处于劣势，可能因之演变为弱势群体，在建构新的可持续生计方式中需要政府的扶助。

2. 政府在雄安新区原住民就业迁移培训中的角色定位

《批复》中特别指出要打造宜业环境，提供多层次公共就业服务，其中就包括由政府引导和投入原住民的就业迁移培训。其一，引导原住民的职业培训及就业迁移方向。政府依据原住民的年龄、性别、就业经历、人力资本水平等供给匹配的职业培训以训练技能深度、广度和垂直度。提升技能深度使原住民对某一种技能不断钻研直至达到专家水平，稳定其就业基础，降低失业风险；拓宽技能广度即原住民通过职业培训掌握不同技能成为多面手，就业面相对较宽，在面对未来的就业冲击中能够迅速实现就业迁移；技能的垂直度即劳动者钻研管理技能成为优秀的管理者，通过职业培训提高其技能的垂直度对其进行职业生涯规划，为实现稳定、可持续就业奠定基础。其二，政府投入原住民的就业迁移培训。由于信息不对称、保

留工资高，原住民在接受职业培训后实现满意就业具有很大不确定性，故对政府供给的职业培训的参训积极性并不高，更不用说自费参与市场培训。另外原住民的就业变迁是政策扰动的结果，相当一部分人还存在"等、靠、要"的被动就业思想，不愿意接受就业变迁和生计方式改变，成为"观望族"。

（二）短期与长期：可持续生计理论

生计是指劳动者为了谋生而从事的职业，可持续生计指个人或家庭所拥有和获得的、能用于维持和改善生活的职业、资产、谋生能力。建构可持续生计需要一个包括人力资本、财富资本、社会资本和心理资本在内的生计资本束，该生计资本束的水平越高，则生计的可持续性越强①。雄安新区原住民面临着生计方式转换下的生计资本变迁和建构可持续生计下的生计资本重建，在生计资本重建过程中，决定生计资本水平的人力资本水平直接影响原住民就业变迁成功与否，因而职业培训对原住民的就业变迁显得非常必要和迫切。

1. 雄安新区原住民面临的生计资本变迁

雄安新区原住民面临的是不改变居住地的就地就业迁移，改变生计方式以重新建构可持续生计的难度相对较小。原住民在就业迁移中面临的生计资本水平变迁如下：其一，因没有改变居住地，故社会资本水平不变；其二，与居住地相关的心理资本水平不变，但需要在思想上接纳生计方式的改变，故心理资本水平有变动；其三，经济资本水平较高，原住民很多是从事制衣、制鞋、生产食品的小企业主，该地区的居民总体比较富裕，在不离家不离乡的就业中，容城县仅有9%的被调查劳动力日均保留工资水平低于100元，38%的被调查对象的日均保留工资水平为100—170元，33%的被调查对象的日均保留工资水平为170—330元，还有20%以上的被调查对象的日均保留工资水平在330元以上；其四，人力资本水平普遍较低，能够满足当前劳动密集型生产需求，但无法与新区未来产业发展需求相匹配。

2. 基于可持续生计的就业迁移培训的关键点

面向原住民建构可持续生计的就业创业转型培训要重点关注如下几点。其一，职业培训方向设计。培训项目旨在引导原住民融入新区未来产业发展。在充分了解原住民建构可持续生计的需求与培训意愿的基础上，结合新区未来产业规划设计匹配的培训项目，引导原住民融入新区未来发展是该群体重建可持续生计的关键点。其二，职业培训项目特色。鉴于新区原住民的人力资本水平较低，职业培训内容要突出新区的地域特色且结

---

① 张学英. 关于新生代农民工个人资本问题的研究[J]. 贵州社会科学，2013（1）：80-84.

合新区未来发展规划，尽量最大化利用原住民原有的生计资本禀赋，以最大限度规避生计转换带来的风险。职业培训需结合新区的地域特色，为新区打造符合未来产业发展需求的特色经济项目供给人才，用劳动密集型产业吸纳原住民中的低水平人力资本。其三，职业培训项目考虑到长短期生计需求。职业培训既要考虑原住民短期上岗就业的实用性和紧迫性，同时也要关注未来新区产业发展对中高端人力资本的需求，彰显职业培训促进原住民针对未来储备职业技能的特征，以保障原住民在短期内就业有技能，长期内拥有保有一份工作的职业能力或能够实现就业变迁的能力。比如，考虑到人工智能对简单、规则性劳动的替代，雄安新区原住民的就业迁移培训一定要同时考虑到其未来被替代的可能性，职业培训关注技能的深度与广度，即能够向下兼容岗位且能同时在一定的范围内实现跨界就业迁移，以保证生计的可持续性。其四，职业培训的框架设计要基于原住民建构可持续生计的终身职业培训进行规划，以确保原住民在新区产业演进中能够走得更远[①]。其五，职业培训内容兼顾生计资本束中各项资本的水平提升。原住民就业迁移培训不仅要提升其人力资本水平，更要着眼于让其接受生计方式的转变，提升生计资本束中其他几类资本的水平，既注重赋予硬技能培训，也注重培训软技能。其六，职业培训重点关注原住民的创业培训需求。《批复》指出雄安新区要建成国际一流的创新型城市，优化国内外高端创新要素，优化雄安新区创新创业生态。目前新区原住民接受创业培训的基础比较好：一方面，部分原住民的经济资本水平相对较高，在雄安新区规划公布后的 1 年多内相当一部分人因伊留工资水平较高而自愿失业，表明原住民的经济资本相对丰裕；另一方面　雄安新区营商氛围浓郁，很多原住民本原本是小企业主，拥有丰富的创业经验，比如容城县被调查劳动力的 15%有过个体经营经历，引导该群体进行创业是可行的。鉴于原住民的受教育程度较低，考虑到建构可持续生计的需求，其创业领域可选择新区创新领域的外围服务领域。

三、现实：雄安新区原住民就业迁移培训现状与困境

（一）现状：原住民就业迁移培训政策供给

1. 就业创业培训供给

雄安新区政府为原住民提供了优厚的培训政策支持。2017 年 6 月 26 日出台的《雄安新区就业创业培训工作实施方案》正式明确了新区就业创

---

① 侯小雨、闫志利. 劳动者终身职业培训体系：框架设计与建设策略[J]. 职业技术教育，2017(28)：18-24.

业培训的目标及具体措施，提出量身定制培训计划，开展岗前培训、定向培训和订单培训，实施精准培训。其一，受教育年限为初高中毕业的可接受学徒全日制脱产培训，旨在通过提升技能水平满足企业长期用工需求。其二，有一定职业技能的劳动力可接受技能提升培训，旨在提高就业稳定性、提高收入水平。新区政府积极开展了适应性培训、就业技能培训、岗位技能提升培训、储备式培训、职业教育培训、新业态从业能力培训和创业指导培训。其中，适应性培训以基本权益维护、安全生产和劳动保障基本知识、城市生活知识为主要内容；储备式培训围绕建筑、物业、保安、环保、绿化、家政、轨道交通和旅游服务等内容，旨在推动农业劳动力向非农就业角色转变。从 2017 年 6 月底开始，雄安新区实施了"京津冀 49 家技工院校聚力雄安送培训"计划，确定了美容美发美甲、手机维修、家政服务、管线探测、电商等 12 个培训类别，通过多层次的免费培训，增强新区广大农民就业创业技能，推动新区农民向市民转变①。从 2018 年起，雄安新区政府根据实际需要安排专项资金用于培训原住民。

2. 被征地农民的培训供给

2017 年，河北省人社厅印发《雄安新区被征地农民就业创业培训实施方案》，旨在让有培训愿望和就业能力的被征地农民都能享受一次免费就业创业培训。职业培训机构从京津冀高等院校、职业院校和技工院校、大型企业培训中心、民办职业培训机构等组织机构中择优确定；职业培训方式采取就地就近设立培训场地、与用人单位联合施教等量身订制形式；职业培训内容根据新区产业发展需求和未来城市发展管理需要，涵盖物业、保安、绿化、轨道交通等公共服务类培训、家政服务培训、以"互联网+"为代表的新业态培训、苇编等地方特色家庭手工业培训、现代服务业培训、建筑业培训以及对有创业愿望、创业经验或有创业实体转型升级需求的被征地农民开展的创业培训等。职业培训后按照市场配置一批、企业吸纳一批、劳务输出一批、创业扶持一批、灵活就业一批、公益性岗位兜底一批等人社系统的典型就业渠道促进其就业。2018 年河北省从省级创业扶持资金中安排 1500 万元用于雄安新区被征地农民就业创业工作。

（二）困境：原住民就业迁移培训面临的难题

1. 原住民亟待通过职业培训实现就业迁移为建构可持续生计奠基

《河北雄安新区规划纲要》要求安新县产业规划集中于互联网、大数

---

① 河北新闻网. 雄安新区：政府送培训 百姓创业忙［EB/OL］.［2017-11-25］. http://m.hebnews.cn/hebei/2017-11/25/content-6692202.htm.

据、人工智能、前沿信息技术、生物技术、现代金融、总部经济等创新型、示范性重点项目，大力发展高新技术产业、创新产业，同时加强生态环境建设。这就势必要求原来的劳动密集型、污染型传统产业尽快转型：新产业迁入、有色金属行业迁出、白洋淀绿色生态发展，伴随产业转型而来的是新区劳动力市场的就业震荡。其一，原住民在劳动力市场显示剩余，存在失业风险。一是有色金属行业迁出导致劳动力析出，二是白洋淀生态环境治理导致部分从事传统农业生产的劳动力析出。其二，高端产业发展势必吸引大量高端劳动力迁入新区。就人力资本水平而言，市场经济的开放性和竞争性使雄安新区原住民与外来高端劳动力在高端岗位的就业竞争中完全处于劣势，原本较低的人力资本就可以支撑的生计方式无法适应新区未来的高端产业发展需求，面临失业风险。可见，新区原住民亟待通过职业培训提升人力资本水平并顺利完成就业迁移，即从失业转向就业，从不稳定就业转向稳定就业，从低端就业转向中高端就业，从而以此为经济基础逐渐建构可持续的生计模式。相对于雄安新区未来高端产业发展需求，原住民较低的人力资本水平已无疑成为生计资本提升的最短板，建构可持续生计需要重新整合生计资本束，首先要从提升原住民人力资本水平入手。对存量劳动力而言，职业培训是提升人力资本水平最适宜的人力资本投资方式，鉴于原住民人力资本水平相对于新区未来产业发展需求差距确实较大，以职业培训促动原住民就业迁移可谓任重而道远。

2. 政府主导提供的培训更关注原住民的短期生计

政府主导提供的职业培训大多是传统培训项目，比如在安新县主要供给电脑操作、茶艺师、园林绿化、手机维修、电商运营、养老育婴管理、家政服务管理、美容美发美甲、中式烹调师、高低压电工、建筑施工等常规培训项目。目前原住民职业培训尚存在如下几方面不足：一是职业培训的学时少，大部分培训的深度仅停留在入门级或初级水平；二是职业培训未能考虑原住民的职业技能深度和垂直度发展空间；三是很多传统培训项目供给的职业技能与雄安新区未来高端产业发展的需求并不匹配；四是相当一部分职业培训赋予原住民的职业技能在未来将被人工智能替代。综上，目前政府针对原住民的就业迁移培训更多考虑的是其短期生计需求，尚未能结合新区未来发展需求从职业生涯规划的视角助推原住民通过系列职业培训提升短期就业能力和长期的就业迁移能力，使其在人力资本提升的基础上依托就业奠定坚实的经济基础，并逐渐在新区发展中重新建构可持续生计。总之，目前的职业培训尚未能将原住民在长期中摆进雄安新区未来产业发展中。

3. 原住民的高保留工资和低人力资本降低了参训积极性

雄安新区原住民的学历以初中毕业为主，以安新县为例，该人力资本水平多年来支撑着本地制鞋、有色金属加工、羽绒产业、制衣等传统产业多年的繁荣，安新县曾经是华北地区最大的鞋业生产基地；而服装、毛绒玩具、装备制造业支撑了容城县多年的繁荣发展，该县 2006 年曾被评为"中国服装名城"和全国纺织产业集群试点。这些劳动密集型传统产业对劳动者的学历、技能人力资本要求较低，农村商业的繁荣大大地提高了原住民初中毕业后继续升学的机会成本，制约了原住民后续人力资本水平的提升，多年来原住民保留了初中毕业即就业的传统。优渥的生存条件还提高了原住民就业迁移的保留工资水平。以容城县为例，被调研的劳动力期望月收入在 3000 元以下的仅占 9%，在 3000—5000 元的占比为 38%，在 5000—10000 元的占比为 33%，在 10000 元以上的占比为 20%。高保留工资水平直接导致新区原住民不接受离乡背井的就业路径，更不愿意接受低于保留工资水平的就业岗位，因而在雄安新区规划出台后，面对政策性的生计变迁扰动，原住民存在着较强的"等、靠、要"等消极思维方式。在这种现状下，雄安新区原住民接受政府提供的免费培训的积极性很低，同时因缺乏习得高技能的人力资本基础，相当一部分原住民成为"高不成、低不就"的"政策观望族"。容城县被调研的原住民中有 96%尚未参加职业技能培训，严重缺乏通过职业培训进行就业转型和就业迁移的动力。

四、未来：原住民就业迁移培训与就业路径的建议

（一）保障：为原住民提供生计转型的制度依托

1. 建立就业创业信息共享平台降低信息不对称下的培训收益风险

在就业创业培训中，劳动者承担的成本主要包括参与就业创业培训的学费、其他支出、培训期间的机会成本，同时还承担着信息不对称条件下培训后能否顺利实现就业以获得培训收益的不确定性，在没有明确的就业岗位和高于保留工资的薪酬待遇支撑下，原住民参与培训的积极性并不高，本着打造新区宜业环境的宗旨，建议由政府主导建立基于职业培训项目的信息发布平台。对安新县某村的调查结果显示，仅有 6%的村民了解或非常了解创业的支持政策和优惠与补贴信息，70%以上的村民处于"不了解"或"非常不了解"的情况。可见由政府主导建立就业创业信息共享平台非常必要，其主要功能如下：一是借助平台发布就业、创业培训政策，让政府主导的职业培训信息能够在实践中惠及有培训需求且符合培训条件的原住民群体，使其在生计转型中能够充分利用政府相关培训和创业政策获得

重建生计所需的职业技能及其他援助；二是借助平台发布就业岗位信息和创业机会信息，减少就业迁移中的信息不对称，提升原住民在职业培训结束后的就业上岗率。该就业创业信息共享平台的主要作用是宣传职业培训，促进职业培训，提升就业率，最终目的是通过平台的信息共享功能降低原住民参与职业培训后收益的不确定性。

2. 完善培训内容体系兼顾短期就业与长期稳定可持续生计

当前的就业迁移培训更多考虑的是原住民在生计转型背景下如何尽快实现就业的短期安排。针对雄安新区未来的产业规划以及工业 4.0 下人工智能的迅猛发展，基于建构可持续生计的完善的培训体系呼之欲出，该体系主要关注五点。其一，针对原住民的人力资本现状和年龄、性别等特征提供短期引导性培训，旨在促进其实现初步就业转型，在雄安新区政策性的产业转型中先将原住民从传统产业和传统手工作坊推进目的产业领域。其二，针对雄安新区未来产业发展规划，对原住民分年龄、分学历进行详细就业定位，并提供匹配的培训项目，旨在让部分原住民融入雄安新区高端产业发展中，帮助适合雄安新区高端产业发展的劳动力依托新区未来产业发展规划进行职业生涯规划。其三，雄安新区原住民虽然文化水平不高，但很多拥有丰富的企业经营经验，具备较好的创业基础和较强的创业意愿，可引导到生活性服务业进行创业。调查显示，原住民期望的创业培训主要集中在企业管理基础知识、市场机会评估与市场营销技术、电子商务等。其四，就业迁移困难、人力资本水平低难以融入雄安新区高端产业发展的原住民，由政府制定兜底职业培训和就业计划以稳定民生。其五，充分发挥市场在培训中的作用，政府重在发挥好引导与规范、监督与管理、兜底与保障的作用。

以短期引导性培训为例，一方面，在雄安新区产业转型中为促进原住民就业迁移和创业提供观念转型、信息获取、相关政策（创业税收优惠和财政补贴）、新区规划等软技能培训。另一方面，加大宣传力度，促进原住民在观念上接受雄安新区的产业转型并从心理上接受自身的就业转型和生计转换，在此基础上结合自身人力资本和经济资本禀赋设计适宜的就业迁移愿景，将原住民的就业转型融入新区未来发展规划中。

（二）对标：培训内容对接新区产业发展规划

雄安新区原住民的职业技能培训供给应结合新区本地资源禀赋和新区未来产业发展需求，基于助推原住民建构可持续生计提升其职业技能，根据原住民不同群体特征培养就业能力、就业迁移能力和创业能力。

1. 匹配于新区绿色生态发展需求的职业技能培训

《河北雄安新区规划纲要》要求新区在建设中加强生态环境建设，突出绿色生态，塑造以大溆古淀为核心的生态苑围；保留农耕记忆、营造花海景观，形成三季有花、四季有绿的都市田园风光；大规模植树造林，形成起步区外围林带环绕、内部树木葱郁的良好生态。绿色生态环境建设与发展对新区原住民的职业技能提出了有别于以往的要求，职业培训的内容也需据此相应调整。

（1）匹配于新区绿色生态旅游的高素质旅游业技能培训

《河北雄安新区规划纲要》明确指出规划建设白洋淀国家公园。在雄安新区总体规划中，到 2020 年力争创建"雄安新区湿地温泉旅游度假区"这一国家级旅游度假区，打造"雄安新区旅游创新发展示范区"。《批复》强调新区打造优美自然生态环境，强化白洋淀生态整体修复和环境系统治理，逐步恢复"华北之肾"功能，建设天蓝、地绿、水清的美丽雄安。《河北省人民政府关于加快推进现代服务业创新发展的实施意见》明确指出大力发展"全城旅游"和"智慧旅游"，着力实施旅游产品、乡村旅游、旅游品牌、公共服务、旅游商品、旅游企业、行业管理、旅游环境、人才培养等九大质量提升工程。针对原住民向生态旅游业就业迁移的职业培训需聚焦旅游计调师、旅游运营管理、旅行顾问、签证顾问、机票/酒店销售代表、导游、农家客栈运营等技能的培训。

（2）聚焦于建设农业科技创新中心的农业技能培训

《批复》指出推进新区城乡融合发展，有序引导人口、产业分布，分类打造特色小镇。目前雄安新区原住民中务农的比例较高，安新县被调查劳动力中从事务农工作的有 29%，容城县被调查劳动力中该比例为 24%。雄安新区在规划建设中如何吸纳这些低人力资本水平的农业劳动力是一个亟待破解的难题。根据绿色生态农业的产业定位，雄安新区要建设国家农业科技创新中心，发展以生物育种为主体的现代生物科技农业，推动苗木、花卉的育种和栽培研发，建设现代农业设施园区，发展创意农业、认养农业、观光农业、都市农业等新业态。针对新区原住民人力资本水平较低且就地就业迁移的强烈意愿，通过职业培训促进该群体掌握绿色农业生产技能是可行的。应当指出的是，除了目前政府供给的园林绿化技能培训，培养具有科技附加值的绿色农业人才还需融入科技、人文等元素，苗木、花卉育种与栽培、创意农业、认养农业、观光农业、都市农业是匹配于新区未来产业发展方向的就业领域，也是促进低人力资本水平的原住民建构可持续生计的可行路径。因此，在绿色农业人才的职业培训中，可面向 50 岁

以上年龄较大、人力资本投资效率低的原住民提供园林绿化等较低技能的
培训；面向40—50岁的原住民提供现代农业生产技能培训，满足现代农业
设施园区中农业新业态的发展需求。具体而言，匹配于农业科技创新中心
需求的绿色农业人才培训重点培养花卉园艺师、农作物种子繁育员、蔬菜
园艺工、林木种苗工、营造林工程监理员、家畜繁殖员、家畜饲养工、农
作物植保员等人才。

2. 为高质量和高端服务业储备人才

原住民建构可持续生计的关键点是将就地就业迁移融入新区未来产
业发展规划中。随着未来高端产业入驻雄安新区，生活性服务业和生产性
服务业均会有较大发展，除了上述农业对中年劳动力的吸纳外，促进以年
轻劳动力为主体的原住民转移到高质量的生活服务业和中高端生产性服务
业是新区职业培训的主要方向。

（1）为高质量的生活性服务业储备人才

人力资本具有消费外部性，雄安新区高端产业的发展必然会集聚高端
人才，高水平人力资本所有者对商品和服务的消费需求会逐渐呈现出多样
化特征且需求数量较多，从而创造出更多高工资水平的就业岗位，故生活
性服务消费的增长蕴含着巨大的就业潜力。生活性服务业涉及居民和家庭
的健康、养老、旅游、娱乐、体育、文化、居民零售和互联网销售、出行、
住宿餐饮、教育培训、住房及其他生活性服务等。生活性服务业对人力资
本水平的需求相对较低，符合新区现有劳动力素质现状。针对原住民的生
活性服务业领域的职业培训一方面需重点聚焦家政职业技能、养老护理员
职业技能、社会体育指导员、美容美发职业技能等硬技能培训；另一方面
需加强服务理念和服务人员素质等软技能培训以匹配于高质量生活性服务
业的需求。

（2）为中高端生产性服务业储备人才

根据国家统计局发布的《生产性服务业分类》，为生产活动提供的研发
设计与其他技术服务、货物运输仓储和邮政快递服务、信息服务、金融服
务、节能与环保服务、生产性租赁服务、商务服务、人力资源管理与培训
服务、批发经纪代理服务、生产性支持服务等被视为生产性服务业。雄安
新区未来规划的高端产业将激发生产性服务业的迅猛增长。目前入驻新区
的研发类企业主要有深圳市建筑科学研究院股份有限公司、雄安能谷科技
研究有限公司、雄安纳维科创有限公司、达闼科技等，将提供研发设计与
技术服务相关的服务性岗位；入驻新区的金融类企业主要有京津冀产业协
同发展投资基金、安信证券、国投创新（SDIC）、蚂蚁金服、京东金融、鑫

根资本、天翼资本、安新大商村镇银行股份有限公司、雄县丰源村镇银行股份有限公司等，将提供金融服务类岗位；入驻新区的通信类企业主要有中国移动、中国电信、中国联通等，伴随着新区高端产业的启动和资本的入驻，将提供电信服务类岗位；入住新区的菜鸟等公司将提供货物运输仓储和邮政快递服务类、绿色供应链类岗位；入住新区的腾讯、阿里巴巴、百度等公司将提供信息技术与智慧科技类就业岗位；此外还有更多其他类别的生产性服务业岗位[①]。雄安新区原住民中人力资本水平较高的劳动力可以定位在生产性服务业就业，通过职业培训对原住民进行就业引导，后期结合终身教育理念，通过后续的系列培训设计引导原住民依托生产性服务业做好职业生涯规划，通过将原住民的就业融合到新区中高端产业发展需求中逐步助力其建立可持续生计。

3. 匹配于高新技术产业和创新产业的中高端技能培训

雄安新区未来产业规划要重点发展互联网、大数据、人工智能、前沿信息技术、生物技术、现代金融、总部经济等创新型、示范性重点项目，大力发展高新技术产业、创新产业。根据其他经济特区的发展经验，特区高端产业发展所需的高端人才初期主要从特区外迁移而来，鉴于目前雄安新区原住民的人力资本水平较低，现有的职业培训重在将高中及以上的少部分年纪较轻的原住民训练成为中端甚至少量高端技能人才。调查发现，安新县被调查劳动力受教育程度在高中及以上的占比为 13%，容城县该比例为 19%，这部分劳动力最有可能迁移到新区未来产业领域中。从就业现状看，容城县被调查劳动力有 1% 从事企业管理，34% 为技术工人，可见存量劳动力中的一部分是可以通过职业培训成为新区未来发展需求的中高端技术技能人才的。建议对应新区原住民的中高端职业技能培训重点围绕智能楼宇、电子商务、物联网、大数据架构、计算机软硬件、碳核查与管理、绿色建筑工程管理等岗位技能展开。

（三）差异：潜在、新增、存量原住民的就业迁移路径

1. 存量劳动力

高端与低端培训适宜不同年龄和学历背景的原住民，故针对原住民的职业培训因学历、年龄而异。学历较低、年龄较大的原住民适宜接受传统的低端职业技能培训，主要利用市场招聘、劳务输出、公益性岗位兜底和提供就业信息实现灵活就业等途径实现就业迁移。而学历较高（高中以上）、年龄较低的原住民适于参加高端产业领域的职业培训，比如围绕人工智能、

---

① 中国雄安官网，http://www.xiongan.gov.cn/blueprint/rzjg.htm.

大数据、物联网、电子商务等生产性服务业和其他现代服务业需求的职业培训，先通过基础的职业培训进入高端产业领域，再通过后续的职业生涯规划和人力资本投资逐渐融入雄安新区的高端产业发展，依托高端产业建构可持续生计。

2. 新增劳动力和潜在劳动力

雄安新区的商业氛围较为浓厚，初中毕业后继续升学的机会成本较高，故初中毕业后就业成为公认的发展路径，这也在一定程度上导致新区原住民的受教育程度以初中毕业及以下为主。面对雄安新区未来的产业发展规划，新增劳动力和潜在劳动力具有年龄小、人力资本投资效率高的优势，适于通过接受更多的正规教育和培训进入雄安新区未来的产业发展领域。可在雄安新区增设匹配于新区产业集群的中高等职业教育院校，或者由政府协议本地区或其他地区对口职业院校，将年轻一代的人类资本水平从初中提升至中高等职业教育，通过提升新区原住民的人力资本水平，为其规划路径清晰可见的对应于新区未来发展的职业生涯，从而建立稳定可持续的生计方式。

第五编 展析：技能形成、农民工深度就业转型、新时期产业工人

第十三章 内部技能形成: 新生代农民工在职培训满意度调研

第一节 在职培训满意度模型建构

一、新生代农民工

农民工的概念最早由社会学家张玉林在 1983 年提出, 随着城市化的深入推进, 新老两代农民工逐渐表现出差异性特征, 为此中国社会科学院研究员王春光在 2001 年首次提出了"新生代农村流动人口"的概念, 用以指代 20 世纪 90 年代及以后外出务工的农民工, 并尝试用年龄、受教育程度、务农经历、外出务工动机四个指标描述了该群体区别于父辈农民工的特征[①]。上海市房地产科学研究院最早使用了"新生代农民工"的称谓, 2005 年以后这一术语逐渐被学术界接纳并广泛使用。刘传江和于莉[②]等学者用新生代农民工指代出生于 1980 年以后, 虽在城市务工但户籍仍在农村, 文化程度较高, 易于接受新生事物, 渴望融入城市, 较为追求物质和精神享受, 职业期望值较高, 工作耐受力较低的年轻农民工群体。此后, 新生代农民工日益成为乡城移民的主体, 并引起了中央的高度关注: 2010 年 1 月 31 日, 国务院发布《关于加大统筹城乡发展力度进一步夯实农业农村发展基础的若干意见》第一次使用了"新生代农民工"的提法[③]; 2010 年 6 月 21 日, 全国总工会新生代农民工问题课题组发布了《关于新生代农民工问题的研究报告》, 将新生代农民工定义为出生于 20 世纪 80 年代以后, 年龄

① 王春光. 新生代农村流动人口的外出动因与行为选择[J]. 中国党政干部论坛, 2002(7): 30-32.
② 于莉. 新生代农民工教育培训管窥[J]. 河北大学成人教育学院学报, 2008 (1): 35-36.
③ 新华社. 中共中央国务院关于加大统筹城乡发展力度进一步夯实农业农村发展基础的若干意见[EB/OL]. [2009-12-31]. http://www.gov.cn/jrzg/2010-01/31/content_1524372.htm.

在 16 岁以上，在异地以非农就业为主的农业户籍人口[①]。

综上，本书将新生代农民工界定为出生于 20 世纪 80 年代及以后，20 世纪 90 年代及以后开始异地务工的农业户籍人口。相比父辈农民工，该群体具有务工年龄"年轻化"、外出动机"多元化"、身份认同"非农化"、生活方式"城市化"、职业期望"高移化"、职业转换"高频化"的典型特征。该群体非农务工的目标是"求发展"，远远超过了父辈的"求生存"目标。截止到 2018 年，新生代农民工在农民工总量中的占比高达 51.5%，首次超过父辈农民工，已成为农民工的主体。新生代农民工中，"80 后"占 50.4%，"90 后"占 43.2%，"00 后"占 6.4%。2017 年人才蓝皮书《中国人才发展报告》中指出，我国高级技工缺口达 1000 万人，故如何将人力资本水平较低的新生代农民工培训为与"中国制造 2025"发展相匹配的高素质劳动力，并以高质量的体面就业促进其融入城市，已成为迫在眉睫的课题。针对当前农民工培训供求"双冷"的困局，本书拟从新生代农民工职业培训满意度的视角切入，以期为激活该群体的潜在培训需求、促进企业的有效培训供给提供借鉴。

二、在职培训

在职培训（On-the-Job Training，OJT）又称"工作现场培训"，指企业对与之建立劳动关系的劳动者进行的人力资本投资，是职后教育的一种形式。我国企业员工的在职培训多采用在岗业余培训和离岗专门培训两种形式，在岗业余培训有岗位培训、短期培训班、系列讲座、培训机构及电大、夜大、函大和高等教育自学考试等形式；离岗专门培训有职工大学，或用人单位委托大专院校、科研机构进行代培训等形式。

三、培训满意度

培训满意度是参训成员在综合比较实际培训收益和期望收益的差距后所形成的对培训全过程是否满意的综合态度和情感体验。若满意度高表明受训者因培训满足自己的价值观需要而产生的主观上愉悦的感受较强。培训满意度是员工满意度的内容之一，也是企业培训效果评估的重要内容。唐纳德·柯克帕特里克（Donald Kirkpatrick）根据评估的深度和难度提出了培训效果四层次评估模型，也称柯氏模型，该模型中表征培训效果的四

---

① 全国总工会新生代农民工问题课题组. 关于新生代农民工问题的研究报告[N]. 工人日报，2010-06-21（001）.

个层次分别为：反应层评估、学习层评估、行为层评估、结果层评估。培训满意度评估位居柯氏模型的反应层评估，通过对受训者的注意力、情绪情感、兴趣等指标，观察其对培训的看法和态度，在研究中常采用问卷调查法。

培训满意度是一个主观体验，若要对其进行定量研究，需要建构一个适宜的培训满意度测评模型。本书以欧洲顾客满意度指数（European Customer Satisfaction Index，ESCI）模型为理论基础，提出了测度新生代农民工在职培训满意度的测评模型，并设计了评价指标体系。

四、欧洲顾客满意度指数模型

（一）欧洲顾客满意度指数模型的由来

欧洲委员会、欧洲质量组织和欧洲质量管理基金会以美国顾客满意度指数（American Customer Satisfaction Index，ACSI）模型为基础建构了欧洲顾客满意度指数模型（简称 ESCI 模型）。ESCI 模型继承了 ACSI 模型的基本架构和核心概念：顾客期望、感知质量、感知价值、顾客满意度以及顾客忠诚等，但又对其进行了修正：其一，增加了企业形象变量；其二，考虑到在实践中顾客投诉系统的完备性，删除了 ACSI 模型中的顾客抱怨变量；其三，将感知质量细化为硬件和软件两方面，既强调企业有形产品质量给消费者带来的感知价值（硬件），也强调企业无形产品质量给消费者带来的感知价值（软件）。

（二）欧洲顾客满意度指数模型的内涵

1. ECSI 模型的变量

ECSI 模型共包含六个结构变量，分别为企业形象、顾客期望、感知质量、感知价值、顾客满意度和顾客忠诚。企业形象是指顾客在购买产品或服务前对企业品牌、产品、服务、公益形象等的总体印象。顾客期望是指顾客在购买和使用某种产品或服务之前对其能为个人带来的效用期盼。感知质量是指顾客在购买和使用产品或服务以后对其所提供的效用或服务质量的实际感受，分为感知硬件质量和感知软件质量。感知价值是指顾客在综合产品或服务的质量和价格后对其从消费中获益的主观感受，感知价值与感知质量相对应。顾客满意度是指顾客在对产品和服务消费后的实际感受与消费前的期望值的比较，是一个动态指标，能使 A 顾客满意的产品或服务未必同时会令 B 顾客满意，能使同一顾客在 A 状态下满意的产品或服务未必也能令其在 B 状态下获得同样的满意。顾客忠诚是指顾客基于对企业产品或服务的依赖和认可，坚持长期购买和使用，从而表现出在思想和情感上对企业产品或服务的高度信任和忠诚度，实际上是顾客对企业产品或服务的竞争优势给出的综合评价。

2. ECSI 模型变量间关系

ECSI 模型各变量间呈现出一定的相关关系（如图 13-1-1 所示）。其一，在 ECSI 模型的六个变量中，只有企业形象是外生变量，其余五个变量均为内生变量。其二，企业形象、顾客期望、感知质量和感知价值是顾客满意度的前因变量，而顾客忠诚则是顾客满意度的结果变量。图 13-1-1 中的箭头表示一个变量影响另一变量，其中，企业形象影响感知价值、顾客满意度、顾客忠诚；顾客期望影响感知价值、顾客满意度；感知质量影响感知价值、顾客满意度；感知价值影响顾客满意度；顾客满意度影响顾客忠诚。

ECSI 模型中各变量间的具体关系如何要通过回归分析确定，在不同情况下两个变量之间的关系可能是不同的[1]。现有的实证研究通过实际数据计算出了变量间的相关系数，在大型超市行业[2]、家电零售业[3]、航空物流业[4]，这些变量间是呈正相关的，但公共就业培训等行业中感知期望和顾客满意度之间呈负相关关系[5]。因在不同行业变量之间相互影响的显著性会有所不同，故使用 ECSI 模型时要结合行业特点，合理假设，并通过实际数据验证变量之间的逻辑关系。从这个意义上讲，ECSI 模型实质是多元线性回归模型，它把顾客满意度测评看作一个具有多目标、多层次和多因素影响的复杂决策系统，把影响顾客满意度的多个因素潜入在一个因果关系模型中，从而实现对顾客满意度的总体测评。

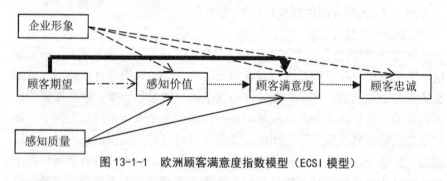

图 13-1-1　欧洲顾客满意度指数模型（ECSI 模型）

---

① Goldsteen, K. & Ross, C. E. The perceived burden of children[J]. Journal of Family Issues, 1989, 10(4): 504-526.

② 金燕. 大型超市行业顾客满意测评模型构建与实证研究[D]. 南京：南京理工大学，2007.

③ 刘研. 企业顾客满意度测评体系研究[D]. 南京：东南大学，2006.

④ 安珣. 面向顾客满意度改进决策的结构方程和影响图结合研究[D]. 天津：天津大学，2006.

⑤ 苏雷. 农民工公共就业培训的公众满意度研究[D]. 成都：西南财经大学，2011.

ECSI 模型通过测量顾客对产品或服务的期望、质量认知、价值认知和满意程度等，从多个角度综合评定产品或服务的顾客满意度和顾客忠诚，是从多个角度对产品或服务质量开展的整体性、立体式评价，企业的管理者能根据 ECSI 模型的测量结果清晰地锁定企业的问题所在，因而在度量和认识顾客对企业的认同、对产品和服务的满意程度、再次购买倾向中被广泛采用且非常有效。

五、新生代农民工在职培训满意度模型

精确认识新生代农民工对在职培训的满意度有利于推动政府、市场、非政府组织为新生代农民工供给适宜的职业培训。在职业培训中，新生代农民工是顾客，考察新生代农民工对职业培训的满意度可以借鉴 ECSI 模型，建构新生代农民工在职培训满意度（New Generation Migrant Workers Satisfaction with On-the-Job Training Index，NMWSTI）模型。

（一）NMWSTI 模型的变量

以 ECSI 模型为基础，NMWSTI 模型包含六个结构变量：企业培训形象、培训期望、培训感知质量、培训感知价值、培训满意度、培训信任。企业培训形象对应 ECSI 模型中的企业形象，指新生代农民工在购买在职培训服务前对企业品牌、服务、在职培训等的总体印象。培训期望对应 ECSI 模型中的顾客期望，指新生代农民工参与在职培训前的期盼。培训感知质量对应 ECSI 模型中的感知质量，指新生代农民工在培训后对其质量的实际感受。培训感知价值对应 ECSI 模型中的感知价值，指新生代农民工综合评估在职培训的服务质量和价格后对所获收益的主观感受。培训满意度对应 ECSI 模型中的顾客满意度，指新生代农民工对在职培训的实际感受与期望值的比较。培训信任对应 ECSI 模型中的顾客忠诚，指新生代农民工对企业在职培训的高度依赖和认可且愿意继续参与后续在职培训，从而表现出在思想和情感上对企业在职培训的高度信任和忠诚度，是新生代农民工对企业在职培训的竞争优势给出的综合、立体、全面的评价。

（二）NMWSTI 模型变量间关系

新生代农民工在职培训满意度模型六个变量间的关系，如图 13-1-2 所示。其一，在 NMWSTI 模型中，企业培训形象是外生变量，其余五个变量均为内生变量。其二，企业培训形象、培训期望、培训感知质量和培训感知价值是培训满意度的前因变量，培训信任是培训满意度的结果变量。图 13-1-2 中的箭头表示一个变量影响另一变量，其中，企业培训形象影响培训感知价值、培训满意度、培训信任；培训期望影响培训感知价值、培训

满意度；培训感知质量影响培训感知价值、培训信任；培训感知价值影响培训满意度；培训满意度影响培训信任。

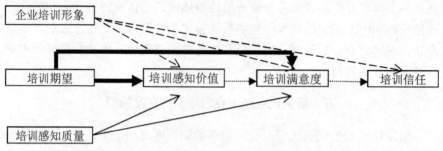

图 13-1-2　新生代农民工在职培训满意度模型（NMWSTI 模型）

根据 ESCI 模型中各变量间的关系及新生代农民工在职培训的特点，对 NMWSTI 模型各结构变量间的逻辑关系做如下假设。

1. 企业培训形象与其他结构变量间的关系

企业培训形象与培训感知价值、培训满意度和培训信任的关系假设：

H1：企业培训形象对培训感知价值有直接正相关影响；

H2：企业培训形象对培训满意度有直接正相关影响；

H3：企业培训形象对培训信任有直接正相关影响。

2. 培训期望与其他结构变量间的关系

现有研究对培训期望与培训感知价值、培训满意度之间的关系持不同观点，本书采用先假设、后验证的方法，假设：

H4：培训期望对培训感知价值有直接正相关影响；

H5：培训期望对培训满意度有直接正相关影响。

3. 培训感知质量与其他结构变量间的关系

培训感知质量是培训满意度的前因变量，也是影响培训满意度的核心指标，假设：

H6：培训感知质量对培训感知价值有直接正相关影响；

H7：培训感知质量对培训满意度有直接正相关影响。

4. 培训感知价值与其他结构变量间的关系

培训感知价值是比较培训成本和收益后的总体效用评价，总体效用评价高则培训满意度高，故假设：

H8：培训感知价值对培训满意度有直接正相关影响。

5. 培训满意度与其他结构变量间的关系

培训满意度是培训信任的前因变量，培训满意度提高会提升培训信任度，故假设：

H9：培训满意度对培训信任有直接正相关影响。

NMWSTI 模型用于测量新生代农民工对在职培训的期望、质量认知、价值认知和满意程度，从多个角度综合评定在职培训满意度和培训信任，是对在职培训质量开展的整体性、立体式评价，有助于政府和市场准确锁定在职培训工作存在的问题。

六、新生代农民工在职培训满意度评价指标体系

根据 NMWSTI 模型包含的结构变量，为每一个变量设计与之对应的评价指标，构成新生代农民工在职培训满意度评价指标体系（如表 13-1-1 所示），为定量研究做准备。其中，NMWSTI 模型中的 6 个结构变量为一级指标，根据需要下设二级或三级指标。

（一）企业培训形象的评价指标

企业培训形象从企业培训知名度和企业培训质量评价两方面考察。其一，企业培训知名度指企业培训被新生代农民工知晓、了解的程度。其二，企业培训质量评价指培训前新生代农民工对企业培训前期准备、培训课程、培训方法、培训师资等整体培训质量的评定。

（二）培训期望的评价指标

培训期望从培训质量期望、培训成本期望、培训收益期望三方面考察。其一，培训质量期望指新生代农民工对在职培训质量的期望值，企业在职培训的质量符合其对培训质量的需求水平，培训满意度就高。其二，培训成本期望指新生代农民工对企业培训中货币成本、非货币成本的期望。其三，培训收益期望指新生代农民工对企业培训中货币收益、非货币收益的期望。

（三）培训感知质量的评价指标

培训感知质量从培训前期准备、培训课程质量、培训方法适宜、培训师资质量、培训环境质量、培训时间质量六方面考察。

其一，培训前期准备从企业是否提供培训说明和是否了解受训人员的培训需求两方面考察。培训说明指培训从业人员对培训目的、内容、方式、师资等方面做出明确说明；培训需求指在提供在职培训之前已充分了解了新生代农民工的培训需求，如培训是基于个人职业生涯发展规划、职位晋升、提高薪酬等。

其二，培训课程质量从培训课程的针对性和实用性进行考察。培训课程针对性指培训课程针对新生代农民工的实际需要进行设计，旨在提供精

准培训。培训课程实用性指培训课程紧密结合受训人员的岗位工作内容，促进培训迁移，做到学以致用。

其三，培训方法适宜从培训方法的有效性和多样性两方面进行考察。培训方法有效性指培训方法能够使员工扎实掌握培训课程内容。培训方法多样性指为达到较好的培训效果，培训方法因培训内容而异。

其四，培训师资质量从师资的专业性和职业性两方面考察。培训师资专业性指培训师是所在行业的专业人才，有丰富的培训教师工作经验。培训师资职业性指培训师有丰富的实际工作经验，能够理论结合实践讲授培训课程。

其五，培训环境质量从培训地点硬件设施和培训学习氛围两方面进行考察。培训地点硬件设施状况指培训地点的硬件设施配备状况和运行状况；培训学习氛围指培训的软环境，包括培训组织情况、受训学员的参与情况。

其六，培训时间质量从培训次数、培训时间点、培训总时长三方面进行考察。培训次数指新生代农民工接受过的培训次数；培训时间点指培训的时间安排；培训总时长指培训时间总量。

（四）培训感知价值的评价指标

培训感知价值是新生代农民工权衡在职培训的成本和收益后的主观感受，从培训成本和培训收益两方面考察。

其一，培训成本指货币成本和非货币成本。在职培训的货币成本又包括直接成本和间接成本，直接成本指培训中花费的货币，包括培训学费、培训期间产生的路费、培训资料费、因培训比平常多支付的伙食费等相关费用；培训的间接成本指受训员工因培训期间生产率降低而损失的部分薪酬。在职培训的非货币成本指培训中花费的时间、精力等非货币支出，其中培训花费的时间可以根据受训员工的小时工资率折合成货币收入。因此，在理论上，培训的货币成本和非货币成本都是可以用货币来表示的。

其二，培训收益指货币收益和非货币收益。在职培训的货币收益指接受培训后受训员工的薪酬水平（包括工资和福利）有所提高，这部分收益可以用货币直接衡量；在职培训的非货币收益指受训员工在培训后专业认知水平、自信心、学习能力、沟通能力、解决问题的能力、应对变革的能力等得到提升，思维方式得以改善，获得更多的内部晋升机会，在就业市场的就业竞争力提升等。

（五）培训满意度的评价指标

培训满意度从培训质量评价、培训成本评价、培训收益评价三方面考察。其一，培训质量评价是新生代农民工对比培训预期质量和培训实际体验质量后对培训质量的评估。其二，培训成本评价指受训员工对比培训预期成本与培训实际体验成本后对培训成本的评估。其三，培训收益评价指受训员工对比培训预期收益与培训实际体验收益后对培训收益的评估。

（六）培训信任的评价指标

培训信任从再培训意愿和宣传培训意愿两方面进行考察。其一，再培训意愿指新生代农民工愿意再次参加后续在职培训的意思表示。其二，宣传培训意愿指新生代农民工受训后自觉向其他员工推荐在职培训的意思表示。

表13-1-1 新生代农民工在职培训满意度指标体系

一级指标	二级指标	三级指标
1. 企业培训形象	1.1 企业培训知名度	—
	1.2 企业培训质量评价	—
2. 培训期望	2.1 培训质量期望	—
	2.2 培训成本期望	—
	2.3 培训收益期望	—
3. 培训感知质量	3.1 培训前期准备	3.1.1 是否进行培训说明
		3.1.2 是否提前了解培训需求
	3.2 培训课程质量	3.2.1 培训课程针对性
		3.2.2 培训课程实用性
	3.3 培训方法适宜	3.3.1 培训方法有效性
		3.3.2 培训方法多样性
	3.4 培训师资质量	3.4.1 培训师资专业性
		3.4.2 培训师资职业性
	3.5 培训环境质量	3.5.1 培训硬件设施
		3.5.2 培训学习氛围
	3.6 培训时间质量	3.6.1 培训次数
		3.6.2 培训时间点
		3.6.3 培训总时长
4. 培训感知价值	4.1 培训成本	4.1.1 培训货币成本（直接和间接成本）
		4.1.2 培训非货币成本
	4.2 培训收益	4.2.1 培训货币收益
		4.2.2 培训非货币收益
5. 培训满意度	5.1 培训质量评价	—
	5.2 培训成本评价	—
	5.3 培训收益评价	—
6. 培训信任	6.1 再培训意愿	—
	6.2 宣传培训意愿	—

七、新生代农民工在职培训满意度调研设计

本书在考察新生代农民工在职培训满意度时采用实证研究法：一是使用问卷调查法，以参加过在职培训的新生代农民工为调查对象，采用随机抽样的调查方式，考察参与过在职培训的新生代农民工对培训的满意度；二是采用访谈法，针对建筑业和制造业这两个新生代农民工密集的行业里大、中、小不同规模的企业对在职培训的期望、现状和满意度，了解在职培训供给方现状，弥补问卷调查的不足。

第二节　新生代农民工在职培训满意度问卷调研

一、调查问卷设计

调查问卷内容由调查对象的背景资料、培训现状、培训满意三部分组成，分别与问卷上的相应问题相对应（如表 13-2-1 所示）。

（一）背景资料

背景资料是调查问卷的第一部分，包括 4 个问题，涉及新生代农民工个人信息和其最近一次参加在职培训的企业情况。（1）问题 1—3 旨在了解新生代农民工的人口统计学信息，包含性别、年龄、婚姻状况、文化程度、持有职业资格证书情况。（2）问题 4 对应最近一次为新生代农民工提供在职培训的企业情况，包含企业名称、主营业务、所在地、成立时间、规模。

（二）培训现状

调查问卷的第二部分主要关注新生代农民工在职培训的现状，共设计了 8 个问题，分别涉及新生代农民工参加培训的原因、培训内容、培训形式、培训师资、培训方式、培训地点、培训次数、培训认定 8 个方面，依次对应调查问卷第二部分的问题 1—8。

（三）培训满意

调查问卷的第三部分主要关注新生代农民工在职培训满意度，共设计了 34 个问题，分别涉及企业培训形象、培训期望、培训感知质量、培训感知价值、培训满意度、培训信任 6 个方面。（1）问题 1—2 对应企业培训形象：问题 1 考察企业知名度，问题 2 考察培训前员工对企业培训质量的评价。（2）问题 3—6 对应培训期望：问题 3—4 考察培训质量期望，问题 5—6 考察培训成本期望，问题 7 考察培训收益期望。（3）问题 8—24 对应培

训感知质量：问题8—11对应培训前期准备，其中问题8—10考察培训前是否进行了培训说明，问题11考察是否在培训前详细了解了员工的真实培训需求；问题12—13考察培训课程质量，其中问题12考察培训课程的针对性，问题13考察培训课程的实用性；问题14—15对应培训方法适宜，其中问题14考察培训方法的有效性，问题15考察培训方法的多样性；问题16—18对应培训师资质量，其中问题16—17考察培训师资专业性，问题18考察培训师资职业性；问题19—21对应培训环境质量，其中问题19—20考察培训硬件设施，问题21考察培训学习型氛围；问题22—24对应培训时间质量，其中问题22考察培训次数，问题23考察培训时间点，问题24考察培训总时长。（4）问题25—26对应培训感知价值：问题25从货币成本和非货币成本两方面考察培训成本，问题26从货币收益和非货币收益两方面考察培训收益。（5）问题27—29和问题32—34对应培训满意度：问题27考察培训质量评价，问题28考察培训成本评价，问题29考察培训收益评价，问题32—34考察培训需要改进的方面。（6）问题30—31对应培训信任：问题30考察再培训意愿，问题31考察宣传培训意愿。

表13-2-1　新生代农民工在职培训满意度问卷设计

问卷构成		表征信息	对应问题
1. 背景资料		个人信息	一（1—3）. 性别、年龄、婚否、文化程度、是否持有证书
		企业情况	一（4）. 以最近的一次在职培训为例，开展在职培训的企业名称、企业主营业务、所在地、企业成立年数、企业规模
2. 企业培训现状		培训原因	二（1）. 您以往参加培训的原因
		培训内容	二（2）. 您参加的在职培训内容有
		培训形式	二（3）. 您参加的在职培训形式有
		培训师资	二（4）. 您参加的在职培训师资有
		培训方式	二（5）. 您参加的在职培训方式有
		培训地点	二（6）. 您参加的在职培训地点有
		培训次数	二（7）. 您参加了多少次在职培训
		培训认定	二（8）. 对培训结果的认定
3. 培训满意度	企业培训形象	企业培训知名度	三（1）. 单位开展培训前您对本单位在职培训的了解程度
		企业培训质量评价	三（2）. 单位开展培训前您觉得本单位在职培训质量如何

问卷构成	表征信息			对应问题
3. 培训满意度	培训期望	培训质量期望		三（3）．您希望在职培训内容有
		培训成本期望		三（4—6）．您希望在职培训时间点、总时长、费用分别为
		培训收益期望		三（7）．您希望培训后获得了什么
	培训感知质量	前期准备	培训说明	三（8—10）．单位开展培训前和您讲清楚在职培训的目的、流程和内容了吗
			培训需求	三（11）．单位开展培训前对您在职培训需求了解程度
		课程质量	针对性	三（12）．培训内容与您工作需求的针对性
			实用性	三（13）．培训内容应用于工作的实用性
		方法适宜	有效性	三（14）．培训方法对您掌握课程内容的有效程度
			多样性	三（15）．从数量和针对性方面，评价培训方法的丰富程度
		师资质量	专业性	三（16）．从专业理论和培训经验方面，评价培训师的专业程度 三（17）．从讲解内容清楚明白、理论结合实际、激发学习兴趣方面，评价培训师的专业程度
			职业性	三（18）．从企业工作经历方面，评价培训师的职业性
		环境质量	硬件设施	三（19）．培训地点环境对理论讲解的有利程度 三（20）．培训地点设施对实际操作练习的有利程度
			学习氛围	三（21）．培训氛围对员工培训的有利程度
		时间质量	次数	三（22）．在职培训次数与您预期的符合程度
			时间点	三（23）．在职培训时间点与您预期的符合程度
			总时长	三（24）．在职培训总时长与您预期的符合程度

问卷构成	表征信息		对应问题
3. 培训满意度	培训感知价值	培训成本　货币成本	三（25）. 您参加培训个人支出费用和公司补贴费用分别为
		培训成本　非货币成本	三（25）. 您参加培训的时间点和总时长分别为
		培训收益　货币收益	三（26）. 您参加培训是否获得工资福利的提高
		培训收益　非货币收益	三（26）. 您参加培训是否获得职位晋升、自信心增加、工作效率提高或职业规划明确等收益
	培训满意度	培训质量评价	三（27）. 培训质量方面您总体满意程度
		培训成本评价	三（28）. 培训成本方面您总体满意程度
		培训收益评价	三（29）. 培训收益方面您总体满意程度
	培训信任	再培训意愿	三（30）. 您再培训的意愿
		宣传培训意愿	三（31）. 您主动给他人推荐培训的意愿

（四）问卷的信度效度分析

1. 信度分析

信度是指测验结果的一致性、稳定性与可靠性，一般多以内部一致性来表示该测验信度的高低。所谓内部一致性是指测量项目是否说明同一概念，测量的是否是同一特征，这些项目之间是否具有较高的内在信度。信度系数越高即表示该测验结果愈一致、稳定和可靠。在实证研究中，学术界普遍适用克朗巴哈 α 系数表示内部一致性，从经验上来说，如果克朗巴哈 α 系数大于 0.9，则认为测量项目的内部一致性很高；如果克朗巴哈 α 系数处在 0.7—0.9，则测量项目的内部一致性可以接受；如果克朗巴哈 α 系数小于 0.7，则要考虑重新设计测量项目。本书使用 SPSS 21.0 计算 α 系数为 0.937，大于 0.9，说明问卷设计较好，可信度较高，问卷内部结构较为一致，能够较为充分地反映出所要进行研究的问题（如表 13-2-2 所示）。

表 13-2-2　克朗巴哈 α 系数表

克朗巴哈 α 系数	可测量变量数
0.937	27

2. 效度分析

效度是指问卷测试结果的有效性，即问卷测量变量是否就是研究所要测量的变量。测量的效度越高，则测量的结果越能表示研究所要获得的结果。本书运用因子分析（Kaiser-Meyer-Olkin，KMO）方法和巴特利特法（Bartlett）来检验效度。

凯泽（Kaiser）给出了常用的 KMO 度量标准，通常 KMO 统计量取值在 0 和 1 之间，其中 0.9 以上表示非常适合，0.8 表示适合，0.7 表示一般，0.6 表示不太适合，0.5 以下表示极不适合。当所有变量间的简单相关系数平方和远远大于偏相关系数平方和时，KMO 值接近 1，KMO 值越接近于 1，变量间的相关性越强，原有变量越适合做因子分析。当所有变量间的简单相关系数平方和接近 0 时，KMO 值接近 0，KMO 值越接近于 0，意味着变量间的相关性越弱，原有变量越不适合做因子分析。巴特利特球形检验是以变量的相关系数矩阵为出发点的，它的零假设相关系数矩阵是一个单位阵，即相关系数矩阵对角线上的所有元素都是 1，所有非对角线上的元素都为 0。巴特利特球形检验的统计量是根据相关系数矩阵的行列式得到的。如果该值较大，且其对应的相伴概率值小于用户心中的显著性水平，那么应该拒绝零假设，认为相关系数不可能是单位阵，即原始变量之间存在相关性，适合于做因子分析，相反则不适合做因子分析。

本书使用 SPSS 21.0 计算 KMO 和 Bartlett 的值，结果如表 13-2-3 所示，KMO 值为 0.945，说明测量变量相关性强，非常适合做因子分析；巴特利特检验的 p 值为 0.000，明显小于显著性水平，拒绝原假设，认为本问卷具有较好的效度。

表 13-2-3　KMO 和 Bartlett 的检验

取样足够度的 Kaiser-Meyer-Olkin 度量		0.945
Bartlett 的球形度检验	近似卡方	4967.596
	df	351
	Sig.	0.000

二、问卷调查结果

本次调研采用非概率抽样，重点针对在建筑业和制造业从业且接受过在职培训的新生代农民工发放问卷 700 份，回收 508 份，剔除无效问卷后，有效问卷共计 347 份，问卷回收率 72.5%，有效率 68.3%。

（一）新生代农民工的人口特征及行业分布

1. 新生代农民工的人口特征

如表 13-2-4 所示，被调查的新生代农民工主要集中在建筑业和制造业，其中建筑业 129 人，占比 37.2%；制造业 218 人，占比 62.8%，该群体呈现出如下特征。

表 13-2-4　调查对象分布情况（N=347）

变量		人数（单位：人）	百分比（%）
性　别	男	265	76.4
	女	82	23.6
年　龄	20—25 岁	58	16.7
	25—30 岁	168	48.4
	30—35 岁	76	21.9
	35—40 岁	45	13.0
婚姻状况	已婚	181	52.2
	未婚	166	47.8
文化程度	初中与小学	65	18.7
	高中与技校	138	39.8
	大专与本科	144	41.5
职业等级证书	没有证书	220	63.4
	五级/初级工	93	26.8
	四级/中级工	33	9.5
	三级/高级工 二级/技师 一级/高级技师	1	0.3
企业规模	大型企业	105	30.3
	中型企业	156	45.0
	小型企业	86	24.8
行　业	建筑业	129	37.2
	制造业	218	62.8

其一，性别分布：男 265 人，占比 76.4%；女 82 人，占比 23.6%。由于问卷调查选择了新生代农民工聚集的建筑业和制造业，而这两个行业从业人员在性别分布上男性高于女性，故性别分布男性占比远高于女性，但该比例并不适用于描述其他更多的行业。

其二，年龄分布：平均年龄 28 岁，其中 20—25 岁有 58 人，占比 16.7%；25—30 岁有 168 人，占比 48.4%；30—35 岁有 76 人，占比 21.9%；35—40 岁有 45 人，占比 13%。与城镇职工、老一辈农民工群体不同，新生代农民工面对更为激烈的职场竞争。他们关注工作报酬，还注重福利待遇、工厂坏境、发展机会等，渴求精神满足和生活品质。家庭因素、社会支持因素对其城市定居意愿的影响更加明显①。故年纪大能吃苦的农民工多倾向于选择建筑业的体力劳动，而新生代农民工则不喜欢在这类以体力需求为主的行业从业。

其三，婚姻状况分布：已婚有 181 人，占比 52.2%；未婚有 166 人，占比 47.8%。相比父辈农民工，新生代农民工有二分之一弱处于未婚状态，也恰恰印证了这个群体是年龄轻型化的。2009 年全国总工会研究室调查结果显示，新生代农民工中未婚者占总人数的 80%左右。

其四，受教育程度分布：初中与小学学历有 65 人，占比 18.7%；高中与技校学历有 138 人，占比 39.8%；大专与本科学历有 144 人，占比 41.5%。新生代农民工中高中以上的学历占比高达 81.3%，比父辈农民工高 39.2 个百分点，其受教育程度远远高于父辈农民工。《2018 年农民工监测报告》中全部农民工高中以上文化程度占比 27.5%，由于两者调查的人群不同，并且本书调查的大型公司员工占比较大，相应拉高了新生代农民工的文化程度。

其五，职位资格证书分布：无证书 220 人，占比 63.4%；初级证书 93 人，占比 26.8%；中级证书 33 人，占比 9.5%；高级证书 1 人，占比 0.3%。与父辈农民工相比，新生代农民工的技能水平较高，有技能证书的占比高达 46.6%，几乎趋近于二分之一，比父辈农民工高 23.4 个百分点。但相对于新生代农民工较高的受教育水平，其技能水平不容乐观。我国未来高级技工缺口高达 2200 万人，但在问卷调查中无证书和初级证书的占比高达 90.2%，相对于新生代农民工较高的受教育水平，其技能水平还有待加强。

其六，从业的企业规模分布：大型企业 105 人，占比 30.3%；中型企业 156 人，占比 45%；小型企业 86 人，占比 24.8%②。

2. 新生代农民工在建筑业和制造业的分布情况

新生代农民工在建筑业和制造业的分布情况如表 13-2-5 所示。

其一，性别分布：建筑业中男性 108 人，占比 83.7%；女性 21 人，占比 16.3%。制造业中男性 157 人，占比 72%；女性 61 人，占比 28%。就建筑业和制造业比较而言，制造业对女性新生代农民工的吸纳能力要强于建筑业。

其二，年龄分布：建筑业中新生代农民工平均年龄 31 岁，其中 20—

---

① 张文霞、朱冬亮、邓鑫. 外来打工青年的社会支持网络与社会工作的介入[J]. 中国青年研究，2004，16（4）：40-50.

② 按照国家统计局 2003 年制定的《统计上大中小型企业划分办法（暂行）》，以企业的"从业人员数""销售额""资产总额"三个指标作为划分标准把企业划分为大中小三个类型。

25 岁 11 人，占比 8.5%；25—30 岁 44 人，占比 34.1%；30—35 岁 40 人，占比 31%；35—40 岁 34 人，占比 26.4%。制造业中新生代农民工平均年龄 27 岁，20—25 岁 47 人，占比 21.6%；25—30 岁 124 人，占比 56.9%；30—35 岁 36 人，占比 16.5%；35—40 岁 11 人，占比 5%。制造业中有 56.9% 的新生代农民工年龄落在 25—30 岁的区间内，占二分之一强，高于建筑业同年龄段的占比 34.1%；建筑业中 30—40 岁的占比为 57.4%，而制造业该比例仅为 21.5%。可见，建筑业的从业人员年龄比制造业稍长，从一个侧面反映了建筑业岗位的技能含量相比制造业要低，技能水平较低、年龄稍长的农民工更易进入该领域。

其三，婚姻状况分布：建筑业中已婚 103 人，占比 79.8%；未婚 26 人，占比 20.2%。制造业中已婚 78 人，占比 35.8%；未婚 140 人，占比 64.2%。在建筑业就业的新生代农民工已婚的占比几乎是制造业的两倍，这与建筑业从业者年龄相比制造业稍长是吻合的。

其四，受教育程度分布：建筑业中初中与小学学历有 60 人，占比 46.5%；高中与技校学历有 63 人，占比 48.8%；大专与本科学历有 6 人，占比 4.7%。制造业中初中与小学学历有 5 人，占比 2.3%；高中与技校学历有 75 人，占比 34.4%；大专与本科学历有 138 人，占比 63.3%。建筑业中初等和中等受教育程度的占比旗鼓相当，几乎各占半壁江山，高等教育程度的占比尚不足 5%。制造业从业的新生代农民工受教育程度的结构明显优于建筑业，高等教育占比最高且已超过 60%，其次是中等教育，中、高等教育程度合计为 97.7%，初等教育占比仅为 2.3%。比较建筑业和制造业新生代农民工的受教育程度，可做如下推断：（1）制造业新生代农民工的受教育程度高，进入劳动力市场的时间相对较晚，可能间接导致其推迟结婚年龄，故从调查结果看，已婚占比较低。（2）面对技术进步带来的就业风险，制造业存量新生代农民工基于较高的受教育水平，再叠加年龄轻型化，该群体更容易通过在职培训等人力资本投资形式提升就业技能，从而规避或减少就业冲击；而建筑业存量新生代农民工因受教育程度较低，再叠加年龄较大的劣势，人力资本投资的效率比制造业的要低，因而未来的就业风险更大些。

其五，证书分布：建筑业中没有证书的有 114 人，占比 88.4%，其中有初级证书的有 9 人，占比 7%，有中级证书的有 5 人，占比 3.9%，有高级证书的有 1 人，占比 0.7%；制造业中没有证书的有 106 人，占比 48.6%，其中有初级证书的有 84 人，占比 38.5%；有中级证书的有 28 人，占比 12.9%；有高级证书的有 0 人。与受教育程度的分布状况一致，建筑业 88.4% 的新生代农民工没有职业资格证书，虽然这并不能代表他们真实的职业技能状态，但至少表明建筑业存量新生代农民工的职业技能水平非常低，着实堪忧。反观制造业的存量新生代农民工，有 51.4%的人持有职业资格证书，这表明新生代农民工群体的职业技能基础还是相对不错的，如果供给匹配的职业教育和培训，该行业在应对中国实现"中国制造 2025"的产业转型中面临的技能短缺问题应该只是时间的问题。

表 13-2-5 建筑业（N=129）和制造业（N=218）新生代农民工基本情况分布

变量		行业	人数（单位：人）	比例（%）
性别	男	建筑业	108	83.7
		制造业	157	72.0
	女	建筑业	21	16.3
		制造业	61	28.0
年龄	20—25 岁	建筑业	11	8.5
		制造业	47	21.6
	25—30 岁	建筑业	44	34.1
		制造业	124	56.9
	30—35 岁	建筑业	40	31.0
		制造业	36	16.5
	35—40 岁	建筑业	34	26.4
		制造业	11	5.0
婚姻状况	已婚	建筑业	103	79.8
		制造业	78	35.8
	未婚	建筑业	26	20.2
		制造业	140	64.2
受教育程度	初中与小学	建筑业	60	46.5
		制造业	5	2.3
	高中与技校	建筑业	63	48.8
		制造业	75	34.4
	大专与本科	建筑业	6	4.7
		制造业	138	63.3
职业资格证书	没有证书	建筑业	114	88.4
		制造业	106	48.6
	五级/初级工	建筑业	9	7.0
		制造业	84	38.5
	四级/中级工	建筑业	5	3.9
		制造业	28	12.9
	三级/高级工 二级/技师 一级/高级技师	建筑业	1	0.7

（二）新生代农民工在职培训的现状

1. 新生代农民工在职培训总体情况

表 13-2-6 显示了企业为新生代农民工提供的在职培训的总体情况，内容涵盖培训原因、培训内容、培训形式、培训师资、培训方式、培训地点、培训次数、培训结果认定方面。

（1）培训原因。新生代农民工自己提出培训需求的占 33.1%，由用人单位随机提出培训要求的占 36.9%，用人单位在其制度规定下定期举办培训的占 72%。可见，新生代农民工和用人单位都有培训的意愿，能够为新生代农民工提供在职培训的大多是规范的企业，企业拥有制度化的在职培训供给安排。

（2）培训内容。专业技能培训占 54.8%，管理技能培训占 3.7%，日常工作行为规范培训占 95.7%，公司制度/企业文化培训占 69.7%，团队精神培训占 31.4%。占比由高到低的排序依次为: 日常工作行为规范、公司制度/企业文化、专业技能、团队精神、管理技能。在企业为新生代农民工提供的在职培训中，位居前两位的分别是日常工作行为规范、公司制度/企业文化，表明企业非常注重新生代农民工软技能的培训，这表明企业也开始探索与新生代农民工建立一种稳定的雇佣关系，愿意投入精力提升其对企业的认知，试图建立一种稳定的雇佣关系。另外，企业为新生代农民工提供的管理技能培训较少，这或者是基于农民工较低的人力资本水平无法胜任管理工作，或者是新生代农民工能够通过培训胜任管理工作所需的经济和时间投入过大，导致企业仍然将新生代农民工定位在技术技能人才层面。

（3）培训形式。在岗业余时间培训占 96.3%，离岗专门培训占 42.9%。对企业而言，新生代农民工离岗培训的投入过大，故绝大多数企业会选择在岗业余培训。不过从新生代农民工的角度看，这无疑增加了其工作量，如果是硬技能培训新生代农民工在主观上还愿意接受，但若是软技能培训占用业余时间他们就会存在主观惰性，从而影响培训效果。

（4）培训师资。高校学者占 29.4%，行业专家占 48.4%，企业内部师资占 83%。在企业为新生代农民工提供的培训中，主要由企业内部工作人员担任师资，这与其培训内容是契合的: 企业为新生代农民工提供的基于企业工作规范、企业文化和制度的软技能培训需要师资熟悉企业状况，而专业技能培训更加贴合企业生产实际，因而由企业内部工作人员担任师资也是非常契合的。

（5）培训方式。讲授演讲法占 77.8%，视听技术法占 60.2%，网络培训法占 16.7%，工作轮换占 46.4%，参观考察占 45.2%，户外拓展训练法占

29.1%，案例分析占 30.8%，角色扮演占 72.6%。其中采用最多的方法是讲授演讲法、角色扮演法、视听技术法。其中讲授演讲法、视听技术法均为较传统的培训方式，基于建筑业和制造业的工作岗位更强调动作技能和对工作环境的适应的特点，角色扮演法通过让新生代农民工模拟实际工作中的角色训练实操能力和适应能力，因而是比较适宜的培训方法。工作轮换法和参观考察法的投入成本较小，且能激活新生代农民工的潜在职业能力，因而也比较常见。目前网络培训法使用得还不够普遍，考虑到新生代农民工工作时间长的现实，企业可以在未来制作合适的互联网+培训课程，减轻新生代农民工在培训中的时间投入负担。

（6）培训地点。在企业内部培训的占 98%，在市场培训机构的占 48.1%，在其他企业培训的占 31.1%。无疑，几乎所有的企业都选择在企业内部为新生代农民工提供在职培训。究其原因，无论是企业日常工作行为规范、公司制度/企业文化等软技能培训，还是专业技能的硬技能培训，都是依托企业内部工作场所最为可靠，一是因为节省经济投入和时间投入，二是因为企业内部工作场所本身就是最真实的实训环境。

（7）培训次数。参加过 1 次培训的占 2.6%，培训过 2 次培训的占 14.1%，参加过 3 次培训的占 29.1%，参加过 4 次培训的占 26.5%，参加过 5 次培训的占 13.8%，参加过 5 次以上培训的占 13.8%，以参加过 3—4 次培训的居多。这组数据揭示了在职培训的良性循环效应：是否接受过在职培训是用人单位是否为新生代农民工提供在职培训的决策参考信号，接受过在职培训的新生代农民工更容易被企业选中作为在职培训对象，因而培训资源逐渐向受训过的新生代农民工集聚。

（8）培训结果认定。培训后发放结业证书的占 14.4%，培训后发放技能等级证书的占 17.9%，培训后发放行业准入资格证书的占 13.5%，培训后不发放任何证书也没有任何认定的占 54.2%。数据显示，绝大多数的企业不会在为新生代农民工提供在职培训后组织取证或者鼓励他们自己去取证，一是因为技能等级证书和行业准入资格证书均需经过政府认定的考核鉴定机构审核通过才能颁发，有一定难度，而这两类证书对新生代农民工在培训后向其他企业迁移的益处更大，企业助力其取证很可能助推了受训者的工作迁移，使得企业无法收回在职培训成本；二是因为企业在职培训侧重于融培训于工作，旨在帮助新生代农民工从工作中获得培训，不断提高在岗的职业能力，以期为企业带来更高的生产率，企业并不需要两类证书为新生代农民工带来的信号效用。

表13-2-6　新生代农民工在职培训现状

变量		占比（%）
培训原因	自己提出	33.1
	单位随机要求	36.9
	单位制度	72.0
培训内容	专业技能	54.8
	管理技能	3.7
	日常工作行为规范	95.7
	公司制度/企业文化	69.7
	团队精神	31.4
培训形式	在岗业余培训	96.3
	离岗专门培训	42.9
培训师资	高校学者	29.4
	行业专家	48.4
	内部人员	83.0
培训方式	讲授演讲法	77.8
	视听技术法	60.2
	网络培训法	16.7
	工作轮换	46.4
	参观考察	45.2
	户外拓展训练法	29.1
	案例分析	30.8
	角色扮演	72.6
培训地点	企业内部	98.0
	培训机构	48.1
	其他企业	31.1
培训次数	1次	2.6
	2次	14.1
	3次	29.1
	4次	26.5
	5次	13.8
	5次以上	13.8
对培训结果的认定	结业证书	14.4
	技能等级证书	17.9
	行业准入资格证	13.5
	没有认定	54.2

2. 新生代农民工在职培训的行业分布差异

建筑业和制造业新生代农民工在职培训的行业分布差异如表 13-2-7 所示。

（1）培训原因。建筑业中由新生代农民工自身提出培训需求的占 22.5%，用人单位随机要求的占 56.6%，用人单位在其制度规定下定期举办培训的占 65.9%；制造业中由新生代农民工自身提出培训需求的占 39.4%，用人单位随机要求的占 25.2%，用人单位在其制度规定下定期举办培训的占 75.7%。两个行业均以用人单位制度化培训的占比最高，一是说明这两个行业对新生代农民工的专业技能需求较高，二是表明这两个行业的职业安全教育都非常必要。两个行业比较而言，建筑业用人单位对新生代农民工在职培训供给意愿强烈；制造业新生代农民工自身主动参与在职培训的意愿更强烈，因为其通过职业培训获得的技能是可以迁移到更多行业的，即其在职培训的收益外溢效应较大。

（2）培训内容。建筑业在职培训中专业技能占 41.9%，管理技能占 3.1%，日常工作行为规范占 96.1%，公司制度/企业文化占 59.7%，团队精神占 15.5%；制造业在职培训中专业技能占 62.4%，管理技能占 4.1%，日常工作行为规范占 95.4%，公司制度/企业文化占 75.7%，团队精神占 40.8%。可见，两个行业都非常重视日常工作行为规范、公司制度/企业文化、专业技能培训，且新生代农民工日常工作行为规范的培训占比最高；相比建筑业，制造业更重视公司制度/企业文化、团队精神的培训，揭示了制造业企业管理的规范性以及其对新生代农民工协作能力的较强需求。

（3）培训形式。建筑业中在岗业余培训占 95.3%，离岗专门培训占 23.3%；制造业中在岗业余培训占 96.8%，离岗专门培训占 54.6%。两个行业培训形式都以在岗业余培训为主，伴有离岗专门培训，这充分表明两个行业内部环境与新生代农民工在职培训的契合度是非常高的，也说明企业非常注重节约培训成本。

（4）培训师资。建筑业中高校学者占 17.8%，行业专家占 44.2%，内部人员占 96.9%；制造业中高校学者占 36.2%，行业专家占 50.9%，内部人员占 94.8%。两个行业在职培训的师资均以内部人员为主、高校学者和行业专家为辅；不同之处在于建筑业的在职培训师资中高校学者和行业专家都比制造业占比小，表明建筑业工作岗位技能含量比制造业低，且工作岗位的适用面较窄，相对而言制造业的在职培训知识含量较高，因而对师资的人力资本水平要求也较高，故师资中高校学者和行业专家占比均高于建筑业。

（5）培训方式。建筑业中讲授演讲法占 48.1%，视听技术法占 91.5%，网络培训法占 7.0%，工作轮换占 51.2%，参观考察占 54.3%，户外拓展训练法占 13.2%，案例分析占 6.2%，角色扮演占 77.5%；制造业中讲授演讲法占 95.4%，视听技术法占 41.7%，网络培训法占 22.5%，工作轮换占 43.6%，参观考察占 39.9%，户外拓展训练法占 38.5%，案例分析占 45.4%，角色扮演占 69.7%。可见，建筑业以视听技术法为主，充分体现了建筑业工作岗位的实践较强；制造业以讲授演讲法为主，表明制造业工作岗位基于本身行业知识背景要求较高，故在职培训的内容具有一定理论性，采用讲授演讲法较为适宜。

（6）培训地点。建筑业中在企业内部培训的占 98.4%，培训机构占 34.1%，其他企业占 74.4%；制造业中在企业内部培训的占 97.7%，培训机构占 56.4%，其他企业占 5.5%。两个行业培训地点均以公司内部为主，建筑业新生代农民工在其他企业培训的比例大幅度高于制造业。

（7）培训次数。建筑业中接受过 1 次培训的占 5.4%，接受过 2 次培训的占 14%，接受过 3 次培训的占 31%，接受过 4 次培训的占 24%，接受过 5 次培训的占 11.6%，接受过 5 次以上培训的占 14%；制造业中接受过 1 次培训的占 0.9%，接受过 2 次培训的占 14.2%，接受过 3 次培训的占 28%，接受过 4 次培训的占 28%，接受过 5 次培训的占 15.1%，接受过 5 次以上培训的占 13.8%。两个行业中培训次数较多的均为 3—4 次，对新生代农民工而言都取得了较好的在职培训良性循环效应。

（8）对培训结果的认定。建筑业中培训后发结业证书的占 4.7%，培训后发放技能等级证书的占 1.6%，培训后发放行业准入资格证书的占 22.5%，培训后没有任何认定也没有发放任何证书的占 71.3%；制造业中培训后发结业证书的占 20.2%，培训后发放技能等级证书的占 27.5%，培训后发放行业准入资格证书的占 8.3%，培训后没有任何认定也没有发放任何证书的占 44%。在两个行业中，培训之后没有任何认定也不发放任何证书是在职培训的常态现象，但建筑业中有些特殊工种（比如建筑电工、建筑起重机械安装拆卸工、高处作业吊篮安装拆卸工等）必须持有特种作业操作证书才能上岗，故这类在职培训重视结果的认定，一般用人单位会帮助新生代农民工在培训后获取行业准入资格证书；制造业为减少新生代农民工因工作枯燥乏味、工作时间长而产生职业倦怠，更注重团队精神等软技能的培训，团队培训多以颁发结业证书结束培训，故对结果的认定中结业证书占比较高。

表 13-2-7　建筑业和制造业新生代农民工在职培训现状比较

变量		建筑业（%）	制造业（%）
培训原因	自己提出	22.5	39.4
	单位随机要求	56.6	25.2
	单位制度	65.9	75.7
培训内容	专业技能	41.9	62.4
	管理技能	3.1	4.1
	日常工作行为规范	96.1	95.4
	公司制度/企业文化	59.7	75.7
	团队精神	15.5	40.8
培训形式	在岗业余培训	95.3	96.8
	离岗专门培训	23.3	54.6
培训师资	高校学者	17.8	36.2
	行业专家	44.2	50.9
	内部人员	96.9	74.8
培训方式	讲授演讲法	48.1	95.4
	视听技术法	91.5	41.7
	网络培训法	7.0	22.5
	工作轮换	51.2	43.6
	参观考察	54.3	39.9
	户外拓展训练法	13.2	38.5
	案例分析	6.2	45.4
	角色扮演	77.5	69.7
培训地点	企业内部	98.4	97.7
	培训机构	34.1	56.4
	其他企业	74.4	5.5
培训次数	1 次	5.4	0.9
	2 次	14.0	14.2
	3 次	31.0	28.0
	4 次	24.0	28.0
	5 次	11.6	15.1
	5 次以上	14.0	13.8
对培训结果的认定	结业证书	4.7	20.2
	技能等级证书	1.6	27.5
	行业准入资格证	22.5	8.3
	没有认定	71.3	44.0

（三）新生代农民工在职培训满意度的调查结果与分析

1. 新生代农民工在职培训满意度的描述性统计分析

本书使用 SPSS 21.0 进行描述性统计分析，了解新生代农民工在职培训满意度模型各测量变量的基本情况。由表 13-2-8 可知，各可测变量的均值得分在 2.91～4.13，表明新生代农民工对在职培训的满意度处于"一般"和"比较满意"之间。

（1）企业培训形象分析

企业培训形象中企业培训知名度均值为 3.20，企业培训质量评价的均值为 3.42，新生代农民工对这两个变量的评价均为"一般"，表明企业培训形象有待提高，从企业为新生代农民工提供在职培训且多为免费培训而言，确实有点受累不讨好的意味。由于企业大部分情况下是基于制度化的培训安排为新生代农民工提供在职培训，或者企业随机提出培训要求，新生代农民工处于被动接受在职培训的地位，因企业未能对在职培训前的宣传和准备、培训后的维护与追踪给予足够的重视，影响了新生代农民工培训的主动性，从而未能给企业应有的正面评价。

（2）新生代农民工在职培训期望分析

新生代农民工在职培训质量期望均值为 3.37，培训成本期望均值为 2.91，培训收益期望均值为 4.13，培训收益期望的均值明显高于培训质量期望和培训成本期望，培训质量期望的均值高于培训成本期望。可见，对在职培训的质量期望中，新生代农民工最看重培训收益，其次关注培训质量，对培训成本反而不太关注。根据上述数据可以做如下推测。其一，新生代农民工相对注重在职培训的实际收益，根据问卷调查结果，有 80.7%的人希望培训后工资提升，45.8%的人希望培训后福利增加，39.2%的人希望培训后岗位晋升，41.2%的人希望培训后工作自信心增加，26.8%的人希望培训后工作效率提高，9.8%的人希望培训后职业规划更明确。新生代农民工期待的在职培训收益主要是货币收益，但也较为注重福利、自信心、岗位晋升等非货币收益，甚至有约四分之一的人期待生产率提升，有约十分之一的人期待通过在职培训更长远、更清晰地规划未来的职业生涯，相比父辈农民工，他们更希望通过在职培训改善自身的人力资本以增强在人才市场竞争中的优势。其二，相比培训质量，新生代农民工对培训成本的关注度要低，这很大程度上是因为在职培训是由企业提供的，就培训成本投入而言，企业投入了货币成本，新生代农民工投入的是时间成本，相对于直接的货币支出，新生代农民工对付出时间成本是较容易接受的。从这个意义上看，新生代农民工最愿意接受的在职培训就是由企业直接提供或者政府主导提供。

（3）新生代农民工在职培训感知质量分析

培训前期准备的均值为3.58，培训课程的均值为3.86，培训方法的均值为3.56，培训师资的均值为3.31，培训环境的均值为3.59，培训时间的均值为3.47，其中培训课程的均值最高，培训师资的均值最低，培训环境、前期准备、培训方法的均值水平基本相当。根据以上数据可做如下推测。其一，新生代农民工很重视在职培训的课程设置及课程内容，这与其对培训货币收益的高度关注是吻合的，因为货币收益提升的根本原因就在于劳动生产率的改善，因此他们对培训的质量要求是非常务实的。培训课程的均值最高，表明课程的针对性和实用性得到了新生代农民工的认可。其二，新生代农民工对在职培训质量的要求是相对全面而综合的，除了对培训课程的务实要求，还同时关注培训环境、培训准备是否充分以及培训方法。其三，新生代农民工对培训师资不够满意，调研发现培训师资绝大部分为企业内部工作人员，虽然内部师资保证了培训师资的专业性和职业性，但"外来和尚会念经"的传统理念影响了其对培训师资的评价。其四，培训时间的均值最低，表明新生代农民工对培训时间的满意度最低，根据调查结果，企业为新生代农民工提供的在职培训绝大部分是在岗业余时间实施的，用休息时间作为培训时间虽然节约成本，但基于新生代农民工大多劳动强度较大，占用业余时间进行学习也无异于一种负担，体力和精力不能很好地恢复。

（4）新生代农民工在职培训感知价值分析

统计结果显示，培训成本均值为4.12，培训收益均值为3.07，可见新生代农民工认为获得的培训收益较低，而付出的培训成本较高，主观上认为在职培训的性价比不高。究其原因，在职培训多是在岗业余时间实施的，这无异于企业以延长工作时间迫使新生代农民工补偿培训成本，导致新生代农民工感知的在职培训货币收益偏低。对比新生代农民工的在职培训期望数据发现，新生代农民工对培训收益的期望值远大于培训成本，均值差为1.22；而培训感知质量中培训收益均值低于培训成本，均值差为-1.05。因此在期望与实际感知之间出现了较大的缺口，这从一个侧面反映了新生代农民工对在职培训的期望是很高的，要提升其对在职培训的满意度，企业还有更多工作要做。培训收益涵盖货币收益和非货币收益两个方面，对企业而言，除了用货币收益激励新生代农民工参与在职培训，还可以从职业生涯设计的视角出发，建构基于在职培训的晋升通道，以激励新生代农民工参与在职培训。在职培训与晋升和深度职业培训挂钩的激励机制，能够促进形成稳定的雇佣关系，对企业获取培训收益、提升员工技能水平，以及促进员工职业成长都大有裨益，也为新生代农民工融入城市社会奠定坚实的经济基础。

（5）新生代农民工在职培训满意分析

培训质量评价的均值为 3.74，培训成本评价的均值为 3.48，培训收益评价的均值为 3.47，其中对培训质量评价的均值最高，培训成本评价和培训收益评价的均值大体相当，都接近 3.5。总体上看，新生代农民工在职培训满意度的各项测量指标均居于"一般"和"比较满意"之间。培训满意度是基于培训期望和培训感知质量的比较而做出的综合性评价，上述统计数据显示，尽管新生代农民工对在职培训的感知价值和培训期望有落差，但理性地看待企业提供的在职培训，他们仍然认为培训质量是比较不错的，故培训质量评价的均值最高；新生代农民工对培训成本的分担和培训收益的分享也均比较满意，且培训成本的付出也基本得到了等价回报，故培训成本的评价均值和培训收益的评价均值大体相当。

（6）新生代农民工在职培训信任分析

新生代农民工再次接受在职培训的意愿均值为 3.73，宣传培训的意愿均值为 3.40，均处于"一般"和"比较愿意"之间。从数据推断，在职培训大体上达到了新生代农民工的需求，还愿意继续接受在职培训，也愿意向周围的同事宣传推荐企业的在职培训。但是，在职培训距离他们的期望还有一定差距，因此企业在培训的组织、管理、实施、评价反馈等环节还有待进一步提高，从而在企业和新生代农民工之间建立起更好的信任，不断提升在职培训满意度。

表 13-2-8　可测变量的均值和标准差

一级指标	二级指标		均值	标准差
1. 企业培训形象	1.1 企业培训知名度		3.20	0.709
	1.2 企业培训质量评价		3.42	0.711
2. 培训期望	2.1 培训质量期望		3.37	9.672
	2.2 培训成本期望		2.91	0.780
	2.3 培训收益期望		4.13	0.657
3. 培训感知质量	3.1 培训前期准备	培训说明	3.79	0.735
		培训需求调查	3.37	0.873
	3.2 培训课程	培训课程针对性	3.92	0.622
		培训课程实用性	3.79	0.639
	3.3 培训方法	培训方法有效性	3.64	0.765
		培训方法多样性	3.48	0.871

一级指标	二级指标		均值	标准差
3. 培训感知质量	3.4 培训师资	培训师资专业性	3.34	0.780
		培训师资职业性	3.27	0.757
	3.5 培训环境	培训硬件设施	3.65	0.621
		培训氛围	3.53	0.641
	3.6 培训时间	培训次数	3.53	0.693
		培训时间点	3.54	0.642
		培训总时长	3.35	0.579
4. 培训感知价值	4.1 培训成本	货币成本和非货币成本	4.12	0.671
	4.2 培训收益	货币收益和非货币收益	3.07	0.831
5. 培训满意度	5.1 培训质量评价		3.74	0.791
	5.2 培训成本评价		3.48	0.610
	5.3 培训收益评价		3.47	0.681
6. 培训信任	6.1 再培训意愿		3.73	0.701
	6.2 宣传培训意愿		3.40	9.707

2. 新生代农民工在职培训满意度的相关性分析

这部分旨在揭示影响满意度的因素，为改进新生代农民工在职培训满意度提供参考。

（1）结构变量间的关系验证

选用 SPSS 21.0 的相关系数检验第二节假设中呈现的变量关系，检验结果如表 13-2-9 所示。

表 13-2-9　新生代农民工在职培训满意度模型各结构变量之间的相关性

在职培训满意度	企业培训形象	培训期望	培训感知质量	培训感知价值	培训满意	培训信任
企业培训形象				0.71（H1）$P=0.000$	0.75（H2）$P=0.000$	0.68（H3）$P=0.000$
培训期望				0.27（H4）$P=0.001$	0.12（H5）$P=0.174$	
培训感知质量				0.73（H6）$P=0.000$	0.78（H7）$P=0.000$	
培训感知价值	0.71（H1）$P=0.000$	0.27（H4）$P=0.001$	0.73（H6）$P=0.000$		0.75（H8）$P=0.000$	
培训满意	0.75（H2）$P=0.000$	0.12（H5）$P=0.174$	0.78（H7）$P=0.000$	0.75（H8）$P=0.000$		0.87（H9）$P=0.000$
培训信任	0.68（H3）$P=0.000$				0.87（H9）$P=0.000$	

注：显著性水平为 0.01。

其一，企业培训形象与其他结构变量的关系。企业培训形象与培训感知价值、培训满意度和培训信任的相关系数分别为 0.71、0.75 和 0.68，显著性水平均小于 0.01，证明原假设 H1、H2 和 H3 成立，企业培训形象对培训感知价值、培训满意度和培训信任均有直接正相关影响，即企业在新生代农民工中的良好形象带来了新生代农民工对在职培训的感知价值和培训满意度的提升，从而对企业更加信任。

其二，培训期望与其他结构变量的关系。培训期望和培训感知价值的相关系数为 0.27，显著性水平小于 0.01，证明原假设 H4 成立，培训期望对培训感知价值有直接正相关影响。培训期望和培训满意度的相关系数为 0.12，但是其显著性水平为 0.174，明显大于 0.01，因此拒绝原假设，证明 H5 不成立，即新生代农民工对在职培训的期望与培训满意度并不呈正相关，培训期望越高，培训满意度反而越低。

其三，培训感知质量与其他结构变量的关系。新生代农民工在职培训的培训感知质量与培训感知价值和培训满意的相关系数分别为 0.73 和 0.78，显著性水平小于 0.01，证明原假设 H6、H7 成立，即培训感知质量对培训感知价值和培训满意度均有直接正相关影响。故企业要提高新生代农民工在职培训的满意度，从根本上讲还是要做好在职培训的组织和管理工作。

其四，培训感知价值与其他结构变量的关系。新生代农民工在职培训感知价值与培训满意度的相关系数为 0.75，显著性水平小于 0.01，证明原假设 H8 成立，即培训感知价值对培训满意度有直接正相关影响。

其五，培训满意度与其他结构变量的关系。新生代农民工在职培训满意度与培训信任相关系数达 0.87，证明原假设 H9 成立，即培训满意度对培训信任有直接正相关影响，故培训满意度的提高有利于提升新生代农民工对在职培训的信任，既有利于企业提升在职培训效果，也有利于新生代农民工基于职业生涯规划的需求主动接受在职培训。

（2）结论与讨论

第一，结论。新生代农民工在职培训模型的结构变量之间的相关关系为：其一，企业良好的培训形象能够提升新生代农民工对在职培训的感知价值和培训满意度，从而逐渐建立对企业的培训信任；其二，培训感知质量对培训感知价值和培训满意度均有直接正相关影响，故企业要提高新生代农民工在职培训满意度进而提高在职培训效率，需要加强培训的前期调研、培训期管理、培训后期追踪，全方位提升组织和管理在职培训的水平和质量；其三，培训感知价值对培训满意度有直接正相关影响，提供企业和新生代农民工都认可的在职培训能够保证新生代农民工感知到较高的培训价值，进而提升对培训的满意度，那么就需要从根本上明晰并确定企业和新生代农民工在职培训的成本分担和收益分享机制；其四，培训满意度对培训信任有直接正相关，从长期看，企业要在转型中获得符合企业要求的高素质劳动者，需要持续提供优质的在职培训，包括认知人力资本和非认知人力资本，认知人力资本主要指专业知识和技能，新生代农民工最愿意参与这类培训，但非认知人力资本在未来的工作岗位中将扮演越来越重要的角色，尤其是需要新生代农民工具有不断应对非均衡（各种变革）的能力，因此企业需要加强在职培训制度设计和组织管理以激发新生代农民工参与的积极性，从而改善非认知人力资本类在职培训的效果。从根本上说企业关注的非认知类人力资本应该也是新生代农民工关注的重要人力资本内容，无论是基于产业转型升级的需求，还是其在经济上融入城市需要，非认知人力资本都能帮助新生代农民工在经常遭受职业变迁中能够不断适应多变的非农就业需求。相比能够安身立命的认知人力资本，新生代农民工对非认知人力资本的潜在需求尚处于待激活的状态。

第二，讨论。培训期望与培训满意度呈负相关，否定了先前的假设。作为理性经济人，企业肯定是基于自身对新生代农民工职业技能的需求，根据利润最大化的决策原则提供在职培训。但是不针对需求的供给是缺乏效率的供给，不考虑新生代农民工的职业培训需求一是无法达到企业的预期，二是无法令受训者满意，因此调查结果才拒绝了培训期望与培训满意度之间的正相关关系。一个无法令培训双方均满意的在职培训一定是有提升空间的，对企业而言，做好在职培训前的需求调研和准备工作，为新生代农民工提供匹配其需求和可行时间安排的且满足企业的职业技能需求的在职培训，应该是可以修正培训期望与培训满意度之间的关系的。在中国产业转型升级的背景下，企业同样面临着转型升级，技术工人短缺成为企业转型的重要掣肘，在存量农民工的职业技能和职业素养无法满足企业需求的困境下，如果企业的在职培训能同时结合新生代农民工市民化的需求，则可以缩小该群体在职培训期望与培训满意度的差距。

第三节　新生代农民工在职培训企业访谈

一、企业访谈设计

通过企业访谈了解企业在为新生代农民工提供在职培训后的反馈，访谈对象是企业相应层级的负责人，访谈提纲由企业的培训期望、培训现状、培训满意度三部分构成（如表 13-3-1 所示）。（1）企业的培训期望从员工期望和企业期望两方面考察，对应第一部分问题，其中员工期望对应问题1.1，企业期望对应问题 1.2。（2）培训现状从培训实施、培训成本和培训收益三方面考察，对应于访谈提纲的第二部分的问题 1—7。其中，培训实施细分为培训制度、培训方式两个指标，对应问题 2.1 和 2.2.；企业培训成本细分为货币成本、培训费用分担机制两个指标，对应问题 2.3 和 2.4；企业培训收益细分为员工收益、企业收益和员工奖励机制三个指标，对应问题 2.5、2.6 和 2.7。（3）培训满意度从员工满意、员工不满意，企业满意、企业不满意进行考察，对应第三部分的问题 1—4。其中员工满意对应问题 3.1，员工不满意对应问题 3.2，企业满意对应问题 3.3，企业不满意对应问题 3.4。

表 13-3-1　企业负责人访谈提纲设计

访谈提纲构成		表征信息	对应问题
1. 培训期望		1.1 员工期望	一（1）. 企业对新生代农民工（以下简称"员工"）培训的目的，是希望提升他们哪些能力
		1.2 企业期望	一（2）. 通过培训，希望企业在哪些方面有所改进
2. 培训现状	实施	2.1 培训制度	二（1）. 企业是否为培训制定了相关的规章制度，如果有，分别有哪些呢
		2.2 培训方式	二（2）. 企业的员工培训有哪些方式，请从培训的内容、培训师资、培训场地、具体的时间安排等方面，详述如何实施
	成本	2.3 企业培训成本	二（3）. 企业每年在培训前期要做哪些准备，比如资金投入、设备供应等，请详述

续表

访谈提纲构成		表征信息	对应问题
2. 培训现状	成本	2.4 培训费用分担	二（4）．员工培训的费用是由员工自己支付，企业支付，还是共同分担
	收益	2.5 员工收益	二（5）．通过培训，企业感受到员工的变化了吗？如果有，具体体现在哪些方面呢
		2.6 企业收益	二（6）．通过培训，企业有哪些变化呢？如果有，具体体现在哪些方面呢
		2.7 员工奖励机制	二（7）．接受过培训的员工在薪酬方面和内部晋升等方面有变化吗
3. 培训满意度		3.1 员工满意	三（1）．员工最认可企业培训哪些方面，比如培训课程、培训方式、培训师资、培训时间、培训场地等，为什么
		3.2 员工不满意	三（2）．员工对培训的哪些方面不满意，为什么
		3.3 企业满意	三（3）．企业认为培训哪些方面可继续保持，为什么
		3.4 企业不满意	三（4）．企业认为培训还可在哪些方面进行改进，如何改进会更好

本次访谈只遴选了为新生代农民工提供在职培训的大中小不同规模的建筑业和制造业企业，其中大型建筑业企业1个，大、中、小型制造业企业各1个，团队培训机构1个，作为对新生代农民工在职培训满意度调查问卷的补充，从在职培训供给者的视角考察企业对新生代农民工在职培训的满意度。访谈对象是企业培训工作的负责人，旨在考察为新生代农民工提供在职培训的企业对在职培训的真实反馈，结合新生代农民工在职培训满意度的问卷调查分析，从不同的视角立体地考察新生代农民工在职培训供需存在的问题、剖析成因并提出对策。

二、企业培训期望的调查结果与分析

本书对企业培训期望从两方面考察：一是对新生代农民工培训后能力提升的期望，二是培训后公司获益的期望。

（一）制造业

1. X大型玻璃制造企业制造车间李主任

企业的培训期望主要有两个方面。一方面，企业希望通过培训提高新生代农民工四方面的能力：（1）增强综合素质，提升岗位技能和自我价值感，提高生产效率和服务水平；（2）加深对企业的认知程度，对企业有归属感和主人翁责任感；（3）促进企业与新生代农民工的双向沟通，提高新生代农民工的向心力和凝聚力，塑造并融入优秀的企业文化；（4）适应市场变化，借助培训促进人力资源质量提升，培养企业的后备力量。另一方面，通过为新生代农民工提供在职培训，为企业树立良好形象，增强企业盈利能力，优化薪资和层级架构，实现企业降本增效、精益生产，从而更好地保持企业永续经营的生命力。

2. X 中型机械制造企业装备一厂陈厂长

企业的培训期望主要有两个方面。一方面，希望通过培训提高新生代农民工两方面的能力：（1）提高新生代农民工的安全意识，使其熟悉和遵守企业各项安全规章制度，实现企业安全生产，文明生产，有效减少不安全行为，防范生产安全事故；（2）提升职业技能，提高新生代农民工的生产效率和工作积极性。另一方面，通过在职培训改善新时代农民工纪律松散、工作懈怠等消极怠工问题。

3. X 小型电子制造企业生产车间林主任

企业的培训期望主要有：通过在职培训使新生代农民工了解并遵守在企业务工的日常行为规范，遵守工作守则，学会操作机器，掌握工艺要求，保持生产线的有序进行。

（二）建筑业

X 大型桥梁工程建筑企业安全培训汪经理认为，企业的培训期望主要有两方面。一方面，通过培训提高新生代农民工四方面的能力：（1）掌握一定的操作技能，满足岗位需求；（2）了解施工现场主要工种和辅助工种的工作关系，熟悉本工种有关的安全操作技术规程，提高质量和安全意识；（3）具备基本的法律知识，增强遵纪守法和用法维权意识；（4）增强适应工作和生活的能力，养成良好的公民道德意识，树立建设城市、爱护城市、保护环境、文明礼貌的社会风尚。另一方面，通过在职培训降低因新生代农民工的技能水平和综合素质参差不齐导致的施工效率低下，期待提高工程的质量和速度，实现员工素质和企业经营战略的匹配，促进企业科学、安全、和谐、可持续发展。

（三）市场培训机构

X 团队教育培训公司雷经理认为，企业的培训期望主要有两方面。一方面，通过对新生代农民工进行团队培训，提高其工作的积极性和纪律性，唤醒感恩意识，加强团队之间的协调和凝聚力，提升工作幸福度；另一方面，通过新生代农民工培训，改善团队中每个人的工作状态、提高执行力，通过提升团队的整体质量降低企业内耗、增加企业效益。

（四）结论与讨论

企业为新生代农民工提供在职培训主要是期待其职业能力的提升。其一，大中小不同规模、不同行业的企业均非常重视通过在职培训提升新生代农民工的认知人力资本水平，主要包括专业知识和专业技能两方面。其二，针对提升非认知人力资本的在职培训也受到不同类型尤其是大企业的青睐，包括岗位工作规范、工作安全、企业文化、团队合作、法律法规、职业精神等。

不同规模的企业对新生代农民工接受在职培训后职业能力提升的关注点有所差异，大企业比中小企业更关注新生代农民工非认知人力资本水平的提升，针对该群体融入城市非农务工的需要供给企业文化、安全生产、岗位工作规范、职业精神等方面的在职培训，有利于新生代农民工做好职业生涯规划，尤其是企业文化方面的培训内容让新生代农民工更有主人翁意识，激励其参与职业培训为自己做长远规划。而中小企业则更关注认知人力资本，因为专业知识和专业技能直接关系到企业的生产力。不过不论是什么规模的企业，都非常重视岗位工作规范和职业安全，因为有数据显示，80%的事故都是因为缺乏安全生产的意识导致的。

综上，大企业的在职培训是在促进农民工融入城市社会、扮演好非农务工角色的长远规划下提供在职培训。不过新生代农民工的"短视"可能曲解了企业的好意，因而改变了培训期望和培训满意度之间的正相关关系，呈现出负相关。从这个意义上说，仅有企业对新生代农民工提供非认知人力资本还是远远不够的，亟待政府介入，从促进新生代农民工市民化进而提升城市化质量水平的视角出发，提供公益性的非认知人力资本投资项目，剥离出一部分企业职能。这样做的好处在于：一是减轻企业的培训负担，让企业更聚焦于认知人力资本提升；二是能够切实改善并恢复新生代农民工在职培训期望与培训满意度之间的正相关关系。

三、企业培训现状的调查结果与分析

对企业的培训现状主要从培训实施、培训的成本和收益三方面考察，具体采用培训制度、培训方式、培训货币成本、培训费用分担机制、员工收益、企业收益和员工奖励机制七个指标。

（一）制造业

1. X 大型玻璃制造企业制造车间李主任

其一，从培训实施来看，本企业为在职培训制定了严格翔实的培训管

理制度，清晰说明了企业培训的目的、理念、内容、职责划分、计划等以便于在职培训有条不紊地实施。培训内容分为岗位基础培训、技能提升培训和品质管理培训，根据组织层级进行培训。（1）岗位基础培训是新生代农民工进入岗位前必不可少的培训，其中要求了解企业发展历程、所处市场、发展展望、企业文化和价值观、企业组织架构、各部门职能分解、企业规章制度、本部门的工作范围、本岗位的工作流程、安全规程、企业主要项目的产品知识和工艺，主要由部门主管进行培训，培训后经过考核确定是否转正。（2）技能提升培训是新生代农民工不断精进岗位技能的有力保障，其中普通工人和特种作业工人的培训方式有所不同，普通工人由企业的培训专员、岗位标杆工人、外聘教授分别通过例会培训、经验分享、案例分析等方式对岗位技能和知识进行在职业余培训。特种作业工人由企业委托相关培训机构进行专门离岗培训，尽快考取相关职业技能证书。（3）品质管理培训是企业品质保证，是企业实现精益生产的基础，是企业实现"转型升级"可持续发展的必经之路。通过对新生代农民工进行品质管理培训，提升其质量生产的意识，提高生产效率，改善工作气氛。

其二，从培训成本来看，除了特种工人培训费用是企业和个人共同分担培训费用，其他培训均由企业承担费用，提供场地，聘请师资。

其三，从培训收益来看，培训不断提高新生代农民工职业化水平和岗位技能，提升对错误的识别率，优化工作模式，更好地实现降本增效。

2. X 中型机械制造企业装备一厂陈厂长

其一，从培训实施来看，企业并没有在书面上制定培训管理制度，但是有约定俗成的培训时间和内容，偶尔也会根据现实情况进行随机培训。培训内容分为入职培训、岗位技能培训和安全培训。（1）入职培训内容依据企业员工守则、工厂产品及零部件、生产过程、工具及设备使用和保养等进行设计。部门主管对新生代农民工进行入职培训和技能评估，使其了解该岗位的日常行为规范、工作内容、安全操作规程、危害源辨识和相关信息、考勤管理制度等。（2）岗位技能培训采取一对一模式，即一位带教师傅对应一名新生代农民工，在 3—5 天内使其技能水平达到独立顶岗操作并无产品质量问题的水平。（3）安全培训包含对安全思想、安全知识、安全理论和安全方法的培训。对新生代农民工实行"三级"安全教育，即入厂培训、车间培训、班组培训。对特种工作人员不仅进行专门的安全培训，还必须取得安全合格证后方能独立工作。其二，从培训成本来看，由于培训多为内训，培训师资为企业内部人员，故由企业承担费用。其三，从培训收益来看，有利于新生代农民工快速适应工作内容，了解企业的规章制度，减少工作中的伤害和致命事故，实现企业的安全生产。

3. X 小型电子制造企业生产车间林主任

其一，从培训实施来看，企业尚没有制定培训制度，大都是根据近期需求进行随机培训。培训目的是基于解决具体的生产问题，减少生产事故，维持生产线正常运行。培训方式是由熟练员工带新员工，帮助其熟悉工作环境，更快融入企业，达到岗位需求。其二，从培训成本来看，由企业负担全部费用。其三，从培训收益来看，上述在职培训能够在短期内减少生产问题、降低生产事故的发生概率、保证企业的正常有序运行。

（二）建筑业

X 大型桥梁工程建筑企业安全培训汪经理提出了如下几点。

其一，从培训实施来看，企业有专门的培训实施办法和安全生产培训制度。培训实施办法规定了培训的指导依据、培训职责划分、培训任务和内容、培训组织实施、培训经费管理等，使企业教育培训工作更加规范化、制度化。安全生产培训制度规定了安全教育的时间、内容、方法、范围等，为提高新生代农民工安全意识和安全技术，加强自我保护，实行安全施工。培训内容分为入职培训、专业培训和安全培训。（1）入职培训包括企业创业发展史、企业业务、企业组织结构、企业管理制度、行业规范标准和安全知识、所担任的岗位工作情况等，确保新生代农民工具有相应岗位的基础知识，熟悉企业组织结构、目标、制度、相关政策等，对企业的性质和发展有初步的了解，使其在今后的工作中能够通过适当的组织和协调工作，按一定的程序达到工作目标。入职培训由部门主管负责组织培训内容和进行授课。（2）专业培训即基本技能和技术操作规程的培训，不同工种的技能要求不尽相同，要根据建设部颁发的《职业技能标准》和《职业技能岗位鉴定规范》分别对每个工种进行理论培训和技能实训，通过一定的科学方法，促使新生代农民工在知识、技能、态度等方面得到提高，保证其具备承担工作职责的能力，以按照预期标准完成现在或将来工作任务的能力。从事特种工种的新生代农民工，如电工、水暖电安装工、架子工、焊接工等，必须经过培训机构的专门培训取得相应的特种作业资格后才能上岗。专业培训由专业部门的师资进行理论培训，由师徒培训进行技能实训，即在一位专业人员的指导下，尝试即将从事的工作，指导者应协助受培训者完成岗位工作，并随时指出应注意事项和应改进地方。（3）安全培训包括安全术语和法规常识、中小型机具安全常识、施工现场安全常识、文明施工常识和生活区安全用电常识等，通过典型事故案例分析和多媒体教学，使新生代农民工提高安全意识，熟悉本工种有关的安全操作技术规程，有效规避危险源，确保施工安全。安全教育培训主要由安全部门来组织实施，新员工要进行三级教育，即企业教育、项目部教育和班级组教育，每月至少进行一次全体职工安全教育，年内不定期组织安全生产演讲和安全图片展览，提高安全管理的自觉性、主动性，实行安全生产。

其二，从培训成本来看，企业自办培训所需的费用由企业自行承担，新生代农民工参加的培训机构举办的培训并取得职业资格证书或特种作业资格证后，企业和新生代农民工均分培训费用。

其三，从培训收益来看，新生代农民工培训后接受了一些先进的理念，加强了安全文明生产意识，减少了安全事故的发生，提高了专业知识和能力，养成了良好的自觉性和责任意识。在职培训的额外收益是能够帮助企业负责人了解新生代农民工的思想状况、工作情况和相关基本知识技能的掌握情况；改善公司人才结构，为企业培养和储备人才，为企业的可持续发展提供保障。

（三）市场培训机构

X团队教育培训公司雷经理提出了如下几点。

其一，从培训实施来看，对培训制度的制定因企业而异，但是企业都会要求新生代农民工遵守培训纪律，即培训中完全服从于教练的指挥和不能以任何借口不参与培训或脱离培训。团队培训主要由三部分构成，分别是户外拓展训练、内心素质训练、魔鬼训练。户外拓展训练，以团队为主，拓展身体素质。内心素质训练，以心态为主，调整心态，唤醒感恩意识。魔鬼训练，以激发潜能为主，操练人的身体承受极限的能力，锻炼意志，挖掘潜能。户外拓展训练和魔鬼训练都是以体验、引导、分享、总结为主；内心素质训练则是以讲师的分享为主。

其二，从培训成本来看，全部培训费用均由企业负责。企业外包团队培训给专业机构，培训费用是按培训参与人数计算，培训一人的资金投入一般是300—400元，其中培训时间一般是2—3天，一天的费用包含教练工资、培训服装、人身意外保险、交通、餐饮、住宿等，加起来共150元左右。企业对培训费用投入的年度预算有所差别。

其三，从培训收益来看，新生代农民工参与培训后提高工作纪律性、积极性、责任感和幸福度，改善因压力、工作疲惫等导致的工作亚健康状态，促进了企业和新生代农民工之间的双向沟通，有利于企业发现团队的问题，发掘有潜力的员工，便于改善团队质量和凝聚力，培养企业后备力量，增强企业的盈利能力。

（四）结论和讨论

从培训实施的规范性来看，两个行业的大型企业均有规范的培训制度，而中小型企业则大部分缺乏培训制度的书面文件，培训多根据企业最急迫、最现实的需求组织实施，缺乏长远培训规划，不利于从职业生涯规划的角度引导新生代农民工在非农产业的就业和人力资本投资行为。

从培训内容看，企业培训主要是入职培训、岗位技能培训，由于制造业和建筑业注重安全生产，因而企业也注重安全生产培训。相比中小企业，大型企业更注重品质管理培训，从源头上保证企业产品的品质。

从培训成本来看，除了新生代农民工考取职业技能证书或特种作业资格证的费用由企业和个人共同分担外，其他培训费用基本均由企业承担，企业在承担在职培训成本时并未特别区分在职培训是一般培训还是特殊培训。从培训收益来看，企业为新生代农民工提供在职培训是值得的。一是能够提升新生代农民工的职业性和专业性，促进生产更规范，更安全，提升生产效率；二是在劳动力短缺的背景下，企业提供在职培训能够培养雇佣双方的感情，做到稳定用人，有利于建立团队，营造适宜的企业内部劳动力市场，逐渐培养新生代农民工的职业生涯规划的意识。

四、企业培训满意度的调查结果与分析

对企业的培训满意度从两个主体四个方面进行考察：企业感知到的新生代农民工对在职培训的满意和不满意情况，以及企业自身对在职培训的满意和不满意情况。

（一）制造业

1. X 大型玻璃制造企业制造车间李主任

（1）新生代农民工对在职培训的满意度

其一，普通工人通过技能提升培训了解岗位的主要内容、危害源和关键特性，经过培训师的示范操作，在试操作中逐渐掌握主要动作的关键点并明白其中的原理，对于岗位的安全要求、标准的操作、质量要求有了详细具体的认知，他们的工作效率和自信心得到了提高。其二，特种作业工人通过技能培训考核获得准入资格证后，才能从事特殊岗位的工作，相比普通工人工作的技术含量更高，工资福利提高，工作稳定性增加。其三，通过品质管理培训，受训对象接纳了精益生产的理念，并且对精益生产、降本增效有了直观认识，能够有意识地优化操作，提高工作效率。其四，在车间员工的案例分享中，聚焦于生产流程中的具体问题，加强了新生代农民工之间的沟通，也便于更好地解决生产中遇到的问题。与此同时，新

生代农民工希望企业在实施培训活动之前，了解他们的实际需求和期望目标，做一个详细的培训需求调查分析，帮助他们设置职业生涯目标，从而将他们的个人需求与企业的组织需求和任务需求相结合，可以更好地激发他们的主动性、积极性和创造性。

（2）企业对在职培训的满意度

企业通过在职培训对新生代农民工进行人力资本投资，不断地提高他们的专业知识和专业能力，日益深化精益生产的理念，养成自觉性和负责任的工作态度，不仅推动企业战略目标的实现，而且有利于树立良好的企业形象。特别需要指出的是，企业认为科学的培训计划和案例分析的培训方式需要继续保持。其一，科学的培训计划即根据企业实力和战略目标对在职培训需要的人力、物力等进行科学的安排和设置，这样才能保证在职培训有序平稳地开展，发挥其效用，更大限度地提高投资的回报率。其二，案例分析即车间员工之间就工作实际问题进行经验分享和学习反馈，这种培训方式不仅可以使其他员工提升错误识别度和相同问题的解决能力，提高工作效率，而且加强员工之间的交流沟通，增加团队凝聚力和归属感。

企业认为在职培训有待改进的地方是培训前的宣传和培训后的考核。其一，培训前要向新生代农民工介绍培训的目的和主要流程，了解他们的培训需求，激发其参加培训的积极性，提升培训意识。其二，培训后要对培训的结果进行全面考核，不能只看一次考试的成绩，要根据培训后知识转化为能力的状况，结合以往的表现进行合理科学的评估。在此基础上建立员工培训考核手册制度，把各类培训、考核成绩、奖励、惩罚等情况均计入手册，作为员工上岗、转岗、晋升和提资等的依据。

2. X 中型机械制造企业装备一厂陈厂长

（1）新生代农民工对在职培训的满意度

通过安全培训，新生代农民工不仅学习了基本设备相关安全知识，学会了识别设备的不安全状态和员工的不安全行为，而且进一步养成了安全习惯，遵守设备操作和维修保养的规程，做到安全维修，安全保养。企业在职培训应从以下几个方面着手改进：其一，培训方式单一，培训大都是企业聚集员工开会普及知识，以多媒体讲授为主，教材缺乏新颖性，不能很好地激发学习的积极性和主动性；其二，培训激励机制不健全，培训很少与岗位晋升和工资福利挂钩，企业也不重视培训后的应用，没有相关的制度和氛围；其三，培训前没有需求调查，培训要结合新生代农民工的需求和企业的发展目标，实现合作共赢，才能提高员工参与培训的满意度。

（2）企业对在职培训的满意度

企业内部在职培训的员工一对一模式需要继续保持，这样不仅节省费用，提高新生代农民工之间的交流沟通，而且能直观地进行示范教学，便于新生代农民工尽快地掌握动作要领，独立操作。但对培训后的应用监督需要改进，培训后要营造培训应用的浓厚氛围，支持鼓励新生代农民工自觉运用培训所学知识，监督考核经过在职培训后其对培训内容的掌握和应用情况，这样才能发挥培训活动的最大价值。

3. X 小型电子制造企业生产车间林主任

（1）新生代农民工对在职培训的满意度

通过培训了解公司奖惩制度和行为规范，新生代农民工掌握了简单的操作技能，能够尽快地融入企业。与此同时，新生代农民工认为培训大都是"临时抱佛脚"，培训课程缺乏科学设置，内部讲师缺乏教学经验，培训效果无法得到保证。小企业员工的工资多为基本工资加提成，提成与工作量成正比。新生代农民工普遍觉得培训没意义，工作时间参加培训会影响提成，下班时间参加培训会占用休息时间，下班后疲倦状态下参加培训会影响听课效率。

（2）企业对在职培训的满意度

企业认为培训后新生代农民工的错误操作减少，失误率降低，可以短时间内减少问题的发生，保证生产线的正常平稳运行。目前对培训前的宣讲需要改进，要提升新生代农民工培训的意识，让他们了解培训的目的和重要性。

（二）建筑业

X 大型桥梁工程建筑企业安全培训汪经理的看法如下。

1. 新生代农民工对在职培训的满意度

新生代农民工对在职培训满意的方面有：其一，通过安全培训，不同工种的新生代农民工熟悉本工种有关的安全操作技术规程，有效地规避危险源，确保施工安全，降低安全事故的发生；其二，培训激励机制科学，企业会用积极的手段调动新生代农民工参与到培训中，培训考核结果与工资福利、岗位晋升等挂钩。新生代农民工认为在职培训在以下方面需要改进：其一，培训时段的设置不够灵活，缺乏弹性，时常与日常紧要工作相冲突；其二，参加培训的新生代农民工对培训内容的需求不同，但却按照统一的教材和培训大纲，统一集中授课，不能体现出差异性需求；其三，特种工人参加培训班，其中授课老师是遵循教学大纲，照本宣科，按部就班地完成给予的教学任务，很难有互动沟通，加上标准理解不统一，缺乏权威性，疑义之处得不到解答。

2. 企业对在职培训的满意度

企业认为在职培训工作在以下方面有成效：其一，安全教育中三级教育通过逐层培训加强了安全文明生产意识，减少安全事故的发生，提高了专业知识和能力，养成了良好的自觉性和责任意识；其二，培训前对新生代农民工的培训需求调查可以帮助企业负责人了解员工的思想状况、工作情况和基本知识技能的掌握情况。但是，企业认为在职培训的时间设置和培训后的跟踪监管有待加强：其一，建筑业新生代农民工从事的工作强度大，工作时间不稳定，需要弹性化的培训时间，创建弹性培训方式；其二，培训后的跟踪监管能让企业更好地了解新生代农民工的技能操作和安全知识程度，便于企业后续培训工作的开展，为工资福利的设置和岗位晋升提供合理有效的依据。

（三）市场培训机构

X团队教育培训公司雷经理的看法如下。

1. 新生代农民工对在职培训的满意度

新生代农民工对在职培训满意的方面：团队培训中户外拓展寓教于乐，以体验为主，在游戏中提高新生代农民工总结分析的能力，释放工作压力，增强团队的凝聚力。新生代农民工认为在职培训需改进的地方：其一，团队培训中需要统一服装，虽然服装保证干净整洁，但是尺寸不能做到人人合适；其二，提供的餐饮不能做到适合每个人的口味。

2. 企业对在职培训的满意度

企业认为团队培训方式和内容需要继续保持，让新生代农民工在做中学、玩中学，在培训中提高工作积极性、纪律性、感恩意识等，增强对企业的归属感，降低离职率，提高企业的效益。但同时企业也认为在职培训后的跟踪管理需要改进，这样有利于及时调整培训，使培训做得更好。

（四）结论与讨论

新生代农民工普遍认可企业提供在职培训的行为，认为在职培训收益是比较客观的：其一，在职培训可以提升职业技能，进而提高收入，这是他们最看重的方面；其二，在职培训提高了对安全的认识，培养了团队合作精神，以及解决问题的能力；其三，通过在职培训尤其是特殊培训可以和企业建立比较稳定的关系，有利于在城市建立稳定的生计，从而有利于融入城市。但是新生代农民工认为在职培训还有很多方面需要改善：其一，因企业在培训前缺乏有效的沟通，因而新生代农民工往往是被动参与培训的，从而在一定程度上影响了参与在职培训的积极性和培训效果；其二，最愿意参与能直接提升生产率的认知人力资本类的在职培训，对团队精神、企业文化等非认知类在职培训缺乏参与的积极性；其三，新生代农民工工作强度大，工作时间长，希望在职培训的时间能够更弹性、更灵活；其四，中小企业新生代农民工认为企业的培训随意性太强，无法跟自己的职业生涯规划有机结合；其五，新生代农民工显然并未意识到培训成本问题，因此对企业外部的师资充满期待。

　　不同规模的企业对新生代农民工在职培训的认识是有差异的。大企业普遍认可科学的培训机制和规范的培训制度，认为培训可以提升新生代农民工的生产率、安全意识、品质意识、企业文化认知等，发现案例教学可以更好地提升其解决问题的能力。中小企业认可按紧急需求随机安排在职培训，看重新生代农民工的职业技能和安全意识培训，认为培训可以降低错误率。不论规模大小，企业都认为要提升新生代农民工在职培训的效率需要做如下改进：其一，加强在职培训前对新生代农民工的需求调研，使培训更有针对性；其二，加强在职培训的考核监督和后期跟踪管理，促进培训知识和技能的转化应用。

五、新生代农民工在职培训中企业和受训者行为的偏离

　　企业和受训的新生代农民工均为在职培训的受益方和成本方，作为理性经济人，他们的决策原则都是力图以自己最小的经济代价去获得最大的经济收益。就企业而言，作为市场主体，根据"谁投资、谁受益"的原则，企业不会为一般培训付费，而是由新生代农民工自己付费，一旦新生代农民工在接受完培训后离职跳槽到其他单位就业，则企业不会有成本损失，而培训收益也由新生代农民工享受。企业对提供特殊培训最感兴趣，鉴于特殊培训的收益对新生代农民工跳槽没有太大帮助，因此一般由企业付费，培训收益由企业获得，或者成本由双方分担，相应地培训收益也由双方分享。那么现实情况如何呢？

　　就一般培训而言，实际的调查结果和在职培训理论显示的成本收益分担模式有些差异。企业针对新生代农民工提供的一般培训实际上是在按特殊培训或混合培训的成本承担和收益享受模式在运行，从而偏离了经典在职培训理论。其一，本着"谁投资，谁受益"的原则，可由新生代农民工承担一般培训成本，但调查显示有高达 87.3%的新生代农民工不愿意为培训付费。一是新生代农民工收入水平的约束。《2017 年农民工监测报告》显示农民工月均收入 3485 元，在住房成本、生活成本以及应对身体健康风险等压力下，他们更倾向于储蓄而不是进行人力资本。二是工作时间的约

束。超时工作是新生代农民工的普遍工作状态，2017 年农民工月均从业时间 219.24 小时，是法定 166.64 小时的 1.32 倍；日均从业时间为 8.7 小时，日从业时间超过 8 小时的占 37.3%，周从业时间超过 44 小时的占 84.4%。超时劳动使得新生代农民工没有额外的时间和精力去参加在职培训。其二，企业虽然缺乏提供一般培训的积极性，但调查中仍有 43% 的企业愿意提供一般培训。一方面，企业用工有质量要求时可雇佣具有价格优势的农民工，再通过在职培训促进其职业技能符合岗位需求，达到节约人力成本的目的；另一方面，表面上是企业支付了一般培训的成本，但企业可以通过适当降低受训者工资的形式转嫁部分培训成本，如果适当转让部分培训收益给新生代农民工，他们也是可以接受的，即便企业不分享收益，新生代农民工也没有损失，因为这为其下一次工作搜寻奠定了高收益的基础。调查显示，新生代农民工参加培训机构并取得相应职业资格证书或特种作业资格证后，企业和新生代农民工均分培训费用。在这样的培训模式下，企业和受训者达成共识，共担成本，共享收益。

就特殊培训而言，一方面，鉴于新生代农民工较低的人力资本水平，目前其就业中使用通用性人力资本比较多，鲜少涉及专用性人力资本，故对企业提供的特殊培训缺乏兴趣，因而这类培训该由企业付费。调查显示，在制造业和建筑业有 72% 的在职培训都是基于企业制度安排的，反应了企业在新生代农民工在职培训中的主动性，这种主动性或者是基于特殊培训的自身收益较多的性质，更有可能是基于新生代农民工对在职培训的主动性较差而无可奈何的选择。另一方面，调查显示，企业在新生代农民工在职培训后并没有明确的激励措施，工资福利提高的占 23%，职位晋升的仅占 5.1%。新生代农民工作为理性经济人对在职培训的"短视"影响了其培训的参与积极性，这在其对培训的关注点有所体现，如在针对软技能培训的团队培训中更关注饮食和服装，而不是关注团队凝聚力的提高，对培训的收益评估更倾向于货币收益而忽视非货币收益等。

第四节 新生代农民工在职培训现存的问题及对策

一、现存问题

通过对制造业为新生代农民工提供在职培训的调查发现，该群体的在职培训尚存在以下几方面的不和谐之处。

（一）新生代农民工的高培训意愿和低培训参与率并存

调查发现，有85%的新生代农民工愿意接受企业培训，但其实际参训率却不足23%。究其原因，一方面，培训费用、培训时间、培训效果和工作的流动性等制约了新生代农民工的培训参与度；另一方面，企业对培训总体不够重视，中小企业负责人表示，相对于自己提供培训训练技能人才，企业更愿意招收有技能、进企业就能上岗的新生代农民工。

（二）企业对技能人才的高需求意愿与供给技能培训的低意愿并存

虽然在政策和舆论上都已表明产业发展对技术技能人才的井喷式需求，然而，企业对待新生代农民工的培训工作却颇显"冷淡"。调查发现，对企业而言，在职培训是企业的人力资本投资，该类投资不同于企业的其他投资，投资收益的回收具有高度的不确定性，企业作为理性经济人，在追求利润最大化的理性驱动下，必然会在新生代农民工的在职培训问题上"搭便车"，或者仅在利益驱动下提供"急学急用"的需求推动型培训，大部分企业不会提供"循序渐进"的技能发展型培训。

（三）企业对培训的潜在高规格需求愿景与低培训关注度并存

在调查中，不论企业规模如何，他们均对科学制定培训计划、培训投入高收益、培训质量高有着美好的愿景式需求。但实际上，多数企业并没有制定详细的培训计划，对于如何培训、培训采用的具体形式以及如何进行培训后的测评没有规范的书面文本。虽然企业负责人均表示对培训前期规划和培训效果监督制约机制的需求，但是面对培训成本高昂、培训回收期长、技术革新等压力，除了大型企业，中小企业对在职培训工作投入的时间和精力较少。因此，企业对培训的潜在高规格需求愿景与低培训关注度是矛盾性并存的，尤其是大多数企业对在职培训缺乏统筹规划、监督制约机制不完善。

（四）新生代农民工对培训多样化的需求与企业在职培训管理的固化并存

新生代农民工普遍希望培训内容多元化、培训方式灵活化、培训师资专业化、培训时间弹性化，但目前企业培训内容较为局限、培训方式单一化、培训师资内部化、培训时间固定，尚不能满足新生代农民工的需求。从培训内容看，技能类培训、礼仪类培训、基础知识培训与心理培训是当前新生代农民工的主要需求类型，而企业提供的更多是厂规厂纪、安全生产等制度性、技能类的培训；从培训方式看，新生代农民工思维活跃，接受新事物能力强，熟悉网络知识，在培训手段上可以更多地采用现代培训技术，但是目前的培训手段与技术比较落后，师傅带徒弟（36.3%）与大课堂模式（34.8%）是当前新生代农民工接受培训的主要模式[①]；从培训师资来看，75%以上为内部员工授课，没有一支稳定的专业或兼职讲师队伍；从培训时间来看，大部分新生代农民工在流水线上工作，每天工作 8 小时以上，每周单休者居多，且培训时间需求不同，而传统固化的培训时间让他们望而却步。

（五）新生代农民工职业生涯规划的需求与企业培训的随意性并存

虽然新生代农民工的就业迁移频繁，但其融入城市的意愿高于第一代农民工，因此该群体需要稳定的就业，更需要一个合理的职业生涯规划，若企业培训能够在充分了解新生代农民工职业生涯规划的基础上，或者企业培训本身就为新生代农民工规划了职业生涯，该群体参训的积极性就会较大。大企业的在职培训相对规范，但中小企业对在职培训的"搭便车"和"急学急用"式培训在强调企业收益的同时，忽略了新生代农民工的职业生涯规划需求，因而难以调动参训的积极性。从长远看，基于职业生涯规划的企业培训更能促进企业与新生代农民工建立稳定的雇佣关系，对雇佣双方都是大有裨益的。

（六）新生代农民工对基于终身学习的培训需求与企业缺乏完善培训体系的现状不匹配

20 世纪 60 年代中期以来，在联合国教科文组织及其他有关国际机构的大力提倡、推广和普及下，终身教育已经作为一个极其重要的教育概念而在全世界广泛传播。新生代农民工为不断适应飞速发展的社会，他们有多样化的学习和发展需要，而这个单纯地靠企业一方是难以满足的，需要政府、社会共同合作支持。现在企业的培训体系还停留在头痛医头、脚痛医脚的"救火工程"，有效的培训体系应该深入发掘企业的核心需求，根据企业的战略发展目标预测企业对人力资本的需求，提前为企业需求做好人才的培养和储备。

二、对策建议

（一）发挥政府主导作用

1. 强化政府公共服务职能引导培训资源流向

政府在农民工培训中的工作重点是制定政策、扶持市场、宣传引导，保证资源流向通用技能培训和高端技能培训，发挥低端培训的政府兜底和高端培训的政府引导工作。一方面，针对新生代农民工在职培训供需不匹

---

① 袁小平、徐欣. 新生代农民工的培训研究[J]. 继续教育研究，2012（07）：24-26.

配，尤其是企业对职业通用技能的"搭便车"现象，可由政府协调行业协会或人力资源和社会保障部门来提供培训，将企业的培训资源引导到企业最感兴趣的特殊培训领域内，由此激发企业供给在职培训的积极性，同时也提升新生代农民工的能力和素质。另一方面，通过政府资金投入引导企业和市场培训机构供给高级技术技能人才养成所需的培训，将新生代农民工培养成为未来产业转型升级所需的人才。这无疑在解决企业转型升级面临的人才困境的同时，也提升了新生代农民工应对变革的能力，减少了失业风险，从而促进该群体通过稳定就业建构在城市生存的经济基础。

2. 构建新生代农民工终身教育体系满足其多样化的学习需求

一方面，将现代在线远程教育融入终身教育体系，结合新生代农民工实际情况，利用新媒体将知识和技术传播给新生代农民工，充分利用其"碎片化"的时间，通过教育和培训的可获得性减少其来自时间上的学习压力，实现弹性化学习。另一方面，搭建新生代农民工终身教育"立交桥"，构建纵向上从初等教育、中等教育到高等教育相衔接，横向上学历教育和非学历教育、技能培训等相沟通的多元培训体系，满足新生代农民工多样化的学习和发展需要。通过引入多元主体，构建灵活、开放的新生代农民工终身教育体系，赋予新生代农民工适应未来技术变迁引发的就业迭代的职业能力和学习能力。

3. 提供制度保障促进形成在职培训的多元资金投入机制

其一，以政府资金投入协调行业和人社部门介入通用技能培训、引导企业和市场供给高端职业培训，这需要政府的资金投入政策和资金监管制度，以确保政府资金得到高效使用。其二，政府依托行业建立企业培训基金制度，对为新生代农民工提供职业培训的企业给予财政补助、税收优惠，激发企业提供在职培训的积极性。其三，新生代农民工个人投入成本取得产业转型升级急需的职业技能证书，政府给予奖励，鼓励该群体通过市场机构主动进行在职培训，且将其引导到高端产业领域，同时激活对市场机构职业培训的需求。

4. 助力中小企业建构完善的在职培训制度

如前所述，与大企业相比较，中小企业普遍缺乏系统规范的培训制度，因而中小企业的雇佣关系也相对松散，这非常不利于新生代农民工的职业技能积累，也影响了其在城市建构可持续生计的经济基础。中小企业是一个经济体最具有活力的经济单位，鉴于在职培训给其带来的经济成本约束，政府可制定中小企业在职培训激励计划，从制度和资金两方面给予扶持，在激励中小企业提供在职培训的同时，确保新生代农民工能获得持续的在职培训。

（二）加强企业主体作用

1. 强化在职培训前期宣传以激发新生代农民工参与的积极性

在调查中发现，新生代农民工普遍反映企业在提供在职培训前未对其培训需求等进行详细调研，在职培训是企业单方意愿驱动下的供给，因而有供需不匹配之感，也确实影响了该群体参加培训的积极性和对培训效果的主观评价。可见，企业要提高新生代农民工在职培训的效果，需从培训前期调研开始，在充分掌握其培训需求的基础上设计匹配的培训，有的放矢，新生代农民工参训的积极性和培训效果才会有所改善。

2. 完善培训内容和培训方式助推培训质量提升

一方面，培训内容的设计要紧密结合岗位需求，既有深度又有宽度。职业技能训练是新生代农民工最看重的培训，围绕职业技能提升的安全生产、职业群知识和技术培训、职业素养、法律、道德等培训能从更宽泛的口径为新生代农民工适应城市就业、应对未来的变革提供基础。另一方面，在职培训方式宜灵活多样，可采用现代媒体手段辅助传统课堂和车间培训，充分利用新生代农民工的"碎片化"时间，尽量减少其学习负担。

3. 制定基于职业生涯规划的在职培训制度和匹配的培训激励机制

职业生涯规划是通过职业定位、目标设定、通道设计对职业生涯进行持续的系统安排的过程，相对于某一次求职来说，职业生涯规划往往关系到新生代农民工在整个经济生命周期内的就业发展。新生代农民工融入城市意愿高于老一代农民工，故企业提供的在职培训仅仅基于"急学急用"并不能激发新生代农民工的积极性，反之若企业能够将职业培训制度化、系统化，新生代农民工能够看到不同职业培训对应的福利改善和职位晋升轨迹，无疑会激发其参训的积极性。系统的职业生涯规划给了了新生代农民工与企业共同成长的机会，稳定了雇佣关系，为其融入城市建立了基于就业的经济基础。这需要企业对在职培训进行统筹规划，围绕在职培训建立健全培训制度、培训质量管理制度、培训奖励机制、培训效果评价机制，以提高培训资金使用效率和效益。

第十四章 外部技能形成：农民工院校职业教育调研

第一节 农民工接受院校职业教育的政策分析

2019 年《政府工作报告》提出高职院校扩招 100 万人，2020 年《政府工作报告》提出"今明两年职业技能培训 3500 万人次以上，高职院校扩招 200 万人，要使更多劳动者长技能、好就业"，高职院校依据《高职扩招专项工作实施方案》（2019），结合自身专业特点，将招生对象从传统的应届毕业生拓展至农民工、退役军人、下岗职工、新型职业农民四类人员以及相当一部分有接受高职教育意愿的在职人员，扩招政策成为落实《国家职业教育改革实施方案》的重要举措之一。高职扩招政策将存量劳动力纳入正规教育体系，旨在凭借正规教育助力其技能形成以实现更好就业，本书主要针对农民工接受高职教育的情况做简要分析。

一、高等职业教育在农民工技能形成中的作用

农民工接受高职教育是其应对人力资本存量贬损和就业脆弱性的有效人力资本投资方式，高等职业教育的作用如下。其一，农民工通过高等职业教育取得学历证书，改变被边缘化在次要劳动力市场的境遇，为进入主要劳动力市场获得体面就业奠定硬件基础。从这个意义上看，高等职业教育架构了农民工从次要劳动力市场向主要劳动力市场迭代的桥梁。其二，农民工通过高等职业教育提升职业技能，为其向更好的就业领域迭代建构了基于职业生涯规划的终身学习基础，能够提升抵抗失业风险的能力。其三，农民工接受高等职业教育，是劳动力带着职业技能存量接受正规教育学习，在正规教育的外部技能形成基因内植入了内部技能形成的基因。在

人才培养模式方面，传统的高职教育人才培养模式是以学校为实施主体的"学校-企业"模式，企业积极性难以调动，因此"工学结合""产教融合"的内外技能形成效果欠佳。但高职面向农民工扩招的人才培养模式是以企业需求为前提的"企业-学校"模式，依托"半工半读""工学交替""送教上门"等为企业量身定制人才培养方案，故农民工接受高等职业教育走的是内外融合的技能形成路径。

二、高等职业教育培养农民工的理念设计

教育部等六部门联合发布的《高职扩招专项工作实施方案》（2019）是高职扩招的政策依据，该方案要求高职院校秉承"面向市场、服务发展、促进就业的办学方向"实施扩招，重点布局在"区域建设急需、社会民生领域紧缺和就业率高的专业，以及贫困地区特别是连片特困地区"，服务于更高质量、更充分的就业需要，故提升就业质量成为高职扩招的主基调。高职扩招的对象是普通高中毕业生、中职（含中专、技工学校、职业高中）毕业生、退役军人、下岗失业人员、农民工和新型职业农民等群体。考虑到各个群体的特点和受教育状况，高职扩招采用专项考试的形式，以高职院校单独组织考试为主要形式，入学测试重点考察考生的职业技能水平，比如，中职毕业生采取"文化素质+职业技能"考试方式；退役军人、下岗失业人员、农民工和新型职业农民免予文化素质考试，采用职业适应性测试或职业技能测试的形式；另外还可设置基于职业技能等级证书等的免试项目。高职扩招生源按照"标准不降、模式多元、学制灵活"实施教学管理，在提高人才培养的针对性、适应性和实效性的前提下，对退役军人、下岗失业人员、农民工和新型职业农民等群体实施单独编班，分类制定人才培养方案，采取弹性学制和灵活多元的教学模式，依托校企合作开展灵活多样的实践教学。为突出高职扩招对职业技能水平提升以及对提升就业质量的作用，对退役军人、下岗失业人员、农民工和新型职业农民等已积累的学习成果（含技术技能），探索通过水平测试等方式进行学历教育学分认定。

三、高职扩招农民工的院校实践：管理者的视角

针对高职扩招农民工生源政策的实施情况开展了实地调研，走访了 8 所高职院校，各高职院校扩招生源构成差异、专业差异等多个因素使得扩招呈现多个样态，针对教学管理者、院长等的访谈情况合并整理如下。

访谈1：X高职商学院胡院长

商学院扩招面向社会生源，主要参考点如下：解决前几年因招生指标少而未能如愿上大学的人的升学问题；满足有工作、愿意读书、自身状态不错的人的学历提升需求；生源应有高中毕业证书，或高中同等学力。商学院在扩招之前曾探索与企业合作培养农民工，但由于农民工流动性太大，企业的合作意愿较弱，后学院调整办学思路，以宁波本地存量劳动力为培养对象，在园林管理专业与农村合作社合作培养新型职业农民。

园林管理专业的学生是来自宁波两个山区县的农村合作社农民，其入学前的主业是种景观树（经济作物），他们在身份上是真正的农民，有从业技能，想来高职实现技术、知识升级。扩招生源的年龄跨度较大，40—70岁不等。

宁波X职业技术学院设有园林管理专业，可以帮助这些农民生源实现新种植养护、病虫害防治、土壤优化等方面的技术、知识升级。学校为这些学员单独编班，实行弹性学习：农闲时集中学习，每2周周末集中到校学习2天，充分利用学校的硬件和师资资源，且不挤占应届生学习资源；农忙时送教入社，分区域集中学习，在农村合作社现场开课，授课人为同行、老师，师生之间可以就实验、实训以及一些理论内容充分交流。

园林管理专业为农民生源提供了三个平台。第一，学历提升的学习机会是一个专业的学习平台，学员首先通过专业学习实现知识和技术的升级。第二，单独编班为这些来自不同地区的农民学员搭建了一个信息共享的平台，学员通过互相交流切磋提升技术技能和知识水平，也为其产品销售打开了更广阔的市场。第三，学校的互联网平台向农民学员开放，为其提供资源共享平台，扩大其产品销路。

访谈2：X高职教务处李处长

招收农民工生源的专业单独编制培养方案，生源单独组班。总学时2500左右（课程数量在30门左右），比应届生专业总学时少200左右，课程门数少10门左右，主要减少了选修课。农民工生源所在专业的单门课程学时比应届生多，相当于变相降低难度以适应其受教育状况。课程主要安排在周六日或工作日晚上。

农民工生源所在专业的实践课分三次分别在三个学年实施。第一学年开设认知实习，让学生明白专业"是什么？将来干什么？"通常应届生只设置一次认知实习，但农民工生源却有2—3次，尤其是在企业组班学习的可直接在企业现场实施认知实习；散户报名的生源则由教师线上发视频+学生提交实践报告的形式实施。第二学年开设跟岗实习，在企业组班学习的生源，由企业师傅在企业现场带学生，目前学校类似的教学点有 10 个；散户报名的则要入校实施。第三学年开设顶岗实习，学员直接在工作岗位上实施。

访谈 3：X 高职高教所檀所长

高职扩招的生源主要来自校企合作的企业员工，授课采用线上线下结合的方式。思政课和文化素质课采用线上授课的形式，一方面解决学校硬件承载力限制问题，另一方面满足企业对员工的职业能力需求。上课时间为周末、晚上等业余时间。实训课程主要采用线下授课的形式，依托企业合作培训实施，扩招生源与学校应届学生混合在一起实训，两类生源在实训课程中能够相互补充，一方面，扩招生源可以在实践技能方面指导校内学生，另一方面，校内学生可以在理论知识方面帮助扩招生源。以酒店管理专业为例，摆台、插花等实践工作社招生员是可以指导应届生的。实训课程的师资配备是双导师制，学校要求青年教师每年有 6 个月的企业实践，在企业实践期间由青年教师带领学生下企业完成实训课，企业派出企业导师与青年教师一起完成学生实训课程，专业老师负责指导理论，企业导师负责指导实践，扩招学生与应届生互补。扩招专业的课程时间安排相对灵活，以酒店管理专业为例，酒店业务旺季时开展实训，解决企业用工需求，淡季时实施理论学习。这样的课程安排以满足企业需求为前提，凸显行业企业特色，且充分考虑企业需求。

针对农民工教育现状，为解决基础课学习困难的问题，学校实施了有针对性的教学改革，根据任务模块的需求设置基础课内容。另外，学校认为依据"木桶原理"对农民工实施"补短板"的思路不适合，要用"扬长教育"培养农民工，可用技能成果、证书、获奖、拓展学分来置换不及格科目，注重培养农民工的特长，只要总学分达到要求即可毕业，而不是因某一门课程不及格而对之"一票否决"，让农民工因自身特长而被社会接纳。因此，高职扩招生的培养方案是否科学，不是单纯用既有标准衡量的科学性，而是根据职教的类型特点、扩招学员本身特点、企业任务需求制定合适的培养方案。

四、高职扩招农民工的院校实践：教师视角

针对 8 所高职院校的 104 名教师实施了随机问卷调查，其中专职教师占 94.23%，兼职教师占 5.77%，从教师的视角分析高等职业教育在农民工技能形成中的作用。

负责农民工教学的教师以中壮年为主，30—50 岁的占比达 76.92%；学

历层次较高，硕士及以上学历占比高达 78.84%；就职称层次而言，副教授以上占比为 34.61%，讲师占比高达 46.15%；实践能力较强，持有职业资格证书的占比高达 94.23%。从农民工培养的师资队伍素质看，教师年富力强、学历高、职业技能水平也高，从精力和能力上可以满足农民工培养的需求。

学校为农民工学员单独制定培养方案的占比达 81.73%，单独编班的达 86.54%。高职院校教师认为，为农民工学员单独制定培养方案主要考虑如下因素：自身教育现状及学习接受能力、自身职业技能特点、授课时间安排、企业用工需求等，旨在使培养方案在实践中可行，且培养的人才符合企业需求。教师认为扩招农民工学员与应届学员有差别的占 75.96%，比如，农民工学员的社会实践丰富、动手能力强，但是文化层次较低、学习基础较差、缺乏系统学习的经验、工作日学习时间紧张等。因此，大部分教师认为培养农民工学员必须单独制定培养方案，且认为应该实施分层教育的占 75.96%。在单独编班、单独制定培养方案以及实施分层教育的顶层设计下，96.15%的教师认为农民工学员可以完成高职院校的学业。

考虑到农民工学员工作日时间紧张，采用纯线上授课的教师占 46.15%，线上线下结合的占 42.31%。第一届高职扩招生入学遭遇 2020 年新冠疫情，为线上授课提供了先行先试的机遇，也助推了线上授课方式的普及。教师在授课过程中使用数字教学资源的分布如下：使用教学资源库的占 28.25%，使用在线开放课程的占 27.14%，使用网络共享课的占 26.39%。教师使用的具体教学方法排序如下：项目驱动法占 28.62%、案例教学法占 27.3%、任务驱动法占 23.03%、小组合作法占 9.87%。

相比应届生教学，在农民工学员的教学中应侧重的内容排序如下：专业技能占 32.65%、职业素养占 31.01%、专业理论知识占 20.93%、城市生存必备知识和经验等占 15.50%。为达到培养目标，73.08%的教师认为应该聘请企业指导教师为农民工学员授课。相应地，相比应届生教学，负责农民工学员教学的教师应具备的能力排序如下：较强的实践能力占 23.67%，爱岗敬业、以身作则、为人师表占 20.48%，精准掌握学生情况实施分层教学占 19.95%，双师素质占 18.09%。

第二节　农民工院校职业教育现状调研

针对 8 所高职院校开展扩招生源调查，有效问卷 803 份，从中筛选出农民工问卷 259 份，调查农民工接受高等职业教育的现状。

一、农民工学员基本特征

被调查农民工学员男性占 48.26%，女性占 51.74%，占比大体相当。年龄分布如图 14-2-1 所示，其中 21—40 岁占比高达 81.08%，可见处在经济生命周期青年和中年阶段的农民工对高等职业教育的需求较为强烈，尤其是 31—40 岁的占比最高，达到 55.6%。

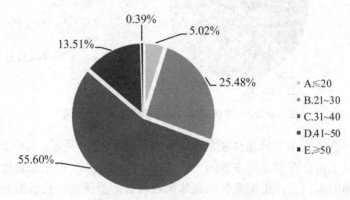

图 14-2-1 农民工学员年龄分布

被调查农民工学员入学前所在行业的分布如图 14-2-2 所示。在服务业就业的占比最高，为 39%；在制造业就业的位居第二，占比为 27.41%。相比其他行业，服务业和制造业农民工对高等职业教育的需求较为强烈。

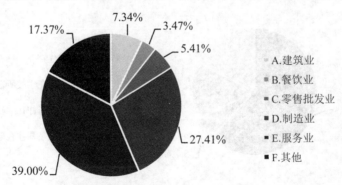

图 14-2-2 农民工学员入学前所在行业分布

被调查农民工学员入学前的受教育程度分布如图 14-2-3 所示。初中学历占比最高，为 40.93%；其次为中专（技校）毕业，占 35.14%；高中（或同等学力）占比居第三，为 21.24%。被调查农民工学员入学前持有职业技能证书的只占 18.53%，占比偏低。故农民工有通过高等职业教育提升技能、提升学历的需求。

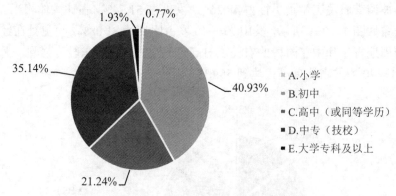

图 14-2-3　农民工学员入学前受教育程度分布

被调查农民工学员现有家庭居住分布如图 14-2-4 所示。其中，已婚且夫妻及孩子居住在学校所在地的占比最高，为 62.16%，可见家庭稳定在学校所在地的农民工，更愿意参与高等职业教育，更愿意有长远的职业生涯规划。其次是未婚且本人居住在学校所在地的，占比为 17.37%，这类单身的青年农民工接受高等职业教育的意愿较强。综上，针对居家迁移的农民工和单身青年农民工，通过高等职业教育提升其学历和职业技能，帮助其进行职业生涯规划，有利于促进其融入城市。

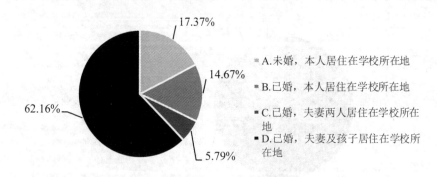

图 14-2-4　农民工学员家庭居住分布

二、农民工学员对院校职业教育的认知

农民工学员接受职业教育的意图排序如下：选择提升职业技能水平的占比最高，为 27.78%；其次为获取学历证书，占比为 25.53%；获取专业理

论知识位居第三，占比为 23.52%；选择增加经济收入的占 17.26%。相应地，农民工学员希望在学校学习的内容排序如下：第一为专业技能，占 24.48%；第二为专业理论知识，占 22.59%；第三为职业素养，占 18.31%；劳动就业、城市生活等法律知识与职业生涯发展并列第四，分别占 17.05%。农民工学员希望高职院校在人才培养中应关注的内容排序如下：第一为培养适应社会发展的能力，占为 26.4%；第二为培养专业技能，占 25.43%；第三为培养职业素养，占 24.03%；第四为培养专业理论知识，占 23.92%。可见，农民工渴求通过高等职业教育提升职业技能水平和学历水平以适应社会发展的需求。

被调查农民工学员学业修读面临的问题如下：认为工作和学习时间冲突的占比最高，为 40.17%，也佐证了扩招生实行弹性学习时间非常必要；其次是学习内容难度大，占 30.23%；学员素质不一、缺乏个性化学习位居第三，占 19.87%。

高职院校为农民工学员提供指导的情况如下：选择课程修读的最多，占 27.63%；其次是专业选择，占 26.68%；学分积累位居第三，占比为 20.54%；就业创业占 14.29%；心理辅导占 10.86%。总体上，73.25%的农民工学员对高职院校的人才培养方式是满意的，22.78%的农民工学员表示基本满意，加总起来大约 96.03%的农民工学员对现有人才培养是比较满意的。

被调查农民工学员所学专业与从业岗位所需的相关性如图 14-2-5 所示。选择很相关的占比最高，为 44.79%；其次是较相关，占 38.61%。可见，农民工学员在选择专业时充分考虑了现有岗位技能存量、高职教育、未来就业三者的衔接，体现了职业生涯发展的规划性。

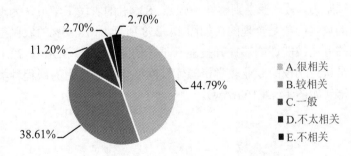

图 14-2-5　农民工学员所学专业与从业所需的相关性

三、农民工在校课程学习情况

（一）公共基础课学习

根据"在学习公共基础课中感觉课程难度大、学习吃力"总结了农民工学员对公共基础课学习的感知情况（如图 14-2-6 所示），52.9%的农民工学员感觉学习公共基础课很吃力，另一半则感知不强烈。农民工学员认为需要深入学习的公共基础课程如下：选择创新创业教育的占 32.87%，选择计算机应用基础的占 28.19%，选择思政类课程的占 15.42%，选择大学英语的占 13.78%，选择高等数学的占 9.1%。可见，农民工学员对习得创新创业知识和和技能很感兴趣，也更迫切要掌握计算机应用知识和技能以备未来就业及就业技能提升所需。

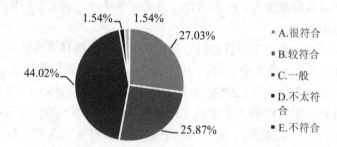

图 14-2-6　农民工学员对公共基础课难度的感知

（二）专业技能学习

根据"在专业技能课中感觉课程难度大、学习吃力"总结了农民工学员对专业技能课学习的感知情况（如图 14-2-7 所示），47.88%的农民工学员认为很吃力，另一多半则感知不强烈。83.4%的农民工学员认为现有专业技能课的设置门类是合理的（如图 14-2-8 所示）。78.85%的农民工学员认为学校的专业技能课能够提升技能水平（如图 14-2-9 所示）。72.18%的农民工学员认为学校的专业教学资源库及网络学习平台中的课程种类齐全、内容丰富（如图 14-2-10 所示）。

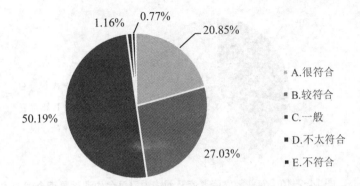

图 14-2-7　农民工学员对专业课难度的感知

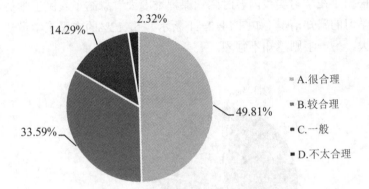

图 14-2-8　专业技能课的设置门类是否合理

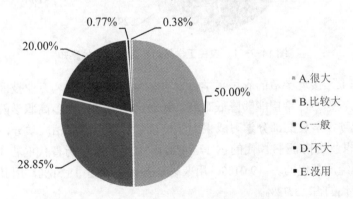

图 14-2-9　学校的专业技能课能否提升技能水平

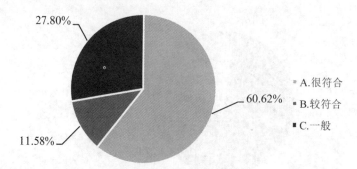

图 14-2-10　专业教学资源库及网络学习平台中课程是否合理

（三）实践内容学习

根据"在学习实践内容时感觉课程难度大"总结了农民工学员对实践课程学习的感知情况（如图 14-2-11 所示），52.12%的农民工学员认为课程难度大，另一半则感知不强烈。

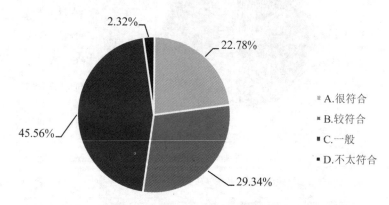

图 14-2-11　农民工学员对实践课难度的感知

综上，接近半数的农民工学员表示学习公共基础课、专业技能课和实践课比较吃力，希望能够降低难度。针对这个问题，很多高职学院设计了替换选项，学员的部分学习成果经学校认定后可折算成相应学分，具体如下：用职业资格证书替代的占 27.84%，用企业工作经历替代的占 19.91%，用培训经历替代的占 19.01%，用荣誉证书替代的占 18.56%，用其他荣誉称号替代的占 13.92%。

四、农民工学员对师资队伍的感知

农民工学员对任课教师应具备的素养排序如下：选择扎实专业理论功

底的占比最高，为 21.39%；其次是选择较强实践能力的，占 21.3%；选择爱岗敬业、以身作则、为人师表的占 20.51%，位列第三；选择精准掌握学生情况实施分层次教学的占 19.33%；选择双师素质的占 17.27%。86.62% 的农民工学员认为高职院校教师重视理论实践一体化教学（如图 14-2-12 所示），84.56% 的农民工学员认为教师的技能水平与企业实际需求相匹配（如图 14-2-13 所示），89.18% 的农民工学员认为学校教师经验丰富，能够促进其知识的学习和技能的提升（如图 14-2-14 所示）。

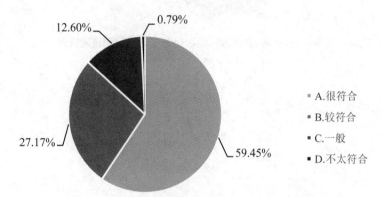

图 14-2-12　农民工学员对教师重视理实一体化的感知

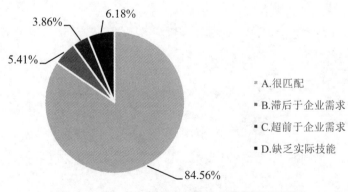

图 14-2-13　教师技能水平与企业需求是否匹配

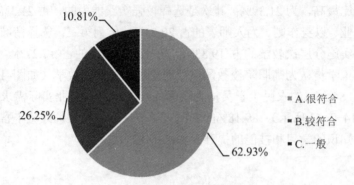

图 14-2-14　专业教师能否促进知识学习和技能提升

第十五章　新时期农民工深度就业转型中的技能形成反思

第一节　农民工技能形成的特征

在中国的创新驱动发展战略下，劳动力的人力资本投资呈现出长期性的特点。农民工是人力资本绝对数量低的低技能劳动力群体，在技术进步和产业结构高级化的变迁中，为了满足岗位技能的变迁需求，其技能形成具有了动态性变化的特征，相应的人力资本投资行为是持续性的，基于技能形成的职业能力开发具有典型的终身教育属性，故促进农民工技能形成的人力资本投资需要充分考虑其在经济生命周期不同阶段的需求。

一、技术进步倒逼农民工深度就业转型

基于目前农民工在城市的生计风险，其融入城市的根本要件是能够在城市建立可持续生计，可行的路径是借助职业教育和职业培训逐渐提升包括物质资本、人力资本、社会资本和心理资本在内的生计资本束的水平和质量[1]，获得在创新中调整生计资本组合以输出不同的生计模式和生计水平的能力，从而能够抵抗技术进步下中国创新驱动发展战略引发频发变革带来的生计冲击。

在创新驱动发展战略下，农民工在城市谋生的生态环境变得更为复杂，在城市谋生需要一个强大的能力集合来支撑：其一，职业技能是谋生的必备条件，要在城市生存必须获得技能型人力资本，能够进入正规就业领域，以保证就业质量，为融入城市奠定经济基础。其二，适应创新变革的能力也成为谋生的必备条件，以保证职业的稳定性，能够调整生计模式

---

① 张学英. 人力资本存量贬损及应对策略研究[M]. 北京：人民出版社，2010.

应对在城市的生存风险。其三，适应创新、接纳变迁的意识与素养成为谋生的必要条件，农民工融入、参与创新是在创新驱动下全社会的人力资本由低端向高端整个链条生成创新思维与理念的基石，促进农民工不断提升自身人力资本水平和价值以抵御被创新淘汰的风险。

目前农民工的生计资本水平和质量均不乐观，既有生计资本尚无法支撑在城市建构可持续生计。本书中的生计资本包括物质资本和由人力资本、社会资本、心理资本构成的非物质资本。农民工从农村迁移至城市、从农业生产迁移至非农业生产，必须面对生计资本的转换与提升，在这个转换过程中生计资本会有漏出损失。其一，原有农村的物质资本并非城市生存所需，能够为城市生存提供的物质资本水平非常有限。其二，务农使用的人力资本很难转换为非农务工所需的人力资本，在城市生存需要新的人力资本，务农人力资本直接沉没；新生代农民工的人力资本虽然不需要进行乡城转换，但较低的人力资本水平制约了其在城市的垂直职业流动，人力资本水平亟待提升。其三，原有基于农村血缘、亲缘、地缘这一熟人社会的社会资本很难转换为城市生存所需的社会资本，亟待在城市建立基于社区和业缘的城市社会资本。其四，基于农村熟人社会的心理资本在城市陌生而疏离的环境中很难发挥作用，源自农民情结的自卑感和在城市受到排斥的无力感使其心理资本水平偏低。综上，农民工亟待提升生计资本水平和质量以不同的生计模式和生计输出水平应对创新驱动发展战略下各种变革引发的生计风险。由于研究主题所限，本书从技能形成的视角出发，主要分析农民工的人力资本水平提升问题。

二、人力资本投资内驱力贯穿农民工的经济生命周期

创新驱动的典型特征在于"新"和"变"。创新是集体智慧的结晶，每一次创新都是技术和知识不断累积进而实现从量变到质变的飞跃过程，故创新的前提是人力资本积累，而创新本身则是人力资本增值的体现。创新带来的结果是"变"，新事物、新方法、新元素、新路径、新环境为经济社会发展注入了生机和活力，新业态、新岗位、新知识、新技术不断涌现，劳动力必须通过持续的人力资本投资不断获得异质型人力资本才能适应由"旧"向"新"的持续变革，不断提升获得一份职业并保有一份职业的能力。

因此，在创新驱动发展下，由于创新的持续性和动态性，劳动力在整个经济生命周期内均有进行人力资本投资的内驱动力。不但青年劳动力会选择旨在提升市场生产率的人力资本投资，中年劳动力和老年劳动力也会因技术变革带来的实际的或可能的就业冲击而选择旨在提升市场生产率的

知识、技术、技能人力资本投资。劳动力的人力资本投资动机因自身人力资本水平而异：其一，高端人力资本向下兼容在理论上可行，但在实际中却缺乏可操作性，居于人力资本高端的高收益惯性驱使理性的劳动力通过人力资本投资维持现状；其二，中低端人力资本承载者的就业稳定性差，后续的人力资本投资或是为了防范可能的失业，或是基于已经发生的失业而逆转人力资本存量贬损态势。

在创新驱动下，劳动力对人力资本投资的需求是基于防范与补偿人力资本存量贬损的行为选择，因此理性的劳动力会在个人职业生涯规划的范畴内做出人力资本投资决策，进一步凸显了创新驱动下人力资本投资的内驱力是贯穿劳动力整个经济生命周期的。在预防人力资本存量贬损的动机下，劳动力人力资本投资的内容选择需考虑未来的职业竞争力和职业机会，倾向于选择衰变速度慢的异质型人力资本，一是因为这类人力资本发生存量贬损的概率相对较小，二是慢速衰变为劳动力提供了充裕的时间去应对人力资本存量贬损。在补偿人力资本存量贬损的动机下，劳动力侧重于结合自身既有人力资本去选择人力资本投资以逆转存量贬损态势甚至实现人力资本增值。

潜在和新增劳动力适合通过正规职业教育进行预防型人力资本投资，一是因为劳动者处在年轻阶段，是人力资本投资效率最高的时段，且人力资本投资的机会成本低；二是因为在创新驱动下预防型人力资本应该是相对超前的、有一定复杂程度的、有较高知识和技术技能要求的，因而所需的投资时间也相对较长。存量劳动力尤其是年龄稍长的劳动力无论是基于防范还是基于补偿人力资本存量贬损，都比较适宜接受职业培训，一是因为职业培训形式灵活、时间具有可选择性；二是因为在劳动力既有人力资本的基础上进行人力资本投资，通过职业培训在一个相对集中的时间内即可完成投资。职业教育，尤其是学校后的职业培训成为存量劳动力应对创新驱动下就业冲击的主要人力资本投资形式。另外，对中低端人力资本承载者而言，职业教育为其提供了向经济和社会上层流动的路径：低端人力资本承载者可以通过职业教育获得中端甚至高端人力资本，随之其所处的社会阶层也不断向上演进。可见，创新驱动的"新"和"变"对中低端劳动力而言是一柄双刃剑，虽然带来了生存危机，但也为其提供了通过人力资本投资特别是通过职业教育改变所属的经济和社会阶层的机遇。

中国庞大的农民工群体在城市的生存本已十分困窘，亟待融入城市社会，改变于城市所处的经济社会阶层，逐渐完成从农民到市民的蜕变。在创新驱动发展下，不断的变革增加了其在城市的生计风险，故通过职业教育，特别是职业培训，掌握异质型的技术技能资本，动态地促进技能形成，成为农民工不断适应创新、改变所属阶层、融入城市社会的一把金钥匙。

三、基于农民工经济生命周期的技能形成分析

（一）农民工技能形成路径

在农民工经济生命周期内的不同阶段，其人力资本投资需求不同，相应地，技能形成的路径也有差异。在实践中，青年农民工更多依赖于正规教育习得知识和技能，存量中老年农民工更多依赖企业实施职业训练。传统研究将正规职业教育视为外部技能形成路径，但青年农民工在正规职业院校内习得知识和技能，尤其是高等职业院校的社会生源培养特别强调与企业合作，利用企业的资源提升基于岗位的知识和技能，在这个意义上，正规职业教育更像是一种内外部技能形成融合的路径。同样，以企业为主实施岗位知识和技能提升的内部技能形成路径，更为关注农民工职业能力开发的生产力提升结果，传统意义上企业会偏向于供给基于岗位需求的实践技能培训，但在技术进步下的未来技能需求中，企业则注重基于未来技能的岗位技能升级、基于未来技能氛围营造的知识供给，从而会寻求与正规职业院校/职业培训机构合作，故传统的内部技能形成路径也呈现出内外技能形成融合的态势。职业培训机构供给的职业能力开发项目更多面向市场的需求，其供给的学习项目或针对理论知识或针对岗位实践技能，具有明显的市场特色，单纯从农民工个体的培训需求看，他们更愿意购买基于岗位实践技能的培训服务，而基于理论知识的培训服务则由政府或企业主导提供。

（二）基于经济生命周期的技能形成特征

1. 青年农民工

潜在农民工（指在校生）、青年农民工（含毕业不久人力资本水平较高但缺乏职业技能者）的定位是现代产业工人，该群体处在经济生命周期的青年阶段，人力资本投资效率高，通过教育和培训获得产业发展需求的未来技能在理论上是可行的。一方面，其受教育程度的提升主要借助外部技能形成的路径，通过正规职业教育提升其人力资本水平；另一方面，利用外部技能形成的优势，借助企业的岗位环境培训职业技能。当前高等职业教育扩招政策下高职院校对社会生源尤其是农民工的培养具有典型的内外技能形成融合特征，新增（潜在）农民工的技能形成适合采用这个路径，充分利用院校的正规教育优势和企业的实践师资、场地设备优势，培养中高端现代产业工人。促进该群体技能形成要特别注意人力资本在应对就业

冲击中的贡献，保证在短期内他们可平行迭代到行业内的其他职业领域，长期内可通过人力资本投资提升职业能力从而纵向迭代到更不易被替代的职业领域，这就要求正规职业教育的专业设置要具备足够的前瞻性，延长技能型人力资本在市场上的经济生命周期，减缓其从收益递增向收益递减的衰变。具体而言，正规职业教育的内容设置要注意技能型人力资本辐射的广度，能够覆盖更多的就业岗位，使之毕业后的就业领域相对宽泛。技能型人力资本辐射广度指的是以行业、同类企业的核心技能需求为导向提供人力资本，在发生人力资本衰变时劳动者可以相对容易地实现转岗就业，是基于防范衰变思想的人力资本投资。但是，如果职业教育提供的人力资本能够广辐射，但缺乏关键技能，放之四海而皆准，受教育者必然面临"毕业即失业"的局面，故职业教育拓展人力资本辐射广度的教育内容均应以围绕关键技能培养为前提，教育的核心是培养关键技能。因此，正规职业教育培养出的劳动力应该具有在关键技能上有深度、在核心技能上有广度的"T"字形人力资本结构。

2. 中年农民工

中老年农民工是劳动力市场上的存量劳动力，是现实的劳动力供给，他们或者有工作岗位，或者正在劳动力市场上进行工作搜寻，在技术进步下，中年劳动力或者主动或者被动面临着中年转职：在技术进步下农民工主动要求职业技能升级，或者因为现有从业领域受到新技术冲击而被迫提升职业技能水平以实现技能的纵深发展，以保有一份岗位或者顺利实现向上的纵向就业迭代从而分享技术进步的福利，甚至是为了应对可能的失业而习得新的职业技能。在农民工生命周期的这个阶段，人力资本投资的需求是有差异的。其一，人力资本水平较高、工作经验丰富、职业技能水平较高的中年农民工在产业发展中定位为中高端技能人才，是未来技能传播和普及的媒介，其人力资本投资更多是应对未来技能需求变迁下的人力资本存量贬损，人力资本投资的内容有本岗位技能升级和平行乃至纵向向上就业迭代的技能升级。从防范型人力资本投资的特点看，这类农民工的技能形成路径有两种：或者是通过外部技能形成路径在正规教育院校习得基于未来技能的理论知识，是对未来行业的认知性人力资本投资，旨在拓展平行就业迭代的宽度；或是通过内部技能形成的路径在企业内或培训机构内完成基于未来岗位技能升级的职业训练，深化纵向就业迭代的高度。虽然中年农民工的人力资本投资效率低于青年农民工，但其较高的存量人力资本水平则弥补了效率不足。其二，人力资本水平较低、职业技能水平较低的中年农民工在产业发展中定位为低端技能人才，在其技能形成中，基于未来技能的人力资本投资主要围绕普及未来技能展开，该群体规模宏大，是一个经济体技术进步中人才金字塔底座的部分，其未来技能素质水平决定着经济发展的速度和质量。这类农民工普遍遭遇中年就业危机，从体力上讲无法胜任"力工"岗位，从技能水平上讲在技术进步下其存量技能的无形贬损直接将其置于失业的窘境，因人力资本水平较低向下兼容就业的空间很小，故这类中年农民工急需防范型人力资本投资，在技术升级中获得未来技能，以确保存量人力资本被淘汰时能够获得一份基于未来技能的新职业；他们同时更需要基于未来技能的补偿型人力资本投资以实现本岗位技能升级或通过平行就业迭代获得一份新职业，因实施人力资本投资困难而无法在非农业从业的中年农民工需要获得"返乡"就业的知识和技能。这类农民工人力资本投资主要通过内部技能形成的路径，依托企业工作现场或者培训机构实施职业能力提升。

3. 老年农民工

老年农民工同时面临两种人力资本存量贬损：一是自身技术技能过时带来的无形贬损，二是来自健康存量衰减的贬损，相应地，促进老年劳动力的技能形成主要关注上述两种人力资本投资。由于健康存量衰减，老年农民工基于知识和技能的人力资本投资驱动力相比经济生命周期其他阶段最弱，故企业雇佣老年农民工主要是要发挥既有人力资本的生产力，建构老年友好型的工作环境，具体包括辅助未来技能需求的普及性知识和技能训练、实施老年农民工弹性工作管理办法、加强老年农民工健康投资等。在这一阶段，实施老年农民工职业能力开发主要借助内部技能形成路径优势，依托企业资源普及未来技能知识和技能，辅助其适应技术进步下的岗位技能需求；健康投资则可依托老年大学等内部技能形成路径实施。此外，部分人力资本水平和技能水平均比较低的老年农民工会选择老年转职，即"返乡"就业，部分农民工基于非农业向农业的转职需要借助职业培训习得农业知识和技能。

（三）农民工技能形成中的人力资本投资类型

正规职业教育和职业培训在农民工技能形成中的作用在于补偿或防范人力资本存量贬损，以顺利实现就业、稳定既有就业岗位、提升就业质量。正规职业教育主要针对潜在农民工，是一种防范型人力资本投资，旨在提高农民工的未来技能水平；职业培训主要针对劳动力市场内的存量农民工，旨在为其提供防范型和补偿型技能型人力资本投资，培训内容包罗万象、培训形式多样，设置培训内容的要点在于拓展人力资本的深度，培训内容的供给要注重特定性和实用性。防范型的职业培训同样要注意所提供培训内容的前瞻性，切实起到防范技能型人力资本衰变的作用；补偿型的职业培训则既要注重前瞻性，更要注重灵活适应性，因为基于补偿型投资而参与职业培训的劳动者往往是被市场淘汰的人力资本承载者，是年纪偏大的弱势群体。

在正规职业教育中，用人力资本辐射的广度应对创新驱动发展中的职业变迁，比较理想的专业设置方式是专业群建设。用专业群培养对应的产业集群所需的劳动者，专业群内的不同专业对应产业集群内某一项关键技能需求，确保毕业后能够迅速上岗就业；专业群内的不同专业之间具有横向、纵向或者空间上的联系，通过全流程的实训课程、公共基础课程、选修课程、辅修专业，为在校生提供了解、熟悉、掌握更多技能型人力资本的氛围。在创新驱动中，无论是其技能型人力资本收益发生衰变，还是其技能型人力资本被替代，接受过这种"T"字形职业教育的劳动者都具有在产业群内相对快速实现转岗的能力。

相比正规职业教育，农民工的职业培训工作是复杂的。职业培训的内容涉及人力资本、社会资本和心理资本等多方面，除了人力资本是"硬技能"，社会资本和心理资本是农民工市民化中的"软技能"。职业培训市场容易发生"市场失灵"。其一，用人单位看重"硬技能"，但在"搭便车"的心理驱动下，不愿意本企业培训农民工。在粗放型发展模式下，基于廉价劳动力投入的同质化生产满足了消费者对量与价的需求，企业不付出培训成本通过"搭便车"雇佣低技能劳动力的生态发生了变化。要基于差异化、个性化提供高质量的产品以满足消费者的需求，必然要求劳动者具有过硬的技能，在现有农民工技能水平整体较低的背景下，企业急需进行农民工培训。面对农民工的劳动力市场价位上涨，企业又无法逃出成本制约的窠臼，因此，农民工的"硬技能"培训亟待政府参与，激发企业的积极性。其二，农民工的"软技能"能促进其市民化，但农民工的收入和从业时间压抑了他们参与培训的积极性，要从提升城市化水平的视角看待农民工的"软技能"培训，无论是在培训投入、培训组织、培训效果等各个环节，都需要政府的强力介入。

第二节　技能形成中农民工的行为理性

经济学的主要创立者之一亚当·斯密提出了"经济人"假说，认为人是自利的，追求自身利益最大化是驱动其经济行为的根本动机。亚当·斯密认为，在自由放任的市场经济中，个人利益和社会利益是一致的，每个人都按照自己的意志自由地进行经济活动，就能获得市场效率，故反对政府干涉市场[①]。然而，资本主义国家多年来无法根除的市场经济危机暴露了市场机制的缺陷，在自由放任的市场体制下，由于市场缺陷和市场失灵，个体理性并不等于集体理性，存在"合成谬误"。而理性政府的行为决策原则是社会收益最大化，恰能弥补市场缺陷和市场失灵[②]。本书以农民工参与职业培训为例，借助经济学的"理性经济人"假设和劳动经济学的在职培训理论，分析农民工技能形成中的人力资本投资行为理性。

一、职业培训的成本收益模式

职业培训是存量农民工职业教育的主要形式，由于篇幅所限，本书仅以职业培训为例分析职业教育的成本收益模式，借用劳动经济学的在职培训理论分析职业培训成本收益模式。在职培训通常分为通用性培训和特殊培训两类，在"理性经济人"假设下，不同性质的在职培训成本收益模式是不同的。其一，通用性培训。通用性培训的收益对市场同类企业均起作用，若由企业为通用性在职培训付费，一旦员工离职跳槽，培训收益由受训员工和其他企业获得，企业的培训成本沉没，故企业普遍缺乏为通用性培训付费的积极性，通用性培训一般由员工自己付费，根据"谁投资、谁受益"的原则，培训收益也由受训员工获得。其二，特殊培训。特殊培训的收益仅对本企业或市场上的少数企业起作用，一旦员工离职，因员工通过特殊培训获得的职业技能对提升其他企业的劳动生产率没有贡献，故员工无法获得收益，而企业也遭受培训成本沉没，雇佣关系稳定是雇佣双方的最优选择。其三，混合培训。在实践中，介于通用性培训和特殊培训之间的混合培训更为常见。基于混合培训的通用性特征，企业会让受训员工承担部分培训成本以规避员工离职的培训成本沉没风险，相应地，企业也会将部分培训收益分配给受训员工，以稳定雇佣关系，最终在企业和员工之间达成默契：在职培训的成本共担、收益共享。

二、农民工参与职业培训的行为理性

其一，假定农民工的在职培训由企业付费，那么职业培训的供给量肯定小于农民工的有效需求。农民工的人力资本水平偏低，职业的水平流动

---

① 赵茂林. 亚当·斯密"经济人假说"及其现实意义[J]. 特区经济, 2008（11）: 282-284.
② 陈共. 财政学[M]. 北京: 中国人民大学出版社, 2015.

频繁，一旦由所在企业提供在职培训，企业必须面对培训成本沉没的风险。对是否为农民工提供通用性职业培训，企业的理性选择是"搭便车"——不提供培训，等待受训过的农民工跳槽过来，直接获得培训收益。企业对农民工通用性培训自利的理性行为最终导致职业培训供给量无法满足农民工的需求。

其二，假定由农民工为通用性职业培训付费，职业培训的实际需求量会小于意愿的需求量。一是收入水平的局限。农民工现有较低的收入水平不足以支撑其在城市建构可持续生计，在超高房价收入比和生活成本压力下，其收入更多地用于积累，而不舍得用于职业培训。二是培训时间受限。农民工普遍从业时间超常规，国家统计局数据显示，2015 年，日从业时间超过 8 小时的农民工占 39.1%，周从业时间超过 44 小时的农民工占 85%，业余时间极度匮乏导致基本无暇接受额外的职业培训。三是通用性培训缺乏吸引力。通用性职业培训最多助力农民工实现水平职业流动，仍然不能解决稳定、体面就业的问题，很难达到农民工为培训付费、付出精力的心理预期。

综上，农民工在城市建构可持续生计急需职业培训，以稳定、体面就业为建构生计奠定经济基础，但显然他们渴求的并不是通用性培训。基于企业的趋利性，因担心培训成本沉没而缺乏提供通用性培训的动力，企业更愿意为特殊培训付费。根据"理性经济人"假设，如果任由市场机制为农民工提供在职培训，基于企业工作场景的特殊培训和混合培训是供需双方均有付费动力的职业培训形式，由企业和农民工双方根据市场法则，基于自身利益最大化原则即可达到有效率的配置，不需要政府干预。

三、农民工职业培训资源的配置

市场和政府在农民工职业培训中的角色定位取决于在职培训的性质和经济社会发展的需求。

（一）"硬技能"培训

1. 通用性职业培训：政府介入配置资源

如前所述，通用性培训任由市场自由放任地配置资源会导致供给不足，亟待政府介入。农民工要在城市实现稳定、体面的就业，拥有适宜的人力资本是前提。目前农民工整体人力资本水平比较低，而从低端向中、高端人力资本升级需要人力资本逐级积累，故处于人力资本中低端的通用性职业培训成为促进该群体在城市建构可持续生计必需的人力资本基础，是其接受后续特殊培训和混合培训的基础性培训。鉴于通用性培训供给中的市场失灵，亟待政府介入才能为农民工后续的人力资本投资奠定基础。

政府介入通用性培训的主要目的有两个：增加通用性培训的供给量，提升农民工参与在职培训的可操作性。政府可通过如下两个路径促进通用性培训的供给。其一，为农民工所就业的企业提供资金和政策支持，鼓励企业针对农民工提供通用性职业培训，企业既是职业培训的组织者，也是职业培训的受益者，即使受训员工后期离职，企业也不会遭遇成本损失。从整个社会的角度看，因为企业在通用性职业培训上"搭便车"，只能由政府主导促进增加通用性职业培训的供给量。其二，为市场上的培训企业提供资金支持，鼓励培训机构进企业为农民工提供工作场景下的职业培训，将职业培训与现有岗位工作融合在一起，防止农民工因闲暇时间不足而无法参与职业培训。

2. 特殊培训和混合培训：市场配置资源

特殊培训和混合培训是企业和农民工都有内驱力参与的职业培训，根据"谁投资、谁受益"的市场化原则，由企业和农民工根据利益分享的比例去约定成本分担的比例即可（如图 15-2-1 所示）[1]。就培训成本分担而言，在接受培训期间，受训农民工的实际生产率为 MP1，但企业支付了高于 MP1 的工资水平 W1，表明企业支付了培训成本；但 W1 仍然低于农民工接受培训前的工资水平 W0，表明农民工也支付了部分培训成本。就培训收益分配而言，培训结束后，农民工的生产率水平提高到 MP2，但企业仅仅支付了低于该生产率的工资水平 W2，表明企业获得了培训收益；但 W2 仍高于农民工接受培训前的工资水平 W0，表明农民工也获得了部分培训收益。

特殊培训和混合培训对农民工在城市建构可持续生计非常关键。人力资本是农民工能否在城市实现体面就业的关键要素，体面就业是农民工能否在城市建构可持续生计的经济基础，归根到底，防范农民工在城市的贫困风险最终取决于其所承载的人力资本水平。通用性培训为农民工的人力资本积累奠定初步基础，提升其职业水平流动的质量，而特殊培训和混合培训则通过提升农民工的人力资本质量为其垂直的职业流动提供可能，随着进入正规就业领域，雇佣关系趋于稳定，农民工在经济上融入城市，也逐渐摸索到社会阶层向上垂直流动的路径，社会资本和心理资本随之提升，逐渐完成市民化。

---

① [美]罗纳德·G.伊兰伯格、罗伯特·S.史密斯. 现代劳动经济学：理论与公共政策（第十版）[M]. 刘昕，译. 北京：中国人民大学出版社，2011.

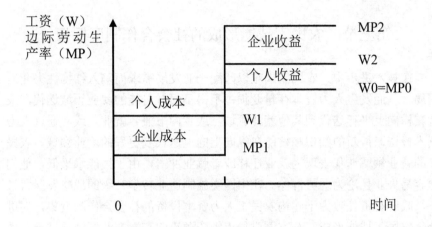

图 15-2-1 农民工与企业共担培训成本、共享培训收益

（二）"软技能"培训：政府介入配置资源

创新驱动发展战略在农民工人力资本已非常匮乏的困境下，对其在非农务工领域的就业技能提出了更高的要求，这无疑增加了农民工在城市建构可持续生计的难度，但同时也为其实现在城市稳定、体面就业提供了历史机遇，通过参与职业教育，尤其是通过参与职业培训而获得非农务工岗位所需的技术技能，这是创新驱动下在城市生存所需的"硬件"。

但是，创新驱动的"新"和"变"也意味着创新的动态持续性。农民工在城市的生计要持续面对创新带来的变革，必须具备熟悉、适应诸多变革的心理素养，提升应对变迁的能力，能够在变革中不断调整生计资本组合以提高生计输出水平，才能应对创新驱动发展带来的变革风险，这是创新驱动下在城市生存所需的"软件""软黄金"，是融进农民工血液中和骨子里的创新思维方式、创新意识和逻辑素养。创新只有走下神坛才能成为经济发展的内驱力，即新技术和新知识的传播应有最广的辐射面和最快的传播速度，一直波及人力资本最低端，才能形成全链条创新，保证创新的连续性和广辐射性。因此，虽然农民工处于人力资本低端，但基于创新的职业软技能培训却不能忽视。

虽然"软件"在农民工建构可持续生计中不可或缺，但其并不直接创造生产力，不能在农民工接受完培训的短期内迅速提高企业的生产率，由于利己的短视行为，企业和农民工均缺乏参与这类培训的积极性，市场上的培训机构也很难通过单纯提供这类培训存活下来，因此，这个领域需要政府介入，介入的方式可参照政府对通用性培训的支持。

第三节　农民工技能形成的社会合作制度框架

在技术进步中，农民工因难以匹配产业发展需求而陷入结构性失业的困局，从而发生人力资本存量贬损，不得不面对可能的就业领域迭代，或者在横向上平行迭代到其他就业领域，或者向下兼容就业，或者通过人力资本投资习得新的知识和技能在纵向上向上迭代到更好的就业领域。农民工的就业领域迭代表现为就业迁移或者就业冲击，由于技能水平低，他们更容易失业且沦为弱势群体。在中国实施制造业转型升级的战略发展背景下，政府有责任致力于建构农民工人力资本投资的社会合作制度集，促进全体农民工技能形成：一方面引导市场资源流向高端产业领域通过示范效应推动产业升级，基于满足高端产业发展对人力资本的需求，将新增（潜在）的青年农民工定位在中高端技能人才，同时维持住人力资本水平较高、职业技能水平较高的中年农民工的技能水平；另一方面从关注民生出发，扶助人力资本水平和职业技能水平绝对量较低的农民工，普及未来技能，防止其被市场淘汰。促进中国农民工技能形成是一个复杂的系统行动，涉及政府、企业、培训机构、行业组织、农民工个人和家庭等多个主体，故形成一个多主体协同的完善的社会合作制度框架在促进农民工技能形成中不可或缺，它是一个包括政府、行业、企业、院校等四个层面在内的制度集合（如图 15-3-1 所示）。

（一）制定农民工技能形成规划

政府根据产业发展需求制定宏观的农民工技能形成规划，该规划主要着眼于三方面。

1. 针对人力资本绝对数量较低农民工的技能形成规划

在技术进步中，低端劳动者因人力资本水平最低而受到的冲击最大，常常面临失业，同样因为人力资本水平较低而无法迁移到中高端就业岗位，是一个要经历频繁失业的群体，且常要面对跨行业的就业迁移。从改善民生扶助弱势群体的视角，基于社会收益最大化的政府决策原则，该群体就业领域迭代所需的人力资本可由政府主导提供，比如依托地方人力资源和社会保障部门开展针对性强的短期培训。

2. 委托行业组织制定行业通用性技能形成规划

一方面，行业通用性职业培训单纯由市场提供会因企业的"搭便车"行为而发生有效供给不足，考虑到行业通用技能对行业技术进步的基础性

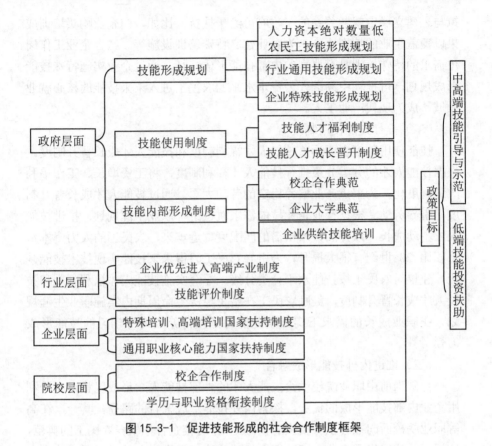

图 15-3-1　促进技能形成的社会合作制度框架

一、政府层面的制度集

作用，以及农民工在行业发展中的人才规模和定位，需要政府介入以增加供给量。同时，为了促进行业通用技能培训与行业发展需求匹配，政府可委托行业组织制定各行业通用性职业培训规划。另一方面，在基于技术进步的未来技能普及中，行业通用性职业培训要注重培训内容的技术先进性，同时根据未来技能分层次实施职业培训，向不同人力资本水平的农民工供给适宜的未来技能培训。政府介入农民工行业通用性职业培训的目标是将向农民工普及未来技能，推动中国从"制造大国"走向"制造强国"，由政府为市场主体提供配套资金和政策，通过示范效应引导市场资源流向中高端技能领域。

3. 引导企业实施特殊行业/职业技能形成规划

政府引导企业实施农民工职业生涯规划，企业向农民工供给特殊培训拟与之建立稳定就业关系的，政府可给予扶持，比如，向企业购买培训成果以覆盖企业的培训成本，为企业建立特殊培训设施等。结合企业工作岗位需求的特殊培训具有典型的内部技能形成特征，通过企业实施特殊技能形成规划，可推动中高端人力资本水平的农民工进入未来技能的核心就业领域，成为现代产业工人。

（二）推行技能使用制度

技能使用制度主要涵盖技能人才福利制度和技能人才成长晋升制度。根据技能人才的分类分级推行技能人才福利制度，将工资增长、工作福利改进制度化，为重点产业培养稳定的劳动大军。通过技能人才成长晋升制度，引导劳动者根据行业企业技能需求轨迹进行职业生涯规划，推进技能人才主动成长，以提高人才供需的匹配度。近年来，农民工的人力资本水平相比 20 世纪有很大提升，为引导农民工习得未来技能实现技术技能升级，建议对农民工按技能水平分类分级，配套实施技能人才福利制度和技能人才成长晋升制度，鼓励农民工在整个经济生命周期内实施职业生涯规划，在职业成长的需求下实施职业能力开发，养成终身学习的技能形成习惯。

（三）推进内外技能形成融合

打破当前由职业院校供给技能人才的外部技能人才形成现状，充分利用企业内部技能形成的优势，探索内外技能形成融合的路径。其一，在高等职业院校面向社会生源招生的基础上，打造校企合作培养农民工的典范，依托行业遴选优秀企业，同时遴选优秀院校，促进二者结对子形成校企合作的典范。其二，打造企业大学典范，激励优秀企业办学，且将农民工纳入培养计划，除了在企业内部推进本单位农民工技能形成，还可面向行业实施农民工培训。其三，强化企业的社会责任，激励企业实施农民工技能训练，符合条件的企业要依法提取培训准备金，不符合条件的企业则由政府事后购买培训成果。

二、行业和企业层面的制度集

（一）行业层面的制度集

行业层面的制度集旨在引导企业进入高端产业领域以促进整体产业转型升级，其中包括引导农民工进入这些领域的子制度。

1. 制定企业优先进入高端产业领域制度

为贯彻实施国家的产业转型升级战略，推进现代产业体系中的高端元素融入行业企业，可依托重点行业，率先打造高端产业元素，由行业牵头制定高端产业的企业优先进入制度，旨在推进高端产业元素进企业，由行业遴选出本行业内的优秀企业作为重点示范单位，在行业指导下引进新技术，或者进行传统技术改造升级。同时由政府配套政策助力企业实现高端占位，通过示范效应引导市场资源流向高端产业领域。考虑到新技术研发与科技成果转化应用的高投入性和投资回收期长的特点，为避免企业因为"短视"重引进而忽视自主创新，可由政府为企业的新技术研发和科技成果转化应用配套资金支持或者政策优惠，减小企业的成本投入。另外，政府可对企业转型所需的人力资本投入给予扶持，为鼓励企业内部自发组织高端职业培训的内部技能形成路径，特别是对雇佣中高端人力资本水平的农民工且为提供职业培训的，或企业实施传统技术改造提升劳动生产率且雇佣农民工的，政府可以给予配套资金支持、税收优惠或者人头奖励；若企业选择外部技能形成路径，雇佣取得相应职业资格标准的劳动者，政府同时对企业和农民工给予资金奖励/其他政策激励。

2. 制定技能评价制度

为充分发挥行业在农民工技能供给中的作用，技能评价应主要依托行业实施，由行业依据岗位工作特征制定农民工职业资格准入条件，为企业的人才需求把关。就以人工智能为代表的新技术在企业的推广应用而言，行业对合格劳动者的权威界定叠加政府对企业的资金配套和政策支持，能够确保劳动者的技能有充分的收益保障，从而吸引农民工不断习得新技能以进入国家重点发展的高端产业领域。对那些涉及国家安全等重大影响的行业，则由政府牵头（比如人力资源和社会保障部门）完成职业资格认定。

（二）企业层面的制度集

企业层面的主体包括用人单位和培训机构，市场主体的行为遵循市场规则，一般不需要政府干预，但为了引导资源流入高端产业领域，加速对高技能人才的培养，且在高端产业发展中帮助低技能农民工群体实现就业迁移，政府要提供制度支持。一是建立特殊培训和高端培训的国家扶持制度。比如，因人工智能而增加的生产性服务业以及在生产中引入人机一体化团队工作方式要求劳动者快速进入崭新的工作领域而涉及的职业培训内容复杂且成本高昂，在人工智能运用的始发阶段，需要政府主导出台激励企业参与新技能形成的职业培训，通过示范效应吸引培训资源进入该领域，逐渐降低培训成本，从而使新技术得以普及。为此，政府可建立特殊培训、高端培训国家扶持制度，激发企业和农民工个人参与职业培训的积极性。二是建立各行业通用的职业核心能力国家扶持制度，引导农民工进入国家战略性产业领域，为产业发展储备基础性人才。

三、院校层面的制度集

上述三个层面的制度集都是基于技术革新和产业转型升级而针对补偿和防范存量农民工的人力资本存量贬损设计的，院校层面的制度则主要针对增量（潜在）农民工的职业能力习得，政府的制度目标是推进院校人才供给与产业人才需求对接。

（一）深化校企合作制度

为摆脱人才培养供需"两张皮"的困境，在当前以职业院校为主培养技能人才的制度设计下，结合院校育人的专业厚度优势，充分引进内部技能形成的优势元素，完善校企合作制度，引导企业肩负起人才培养的社会责任，为产业发展培养匹配的人才。职业教育产教融合亟待通过制度创新促进教育与产业的合作，和震[①]系统构建了"个体-组织-区域跨组织-国家"四个层面融通的产教融合制度模型，分别为：个人层面——工学结合的教学组织制度，组织层面——校企合作的技术技能人才共育制度，区域跨组织层面——以"集群合作"为基础的职业教育"专业-产业双集群"的产教融合协调发展制度，国家层面——国家主导、行业指导、工会参与、学校和企业双主体育人的"政府-行业-企业-院校"合作办学制度框架。在组织层面的校企合作制度中分别依据校企合作的参与主体、企业所依赖的人力资本类型、企业的生产方式、学校的专业类别提出了校企双方的政策诉求。

校企合作制度对青年农民工的培养重点有三：一是与企业需求相匹配的职业技能，确保从学校毕业后能够尽快获得一份职业；二是能够实现就业迁移的职业技能，确保在未来劳动力市场上受到外在冲击时能够相对顺利实现职业转换；三是创新能力，来自经济发展一线的创新是最接地气的创新，接受正规职业教育的农民工定位在中高端技能人才，培养其创新能力是创新驱动发展战略得以实施不可或缺的关键要素。

（二）完善学历与职业资格衔接制度

众所周知，目前中国的学历证书并不能用来评价学生的职业技能，建议在行业指导下，基于岗位工作分析设置专业培养方案，以校企合作的方式吸引企业参与到人才培养的过程中，通过工学结合的学习方式，以确保院校的专业人才培养能够顺应产业发展需求。以此为基础，在学历教育过程中引进对应的职业资格内容，并在制度上打通学历和职业资格等级的对应关系，确保学生毕业时能够达到职业资格准入的条件，通过学历与职业

---

① 和震、李玉珠、魏明等. 职业教育产教融合制度创新[M]. 北京：科学出版社，2018.

资格衔接的制度安排，促进学生毕业后能顺利进入对应的产业领域，缩短职业适应期，最终使教育的人才供给与产业的人才需求相适应。在国家重点发展的产业领域，学历证书与资格证书的有效衔接和政府干预是助力产业发展的有效措施。

附录1:《新生代农民工在职培训满意度》调查问卷

尊敬的_____女士/先生:

您好,本问卷基于课题研究主题"新生代农民工在职培训满意度"的需要而设计,旨在了解您对在职培训的看法,请您就以下问题表达您的认同程度。调查不记名,答案也无对错之分,问卷调查结果仅供科研使用,任何时候都不会公开企业和个人的信息。衷心期待您根据所在单位实际情况,尽量轻松翔实作答。由于您的意见将使本研究更具代表性与参考价值,敬请您不要遗漏任何一个问题,以保持此调查问卷的完整性和有效性。真诚感谢您的参与!

注:本问卷仅限于参加过在职培训的 1980 年后出生的农民工填写。

第一部分:背景资料

1. 性别:_____年龄:_____婚否:①是 ②否

2. 文化程度:_____(小学、初中、高中、中专、技校、职高、大专、大学、研究生)

3. 是否持有证书:①有,_____(初级工、中级工、高级工、技师、高级技师)证书 ②否

4. 以最近的一次在职培训为例,开展在职培训的企业名称:_____,企业主营业务:_____,所在地:_____省_____市,企业成立年数_____,企业规模_____(100 人以下、100—500 人、500—1000 人、1000—2000 人、2000 人以上)。

第二部分：培训现状

1. 您以往参加培训的原因：（   ）（该题可多选）

A. 自己提出   B. 单位随机要求   C. 单位制度

D. 其他（请具体填写_____）

2. 您参加的在职培训内容有：（   ）（该题可多选）

A. 专业技能   B. 管理技能   C. 日常工作行为规范

D. 公司制度/企业文化   E. 团队精神

F. 其他（请具体填写_____）

3. 您参加的在职培训形式有：（   ）（该题可多选）

A. 在岗业余培训（一般采用岗位培训、各种短期培训班、系列讲座、各类培训中心以及电大、业大、夜大、函大和高等教育自学考试等形式）

B. 离岗专门培训（有各类职业中学和职工大学，或委托大专院校、科研机构进行代培等形式）

4. 您参加的在职培训师资有：（   ）（该题可多选）

A. 高校学者   B. 行业专家

C. 内部人员   D. 其他（请具体填写_____）

5. 您参加的在职培训方式有：（   ）（该题可多选）

A. 讲授演讲法

B. 视听技术法（通过现代视听技术，如投影仪、DVD、录像机等工具进行培训）

C. 网络培训法（计算机网络信息培训方式）

D. 工作轮换   E. 参观考察（参观实际工作或者别的企业）

F. 户外拓展训练法（团队形式的户外活动）

G. 案例分析（讨论案例来学习）

H. 角色扮演（模拟实际工作中角色）

I. 其他（请具体填写_____）

6. 您参加的在职培训地点有：（   ）（该题可多选）

A. 企业内部   B. 培训机构

C. 其他企业   D. 其他（请具体填写_____）

7. 您参加了多少次在职培训；（   ）

A. 1 次   B. 2 次   C. 3 次   D. 4 次   E. 5 次   F. 5 次以上

8. 对培训结果的认定：（   ）

A. 结业证书　　　　　B. 技能等级证书

C. 行业准入资格证　　D. 没有认定

第三部分：培训满意度

1. 单位开展培训前您对本单位在职培训的了解程度：（　　）

A. 非常了解　　B. 比较了解

C. 一般了解　　D. 比较不了解　　E. 非常不了解

2. 单位开展培训前，您觉得本单位在职培训质量如何：（　　）

A. 非常低　　B. 比较低　　C. 一般　　D. 比较高　　E. 非常高

3. 您希望在职培训内容有：（　　）（该题可多选）

A. 专业技能　　B. 管理技能　　C. 日常工作行为规范

D. 公司制度/企业文化　　E. 团队精神　　F. 法律法规

G. 电脑办公　　H. 心理培训　　I. 其他（请具体填写_____）

4. 您对在职培训的质量期望为：（　　）

A. 非常低　　B. 比较低　　C. 一般　　D. 比较高　　E. 非常高

5. 您希望在职培训时间点为：（　　）

A. 上班时间　　B. 下班后　　C. 周末　　D. 其他假期

E. 任何时间

6. 您希望在职培训费用为：（　　）

A. 500 元以下　　B. 500—1000 元　　C. 1000—5000 元

D. 其他（请具体填写_____）

7. 您希望在职培训总时长为：（　　）

A. 2 周以内　　B. 1 个月以内　　C. 半年以内

D. 其他（请具体填写_____）

8. 您对在职培训的成本期望为：（　　）

A. 非常低　　B. 比较低　　C. 一般　　D. 比较高　　E. 非常高

9. 您希望培训后获得了什么？（　　）（该题可多选）

A. 工资提高　　B. 福利提高　　C. 职位晋升

D. 工作自信心增加　　E. 工作效率提高　　F. 职业规划更明确

G. 其他（请具体填写_____）

10. 您对在职培训的收益期望为：（　　）

A. 非常低　　B. 比较低　　C. 一般　　D. 比较高　　E. 非常高

11. 单位开展培训前和您讲清楚在职培训的目的了吗？（　　）

A. 非常清楚　　B. 比较清楚　　C. 一般清楚　　D. 比较不清楚

E. 非常不清楚

12. 单位开展培训前和您讲清楚在职培训的流程了吗？（　　）

A. 非常清楚　　B. 比较清楚　　C. 一般清楚　　D. 比较不清楚

E. 非常不清楚

13. 单位开展培训前和您讲清楚在职培训的内容了吗？（　　）

A. 非常清楚　　B. 比较清楚　　C. 一般清楚　　D. 比较不清楚

E. 非常不清楚

14. 单位开展培训前对您在职培训需求的了解程度：（　　）

A. 非常了解　　B. 比较了解　　C. 一般了解　　D. 比较不了解

E. 非常不了解

15. 培训内容与您工作需求的针对程度：（　　）

A. 非常低　　B. 比较低　　C. 一般　　D. 比较高　　E. 非常高

16. 培训内容应用于工作的实用性：（　　）

A. 非常弱　　B. 比较弱　　C. 一般　　D. 比较强　　E. 非常强

17. 培训方法对您掌握课程内容的有效程度：（　　）

A. 非常低　　B. 比较低　　C. 一般　　D. 比较高　　E. 非常高

18. 从数量和针对性方面，评价培训方法的丰富程度：（　　）

A. 非常低　　B. 比较低　　C. 一般　　D. 比较高　　E. 非常高

19. 从专业理论和培训经验方面，评价培训师的专业程度：（　　）

A. 非常低　　B. 比较低　　C. 一般　　D. 比较高　　E. 非常高

20. 从讲解内容清楚明白、理论结合实际、激发学习兴趣方面，评价培训师的专业程度：（　　）

A. 非常低　　B. 比较低　　C. 一般　　D. 比较高　　E. 非常高

21. 从企业工作经历方面，评价培训师的职业性：（　　）

A. 非常弱　　B. 比较弱　　C. 一般　　D. 比较强　　E. 非常强

22. 培训地点环境对理论讲解的有利程度：（　　）

A. 非常低　　B. 比较低　　C. 一般　　D. 比较高　　E. 非常高

23. 培训地点设施对实际操作练习的有利程度：（　　）

A. 非常低　　B. 比较低　　C. 一般　　D. 比较高　　E. 非常高

24 培训氛围对员工培训的有利程度：（　　）

A. 非常低　　B. 比较低　　C. 一般　　D. 比较高　　E. 非常高

25. 在职培训次数与您预期的符合程度：（　　）

A. 非常不符合　　B. 比较不符合　　　C. 一般符合　　D. 比较符合

E. 非常符合

26. 在职培训时间点与您预期的符合程度：（　　）

A. 非常不符合　　B. 比较不符合　　C. 一般符合　　D. 比较符合

E. 非常符合

27. 在职培训总时长与您预期的符合程度：（　　）

A. 非常不符合　　B. 比较不符合　　　C. 一般符合　　D. 比较符合

E. 非常符合

28. 以最近的一次在职培训为例，您接受培训的时间点为＿＿＿＿＿（上班时间、下班后、周末、其他假期），培训的总时间为＿＿＿＿＿天，培训个人支出的费用为＿＿＿＿＿元，公司补贴的费用＿＿＿＿＿元。

29. 您觉得培训成本如何：（　　）

A. 非常低　　　B. 比较低　　C. 一般　　D. 比较高　　E. 非常高

30. 您参加培训后获得了什么？（　　）（该题可多选）

A. 工资提高　　　B. 福利提高　　C. 职位晋升　　D. 工作自信心增加

E. 工作效率提高　　　F. 职业规划更明确

G. 其他（请具体填写＿＿＿＿＿＿＿＿）

31. 您觉得培训收益如何：（　　）

A. 非常低　　　B. 比较低　　C. 一般　　D. 比较高　　E. 非常高

32. 培训质量方面您总体满意程度：（　　）

A. 非常不满意　　B. 不满意　　C. 一般　　D. 满意

E. 非常满意

请阐述原因：＿＿＿＿＿＿＿＿＿＿＿＿＿＿＿＿＿＿＿＿＿＿＿＿＿

33. 培训成本方面您总体满意程度：（　　）

A. 非常不满意　　B. 不满意　　C. 一般　　D. 满意

E. 非常满意

请阐述原因：＿＿＿＿＿＿＿＿＿＿＿＿＿＿＿＿＿＿＿＿＿＿＿＿＿

34. 培训收益方面您总体满意程度：（　　）

A. 非常不满意　　B. 不满意　　C. 一般　　D. 满意

E. 非常满意

请阐述原因：＿＿＿＿＿＿＿＿＿＿＿＿＿＿＿＿＿＿＿＿＿＿＿＿＿

35. 您认为在职培训过程中，哪些方面还需要做出进一步的改进？如何改进会更好？

＿＿＿＿＿＿＿＿＿＿＿＿＿＿＿＿＿＿＿＿＿＿＿＿＿＿＿＿＿＿＿＿＿＿

36. 您再培训的意愿:(　　)

A. 非常低　　B. 比较低　　C. 一般　　D. 比较高　　E. 非常高

37. 您主动给他人推荐培训的意愿:(　　)

A. 非常低　　B. 比较低　　C. 一般　　D. 比较高　　E. 非常高

再次感谢您的热情参与!

附录 2:《新生代农民工在职培训满意度》 企业培训负责人访谈提纲

您好,课题组正在开展一项关于新生代农民工在职培训满意度的内容,想了解贵单位在新生代农民工在职培训中有什么期望,贵单位培训的成本投入和收益情况,旨在提升贵单位新生代农民工在职培训的满意度。

第一部分:培训期望

1. 企业对新生代农民工(以下简称"员工")培训的目的,是希望提升他们哪些能力?

2. 通过培训,希望企业在哪些方面有所改进?

第二部分:培训现状

1. 企业是否为培训制定了相关的规章制度,如果有,分别有哪些呢?

2. 企业的员工培训有哪些方式?请从培训的内容、培训师资、培训场地、具体的时间安排等方面,详述如何实施。

3. 企业每年在培训前期要做哪些准备,比如资金投入、设备供应等,请详述。

4. 员工培训的费用是由员工自己支付、企业支付,还是共同分担?

5. 通过培训,企业感受到员工的变化了吗?如果有,具体体现在哪些方面呢?

6. 通过培训,企业有哪些变化呢?如果有,具体体现在哪些方面呢?

7. 接受过培训的员工在薪酬方面和内部晋升等方面有变化吗？

第三部分：培训满意度

1. 员工最认可企业培训哪些方面，比如培训课程、培训方式、培训师资、培训时间、培训场地等，为什么？

2. 员工对培训的哪些方面不满意，为什么？

3. 企业认为培训哪些方面可继续保持，为什么？

4. 企业认为培训还可在哪些方面进行改进，如何改进会更好？

附录 3：《农民工生源高职生的职业教育现状》农民工学生问卷

您好：

为了解高职扩招后高等职业院校培养农民工的现状，特编制本问卷。该问卷保护您的个人信息，仅用于《新时期产业工人技能形成：农民工的视角》课题组研究使用。希望得到您的配合。

谢谢！

一、个人基本信息

1. 您的性别：（　　）

A. 男　　　B. 女

2. 您的年龄：（　　）

A. ≤20 岁　　B. 21—30 岁　　C. 31—40 岁　　D. 41—50 岁　　E. ≥50 岁

3. 您入学前所从事的行业：（　　）

A. 建筑业　　B. 餐饮业　　C. 零售批发业　　D. 制造业

E. 服务业　　F. 其他____

4. 您现在所学的专业是_____

5. 您入学前的文化程度：（　　）

A. 小学　　B. 初中　　C. 高中（或同等学力）

D. 中专（技校）　　E. 大学专科及以上

6. 您目前的学习形式为：（　　）

A. 全日制（离职学习）　　B. 非全日制（在职学习）

7. 您目前的修业年限：（　　）

A. 3 年　　B. 弹性学制，____年内完成

8. 您是否持有各类职业技能证书？（如有，请列出证书名称和等级）

A. 有，名称是_____，等级是_____　　B. 否

9. 您现有家庭成员的居住情况：（　　）

A. 未婚，本人居住在学校所在地

B. 已婚，本人居住在学校所在地

C. 已婚，夫妻两人居住在学校所在地

D. 已婚，夫妻及孩子居住在学校所在地

二、学员接受职业教育的现状调查

1. 您接受职业教育是因为（可多选）：（　　）

A. 获取专业知识　　　B. 提升职业技能水平

C. 获取学历证书　　　D. 增加经济收入

E. 单位派出学习　　　F. 转职需要　　G. 其他____

2. 您希望在现有学校学习哪些内容（可多选）？（　　）

A. 专业理论知识　　　B. 职业技能

C. 劳动就业、城市生活等法律知识　　　D. 职业素养

E. 职业生涯发展　　　F. 其他____

3. 请您为职业院校人才培养内容排序（从重要到不重要）：（　　）

A. 培养适应社会发展的能力　　　B. 培养专业知识

C. 培养专业技能　　　D. 培养职业素养　　　E. 其他____

4. 请您将完成学业面临的主要问题排序（可多选）：（　　）

A. 工作和学习时间冲突　　　B. 学习内容难度大

C. 学员素质不一，个性化学习缺乏

D. 学校学习内容滞后于岗位实践　　　E. 其他____

5. 学校为您提供了哪些指导（可多选）？（　　）

A. 专业选择　　　B. 课程修读　　　C. 学分积累

D. 就业创业　　　E. 心理辅导

6. 您对目前职业院校的培养方式是否满意？（　　）

A. 很满意　　B. 较满意　　　C. 一般　　　D. 不太满意　　E. 不满意

如果选择 C、D、E 其中一项，请说明原因____

7. 修业年限和在校学习时间是弹性的吗？（　　）

A. 是，具体选择有____　　　B. 不是

8. 您所在班级的编制情况：（　　）

A. 社会学员单独编班　　　B. 农民工学员单独编班

C. 与应届生混合编班

9. 您学习所得与从业所需的相关性如何？（　　）

A. 很相关　　　B. 较相关　　　C. 一般　　　D. 不太相关　　　E. 不相关

如果选择 C、D、E 其中一项，请从个人或学校的角度说明原因＿＿＿

三、职业院校人才培养现状调查

1. 本学校专业设置能够满足学习需求：（　　）

A. 很符合　　　B. 较符合　　　C. 一般　　　D. 不太符合　　　E. 不符合

2. 本专业的课程设置能够满足技能提升的需要：（　　）

A. 很符合　　　B. 较符合　　　C. 一般　　　D. 不太符合　　　E. 不符合

3. 在学习公共基础课中感觉课程难度大，学习吃力：（　　）

A. 很符合　　　B. 较符合　　　C. 一般　　　D. 不太符合　　　E. 不符合

4. 以下课程中，你认为需要深入学习的有：（　　）

A. 思政类课程　　　B. 计算机应用基础　　　C. 高等数学

D. 大学英语　　　E. 创新创业教育　　　F.其他＿＿＿

5. 公共基础课授课方式及授课时间分配：（　　）

A. 线下集中面授，授课时间为：＿＿＿　　　B. 线上授课

C. 线上线下结合，授课时间分配比例为：＿＿＿

6. 在专业技能学习中感觉课程难度大，学习吃力

A. 很符合　　　B. 较符合　　　C. 一般　　　D. 不太符合　　　E. 不符合

7. 专业技能课对技能水平的提升作用：（　　）

A. 很大　　　B. 比较大　　　C. 一般　　　D. 不大　　　E. 没用

8. 专业技能课的授课方式及授课时间分配：（　　）

A. 线下集中面授，授课时间为：＿＿＿　　　B. 线上授课

C. 线上线下结合，授课时间分配比例为：＿＿＿

9. 您认为现有专业技能课的设置门类是否合理？（　　）

A. 很合理　　　B. 较合理　　　C. 一般　　　D. 不太合理　　　E. 很不合理

10. 专业教学资源库及网络学习平台中课程种类齐全、内容丰富：（　　）

A. 很符合　　　B. 较符合　　　C. 一般　　　D. 不太符合　　　E. 不符合

11. 学校是否有开展技能比赛以提高职业能力？（　　）

A. 是　　　B. 否

12. 在学习实践内容时感觉课程难度大，学习吃力：（　　）

A. 很符合　　　B. 较符合　　　C. 一般　　　D. 不太符合　　　E. 不符合

13. 目前实践性课程的上课方式：（　　）

A. 线下集中面授，授课时间为：＿＿＿　　　B. 线上授课

C. 线上线下结合，授课时间分配比例为：____

14. 实践教学的地点有：（　　）

A. 校内实训室　　　B. 校外实训基地　　　C. 企业工作现场

D. 其他____

15. 在课程学习中，您希望学习哪些内容（可多选）？（　　）

A. 加强实习训练　　　B. 加大理论与实践结合的练习

C. 增加专业技能课的练习　　　D. 加深专业理论课的讲解

E. 加强文化理论的学习，提高人文素养

16. 是否能在全校范围内跨专业自由选修课程？（　　）

A. 是　　　B. 否

17. 先前学习成果经学校认定后是否可折算成相应学分或免修相应课程？（　　）

A. 职业资格证书　　　B. 培训经历　　　C. 从业经历　　　D. 荣誉证书

E. 荣誉称号　　　F. 知识产权　　　G. 其他__

18. 所在专业评价学生的方式有（可多选，按从重要到不重要排序）：（　　）

A. 诊断性评价（教学前）　　　B. 过程性评价（教学中）

C. 结果性评价（教学后）

19. 考核评价的内容包括（可多选，按从重要到不重要排序）：（　　）

A. 理论知识　　　B. 操作技能　　　C. 日常表现（考勤、作业等）

D. 其他____

20. 教师重视理论实践一体化教学：（　　）

A. 很符合　　　B. 较符合　　　C. 一般　　　D. 不太符合　　　E. 不符合

21. 教师的技能水平与企业实际需求匹配吗？（　　）

A. 很匹配　　　B. 滞后于企业需求　　　C. 超前于企业需求

D. 缺乏实际技能

22. 您使用学校图书馆资源吗？（　　）

A. 使用　　　B. 不使用

如果选 A，那么平均每周使用_____小时，较多使用的是：①电子资源　②纸质资源

23. 教师运用的数字教学资源有（可多选）：（　　）

A. 网络共享课　　　B. 专业教学资源库　　　C. 在线开放课程

D. 专业网站　　　E. 其他____

24. 教师运用的现代化教学手段有（可多选）：（　　）

A. 多媒体课件

B. 课堂教学软件（超星学习通、云课堂、智慧职教等）

C. 虚拟实验教学系统　　D. 其他____

25. 你希望任课教师应具备哪些素养（可多选）？（　　）

A. 扎实的专业理论功底　　B. 较强的实践能力　　C. 双师素质

D. 爱岗敬业、以身作则、为人师表

E. 精准掌握学生情况，分层次教学　　F. 其他____

26. 学校专业教师的经验丰富、教学资源充足，能促进知识的学习和技能的提升：（　　）

A. 很符合　　B. 较符合　　C. 一般　　D. 不太符合　　E. 不符合

27. 学校是否针对学习和日常生活建立智能管理系统？（　　）

A. 是，系统名称是____　　B. 否

28. 学校日常管理中分配的管理人员以及职责有（可多选）：（　　）

A. 辅导员　　B. 班主任　　C. 专业教师，专业导师

D. 在校优秀大学生，学习助手　　E. 其他____

29. 学校管理人员（比如班主任）是否就下列内容与您沟通过？（　　）

A. 学习内容　　B. 学习方法　　C. 学习习惯

D. 学习能力　　E. 学习态度　　F. 学校制度　　G. 其他____

30. 您认为目前职业院校培养技能人才有什么问题？您有什么建议？

附录4:《农民工生源高职生的职业教育现状》教师问卷

您好:

为了解高职扩招后高等职业院校培养农民工的现状,特编制本问卷。该问卷保护您的个人信息,仅用于《新时期产业工人技能形成:农民工的视角》课题组研究使用。希望得到您的配合。

谢谢!

一、个人基本信息

1. 您的性别:(　　)

A. 男　　B. 女

2. 您的年龄:(　　)

A. ≤30 岁　　B. 31～40 岁　　C. 41～50 岁　　D. ≥50 岁

3. 您的最高学历是:(　　)

A. 博士　　B. 硕士　　C. 本科　　D. 专科及以下

4. 您的职称是:(　　)

A. 教授　　B. 副教授　　C. 讲师　　D. 助教

5. 您在学校是:(　　)

A. 专任教师　　B. 兼职教师

6. 您是否持有职业资格证书?(　　)

A. 是　　B. 否

7. 您授课专业是:_____;课程是_____

8. 您授课班级的社招学员属于:(　　)

A. 农民工　　B. 新型职业农民　　C. 退伍军人

D. 下岗失业人员　　E. 其他_____

二、高等职业院校人才培养现状调查

1. 本校针对社招学员的人才培养方案制定属于：（　　）

A. 单独编制　　　B. 沿用高职现有专业人才培养方案

如果选择 A，请回答：单独编制人才培养方案需特别考虑的因素有

——————

如果选择 B，请说明原因————

2. 相比应届生，社招学员的课程学分或学时分配合理：（　　）

A. 很合理　　B. 较合理　　C. 一般　　D. 不太合理

E. 很不合理

如果选择 C、D、E 其中一项，请说明原因————

3. 社招学员和应届学员有不同之处吗？（　　）

A. 有，请列举————　　　　B. 没有

4. 社招学员是否应进行分层教育？（　　）

A. 是　　B. 否

5. 社招学员接受高等职业教育的原因有（可多选）：（　　）

A. 获取专业理论知识　　　B. 提升职业技能水平

C. 获取学历证书　　D. 增加经济收入

E. 单位派出学习　　F. 转职需要　　G. 其他————

6. 社招学员能够完成高职院校的学业吗？（　　）

A. 能　　B. 不能，请说明原因————

7. 培养社招学员应侧重（可多选）：（　　）

A. 专业理论知识　　B. 专业技能　　C. 职业素养

D. 城市生存必备知识和经验等

E. 其他————

8. 您授课班级是否为社招学员单独编班？（　　）

A. 是　　　B. 否

9. 您采用的授课方式及授课时间分配是：（　　）

A. 线下集中面授，授课时间和地点为：————　　　B. 纯线上授课

C. 线上线下结合，授课时间分配比例为：————

10. 您采用的教学方法有（可多选）：（　　）

A. 项目教学法　　B. 任务驱动教学法　　C. 案例式教学法

D. 模拟教学法　　E. 小组合作法　　F. 其他————

11. 您考核评价的内容包括（可多选）：（　　）

A. 理论知识　　B. 操作技能　　C. 日常表现（考勤、作业等）

D. 其他_____

12. 您评价学生的方式有（可多选）：（　　）

A. 诊断性评价（教学前）　　B. 过程性评价（教学中）

C. 结果性评价（教学后）

13. 学校是否开发适用于社招学员的新型活页式、工作手册式教材？
（　　）

A. 是，比如：_____　　B. 否

14. 您在授课过程中使用的数字教学资源有（可多选）：（　　）

A. 网络共享课　　B. 专业教学资源库　　C. 在线开放课程

D. 专业网站　　E. 其他_____

15. 您在授课过程中使用的现代化教学手段有（可多选）：（　　）

A. 多媒体课件

B. 课堂教学软件（超星学习通、云课堂、智慧职教等）

C. 虚拟实验教学系统　　D. 其他_____

16. 本专业是否需要聘请企业指导教师为学员讲授课程？（　　）

A. 需要　　B. 不需要

17. 学校是否经常组织专门针对社招学员培养的教师培训？（　　）

A. 是，简述大致安排：_____　　B. 否

18. 相比应届生的教学，针对社招学员教师应具备哪些能力（可多选）？（　　）

A. 扎实的专业理论功底　　B. 较强的实践能力　　C. 双师素质

D. 爱岗敬业、以身作则、为人师表

E. 精准掌握学生情况，分层次教学　　F. 其他_____

19. 学校在培养社招学员时还应在哪些方面做出改善？（最多选 4 项）

A. 师资力量　　B. 实训场地　　C. 课程开发

D. 课程标准　　E. 校企合作　　F. 教学评价

G. 学习考核　　H. 学生管理　　I. 其他_____

20. 贵专业社招学员毕业应达到的条件有（可多选）：（　　）

A. 成绩合格，修满最低学分　　B. 取得职业技能等级证书

C. 获得参赛证书　　D. 获得人才荣誉称号　　E. 其他_____

21. 贵校是否针对社招学员配备专门的学习助手？

A. 是，其职责是_____　　B. 否

22. 您认为培养社招学员的难点是什么？您在教学过程中遇到的困难

有哪些？

附录5:《农民工生源高职生的职业教育现状》访谈提纲

一、对学校管理者的访谈提纲

1. 您认为农民工学员与应届生在学业学习中有差异吗?请列举。

2. 贵校是否针对农民工学员单独编制人才培养方案?如果没有,请说明原因。如果有,请说明编制人才培养方案特别考虑的因素有哪些?

3. 贵校师资队伍建设中是否考虑了农民工学员或社会学员的学习需求?师资是否与农民工的学习需求相匹配?比如,配备双师型教师等。

4. 贵校教学资源建设是否考虑了农民工学员或社会学员的学习需求?比如专业教室、图书馆、校内外实训基地等,请详述。

5. 贵校对农民工学员的管理是否充分考虑到了该群体的实际特点及需求?比如,教学管理、学生管理等。

6. 贵校农民工学员毕业要达到哪些条件?比如学分、职业资格证书等,请详述。

二、对任课教师的访谈提纲

1. 您的最高学历是什么?职称是什么?专职教师还是兼职教师?是否为双师型教师?

2. 您认为农民工学员和应届学员有何不同?请列举。

3. 您认为农民工学员有必要接受高等职业教育吗?请说明原因。

4. 您认为农民工学员能够完成高职院校的学业吗?请说明原因。

5. 培养农民工学员应侧重什么,专业知识、职业技能、职业素养还是城市生存必备知识和经验等?请选择并排序。

6. 培养农民工学员的难点是什么?您在教学过程中遇到的困难有哪

些？

7. 您目前授课课程是什么？是否有针对农民工学员编制教材？所采取的主要教学方法是什么？授课方式是什么？是否针对农民工学员做了特殊调整？

8. 您在课程中采取哪些评价方法？您认为评定农民工学员的学业成绩与应届生有何不同？怎样评价比较合理？

9. 相比应届生的教学工作，您认为针对农民工学员的授课教师应具备哪些能力？为农民工学员讲授课程需要怎样的师资队伍？比如在人员构成上，聘请企业指导教师；在比例构成上…… 谈谈您的看法。

10. 您认为学校在培养农民工学员时还应做出哪些改善（师资力量、实训场地、课程开发、课程标准、校企合作、教学评价、学习考核、学生管理）？

后　记

本书的相关工作始于 2016 年，围绕农民工技能形成问题，历经几年的深入思考，研究的总体脉络日渐清晰，最终将其命名为《新时期产业工人技能形成：农民工的视角》，并于 2019 年获得国家社科基金后期资助项目资助。

在研究报告定稿之际，回首过去，充分感受到完成这项研究工作的不容易。其一，数据更新。从最初的思考到最终定稿，历时 5 年多，其间不得不四次更新相关年度数据，并相应调整研究思路，计划外的研究工作量超出预期。其二，数据采集。由于农民工群体就业不稳定，且流动性大，采集在职培训满意度、高职扩招等数据非常困难，因此，在样本量上还不够完美，这些在后续的研究中会继续完善。其三，外文资料获取与整理。要了解典型国家针对低技能群体技能形成的政策与实践，需要掌握大量第一手资料，完成"典型国家低技能劳动力技能形成的机制"这一章内容就用了将近一整年时间。

在 2020 年"停课不停学"的日子里本书终得以顺利完成，在研究成果即将出版之际，向给予课题研究资助的国家哲学社会科学规划办公室、全国哲学社会科学规划办公室致以诚挚的谢意！向为课题提供科研支持的东莞理工学院、天津职业技术师范大学致以诚挚的谢意！向为课题研究提供实践案例的吴向东、黎嘉丽致以诚挚的谢意！向参与课题调研与资料整理的李彦颖、耿旭、朱轩等同学表示感谢！

2020 年是不平凡的一年，在"停课不停学"的时间里，课题组获得了充裕的时间完成预定的研究目标。全书由张学英确定结构框架和撰写思路，第一、二、三编的九章内容及第十五章内容，张学英独立完成，其余章节涉及外文文献采集与实地调研、访谈等内容，均为张学英与课题组成员合作完成。第十章"典型国家低技能劳动力技能形成的机制"，日本，霍瑞欣日文文献搜集、整理，霍瑞欣、王璐、赵学瑶参与撰稿，张学英统稿、定稿；新加坡，耿旭、康璐英文文献搜集、整理、参与撰稿，张学英统稿、定稿；韩国，陈天辰韩文文献搜集、整理、参与撰稿，张学英统稿、定稿；印度，王璐、耿旭英文搜集、整理、参与撰稿，张学英统稿。第十一章"中国历史上企业员工的技能形成轨迹"，朱轩、耿旭、崔志莉、张东文献搜集、整理、参与撰稿，张学英统稿、定稿。第十二章"低技能劳动力技能形成的典型案例"，吴向东、黎嘉丽案例提供，朱轩调研资料整理、参与撰稿，张学英统稿、定稿。第十三章"内部技能形成：新生代农民工在职培训满意度调研"，李彦颖数据搜集、整理、参与撰稿，张学英统稿、定稿。第十四章"外部技能形成：农民工院校职业教育调研"，耿旭、张东数据采集，张学英撰稿、定稿。

在即将结束研究工作之际，向辛苦参与调研、搜集和整理文献、参与撰稿的课题组成员致以诚挚的谢意！向给予课题研究资助的国家哲学社会科学规划办公室、全国哲学社会科学规划办公室致以诚挚的感谢！

2020年是值得全世界铭记的年份，也是我回眸过往决心改变人生轨迹的年份，我变更了工作单位，从行政岗位回归深深热爱的教学科研工作，仅以下面的语句记录我的心路历程，鞭策自己不断进步。

伸出稚嫩的脚丫，
迈开轻快的步伐，
放弃坦途去翻越崇山峻岭，
只为无穷回味那绵延至天际成长的足迹。

卸下臃肿的行囊，
掩耳嘈杂的市井，
放弃所有去探寻未知前程，
只为精准回应那深埋在心底灵魂的拷问。

燃起炽烈的灯火，
打起十二分精神，
放弃闲暇去浪迹无涯学海，
只为蓄势迎接那根植于心房猛烈的撞击。

经历挫败的洗礼，

拥抱艰辛的磨砺，

挥别舒适去领略坎坷崎岖，

只为华丽转向那徘徊在脑海涅槃的凤凰。

祝学英

2021 年 12 月 31 日于天津